KB028390

신비한 동양철학 · 31

물상활용비법

四柱精解

海舟 李學成 著

삼한

머리말

이 책은 사주추명학(四柱推命學)을 연구하여 운명을 추리하고, 오행(五行)에서 분류되는 물상을 운명의 물상으로 나들이를 하는 활용법을 주제로 하여, 사주풀이의 체계를 세우는데 그 목적과 초점을 맞추었다. 인간에게 일어나는 모든 사건들이 간지성(干支星)의 물상에 있고, 물상을 모르면 인간의 운명을 알 길이 없기 때문에 물상을 활용하는데 중점을 두고, 물상을 주제로 하여 운명을 감정하는 방법을 제시하는 것이다.

물상법이란 오행(五行)에 수약(收約)된 물상들이 나들이를 하는 변화를 포착하여 운명을 추리하는 것이다. 가령 갑년(甲年)에는 갑(甲)에서 합작하는 물상의 나들이 변화가 일어나고, 을년(乙年)에는 을(乙)에서 합작하는 물상의 나들이 변화가 일어난다.

다시 말해서, 갑년(甲年)에는 갑기(甲己)의 합작품이 신상에 영향을 미치기 때문에 갑기(甲己)의 물상에 관계된 사건이 일어나고, 을년(乙年)에는 을경(乙庚)의 합작품이 신상에 영향을 미치기 때문에 을경(乙庚)의 물상에 관계된 사건이 일어난다. 한 글자는 정(靜)이고, 두 글자 이상이 모이면 동(動)이라 하여 사건이 발생하는 것이다.

따라서 갑기(甲己)가 합작하는 물상은 무엇이고, 을경(乙庚)이 합작하는 물상은 무엇인가를 알아야 운명풀이가 가능하다. 한마디로 운명의 줄거리는 물상의 나들이 변화에 있다. 그 물상들의 나들이 종류를 알고, 변화하는 때를 포착해서 운명을 읽는 것이다.

이 책에서는 물상을 다양하게 분류하여 나들이를 통하여 운명을 판단하고, 흉을 길로 돌리는 방법을 소개하고 했다. 오행(五行)에 담긴 물상을 응용하여 운명을 감정하는 물상 나들이법이야말로 정밀도와 적중률이 완벽하므로 최상의 비법이라고 할 수 있다. 명리학(命理學)의 후학도 뿐 아니라 침술사나 역술인, 일반인들도 쉽게 배워서 생활의 지침서가 되도록 노력했다.

1999년 가을

海舟 李學成

제1장. 명리학(命理學)의 기초지식 — 17

제2장. 오성설(五星說) — 22

제3장. 사주(四柱)의 조직 — 27

제6장. 합형충파해(合刑沖破害)의 작용 — 64

제7장. 신살론(神殺論) — 106

제8장. 육신론(六神論) — 123

제9장. 십이운성론(十二運星論) — 152

제10장. 십이운성(十二運星)의 물상과 활용법 — 195

제12장. 지지(地支)의 개념적 배경 — 292

제13장. 물상을 활용한 운명 풀이 — 306

제1장. 명리학(命理學)의 기초지식

1. 오행(五行)의 정기(精氣)

명리학(命理學)은 우주의 자연을 탐구하는 철학적인 학문이며, 만물의 변화를 분석하여 운명을 판단하는 영력(靈力)의 학문이다. 태어난 년월일시(年月日時)는 부모로부터 물려받은 사주팔자(四柱八字)다. 십간십이지(十干十二支)로 조직된 간지성(干支星)의 정령(精靈)은 운명의 조화를 담당한다.

2. 오행(五行)의 분류

명리학(命理學)에서는 우주의 구성요소를 목(木), 화(火), 토(土), 금(金), 수(水)인 오행(五行)으로 분류한다. 이것들은 각각 다양한 물상을 만들어 인간의 운명에 변화를 만든다. 물상과 정령(精靈)은 오행(五行) 안에 수장되어 육십갑자(六十甲子)로 분류된다. 그러므로 물상은 생물이든 사물이든 오행(五行)으로 분류되어 정령(精靈)이 숨쉰다. 그 정령(精靈)이 가는 길이 운명인 것이다. 이때 자신의 힘으로는 어쩔 수 없는 어떤 힘의 지배를 받는다.

3. 십이운성(十二運星)

명리학(命理學)은 십이운성(十二運星)을 크게 활용하여 사건을 추리하는 것이다. 십이운성(十二運星)이란 인간의 일생을 자연의 순리에 따라 포태(胞胎)에서 태어나 죽을 때까지로 나누어 운명을 추찰하는 방법이다. 따라서 십이운성(十二運星)을 활용하지 못한다면 운명풀이는 불가하다. 인간을 포함한 만물의 운명은 간지성(干支星)이 지배하기 때문에 오행(五行)에 의하여 좌우된다. 오행(五行)에서 분류된 물상은 운명이며, 변화무쌍한 물상의 나들이는 인간에게 일어나는 사건의 전말이 된다.

4. 물상의 나들이란 무엇인가

이를테면 행운(行運)에서 갑인목(甲寅木) 물상이 들어오면 나가야 하므로 나들이가 된다. 갑인성(甲寅星)은 사주에 있는 간지성(干支

星)과 형(刑) · 충(沖) · 파(破) · 해(害) · 합(合) · 제살(諸殺) 등을 일으켜 다양한 합작품을 생산하고, 이 물상들은 신상에서 나들이를 통하여 변화를 일으킨다.

그 변화란 들고 나는 사건과 들고 나는 물질을 의미한다. 이를 통털어 물상의 나들이라고 한다. 예를 들면 재성(財星)의 육신(六神)이 합(合)되어 들어오면 처재(妻財)는 질병과 만남, 생사이별의 나들이가 있다. 이때 처재(妻財)에 해당하는 물상을 동원하여 물질로써 나들이를 대체하면 흉을 길로 돌리는 방편이 되므로 액땜이 된다. 명리추명법(命理推命法)은 물상의 나들이로 운명을 바꿀 수 있는 최상의 방법이라고 말할 수 있다.

5. 사건과 물상

세상에는 약 25만 가지의 직업이 있다. 이것은 간지성(干支星)이 25만 가지라는 뜻이다. 십간십이지(十干十二支)에 수십만 가지의 물상이 담겨 있기 때문에 물상이 나들이하는 변화를 포착하고, 사건의 종류가 천 갈래 만 갈래로 나누어지듯이 물상의 종류도 다양하게 분류해야 한다.

이 책에서 말하는 나들이란, 인간에게 영향을 끼치는 오행(五行)의 변화를 말한다. 해당 육친의 질병 · 분리 · 생사이별, 득과 실, 부동산, 가옥, 창업, 생산, 쟁투, 교통사고, 직업, 일거리 등을 가리킨다. 물상을 버림으로써 액난을 소멸하는 길이 있는가 하면, 물상이 들어와 화액을 당하는 일이 있으니 물상나들이 활용법이야 말로 추명감평법(推命鑑評法)에서 소중한 재료가 아닐 수 없다.

6. 오행(五行)의 유전(遺傳)

사주팔자(四柱八字)에 있는 오행(五行)은 숙명이고, 대운(大運)이나 년운(年運)에서 오행(五行)이 합작하는 사건은 운세다. 사주팔자(四柱八字)는 부모로부터 물려받는다. 다시 말해 사주팔자(四柱八字)의 조직은 출생하면서 부여된 간지성(干支星)으로 조상에게 물려받는 운명의 유전(遺傳)인 것이다.

그러므로 사주팔자(四柱八字)에서 조상의 질병을 읽으면 본인의 질병을 알 수 있고, 부귀영화를 읽으면 본인의 부귀영화도 알 수 있다. 이렇게 현재의 나의 운명은 조상의 운명이 재현되는 것이니 운명의 오행유전(五行遺傳)이라 할 수 있다.

7. 변통성(變通星)

합작품의 변통(變通) 작용에는 형(刑), 충(沖), 파(破), 해(害), 합(合), 귀인(貴人), 원진(怨嗔), 암록(暗祿), 역마살(驛馬殺) 등 모든 제살(諸殺) 작용이 있다. 이것은 어떤 사건이 어떤 별과 언제 어떻게 만나 합작하느냐를 살펴 사건을 포착해야 한다. 이때 합작품의 물상을 알아야 풀이가 가능하다. 그 합작품들은 모두 사건의 줄거리가 되기 때문이다. 여기에는 육신(六神)의 변통법(變通法)이 함께 한다.

합작품의 개념은 만나면 이별하는 진리와 같다. 합(合)은 얻고 잃음이 있으니 들고 나는 것이다. 만남과 이별, 슬픔 등 물상의 나들이를 의미하며 육친의 분리, 질병, 생사이별, 사업의 변화 등 다양한 사건이 이루어진다.

이 책에서는 합작품으로 사건의 내용을 살피니 다음에 기재한 합작품의 물상을 참고하기 바란다. 어떤 물상이 어떤 물상과 합작하여 어떤 물상이 생산되고, 그 물상이 운세에 미치는 영향은 무엇인가를 살펴야 한다. 오행(五行)이 나들이로 작용할 때 다른 물상으로 나들이를 대체하여 액땜하는 길이 있음을 알게 될 것이다.

제2장. 오성설(五星說)

1. 오운육기(五運六氣)

오운육기법(五運六氣法)은 임태(姙胎)에서 천지(天地)의 정기(精氣)가 변하여 생명으로 생성되는 음양법(陰陽法)으로, 입태일(入胎日)로 운명의 길흉을 판단하는 방법이다. 오운(五運)은 천기(天氣)로 천간(天干)에 있고, 육기(六氣)는 지기(地氣)로 지지(地支)에 있다. 사람은 아버지의 정기(精氣)에서 혼(魂)을 받고, 어머니의 정기(精氣)에서 백(魄)을 이어받는다.

1월에 포태(胞胎)하여 2월에 성과(成果)하고, 3월에 상성(象成)하고, 4월에 남녀가 분별되고, 5월에 근골이 생기고, 6월에 털이 생기고, 7월에 혼신(魂身)이 놀아 왼손을 움직이고, 8월에 백신(魄身)이 놀아 오른손을 움직이고, 9월에 전신(轉身)하고, 10월이면 만삭이 되어 출생한다. 10개월을 채워 정상으로 출생하면 복수(福壽)가 모두 있으나, 달을 채우지 못하고 태어나면 빈천하며 단명한다.

고서(古書)에 이르길 사람이 생명으로 수기(受氣)하면 9일 만에 음양(陰陽)이 정해지고, 49일 만에 시태(始胎)한 후 7일에 한 번씩 변하여 만 269일이나 306일이 지나 출생하면 상기(上器)라 하여 복수가 두텁다고 했다. 266일에서 286일에 출생하면 중기(中器)라 하여 부족함이 없이 복수를 누리고, 246일에서 256에 출생하면 하기(下器)라 하여 질병, 빈천, 요절 등이 따르며 기복이 많다고 했다.

묘일(卯日)이나 유일(酉日)에 출생하면 306일에서 246일 만에 태어난 사람으로 상기(上器)이고, 진일생(辰日)이나 술일생(戌日生)은 296일 만에 태어난 사람이고, 축일생(丑日生)이나 미일생(未日生)은 266일 만에 태어난 사람이고, 자일생(子日生)이나 오일생(午日生)은 276일 만에 태어난 사람이고, 인일생(寅日生)이나 신일생(申日生)은 256일 만에 태어난 사람이고, 사일생(巳日生)이나 해일생(亥日生)은 286일 만에 태어난 사람이다.

임신기간을 산출하는 방법은 다음과 같다. 예를 들어 인일생(寅日生)이나 신일생(申日生)의 입태일(入胎日)을 찾으려면, 265일을 거슬러 올라가면 태어난 일주(日柱)에 천간(天干)과 지지(地支)의 천간합(天干合)이나 육합(六合)이 있다. 이 날이 입태일(入胎日)인 것이다.

갑인일생(甲寅日生)은 265일 거슬러 올라가면 기해일(己亥日)이고, 갑신일생(甲申日生)은 265일 거슬러 올라가면 기사일(己巳日)이고, 갑오일생(甲午日生)과 갑자일생(甲子日生)은 276일을 거슬러 올라

가면 각각 기미일(己未日)과 기축일(己丑日)이 된다. 이렇게 천간(天干)과 지지(地支)가 합(合)하는 일진(日辰)이 포태일(胞胎日)이 되는 것이다.

1. 오운(五運)

- 갑기(甲己) 토태과(土太過) 기갑(己甲) 토불급(土不及)
- 을경(乙庚) 금불급(金不及) 경을(庚乙) 금태과(金太過)
- 병신(丙辛) 수태과(水太過) 신병(辛丙) 수불급(水不及)
- 정임(丁壬) 목불급(木不及) 임정(壬丁) 목태과(木太過)
- 무계(戊癸) 화태과(火太過) 계무(癸戊) 화불급(火不及)

2. 육기(六氣)

- 자오(子午) 소음군화(少陰君火)
- 축미(丑未) 태양습토(太陽濕土)
- 인신(寅申) 소양상화(小陽相火)
- 묘유(卯酉) 양명조금(陽命燥金)
- 진술(辰戌) 태양한수(太陽寒水)
- 사해(巳亥) 궐음풍목(厥陰風木)

2. 직업은 사주팔자에서 결정된다

사주팔자(四柱八字)에서 가장 미약한 오행(五行)의 물상, 년운(年運)이나 대운(大運)에서 들어오는 오행(五行)의 물상, 재성(財星)을 합(合)하는 오행(五行)의 물상, 다른 오행(五行)에 갇혀 구제할 길이 없거나 다른 오행(五行)에게 파극(破剋)되어 상해를 입은 오행(五行)의 물상, 동(動)하는 오행(五行)의 물상, 형충(刑沖)을 받은 오행(五行)의 물상, 고장지(庫藏地)에 들어간 오행(五行)이나 고장지(庫藏地)에 들어가는 오행(五行)의 물상, 사지(死地)를 깔고 앉은 지지성(地支星)이나 천간성(天干星)이 모두 직업의 물상이 된다.

예를 들어 경(庚)은 자(子)에서 사(死)에 이르는데, 경(庚)이 직업이 되면 경(庚)의 육친이 구제되고, 자(子)가 직업이 되면 자(子)의 육친이 구제된다. 다시 말해서 사(死)의 간지(干支)가 직업이 된다.

3. 용신론(用神論)

많은 명리학자(命理學者)들은 운명을 감정하는 관건이 용신(用神)을 잡는 것에 있다고 한다. 오행(五行)이 지나치게 많거나 왕(旺)하여 한쪽 세력이 우세하면 왕성한 오행(五行)을 다스리거나 설기(洩氣)하는 오행(五行)이 용신(用神)이고, 미치지 못하거나 미약한 오행(五行)이 생(生)함을 받으면 용신(用神)이라 한다. 사주에 용신(用神)이 뚜렷하게 나타나거나 투출(透出)되어 건왕(建旺)하면 길명(吉

命)이라 하고, 용신(用神)이 힘이 없거나 분산되면 정신의 기(氣)가 온전하지 못하고, 기신(忌神)에 의해 파극(破剋)되어도 결코 용신(用神)이 될 수 없다고 한다.

운명을 감정할 때 빼놓을 수 없는 것이 용신(用神)이라면, 용신(用神)만 찾으면 운명의 감정은 끝난다는 결론이 나온다. 그러나 용신(用神)을 찾는 법이 일정하지 않고, 설사 찾는다고 해도 활용법이 매우 난해하다. 이것은 사건은 다양한 물상의 변통(變通)에 있기 때문이다. 용신(用神)이란 범위가 너무 넓고 어려워 쉽게 정의를 내리기에는 위험하다. 따라서 흉신(凶神)을 제거하고 약신(藥神)을 도와 사명을 다하는 길신(吉神)의 역할을 하는 정도로 보면 된다.

네 기둥 여덟 글자는 사건의 보따리이며 운명의 축소판이다. 그러므로 오행(五行)들은 모두 운명풀이의 용신(用神)이 된다고 보아야 한다. 오행(五行)의 합작품은 형충파해합(刑沖破害合), 제살(諸殺), 역마변통(驛馬變通) 등이 충돌하는 것이고, 이 오행(五行)들은 모두 얼키고 설켜 다져지는 작용에서 다양한 물상의 용신(用神)이 생산된다.

그러므로 합작하는 오행(五行)에서 운명의 줄거리가 실생활의 형상으로 드러나는 것이고, 합작하는 오행(五行)들은 모두 용신(用神)이 된다. 이렇게 볼 때 용신(用神)만으로는 복잡다단한 사건의 줄거리를 읽을 수 없으니, 격국(格局)과 용신(用神)만을 찾아 헤매는 어리석음을 버려야 할 것이다. 한마디로 합작기물은 모두 용신(用神)이 된다.

제3장. 사주(四柱)의 조직

1. 사주(四柱)의 구성

사주란 년주(年柱), 월주(月柱), 일주(日柱), 시주(時柱)를 말하고, 팔자(八字)란 천간(天干)과 지지(地支)를 합한 여덟 글자를 말한다. 인간의 몸은 소우주이고, 사주팔자(四柱八字)는 인간의 축소판으로 운명을 척도하는 계산도다. 그러므로 사주팔자(四柱八字) 한 글자 한 글자가 숙명으로 정해져 사건의 줄거리가 된다.

사주 여덟 글자의 간지성(干支星)은 각각 육십갑자(六十甲子)라는 위성을 거느린다. 육십 개의 위성이 사주의 여덟 글자와 년운(年運)이나 대운(大運)을 따라 운항하며 운명이 가는 길을 생산하는 것이다. 이와 같이 대운(大運)이나 년운(年運)을 따라 흐르는 오행(五行)

은, 한 치의 오차도 없이 간지성(干支星)의 순행(順行)으로 이어지며, 나(我)를 나타내는 일간(日干)을 중심으로 운세가 생산된다.

2. 년주(年柱) 정하는 방법

년주(年柱)는 태어난 해의 간지(干支)를 말한다. 즉 갑자년(甲子年)에 태어났으면 갑자(甲子)가 년주(年柱)이고, 을축년(乙丑年)에 태어났으면 을축(乙丑)이 년주(年柱)가 된다. 년(年)의 분계점은 정월 초하루가 아니라 입춘절(入春節)이 드는 월일시(月日時)로 삼는다.

육십갑자 조견표

甲子	甲戌	甲申	甲午	甲辰	甲寅
乙丑	乙亥	乙酉	乙未	乙巳	乙卯
丙寅	丙子	丙戌	丙申	丙午	丙辰
丁卯	丁丑	丁亥	丁酉	丁未	丁巳
戊辰	戊寅	戊子	戊戌	戊申	戊午
己巳	己卯	己丑	己亥	己酉	己未
庚午	庚辰	庚寅	庚子	庚戌	庚申
辛未	辛巳	辛卯	辛丑	辛亥	辛酉
壬申	壬午	壬辰	壬寅	壬子	壬戌
癸酉	癸未	癸巳	癸卯	癸丑	癸亥

예를 들면 임진년(壬辰年) 음력 정월 9일 사시생(巳時生)이라면 임진년생(壬辰年生)이 아니라 신묘년생(辛卯年生)이다. 왜냐하면 정월 10일 오전 5시 53분에 입춘(入春)이 입절(入節)되기 때문이다.

또한 계묘년(癸卯年) 음력 12월 25일 축시생(丑時生)은 계묘년생(癸卯年生)이 아니라 갑진년생(甲辰年生)이다. 12월 22일 4시 5분에 입춘(入春)이 입절(入節)되기 때문이다. 독자들의 편의를 위해 육십갑자표(六十甲子表)를 첨부하니 참고하기 바란다.

3. 월주(月柱) 정하는 방법

월주(月柱)는 태어난 달의 간지(干支)로 정한다. 매월 초하루부터 그 달의 월건(月建)을 쓰는 것이 아니라 그 생월(生月)의 월절입(月節入)을 본다. 생일생시(生日生時)가 그 월절입(月節入)이 드는 시각 이후이면 그 생월(生月)의 간지월건(干支月建)을 월주(月柱)로 세우고, 그 월절입(月節入)이 드는 시각 이전이면 전월(前月)의 간지월건(干支月建)을 월주(月柱)로 삼는다.

예를 들어 2월 절입(節入)이 2월 10일 오후 2시 35분인데, 2월 10일 오후 1시에 출생했다면 2월 절입(節入) 이전이므로 전월(前月)인 정월의 간지월건(干支月建)을 월주(月柱)로 삼는다. 또 10월 절입(節入)이 9월 21일 오전 10시 57분인데, 9월 21일 오후 2시에 태어났다면 10월 절입(節入) 이후이므로 10월을 월주(月柱)로 삼는다.

월간지 조견표

陰曆 \ 節名 \ 年干		甲己年	乙庚年	丙辛年	丁壬年	戊癸年
正月	立春	丙寅	戊寅	庚寅	壬寅	甲寅
二月	驚蟄	丁卯	己卯	辛卯	癸卯	乙卯
三月	清明	戊辰	庚辰	壬辰	甲辰	丙辰
四月	立夏	己巳	辛巳	癸巳	乙巳	丁巳
五月	芒種	庚午	壬午	甲午	丙午	戊午
六月	小暑	辛未	癸未	乙未	丁未	己未
七月	立秋	壬申	甲申	丙申	戊申	庚申
八月	白露	癸酉	乙酉	丁酉	己酉	辛酉
九月	寒露	甲戌	丙戌	戊戌	庚戌	壬戌
十月	立冬	乙亥	丁亥	己亥	辛亥	癸亥
十一月	大雪	丙子	戊子	庚子	壬子	甲子
十二月	小寒	丁丑	己丑	辛丑	癸丑	乙丑

월건 기준법

1월(寅)	입춘일에서 경칩일 전까지
2월(卯)	경칩일에서 청명일 전까지
3월(辰)	청명일에서 입하일 전까지
4월(巳)	입하일에서 망종일 전까지
5월(午)	망종일에서 소서일 전까지
6월(未)	소서일에서 입추일 전까지
7월(申)	입추일에서 백로일 전까지
8월(酉)	백로일에서 한로일 전까지
9월(戌)	한로일에서 입동일 전까지
10월(亥)	입동일에서 대설일 전까지
11월(子)	대설일에서 소한일 전까지
12월(丑)	소한일에서 입춘일 전까지

4. 일주(日柱) 정하는 방법

일주(日柱)는 출생한 날의 간지(干支)로 정한다. 만세력(萬歲曆)에서 출생한 날을 찾아보면 그 날자 밑에 적혀 있는 것이 일진(日辰)인데, 그것이 바로 일주(日柱)다. 다만 일진(日辰)은 당일 11시부터 다음날 새벽 1시까지를 자시(子時)로 정한다.

예를 들면 5일 갑자일(甲子日) 오후 11시 35분에 출생했다면, 5일간지(干支)인 갑자일(甲子日)이 일주(日柱)가 되는 것이 아니라 다음날인 을축일(乙丑日)이 일주(日柱)가 된다. 11시 30분이 지나면 다음 일진(日辰)의 힘을 받기 때문이다.

혹자는 오후 11시부터 12시까지는 갑자일(甲子日) 야자시(夜子時)라, 갑자일(甲子日) 병자시(丙子時)라고 하여 일진(日辰)은 변하지 않고 시간만 다음날의 자시(子時)를 쓰고, 12시부터 새벽 1시까지는 명자시(明子時)라고 하여 을축일(乙丑日) 병자시(丙子時)로 삼는다. 그러나 야자시(夜子時)나 명자시(明子時)는 인위적인 것이기 때문에 일고의 가치도 없으니 신경쓰지 않아도 된다.

우리나라의 표준시는 동경 127도 30분이다. 그러나 현행 시각은 일본의 동경 135도 시각을 사용하고 있기 때문에 약 30분 정도의 차이가 생기므로 30분 정도 늦추어 보는 것이 마땅하다. 우리나라의 표준시각인 동경 127도 30분에 의한 시각을 사용해야 이런 모순이 없어질 것이다. 동경 135도 시각을 쓰는 현 상황에서 보면 오후 11시 30분부터 다음날 오전 1시 30분까지가 자시(子時)인 셈이다. 야자시(夜子時)니 명자시(明子時)니 하는 이론은 믿을 필요가 없다. 오후 11시 30분을 일진(日辰)의 분계선으로 삼으면 된다.

5. 시주(時柱) 정하는 방법

시주(時柱)를 정할 때는, 현재 우리나라는 일본의 시간을 그대로 적

시간지 조견표

時干 \ 日干		甲己日	乙庚日	丙辛日	丁壬日	戊癸日
子時	오후11시 ~오전1시	甲子	丙子	戊子	庚子	壬子
丑時	오전1시 ~오전3시	乙丑	丁丑	己丑	辛丑	癸丑
寅時	오전3시 ~오전5시	丙寅	戊寅	庚寅	壬寅	甲寅
卯時	오전5시 ~오전7시	丁卯	己卯	辛卯	癸卯	乙卯
辰時	오전7시 ~오전9시	戊辰	庚辰	壬辰	甲辰	丙辰
巳時	오전9시 ~오전11시	己巳	辛巳	癸巳	乙巳	丁巳
午時	오전11시 ~오후1시	庚午	壬午	甲午	丙午	戊午
未時	오후1시 ~오후3시	辛未	癸未	乙未	丁未	己未
辛時	오후3시 ~오후5시	壬申	甲申	丙申	戊申	庚申
酉時	오후5시 ~오후7시	癸酉	乙酉	丁酉	己酉	辛酉
戌時	오후7시 ~오후9시	甲戌	丙戌	戊戌	庚戌	壬戌
亥時	오후9시 ~오후11시	乙亥	丁亥	己亥	辛亥	癸亥

용한다는 점을 주의해야 한다. 정확하게 계산하면 일본보다 32분이 늦다. 그러니 현재의 시간에 32분을 더해야 정확한 시간이 나온다. 그러므로 32분을 더해서 11시 32분부터 자시(子時)가 된다는 것을 잘 이해하고 시간을 정해야 한다. 시주(時柱)는 일간(日干)을 기준으로 찾는데 월주(月柱)를 찾는 방법과 같다. 시지(時支)는 이미 정해져 있기 때문에 시간(時干)만 찾으면 된다.

6. 대운(大運) 정하는 방법

대운(大運)을 정하려면 먼저 출생한 해의 태세(太歲) 음양(陰陽)을 알아야 하고, 양남음녀(陽男陰女)를 구분해야 한다. 양(陽)은 남자를 뜻하고 음(陰)은 여자를 뜻한다. 출생년의 태세(太歲)가 양(陽)이면 양남(陽男)은 순행(順行)하며 양녀(陽女)는 역행(逆行)하고, 출생년의 태세(太歲)가 음(陰)이면 음녀(陰女)는 순행(順行)하며 음남(陰男)은 역행(逆行)한다.

다시 말하면 남자는 태세(太歲)가 양년(陽年)이면 순행(順行)하고, 음년(陰年)이면 역행(逆行)한다. 여자는 음년(陰年)이면 순행(順行)하고, 양년(陽年)이면 역행(逆行)한다.

대운(大運)은 월주(月柱)를 기준으로 한다. 순행(順行)이면 월주(月柱) 이후 일위(一位)부터 기록하고, 역행(逆行)이면 월주(月柱) 전 일위(一位)부터 기록해 나가면 된다.

예를 들어 남자가 병자년(丙子年) 임진월(壬辰月)에 출생했으면 임진월(壬辰月) 이후 일위(一位)부터 순행(順行)하므로 계사(癸巳), 갑오(甲午), 을미(乙未), 병신(丙辛), 정유(丁酉) 등으로 된다. 여자는 임진월(壬辰月) 전 일위(一位)부터 역행(逆行)하므로 신묘(辛卯), 경인(庚寅), 기축(己丑), 무자(戊子) 등으로 된다.

순행(順行)은 미래절이라 하고, 역행(逆行)은 과거절이라 한다. 대운(大運)은 10년을 주기로 바뀌는데 들어오고 나가는 시기는 대운수(大運數)로 알 수 있다. 대운수(大運數)를 계산하는 방법은 일진(日辰)에서 다음 절기까지의 일수를 3으로 나눈다.

만세력(萬歲曆)을 보면 일진(日辰) 밑에 숫자가 있다. 위에 있는 숫자는 남자의 대운수(大運數)이고, 아래에 있는 숫자는 여자의 대운수(大運數)다. 그리고 숫자 말고 순(旬)이라고 적혀 있는 한문은 10대운(十大運)을 말하는 것이다.

7. 종합구성법

사주는 년월일시(年月日時)를 오른쪽에서 왼쪽으로 써나간다. 건(乾)은 하늘을 뜻하니 건명(乾命)은 남자를 말하고, 곤(坤)은 땅을 뜻하니 곤명(坤命)은 여자를 말한다.

■ 1997년 2월 28일 9시 23분 출생

時	日	月	年		
甲	丁	甲	丁		坤
辰	丑	辰	丑		命

60	50	40	30	20	10
庚	己	戊	丁	丙	乙
戌	酉	申	未	午	巳

우선 만세력(萬歲曆)에서 년주(年柱)와 월주(月柱)와 일주(日柱)를 찾고, 시주(時柱)는 시간지 조견표를 이용한다. 태세(太歲)가 정축(丁丑)이므로 년주(年柱)는 정축(丁丑)이고, 월주(月柱)는 절기가 바뀌는 청명(淸明)이기 때문에 정확한 시간을 보고 결정한다.

청명(淸明)의 절입시간(節入時間)이 2시 41분이므로 2월에 태어났어도 청명(淸明)의 절입시간(節入時間)이 지난 9시 23분이기 때문에 3월의 월건(月建)인 갑진(甲辰)이 월주(月柱)이고, 일주(日柱)는 2월 28일의 일진(日辰)은 정축(丁丑)이니 정축(丁丑)이 일주(日柱)가 된다.

시주(時柱)는 출생시간이 9시 23분이니 사시(巳時)에 해당되는 것 같지만, 현재의 시간을 우리나라 표준시로 고치려면 32분을 더해야 한다고 했다. 따라서 7시 32분에서 9시 32분까지는 진시(辰時)이고, 9시 32분부터 11시 32분까지는 사시(巳時)가 된다.

출생시간이 9시 23분이니 진시(辰時)에 해당되고, 일간(日干)이 정화(丁火)이니 정임일(丁壬日)은 경자시(庚子時)부터 시작된다. 순서대로 짚어보면 갑진시(甲辰時)가 되어 시주(時柱)는 갑진(甲辰)이 된다.

대운(大運)은 여자가 음년(陰年)에 출생했으니, 미래절로 월주(月柱) 후 일위(一位)인 을사(乙巳), 병오(丙午), 정미(丁未), 무신(戊申) 등으로 순행(順行)하고, 2월 28일의 일진(日辰)인 정축(丁丑) 아래에 있는 숫자 중 아래숫자가 10이므로 대운수(大運數)는 10이 된다.

■ 1996년 12월 27일 23시 48분 출생

時	日	月	年	
壬	戊	壬	丁	乾
子	寅	寅	丑	命

51	41	31	21	11	1
丙	丁	戊	己	庚	辛
申	酉	戌	亥	子	丑

이 사주의 년주(年柱)는 태세(太歲)가 병자(丙子)인 것 같지만, 만세력(萬歲曆)을 자세히 살펴보면 2월 27일이 입춘(入春)으로 입절시간(入節時間)이 3시 53분이고, 출생시간은 23시 48분이다. 따라서

입절시간(入節時間)이 지났기 때문에 태세(太歲)는 병자(丙子)가 아니라, 다음 태세(太歲)인 정축(丁丑)이 된다.

월주(月柱)도 년주(年柱)와 마찬가지로 출생시간이 입절(入節)을 지났으므로 임인(壬寅)이 된다. 일주(日柱)는 정축(丁丑)인 것 같으나, 우리나라 표준시로 보면 3시 32분을 초과하였음으로 정축일(丁丑日)이 아니라, 다음날의 일진(日辰)인 무인일(戊寅日)이 일주(日柱)가 된다.

그리고 시주(時柱)는 자시(子時)이니 무계일(戊癸日)은 임자시(壬子時)부터 시작되기 때문에 임자시(壬子時)가 된다. 대운(大運)은 태세(太歲)가 음년(陰年)이고 남자이니 과거절이 되고, 대운수(大運數)는 일진(日辰) 밑 위의 숫자인 1이 된다.

제4장. 음양오행(陰陽五行)의 작용

1. 음양(陰陽)의 작용

음양(陰陽)이란 우주만물의 운행법칙으로, 음양(陰陽)의 조화로 만물이 생성된다. 우주의 본체가 되는 것을 태극(太極)이라 하는데, 태극(太極)은 음양(陰陽)으로 양분되고, 음양(陰陽)은 다시 사상(四象)으로 화하며, 사상(四象)은 다시 팔괘(八卦)로 나뉘어진다. 이같은 순서로 만물이 성립되는데, 이 모든 것은 상대성원리로 이루어지는 것이다.

하늘과 땅, 낮과 밤, 밝음과 어둠, 아버지와 어머니, 남자와 여자, 겉과 속, 높음과 낮음, 더위와 추위, 강과 약, 물과 불 등이다. 양(陽)의 성질은 동적이며 강하며 적극적이고, 음(陰)의 성질은 정적이며 연약하며 소극적이다. 음기(陰氣)는 여성의 도(道)요, 양기(陽氣)는 남성의 도(道)다. 이 음(陰)과 양(陽)의 이기(二氣)가 교감하여 만물이 생(生)하여 삼라만상은 음양(陰陽)이라는 상대성원리로 이루어진다.

2. 오행(五行)의 작용

우주만물을 구성하는 요소는 오행(五行)이다. 오행(五行)이란 목(木), 화(火), 토(土), 금(金), 수(水)를 말한다. 오행(五行)은 비록 형체는 없지만 성격과 기질은 상호작용에 의하여 길흉과 희로애락으로 나타난다. 오행(五行)의 변화와 작용은 사주를 연구하는데 있어서 핵심이 되기 때문에 오행(五行)의 근본을 정확하게 파악하는 것은 매우 중요하다.

1. 목(木)

목(木)은 글자 그대로 나무를 말한다. 나무가 지니고 있는 성격과 기질에 비유하면 된다. 나무는 곡직(曲直)으로 사방팔방으로 뻗어나가는 성정이 있으니 정직함과 따뜻함을 나타낸다. 부러질듯 하다가도 다시 본래의 위치로 돌아온다.

인(仁)을 나타내고, 방위로는 동(東), 청룡(青龍), 간(艮), 계절로는 봄, 만물로는 식물류, 상수(象數)는 3 · 8이다. 갑인(甲寅)은 양목(陽

木)으로 명예를 관장하고, 을묘(乙卯)는 음목(陰木)으로 유순함과 수명을 관장한다. 따라서 갑인목(甲寅木)과 을묘목(乙卯木)의 물상은 같으나 음양(陰陽)의 차이가 있을 뿐이다.

2. 화(火)

화(火)는 뜨거운 불, 밝은 태양, 낮 등을 상징한다. 염상(炎上)의 성정이니 위로 오르는 성질과 군림하려는 기질이 있다.

예(禮)를 나타내고, 방위로는 남(南), 주작(朱雀), 손(巽), 계절로는 여름, 상수(象數)는 2 · 7이다. 병오화(丙午火)는 양화(陽火)이고 정사화(丁巳火)는 음화(陰火)로 물상은 같으나 음양(陰陽)의 차이가 있을 뿐이다.

3. 토(土)

토(土)는 흙을 말한다. 흙은 가색(稼穡)의 성정으로 부동의 성질이 있다. 쉽게 흔들리지 않으며 위엄과 무게가 있다. 흙은 만물의 어머니이며 보금자리로, 위대하기는 하나 그 자체로는 힘을 발휘할 수 없다. 과일나무를 심으면 과수원이 되고, 집을 지으면 집터가 되듯이 피동적이다.

신(信)을 나타내고, 만물의 시작이며 중앙이고, 상수(象數)는 5 · 10이다. 무진술(戊辰戌)은 양토(陽土)이고 기축미(己丑未)는 음토(陰土)로 물상은 같으나 음양(陰陽)의 차이가 있을 뿐이다.

4. 금(金)

금(金)은 쇠를 말하며 종혁(從革)의 성정이다. 늘어나고 굳는 물상이므로 가죽이나 금속성 물질을 말한다. 강직한듯 하면서도 부드럽고, 유순한듯 하면서 강직한 것이 특징이다.

의(義)를 나타내고, 방위로는 서(西), 백호(白虎), 곤(坤), 계절로는 가을, 상수(象數)는 4 · 9다. 경신금(庚申金)은 양금(陽金)이고 신유금(辛酉金)은 음금(陰金)으로, 물상은 같으나 음양(陰陽)의 차이가 있을 뿐이다.

5. 수(水)

수(水)는 물의 성격과 기질에 비유하면 된다. 수(水)는 윤하(潤下)의 성정이므로 위에서 아래로 수평을 찾아 흐른다. 잘 융합되어 무리를 이끌고 도도히 흐르는 기상이 있다. 물은 소리없이 슬며시 와서 와락 휩쓰는 것이 마치 도둑과 같고, 위에서 아래로 떨어지는 하향성 물상이다. 화(火)가 낮이면 수(水)는 밤이다.

지(智)를 나타내고, 현무(玄武), 계절로는 겨울, 상수(象數)는 1 · 6이다. 임자수(壬子水)는 양수(陽水)이고 계해수(癸亥水)는 음수(陰水)로, 물상은 같으나 음양(陰陽)의 차이가 있을 뿐이다.

3. 상생상극(相生相剋)

1. 상생(相生)

木生火	火生土	土生金	金生水	水生木

계절은 봄에서 시작해 여름과 가을, 그리고 겨울로 질서정연하게 순환한다. 봄이 가면 여름이 오고, 여름이 가면 가을이 오고, 가을이 가면 겨울이 오고, 겨울이 가면 다시 봄이 온다.

봄이 여름을 낳으니 목생화(木生火)다. 토(土)는 중앙으로 봄, 여름, 가을, 겨울의 중앙인 여름과 가을 사이다. 여름이 중앙토(中央土)를 낳으니 화생토(火生土)요, 중앙토(中央土)가 가을을 낳으니 토생금(土生金)이요, 가을이 겨울을 낳으니 금생수(金生水)다.

수생목(水生木)이란, 수(水)에서 목(木)이 발생하는 것이 아니라 겨울이 가고 봄이 온다는 순리와 자연의 변화를 뜻한다. 상생(相生)은 자연의 순리대로 진행되기 때문에 원(圓)의 진리와 같다.

목(木)이 수(水)를 만나면 나무에 꽃이 피니 발전적인 변화가 생기고, 수(水)가 금(金)을 만나면 아기가 어머니를 본 것처럼 다정하고 유익한 지원을 받으니 기쁜 소식과 발전이 있고, 목(木)이 화(火)를 만나면 어미가 자식을 낳는 것이니 새로운 발전과 업적이 생기고, 화(火)가 목(木)을 만나면 부모를 만나는 것이니 힘과 용기가 생겨 천하에 이름을 떨치게 된다.

■ 목생화(木生火)

목생화(木生火)는 목(木)이 화(火)를 생(生)하는 것이다. 나무는 자기 몸을 태워 불을 지핀다. 그러므로 목(木)은 화(火)의 어머니요, 화(火)는 목(木)의 자식이다.

■ 화생토(火生土)

화생토(火生土)는 화(火)가 토(土)를 생(生)하는 것이다. 불은 타고 난 뒤 재를 남기고 재는 다시 흙이 된다. 그러므로 화(火)는 토(土)의 어머니요, 토(土)는 화(火)의 자식이다.

■ 토생금(土生金)

토생금(土生金)은 토(土)가 금(金)을 생(生)하는 것이다. 흙이 단단하게 굳은 곳에 금(金)이 생산된다. 그러므로 토(土)는 금(金)의 어머니요, 금(金)은 토(土)의 자식이다.

■ 금생수(金生水)

금생수(金生水)는 금(金)이 수(水)를 생(生)하는 것이다. 금(金)은 물로 씻어 빛을 내고 물을 맑게 한다. 그러므로 금(金)은 수(水)의 어머니요, 수(水)는 금(金)의 자식이다.

■ 수생목(水生木)

수생목(水生木)은 수(水)가 목(木)을 생(生)하는 것이다. 물은 수분을 제공하여 나무를 자라게 한다. 그러므로 수(水)는 목(木)의 어머니요, 목(木)은 수(水)의 자식이다.

2. 상극(相剋)

木剋土	土剋水	水剋火	火剋金	金剋木

상극(相剋)이란, 상반된 물질끼리 충돌과 뒤범벅이 되어 대결하는 힘을 말한다. 따라서 상극(相剋)은 서로 극(剋)하는 것이 아니라, 어느 한쪽에서 일방적으로 지배하는 것을 의미하며, 서로 합(合)하여 다른 물질을 생산하는 공생관계를 말한다.

예를 들어 화(火)가 금(金)을 제련하여 기계나 장신구를 생산하듯이 상극(相剋) 작용에서 공생관계가 성립된다. 그러므로 화(火)는 금(金)을 기뻐하고, 금(金)은 화(火)를 기뻐한다. 다른 상극오행(相剋五行)도 이와 같이 적용하면 된다.

■ 목극토(木剋土)

목극토(木剋土)는 목(木)이 토(土)를 극(剋)하는 것이다. 그러나 목(木)은 토(土)에게 생(生)을 받고, 토(土)는 목(木)에 의하여 흩어짐을 막는다. 목(木)은 충분히 토(土)를 제(制)할 수 있으나 공생관계가 된다.

■ 토극수(土剋水)

토극수(土剋水)는 토(土)가 수(水)를 극(剋)하는 것을 말한다. 흙은 물을 흡수할 수도 있고, 둑이 되어 막을 수도 있다. 그러나 수(水)는 토(土)에 의하여 존재할 곳을 찾는다. 토(土)는 충분히 수(水)를 제(制)할 수 있으나 공생관계가 된다.

■ 수극화(水剋火)

수극화(水剋火)는 수(水)가 화(火)를 극(剋)하는 것을 말한다. 물은 불을 꺼버린다. 그러나 수(水)는 화(火)가 없으면 얼음이 되고, 화(火)는 수(水)가 없으면 습도조절이 되지 않아 말라죽는다. 수(水)는 충분히 화(火)를 제(制)할 수 있으나 공생관계가 된다.

■ 화극금(火剋金)

화극금(火剋金)은 화(火)가 금(金)을 극(剋)하는 것을 말한다. 불은 금을 녹인다. 그러나 전기는 금(金)을 통하여 흐르고, 빛은 어둠을 밝히며 금(金)을 반사하여 동력을 생산한다. 기계류에 흐르는 전자와 전기는 공생관계가 된다.

■ 금극목(金剋木)

금극목(金剋木)은 금(金)이 목(木)을 극(剋)하는 것을 말한다. 톱으로 나무를 자를 수 있고, 연장을 이용하여 아름다운 공예품을 만들 수도 있다.

3. 역생(逆生)

木生水	火生木	土生火	金生土	水生金

수(水)가 목(木)을 생(生)하나, 반대로 목(木)이 수(水)를 생(生)하는 경우가 있고, 금(金)이 목(木)을 극(剋)하나, 반대로 목(木)이 금(金)을 극(剋)하는 경우가 있다.

4. 역극(逆剋)

木剋金	火剋水	土剋木	金剋火	水剋土

목(木)은 토(土)를 극(剋)하는 오행(五行)이지만 토(土)가 목(木)을 반대로 극(剋)하는 경우와 생(生)하여 공생하는 경우도 있고, 금(金)은 목(木)을 극(剋)하는 오행(五行)이지만 생(生)하여 공생하는 경우가 있다. 생(生)하고 생(生)을 받고, 역생(逆生)하고 역극(逆剋)하는 가운데 물상이 뒤범벅이 되므로, 이 법칙을 제대로 활용하지 못하면 사주풀이에 어려움이 따른다.

5. 왕상휴수사(旺相休囚死)

■ 목(木)은 인묘월(寅卯月)에 왕(旺)하고, 해자월(亥子月)에 상(相)하고, 사오월(巳午月)에 휴(休)하고, 진술축미월(辰戌丑未月)에

수(囚)하고, 신유월(申酉月)에 사(死)한다.

■ 화(火)는 사오월(巳午月)에 왕(旺)하고, 인묘월(寅卯月)에 상(相)하고, 진술축미월(辰戌丑未月)에 휴(休)하고, 신유월(申酉月)에 수(囚)하고, 해자월(亥子月)에 사(死)한다.

■ 토(土)는 진술축미월(辰戌丑未月)에 왕(旺)하고, 사오월(巳午月)에 상(相)하고, 신유월(申酉月)에 휴(休)하고, 해자월(亥子月)에 수(囚)하고, 사오월(巳午月)에 사(死)한다.

■ 금(金)은 신유월(申酉月)에 왕(旺)하고, 진술축미월(辰戌丑未月)에 상(相)하고, 해자월(亥子月)에 휴(休)하고, 인묘월(寅卯月)에 수(囚)하고, 인묘월(寅卯月)에 사(死)한다.

■ 수(水)는 해자월(亥子月)에 왕(旺)하고, 신유월(申酉月)에 상(相)하고, 인묘월(寅卯月)에 휴(休)하고, 사오월(巳午月)에 수(囚)하고, 진술축미월(辰戌丑未月)에 사(死)한다.

왕상휴수사 조견표

日干 / 旺相	甲乙(木)	丙丁(火)	戊己(土)	庚辛(金)	壬癸(水)
旺	寅卯	巳午	辰戌丑未	申酉	亥子
相	亥子	寅卯	巳午	辰戌丑未	申酉
休	巳午	辰戌丑未	申酉	亥子	寅卯
囚	辰戌丑未	申酉	亥子	寅卯	巳午
死	申酉	亥子	寅卯	巳午	辰戌丑未

제5장. 천간지지(天干地支)와 물상

1. 십간십이지(十干十二支)

오행(五行)을 음양(陰陽)으로 세분한 것이 십간십이지(十干十二支)다. 음양(陰陽)의 부호는 두 가지로 나무처럼 땅 위에 있는 것과 땅 밑에 있는 뿌리가 있다. 땅 위에 있는 것은 하늘로 뻗은 줄기라고 하여 천간(天干)이라 하고, 땅 밑에 있는 것은 땅 밑으로 뻗은 가지라 하여 지지(地支)라 한다.

천간(天干)은 하늘에 흐르는 기(氣)를 세분한 것이고, 십이지(十二支)는 땅 속에 흐르는 기(氣)를 세분한 것이다. 자연이 하늘과 땅의 조화로 변하듯이 사람도 하늘과 땅의 조화로 태어나고 죽는다.

천간(天干)은 갑(甲), 을(乙), 병(丙), 정(丁), 무(戊), 기(己), 경

(庚), 신(辛), 임(壬), 계(癸)의 10자와 자(子), 축(丑), 인(寅), 묘(卯), 진(辰), 사(巳), 오(午), 미(未), 신(申), 유(酉), 술(戌), 해(亥)로 모두 22자다. 이 22자는 오행(五行)을 세분한 것으로, 단순하게 음양(陰陽)으로 구분한 것이 아니라 자연의 질서와 법칙을 세밀하게 분류한 만물의 분류법이다.

1. 십간(十干)

天干	甲	乙	丙	丁	戊	己	庚	辛	壬	癸
五行	木	木	火	火	土	土	金	金	水	水
陰陽	陽	陰	陽	陰	陽	陰	陽	陰	陽	陰

천간(天干)은 갑(甲)에서 시작하여 을(乙), 병(丙), 정(丁), 무(戊), 기(己), 경(庚), 신(辛), 임(壬), 계(癸)로 흐르고, 계(癸)에서 다시 갑(甲)으로 이어진다.

2. 십이지(十二支)

地支	子	丑	寅	卯	辰	巳	午	未	申	酉	戌	亥
五行	水	土	木	木	土	火	火	土	金	金	土	水
陰陽	陽	陰	陽	陰	陽	陰	陽	陰	陽	陰	陽	陰
數	1	10	3	8	5	2	7	10	9	4	1	6
동물	쥐	소	범	토끼	용	뱀	말	양	원숭이	닭	개	돼지

지지(地支)는 자(子)에서 시작하여 축(丑), 인(寅), 묘(卯), 진(辰), 사(巳), 오(午), 미(未), 신(申), 술(戌), 해(亥)의 순으로 흐르고, 해(亥)에서 다시 자(子)로 이어진다. 지지(地支)는 해당하는 동물의 특성을 그대로 지니고 있다. 사주팔자(四柱八字)에 해당하는 지지(地支) 4개가 서로의 특성을 융화시켜 나타내므로 사주를 파악하는데 매우 중요하므로 특성을 찾아서 활용해야 한다.

■ **지장간(支藏干)**

십이지(十二支)에는 여기(余氣), 중기(中氣), 정기(正氣)에 천간성(天干星)을 암장(暗藏)하고 있다. 아래의 도표와 같이 자(子)에는 여기(余氣)의 임수(壬水)가 십일십오시가 있고, 정기(正氣)에 계(癸)가 이십일육오시가 있고, 유(酉)에는 여기(余氣)에 경금(庚金)이 십일삼오시가 있고, 정기(正氣)에 신금(申金)이 이십일육오시가 있고, 해(亥) 중에는 중기(中氣)에 갑목(甲木)이 오일십칠시가 있다.

육신(六神)은 지장간(支藏干)의 정기(正氣)로 표출한다. 예를 들어 임(壬)에서 자(子)를 육신(六神)으로 표출하려면 양(陽)에서 양(陽)을 보기 때문에 비견(比肩)이고, 자(子)의 정기(正氣)는 임수(壬水)이므로 겁재(劫財)다. 해(亥), 자(子), 사(巳), 오(午)가 음양(陰陽)이 바뀌는 것이다.

지장간 조견표

氣 / 地支	余氣		余氣		正氣	
子	壬	10, 35	辛	3, 10	癸	20, 65
丑	癸	9, 30	丙	7, 23	己	18, 60
寅	戊	7, 23	丙	7, 23	甲	16, 54
卯	甲	20, 35			乙	20, 65
辰	乙	9, 30	癸	3, 10	戊	18, 60
巳	戊	5, 17	庚	9, 30	丙	16, 53
午	丙	10, 39	己	9, 30	丁	11, 35
未	丁	9, 30	乙	3, 10	己	18, 60
申	己	7, 20	戊壬	3, 10	庚	17, 60
酉	庚	10, 35			辛	20, 65
戌	辛	9, 30	丁	3, 10	戊	18, 60
亥	戊	7, 23	甲	5, 17	壬	18, 60

3. 육십갑자(六十甲子)

육십갑자(六十甲子)란 천간(天干)의 양(陽)은 지지(地支)의 양(陽)과, 천간(天干)의 음(陰)은 지지(地支)의 음(陰)과 순서대로 결합하여 각각의 기둥을 이루는 것을 말한다.

그러나 순서대로 결합하다 보면 지지(地支)의 술해(戌亥)가 남는데, 천간(天干)의 글자를 다시 순서대로 결합하면 60번째 이후에는 다시 갑자을축(甲子乙丑)으로 반복된다. 이 숫자가 60개이기 때문에 육십갑자(六十甲子)라고 부르는 것이다. 이 육십갑자(六十甲子)의 기둥이 사주가 되고 명리학(命理學)의 기본이 된다.

2. 천간(天干)의 물상

■ **갑(甲) : 양목(陽木)**

갑(甲)은 보이지 않는 기(己)를 암장(暗藏)하고 있다.

땅에 심은 나무, 통나무, 대들보, 건축용 · 장식용 목재, 가구, 씨앗, 곡물류, 간, 담, 손, 발, 눈, 허리, 정신신경, 얼굴, 머리 등.

■ **을(乙) : 음목(陰木)**

을(乙)은 보이지 않는 경(庚)을 암장(暗藏)하고 있다.

초목, 화초, 넝쿨나무, 가공된 면직물, 지물류, 의류, 조류, 어류, 곡물류, 한약재, 간, 담, 눈, 뇌, 목, 뒷골, 허리, 목 뒤, 심장, 손, 발 등.

■ 병(丙) : 양화(陽火)

병(丙)은 보이지 않는 신(辛)을 암장(暗藏)하고 있다.

태양, 하늘, 불, 열기, 화산, 엔진, 자동차, 전자, 전기, 통신, 광선, 철금속, 물질을 녹이는 불, 가스류, 열 · 핵에너지, 화약, 화력발전, 심장, 소장, 정신신경, 고혈압, 뒷골, 눈, 어깨, 기침 등.

■ 정(丁) : 음화(陰火)

정(丁)은 보이지 않는 임수(壬水)를 암장(暗藏)하고 있다.

달, 별, 전기, 건전지, 용접, 광선, 레이저, 통신, 전등, 자동차 헤드라이트, 번개, 물기를 말리는 불, 난방하는 열, 심장, 치아, 머리, 뒷골, 저혈압, 혈액, 정신신경 등.

■ 무(戊) : 양토(陽土)

무(戊)는 보이지 않는 계수(癸水)를 암장(暗藏)하고 있다.

지구, 대지, 부동산, 가옥, 건축물, 제방류, 물이 고여 있는 땅, 창고, 토석, 온천, 용암, 화산석, 자동차, 중화기, 바위, 5 · 10층 건물, 벽돌, 타일, 스레트, 위장, 비장, 피부, 옆구리, 손, 발 등.

■ 기(己) : 음토(陰土)

기(己)는 보이지 않는 목(木)을 암장(暗藏)하고 있다.

음지의 토석, 가옥, 담, 성벽, 마을, 묘지, 모래, 자갈, 콘크리트, 레미콘, 건축용 토석, 도로, 위장, 비장, 뒷머리, 얼굴, 창자 등.

■ 경(庚) : 양금(陽金)

경(庚)은 보이지 않는 목(木)을 암장(暗藏)하고 있다.

철강, 건축용 철재, 금속성 물질, 기계류, 방앗간, 칼, 바늘, 톱, 나무를 조각하는 기구, 직조기, 재봉틀, 대장, 폐, 호흡기, 창자, 설사, 가래침 등.

■ 신(辛) : 음금(陰金)

신(辛)은 보이지 않는 병(丙)을 암장(暗藏)하고 있다.

패물, 기계부속, 전기기계, 철금속 물질 · 기계류 생산, 불에 녹은 쇳물, 주방기구, 폐, 호흡기, 기침, 피부, 대장 등.

■ 임(壬) : 양수(陽水)

임(壬)은 보이지 않는 정(丁)을 암장(暗藏)하고 있다.

물, 바다 · 호수 등 물이 있는 곳, 얼음, 눈, 비, 구름, 빙산, 북해, 유류, 주류, 음료수, 공업용수, 방광, 신장, 혈액, 땀, 소변, 설사, 염증, 치질, 습진, 종기, 가래침 등.

■ 계(癸) : 음수(陰水)

계(癸)는 보이지 않는 무(戊)를 암장(暗藏)하고 있다.

물, 우박, 비, 구름, 바다 · 강 등 물이 있는 곳, 하수구, 샘물, 온천수, 지하수, 수도물, 배설물, 유류, 주류, 탁한 물, 오염된 물, 액체,

신장, 방광, 혈액, 소변, 땀, 눈물, 염증, 습진, 피부질환, 전립선 등.

3. 지지(地支)의 물상

■ 자(子) : 양수(陽水)

쥐과 동물, 밤, 물, 바다, 강, 하천, 매립지, 자정, 얼음, 비, 구름, 수도꼭지, 바늘류, 남근, 정자(精子), 주류, 국물, 음료수, 침, 막대기, 자궁, 염증, 종기, 소변, 땀, 눈물, 설사, 피고름, 혈액, 종양 등.

■ 축(丑) : 음토(陰土)

소과 동물, 논밭, 산, 습지, 지하실, 지하굴, 터널, 묘지, 하수구, 화장실, 화장품, 물통, 우유 · 유류 · 주류 창고, 호수, 물밑, 잇몸, 갈비뼈, 거북이, 소갈비, 그릇, 구멍, 섬, 담, 암초, 바위, 벽, 레미콘 배합, 진흙, 황토, 위장, 비장, 치질, 염증주머니, 위염, 혈관, 종양주머니, 복부, 자궁, 질내, 냉증, 항문, 입안 등.

■ 인(寅) : 양목(陽木)

고양이과 동물, 초목, 나무, 통나무, 목재, 나무가구, 지물류, 섬유류, 이불, 식품, 곡물류, 의류, 화폐, 서책류, 문구류, 한약재, 그림류, 가옥, 자동차, 장의차, 버스, 간, 담, 다리, 손, 발, 허리, 얼굴 등.

■ **묘(卯) : 음목(陰木)**

토끼과 동물, 초목, 화초, 어류, 곡물류, 과일류, 씨앗, 야채, 한약초, 신문, 서책류, 문서, 폐, 입, 입술, 쌍으로 된 것, 항문, 여성기, 손, 발, 엉덩이, 선박, 볍씨, 신발류, 양말류, 바가지, 마음, 심장, 콩나물, 의류, 간, 담, 눈, 팔, 다리, 코, 입, 귀, 고환, 전립선, 폐, 무릎 등.

■ **진(辰) : 양토(陽土)**

녹용, 지렁이, 파충류, 진흙, 물밑, 지하실, 땅굴, 논밭, 습지, 산, 웅덩이, 댐류, 땅 위에 있는 물, 물그릇, 화학물 · 주류 · 유류 창고, 물탱크, 실험실, 섬, 쥐구멍, 암초, 바위, 위장, 비장, 치질, 염증, 냉증, 습진, 대장, 옆구리, 혈관, 자궁 질내 등.

■ **사(巳) : 음화(陰火)**

장어과 동물, 달, 별, 전자, 전기, 전동차, 기차, 철로, 트럭, 광선, 레이저, 방사선, 빵류, 접시류, 국수류, 바퀴, 조명, 자동차 헤드라이트 네온, 치아, 철사, 전선, 허리띠, 두 개의 이빨, 손가락, 발가락, 어깨, 유방, 눈, 심장, 혈압, 정신질환, 대장, 창자, 빈혈 등.

■ **오(午) : 양화(陽火)**

말과 동물, 자동차, 전자 · 전기류, 전쟁무기, 화약, 총포, 폭발, 엔진, 태양, 정오, 낮, 핵 · 열에너지, 발동기, 하늘, 불, 광선, 어깨, 눈, 심장, 고혈압, 신경정신, 뒷골, 복부 등.

■ **미(未) : 음토(陰土)**

양과 동물, 대지, 가옥, 도로, 마을, 주차장, 담, 전신주, 토석, 바위, 섬, 건축자재, 묘지, 양지, 마른 흙, 먼지, 분말, 사찰, 위장, 비장, 다리, 종아리, 옆구리 등.

■ **신(申) : 양금(陽金)**

원숭이과 동물, 철금속류, 기계부품, 정미소 · 선박 · 회전하는 기계, 톱니, 바퀴, 제재소, 방앗간, 구름, 비, 절단기, 재봉틀, 직조기, 가죽류, 패물, 폐, 가슴, 갈비뼈, 대장, 피부 등.

■ **유(酉) : 음금(陰金)**

꿩과 조류, 쇠로 만든 북, 종소리, 부처, 금은, 철재, 기계부품, 절단기, 재단기, 금형, 중장비, 가죽류, 어패류, 낚시, 재봉틀, 직조기, 바늘류, 편물기, 서방정토, 금불상, 풍경, 대장, 폐, 치아 등.

■ **술(戌) : 양토(陽土)**

개과 동물, 가옥, 부동산, 건축물, 돌산, 도로, 흙, 먼지, 불에 달군 토석, 도자기, 건축자재, 사찰, 묘지, 난방, 위장, 손발, 남성기 등.

■ **해(亥) : 음수(陰水)**

돼지과 동물, 물, 바다, 하천, 우물, 약수, 하수구, 배설물, 주류, 유류, 음료수, 죽, 국물, 독극물, 공업용수, 빙하, 얼음, 빙과류, 혈액, 뇌, 기침 등.

4. 오행(五行)의 병상(病象)

1. 목(木)

목(木)의 병상(病象)은 간과 담이다. 수(水)로부터 생을 받지 못한데 원인이 있기 때문에 수(水)의 물상만큼이나 다양한 질병이 발생한다. 화(火)나 수(水)에 목분(木焚)되어도 병(病)이 되고, 금(金)에 파극(破剋)되어도 병(病)이 되고, 토(土)가 많아 목절(木折)되어도 병(病)이 되고, 목(木)이 많거나 부족해도 병(病)이 된다.

금(金)에 파극(破剋)되거나 형충파해(刑沖破害)되어 목허(木虛)가 되는 합작품에는 갑신(甲申), 을유(乙酉), 인신(寅申), 인유(寅酉), 묘신(卯申), 묘유(卯酉) 등이 있다. 간, 담, 손발, 허리, 관절, 목, 눈, 코, 귀, 생식기, 폐, 심장, 항문, 복숭아뼈, 발목, 신경정신 등의 질병이 온다.

2. 화(火)

화(火)의 병상(病象)은 심장과 소장이다. 목(木)으로부터 생(生)을 받지 못했기 때문에 목(木)의 물상만큼이나 다양한 질병이 발생한다. 수(水)에 파극(破剋)되어도 병(病)이 되고, 목(木)이나 토(土)나 금(金)이 많아 화멸(火滅)되어도 병(病)이 되고, 화(火)가 많아도 병(病)이 된다.

천간의 병상

天干	病　　象
甲	간, 눈, 머리, 정신, 신경, 허리, 관절, 무릎, 손, 발
乙	담, 눈, 머리, 손, 발, 허리, 근육, 관절, 목, 신경, 복숭아뼈
丙	어깨, 소장, 눈, 복부, 정신, 신경, 뇌, 뒷골, 열병, 고혈압
丁	심장, 뇌, 뒷골, 저혈압, 정신, 신경, 마음, 눈, 치아
戊	위장, 간, 옆구리, 뼈, 입술, 척추
己	비장, 신경, 머리, 허리, 뼈, 뒷머리, 허리
庚	대장, 배꼽, 기침, 털
辛	폐, 피부, 종아리, 냉기침
壬	방광, 손, 발, 허리, 하체, 피부질환, 성병, 뼈, 정액, 분비물
癸	신장, 정액, 털, 뼈, 뇌, 골수, 무릎, 정수, 손, 발, 허리, 습진

수(水)나 형충(刑沖)하는 오행(五行)에 파극(破剋)되어 화허(火虛)가 되는 합작품에는 병신(丙辛), 병자(丙子), 사신(巳申), 자오(子午), 사해(巳亥), 자사(子巳), 병술(丙戌), 병진(丙辰), 정해(丁亥) 등이 있다. 심장, 소장, 뇌졸중, 혈압, 눈, 신경정신, 열병, 홧병, 담통, 무병(巫病) 등이 오고, 화(火)가 불안하면 마음의 안정을 찾지 못한다.

3. 토(土)

토(土)의 병상(病象)은 위장과 비장이다. 화(火)로부터 생(生)을 받

지지의 병상

地支	病　　象
寅	간, 담, 손, 발, 허리, 체모
卯	간, 담, 무릎, 관절, 손, 발, 체모
辰	위장, 비장, 옆구리, 뼈
巳	심장, 대장, 정신, 치아, 눈, 가슴, 손가락, 유방
午	심장, 복부, 눈, 고혈압, 마음, 어깨
未	위장, 비장, 머리, 뇌, 뼈 손, 발
申	폐, 피부, 가래, 기침
酉	대장, 폐, 피부, 배꼽
戌	위장, 비장, 근육, 옆구리, 손, 발, 남성기
亥	신장, 방광, 뇌, 뼈, 혈관
子	방광, 생식기, 자궁, 엉덩이
丑	위장, 비장, 복부, 갈비, 자궁, 항문, 잇몸

지 못한데 원인이 있기 때문에 화(火)의 물상만큼이나 다양한 질병이 발생한다. 목(木)에 파극(破剋)되어도 병(病)이 되고, 화(火)가 많아 조토(燥土)되어도 병(病)이 되고, 금(金)이 많아 토변(土變)해도 병(病)이 되고, 수(水)가 많아 토류(土流)되어도 병(病)이 되고, 토(土)가 많거나 없어도 병(病)이 된다.

목(木)이 토(土)를 아래서 위로 하극상 하거나 지지(地支)에서 토(土)와 상극(相剋)되어 토허(土虛)가 되는 오행(五行)의 합작품에는 무인(戊寅), 기묘(己卯), 인미(寅未), 묘진(卯辰), 인진(寅辰) 등이 있다. 위장, 비장, 소화기관, 염증, 종양, 척추, 갈비뼈, 후두, 뇌, 옆구리, 손발, 무릎, 허리 등에 질병이 온다.

4. 금(金)

금(金)의 병상(病象)은 대장과 폐다. 토(土)로부터 생(生)을 받지 못한데 원인이 있기 때문에 토(土)의 물상만큼이나 다양한 질병이 발생한다. 화(火)에 파극(破剋)되어도 병(病)이 되고, 토(土)가 많아 금매(金埋)되어도 병(病)이 되고, 수(水)가 많아 금침(金沈)되어도 병(病)이 되고, 목(木)이 많아 금절(金折)되어도 병(病)이 되고, 금(金)이 없거나 너무 많아도 병(病)이 된다.

화(火)가 파극(破剋)하여 금허(金虛)가 되는 오행(五行)의 합작품에는 경오(庚午), 신사(申巳), 사신(巳申) 등이 있다. 대장, 폐, 치아, 배꼽, 호흡기관, 어깨, 가슴, 허리, 피부, 담, 눈, 코, 입, 귀 등에 질병이 온다.

5. 수(水)

수(水)의 병상(病象)은 신장과 방광이다. 금(金)으로부터 생(生)을 받지 못한데 원인이 있기 때문에 금(金)의 물상만큼이나 다양한 질병이 발생한다. 토(土)에 파극(破剋)되어도 병(病)이 되고, 화(火)가 많아 수건(水乾)되어도 병(病)이 되고, 목(木)이 많아 수축(水縮)되어도 병(病)이 되고, 금(金)이 많아 수탁(水濁)되어도 병(病)이 되고, 수(水)가 없거나 많아도 병(病)이 된다.

토(土)가 아래서 위로 하극상하거나 지지(地支)에서 상극(相剋)되어 수허(水虛)가 되는 오행(五行)의 합작품에는 계축(癸丑), 계미(癸未), 임술(壬戌), 임진(壬辰), 진해(辰亥), 자미(子未), 해미(亥未) 등이 있다. 신장, 방광, 결석, 혈액, 성병, 배설기관, 혈관벽, 염증, 종양, 피부, 냉대하, 생리통, 혹, 치질, 복부, 손발 등에 질병이 온다.

제6장. 합형충파해(合刑沖破害)의 작용

합형충파해(合刑沖破害)의 작용은 다양한 합작품을 생산하는 물리적 변화로, 사주에서 두 개의 오행(五行)이나 세 개의 오행(五行)이 서로 합(合)되거나 형충파해(刑沖破害)되어 사건을 만드는 것이다.

예를 들어 오묘파(午卯破) 작품은 오(午)가 묘(卯)를 깨트리거나 묘(卯)가 오(午)를 깨트리는 물상이다.

그러나 남녀의 성교행위가 이루어지고, 바늘이 천을 누벼 의류를 생산하고, 자동차를 수리하기도 하니 흉으로만 볼 수는 없다. 이렇듯이 합형충파해(合刑沖破害)는 인간의 백사가 담겨 있고, 사교적이며 활동력의 근원이 되므로 잘 파악해서 활용해야 한다. 사건의 줄거리는 합형충파해(合刑沖破害)에서 생산되는 것이다.

1. 천간합(天干合)

甲己合	乙庚合	丙辛合	丁壬合	戊癸合
土	金	水	木	火

천간합(天干合)은 각각 여섯 번째 천간(天干)과 합(合)되어 다른 오행(五行)으로 변하는 것을 말한다. 양간(陽干)이 음간(陰干)을 만나고, 음간(陰干)이 양간(陽干)을 만나는 것이다. 마치 남녀가 배우자를 만나는 것과 같다.

- 갑기합(甲己合) = 토(土) → 중정지합(中正之合)
- 을경합(乙庚合) = 금(金) → 인의지합(仁義之合)
- 병신합(丙辛合) = 수(水) → 위엄지합(威嚴之合)
- 정임합(丁壬合) = 목(木) → 인수지합(仁壽之合)
- 무계합(戊癸合) = 화(火) → 무정지합(無情之合)

1. 갑기합(甲己合)

갑기합(甲己合)은 사주에 갑(甲)이나 기(己)가 있는데, 갑년(甲年)이나 기년(己年)이 오면 성립된다. 토(土)와 목(木)이 만나 합작하는 물상으로, 땅 위에 초목이 존재하는 것과 같다. 운세에서 갑기(甲己)가 합(合)될 때 다음과 같은 갑기(甲己) 물상의 일거리가 있거나 물상의 나들이가 있다.

■ 갑기(甲己) 물상

토목, 건축물, 건축자재, 가옥, 아파트, 담, 도로 · 주택공사, 바둑, 논밭, 섬유류, 의류, 섬모류, 목재류, 실내장식, 나무채로 하는 운동기구, 흙에 심은 나무, 토석에 기댄 초목, 목재류 · 지물류 · 어류 · 곡물류 · 서책류 창고, 도서관, 서점, 보관업소, 전신주, 대문, 미닫이, 농산물, 과일류, 화훼원예, 분재, 약재, 삼, 영지버섯, 난초, 식물원 등이고, 질병은 손발, 다리, 허리, 간, 복부, 뇌, 눈, 두통, 위장 등.

2. 을경합(乙庚合)

을경합(乙庚合)은 사주에 을(乙)이나 경(庚)이 있는데, 을년(乙年)이나 경년(庚年)이 오면 성립된다. 금(金)과 목(木)이 만나 합작하는 물상으로, 을목(乙木)이 경금(庚金)에게 가고 경금(庚金)은 을목(乙)을 담아오니, 가고 받아들여 을경(乙庚) 합작품이 생산된다.

을목(乙木)은 경금(庚金)에게 다듬어지니 아내가 남편에게 다듬어지는 것과 같고, 금(金)이 나무조각을 생산하는 것과 같다. 따라서 을목(乙木)은 경금(庚金)을 만나는 것을 기뻐하고, 경금(庚金)은 을목(乙木)을 아껴준다. 이것이 을경합(乙庚合)이다. 의류, 지물류, 실내장식 등 모든 나무제품에는 보이지는 않으나 칼, 가위, 바늘, 톱, 절단기 등이 들어 있다.

그러나 을목(乙木)이 경금(庚)의 육신(六神)에게 지나치게 극(剋)을 받아 상하면 을경(乙庚) 합작품은 실패작이 된다. 운세에서 을경합(乙庚合)될 때 다음과 같은 을경(乙庚) 물상의 일거리가 있거나 나들이가 있다.

■ 을경(乙庚) 물상

쇠로 된 연장, 연장에 베인 나무, 나무로 만든 물건, 실내장식, 직조물, 섬유류, 섬모류, 가죽류, 도마 위의 식물과 생선류, 난도질, 절단기, 재단기, 생선회, 건어물, 가공식품, 사료, 재봉틀, 약초, 종이, 조류요리, 편물, 자수, 이발, 면도, 나무에 달린 쇠붙이, 정미소, 가공된 식품류 · 곡물류 · 과일류, 의류생산, 안경, 농기구, 출판물, 박제, 신발류의 금형, 철창, 닭의 목, 화폐, 인쇄, 필기도구, 간 · 대장질환 등.

3. 병신합(丙辛合)

병신합(丙辛合)은 사주에 병(丙)이나 신(申)이 있는데, 병년(丙年)이나 신년(申年)이 오면 성립된다. 화(火)와 금(金)이 만나 합작하는 물상으로, 신금(辛金)이 병화(丙火)에게 가고, 병화(丙火)는 신금(申金)을 맞이하니 부부사이와 같다. 신금(辛金)은 병화(丙火)를 만나 용광로에서 녹아 수(水)로 변하여 온갖 금속제품이 만들어진다.

사주에 병신합(丙辛合)이 있는 사람은 예의가 바르며 아랫사람에게는 위엄이 있다. 운세에서 병신(丙辛)이 합(合)되면 다음과 같은 병신(丙辛) 물상의 일거리가 있거나 나들이 한다. 병신(丙辛) 물상은 전자나 전기에 의하여 작동하거나 생산, 조립하는 모든 기계류이며 신금(辛金)은 불의 반사를 받아 빛을 발한다.

■ 병신(丙辛) 물상

용광로 등에 녹은 쇳물, 열을 받은 쇠, 금형, 철금속류, 금은세공, 패물, 자동차 · 항공기 · 선박 · 전기 · 전자제품과 부품, 안경, 금속성 치아, 중화기, 냉방 · 온방기계, 카메라 등 촬영기, 방사선, 통신, 가죽류, 시계, 용접, 방전, 충전, 건전지, 소화기, 엔진, 발동기, 동력, 수도꼭지, 염색물감, 유류, 전등, 가공한 음료수, 빙과류, 주방기구, 전동차, 기관차, 증기기관, 자석, 고혈압, 신경정신, 심장, 소장, 뇌혈관, 두통, 어깨통, 대장 호흡기, 폐, 목, 피부 등.

4. 정임합(丁壬合)

정임합(丁壬合)은 사주에 정(丁)이나 임(壬)이 있는데, 정년(丁年)이나 임년(壬年)이 오면 성립된다. 화(火)와 수(水)가 만나 합작하는 물상으로, 정화(丁火)가 임수(壬水)에게 가고, 임수(壬水)는 정화(丁火)를 맞이한다. 정임합(丁壬合)은 어둠과 밝음의 합작이다. 불은 불에 흡수되나 물이 많으면 꺼진다.

사주에 정임합(丁壬合)이 있으면 작은 일에서도 쉽게 흥분하여 감정을 노출하는 경향이 있다. 임일간(日干)이 임(壬)이 두 개 이상 있으면 여자는 질투심이 강하고, 남자는 결혼을 실패하는 경우가 많다. 운세에서 정임합(丁壬合)되면 다음과 같은 정임(丁壬) 물상의 일거리가 있거나 나들이가 있다.

■ 정임(丁壬) 물상

밤하늘의 달 · 별, 번개불, 불빛, 조명, 야광, 수력 · 화력 · 원자력 발전, 용접, 충전, 방전, 합선, 건전지, 화재, 에너지, 자동차, 세차, 원동기, 발동기, 양수기, 증기기관, 전동차, 엔진, 카인테리어, 실내장식, 비, 구름, 목욕탕, 온천, 온수, 냉수, 자동차 헤드라이트, 통신, 소화기, 텔레비전, 주방기구, 가스류, 주류, 유류, 물, 미용, 이용, 술집, 식당, 염색, 페인트, 전자파, 레이저, 물에 비친 달 · 별, 심장, 마음, 눈, 방광, 신장, 신경정신, 두통, 빈혈, 혈압, 뇌혈관 등.

5. 무계합(戊癸合)

태초에 땅은 불덩어리였다. 물이 생기고 흙은 물을 담는 그릇이 되었다. 이것이 무토(戊土)와 계수(癸水)의 합(合)이다. 무계합(戊癸合)은 사주에 무(戊)나 계(癸)가 있는데, 무년(戊年)이나 계년(癸年)이 오면 성립된다. 토(土)와 수(水)가 만나 합작하는 것이다. 계수(癸水)는 무토(戊土)에게 가고, 무토(戊土)는 계수(癸水)를 맞이한다. 흙이 있는 곳에는 물이 머무를 수 있으니 부부사이와 같다. 운세에서 무계합(戊癸合)되면 다음과 같은 무계(戊癸) 물상의 일거리가 있거나 나들이가 있다.

■ 무계(戊癸) 물상

화산, 용암, 온천, 목용탕의 더운물, 이사, 숙박업소, 자동차, 중장비, 중화기, 굴삭기 등 땅을 파는 기계, 부동산, 건축물, 건축자재, 엔진, 동력, 발동기, 물, 댐, 호수, 수원지, 샘, 계곡, 저수지, 수맥, 정수기, 물탱크, 수도꼭지, 목욕탕, 다리, 산, 산의 정상, 백두산, 고층건물, 단독주택, 난방, 배관, 유류, 주유소, 칠, 주류, 주류창고, 술·물을 담은 그릇류, 염료, 염색, 골탈, 포장도로, 빗길, 운전면허증, 가스류, 수증기, 연기, 증기기관, 반죽류, 제과류, 화덕, 도자기 등 불에 구운 기물, 신장, 방광, 위장, 수족, 허리, 피부 등.

■ 천간합(天干合)의 활용법

예를 들어 여자가 기일간(己日干)인데, 갑년(甲年)이 오면 갑목정관(甲木正官)이 기토(己土)와 합작한다. 여자에게 정관(正官)이나 관성(官星)은 남편에 해당하므로 애인이 생기거나 남편과 분리, 질병, 생사이별 등이 따른다.

남편과 떨어져 있는 사람은 남편이 돌아오고, 미혼녀는 혼사가 이루어지고, 약혼녀는 파혼한다. 이와 같이 합(合)에는 들고 남이 있으므로 함께 있는 사람에게는 분리가 있고, 떨어져 있는 사람에게는 만남이 있다.

한 가지 예를 더 들면, 남자가 갑일간(甲日干)인데 기년(己年)이나 갑년(甲年)이 오면 기토(己土)와 합작한다. 남자에게 정재(正財)는 아내와 재물에 해당하므로 남녀의 분리나 이별이 발생한다.

이처럼 갑기합(甲己合)이 이루어지면 해당하는 육친과 질병, 상해, 생사이별 등이 따른다. 이때 갑기합(甲己合)의 부동산과 같은 물상으로 나들이를 대체하면 화액을 면하거나 가볍게 넘길 수 있다. 을경합

(乙庚合), 병신합(丙辛合), 정임합(丁壬合), 무계합(戊癸合)도 같은 원리이니 참고해서 활용하면 된다. 뒤에 소개되는 간합(干合) 물상을 참고하도록 한다.

2. 지지삼합(地支三合)

寅午戌合	申子辰合	巳酉丑合	亥卯未合
火局	水局	金局	木局

삼합(三合)은 지지(地支)의 세 글자가 화합하여 하나의 덩어리(局)를 만드는 것을 말한다. 다시 말해 세 개의 기(氣)가 뭉쳐 세력을 만드는 것이며, 삼군(三軍)이 연합하여 세력이 두터운 쪽으로 오행(五行)이 변하는 것이다. 두 개만 있어도 약한 삼합(三合)으로 본다.

■ 인오술삼합(寅午戌三合) = 화국(火局)
나무가 불을 지피니 화염을 이룬다.

■ 신자진삼합(申子辰三合) = 수국(水局)
구름이 물을 쏟으니 바다를 이룬다.

■ 사유축삼합(巳酉丑三合) = 금국(金局)
용광로에 금을 녹여 기계를 만든다.

■ 해묘미삼합(亥卯未三合) = 목국(木局)
우로가 수목을 도우니 산림을 이룬다.

인오술(寅午戌) 물상은 나무가 불을 태우니 천지(天地)는 화염의 기세에 쌓이고, 신자진(申子辰) 물상은 비구름이 홍수를 만드니 물바다로 변하며, 사유축(巳酉丑) 물상은 불에 쇠를 녹여 그릇에 담으니 철금속이 산처럼 쌓이고, 해묘미(亥卯未) 물상은 물이 나무를 생(生)하니 대지에 나무가 가득하다.

예를 들어 사주에 인오술(寅午戌)이 있으면 삼합화국(三合火局)이 되는 것이다. 이때 인(寅)과 술(戌)은 중심 세력인 화(火)에 흡수된다. 사주에 삼합(三合)이 없어도 운에서 국(局)을 이루는 경우도 있다. 예를 들어 사주에 인(寅)과 술(戌)만 있는데 오(午)가 없으면 이합(二合)이지만 대운(大運)이나 년운(年運)에서 오(午)를 만나면 삼합(三合)이 되어 화국(火局)을 이룬다. 다른 경우에도 이와 같은 원리를 적용한다.

1. 인오술삼합(寅午戌三合)

나무(寅)와 불(午)이 함께하는 곳(戌)이다. 인오술삼합(寅午戌三合)은 사주에 인오술(寅午戌)이 있는데 인년(寅年)이나 오년(午年)이나 술년(戌年)이 오면 성립된다. 불이 나무를 만난 격이라 화염이 충천하여 하늘을 찌르는 형상으로, 인(寅)이나 오(午)나 술(戌)이 합(合)하면 인오술(寅午戌)에 해당하는 육친과 질병, 상해, 생사이별 등이 따른다. 이때 다음과 같은 인오술(寅午戌) 물상으로 나들이를 대체하면 화액을 면하거나 가볍게 넘길 수 있다.

■ 인오술(寅午戌) 물상

자동차, 자동차 엔진 · 화재 · 고장 · 수리 · 생산 · 충돌 · 분실, 주차장, 차고, 차도, 카인테리어, 창고, 농기구, 중장비, 중화기, 경마장, 승마, 마굿간, 마부, 호랑이 굴, 산불, 식물, 산림, 논밭에 심은 농작물, 화훼농원, 가옥, 건축물, 실내장식, 화재, 난방, 난로, 발전소, 건전지, 자석, 석탄, 돌산, 돌가루, 운전사, 수리기사, 양지, 부동산, 먼지, 화산, 정오, 토석, 토석가공과 조각, 건축자재, 도자기 등 흙을 구워 만든 기물, 화상입은 사람, 총포에 맞은 사람, 총포상, 건물 안에 있는 가전제품, 전기 · 전자제품의 생산과 분실, 육친의 가출 · 이별 · 상해 · 쟁투, 교환, 판매, 이사, 이동, 부동산 매매 · 중개, 점포수리, 창업, 폐업, 이혼, 파혼, 재산손익, 남녀간의 갈등, 육친간의 갈등, 식품가공, 말라죽은 초목, 벌목장, 농원, 식물원, 온실, 고혈압, 홧병, 간, 위장 등.

2. 신자진삼합(申子辰三合)

수(水)의 근원(申)이 물(子)을 생산하니 바다(辰)에 머문다. 신자진삼합(申子辰三合)은 사주에 신자진(申子辰)이 있는데, 신년(申年)이나 자년(子年)이나 진년(辰年)이 오면 성립된다. 태풍이 구름을 몰고와 홍수를 만드니 물바다가 되는 형상이다. 신(申)이나 자(子)나 진(辰)이 합(合)하면 신자진(申子辰)에 해당하는 육친과 질병, 상해, 생사이별 등이 따른다. 이때 다음과 같은 신자진(申子辰) 물상으로 나들이를 대체하면 화액을 면하거나 가볍게 넘길 수 있다.

■ 신자진(申子辰) 물상

바다 · 호수 등 물이 있는 곳, 비, 구름, 홍수, 지하, 지하수로, 지하의 송수관 · 송유관, 수도, 수도꼭지, 공업용수, 물통, 물 · 유류저장고, 난방, 기계가 설치된 공장, 회전기계, 톱니, 바퀴, 물에 잠긴 기계, 철사, 선박, 선박기계, 선반, 스쿠루우, 발동기, 양수기, 엔진, 기계부품을 생산하는 공장, 쇳물, 주방기구, 냉장고, 냉동기, 세탁기, 정수기, 음료수, 주류, 얼음, 빙과류, 빙산, 빙하, 물밑, 늪지, 습지, 논밭 · 가옥 · 점포 · 공장의 침수, 파도, 태풍, 수난, 해난, 육지와 바다의 연결지점, 섬, 돌, 바위, 모래, 자갈, 비에 젖은 도로, 빙판길, 댐, 수문, 원유, 주유소, 포장도로, 페인트칠, 미장작업, 건축물, 도로공사, 철물점, 철재류 생산 · 창고, 금형, 기계에 절단과 가공되는 토석, 귀금속 가공, 보석상, 토석반죽, 굴, 굴삭기, 구멍을 파는 기물, 석탄류, 설거지, 세면기, 변기, 물 · 국물을 담은 그릇, 쥐과 동물, 쥐구멍, 남녀 성교행위, 자위행위, 가죽제품, 쇠의 연결고리, 악세서리, 술집, 주류생산, 원유가공, 물시계, 물에서 돌아가는 기계, 숫돌, 금광석, 금수강산, 금강산, 녹용, 탕약, 폐, 냉기침, 위장, 비장 등.

3. 사유축삼합(巳酉丑三合)

사유축삼합(巳酉丑三合)은 사주에 사유축(巳酉丑)이 있는데, 사년(巳年)이나 유년(酉年)이나 축년(丑年)이 오면 성립된다. 광산을 화약으로 폭발시키니 철금속이 지구를 덮어씌우듯이 쏟아지는 형상이다. 사(巳)나 유(酉)나 축(丑)이 합(合)하면 사유축(巳酉丑)에 해당하는 육친과 질병, 상해, 생사이별 등이 따른다. 이때 다음과 같은 사유축(巳酉丑) 물상으로 나들이를 대체하면 화액을 면하거나 가볍게 넘길 수 있다.

■ 사유축(巳酉丑) 물상

용련된 철기물, 전자전기가 흐르는 기계류, 용광로에서 생산되는 철근, 기계류의 금형, 철공소, 제철소, 광산, 철금속, 철금속을 다듬는 일, 철물상, 금형, 용접, 자동차 · 전기 · 전자제품과 부품의 생산 · 공장 · 창고 · 판매업소, 기계, 기계가 설치된 장소, 전기가 흐르는 기계, 전등, 전자파, 방사선, 촬영기, 통신, 패물, 보석상, 보석가공, 기차류와 정거장, 철로, 중화기, 농기구, 가죽벨트, 가죽류, 박제, 닭갈비, 변기, 세면기, 주방기구, 난로, 절단하는 기구, 재단하는 기구, 줄, 창고, 차고, 쇠창살, 철재를 덮은 레미콘, 건축용 철재, 철재 조립식건물, 쇠로 만든 연장, 나무에 부착된 쇠붙이, 그릇류, 도자기, 항아리, 가죽류 가공기계, 치아, 심장, 비장 등.

4. 해묘미삼합(亥卯未三合)

해묘미삼합(亥卯未三合)은 나무는 물을 받아 생(生)함을 얻으니 땅위에 초목이 무성한 형상이다. 해묘미삼합(亥卯未三合)은 사주에 해묘미(亥묘未)가 있는데, 해년(亥年)이나 묘년(卯年)이나 미년(未年)이 오면 성립된다. 비가 내려 초목을 도우니 수목(水木)의 세력이 하늘을 덮어씌우듯이 기세를 떨치는 형상으로, 해(亥)나 묘(卯)나 미

(未)가 합(合)하면 해묘미(亥묘未)에 해당하는 육친과 질병, 상해, 생사이별 등이 따른다. 이때 다음과 같은 해묘미(亥묘未)의 물상으로 나들이를 대체하면 화액을 면하거나 가볍게 넘길 수 있다.

■ 해묘미(亥卯未) 물상

물과 나무와 흙의 만남, 산돼지, 돼지우리, 산토끼, 토끼장, 곡물류를 먹는 돼지와 토끼, 토끼의 길, 산양, 염소, 양의 젖, 흑염소와 한약재가 들어간 탕약, 돼지고기 요리와 가공품, 혈액, 국물, 초목, 자동차 기름, 도로, 산림, 설경, 초목에 내리는 비, 호수, 강, 가옥, 건축물, 실내장식, 흙, 모래, 자갈, 시멘트, 레미콘, 도배, 당구, 벽지, 벽에 붙은 목재와 지물류, 서책류와 창고, 책꽂이, 인쇄물, 출판사, 인쇄소, 제본소, 화병에 꽂은 화초, 난초, 목기류, 서각품, 문구류, 도서관, 서점, 나무가구로 장식한 실내, 미술품, 물감, 염색, 페인트칠, 검정색 종이 · 의류, 의류 · 고무공장, 식품, 과수원, 과일류, 과즙, 식물재배, 콩나물 등의 수경재배 식물, 농산물과 가공, 화훼원예, 물 위에 있는 선박, 은행, 체모, 생선회, 어류, 낚시, 신발류 · 의류판매장, 바퀴, 이륜차, 물, 음료수, 빙과류, 샘, 냉장 · 냉동품, 냉장고, 유류, 주유소, 주류, 스프링쿨러, 양수기, 정수기, 유류 · 주류 창고, 신장, 방광, 위장, 간장 등.

■ 지지삼합(地支三合)의 활용법

남자가 재성(財星)이 없거나, 있어도 운에서 들어와 삼합(三合)되면 재물이나 아내나 아버지와 질병, 상해, 분리, 생사이별 등이 따른다. 여자가 관성(官星)이 삼합(三合)되면 남편과 상극(相剋)되고, 식상(食傷)이 삼합(三合)되면 자식과 상극(相剋)되고, 인성(印星)이 삼합(三合)되면 어머니나 고부간에 상극(相剋)되고, 비겁(比劫)이 삼합(三合)되면 형제나 친구와 상극(相剋)되어 질병, 상해, 분리, 생사이별 등이 따른다. 사건은 운세에서 합(合)될 때 일어나는 것이다.

3. 지지육합(地支六合)

子丑合	寅亥合	卯戌合	辰酉合	巳申合	午未合
土	木	火	金	水	不變

육합(六合)은 천간합(天干合)과 마찬가지로 여섯 글자가 합(合)되어 다른 오행(五行)으로 변하는 것을 말한다. 양간(陽干)이 음간(陰干)을 만나고, 음간(陰干)이 양간(陽干)을 만나는 것이다. 마치 남녀가 배우자를 만나는 것과 같다.

운세에서 지지(地支)를 육합(六合)하는 때가 오면 육합(六合)하는 육친에게 생사이별의 나들이가 있다. 이때 육합(六合)하는 물상으로 나들이를 대체하면 화액을 면하거나 가볍게 넘길 수 있다. 자세한 설명은 육합(六合)의 활용법을 참고하도록 한다.

■ 자축합(子丑合) = 토(土)

물은 그릇에 담고 흙에 흡수된다.

■ 인해합(寅亥合) = 목(木)

나무는 물을 흡수하여 정을 통한다.

■ 묘술합(卯戌合) = 화(火)

나무는 흙을 만나 상합하여 정을 통한다.

■ 진유합(辰酉合) = 금(金)

금은 땅에 묻혀 생한다.

■ 사신합(巳申合) = 수(水)

전기는 기계를 돌리는 역할을 한다.

■ 오미합(午未合) = 변하지 않음

태양은 땅 위를 반사한다.

1. 자축합(子丑合)

쥐과 동물, 쥐구멍을 드나드는 쥐, 송수관, 송유관, 물, 유류, 주류, 혈관에 흐르는 피, 주류 · 유류 · 물 저장고, 지하수, 지하실의 누수, 수맥, 지하수로, 구멍을 드나드는 물질, 성교행위, 지하실 · 진흙 · 논밭에 고인 물, 늪지, 습지, 하수구, 화장품, 술통, 물통, 병, 항아리, 도자기, 그릇류, 부동산, 술집, 주유소, 물과 관계된 사업을 하는 사람의 집, 사무실, 점포, 배설물, 변기, 논밭을 파는 농기계, 돌샘, 목욕탕, 웅덩이, 호수, 위장에 들어가는 물 · 약물 · 독극물, 절구질, 물감, 시멘트나 모래 등의 배합, 바다와 육지의 연결지점, 석탄류, 빗길, 우유, 죽, 국물, 쇠고기 요리 · 국물, 밀가루 반죽, 터널을 지나가는 기차, 벼루와 먹물, 검은 돌, 만년필, 페인트칠, 골탈, 칠판, 분필, 혈액은행, 술잔, 술병, 혀, 바위, 산, 돌, 파도에 부딪치는 바위 · 자갈 · 모래, 소의 피, 자라의 피, 방생, 자위행위, 혈관주사, 위장, 자궁, 질내의 염증, 성병, 피부, 냉대하, 복부, 치질, 생리통, 잇몸, 갈비뼈, 아랫배와 손발이 냉함, 복수가 차는 병 등.

2. 인해합(寅亥合)

물을 마시는 고양이과 동물, 검은 고양이, 검은 호랑이, 돼지를 잡은 호랑이, 물에 빠진 호랑이, 물에 빠진 자동차, 기름을 넣은 자동차, 비에 젖은 가옥, 수분을 흡수하는 초목, 물 위에 뜬 나무, 건축물, 물, 나뭇배, 해초류, 수경재배 식물, 스프링쿨러, 꽃꽂이, 식품, 농작물, 과일류, 버섯류, 가공식품, 야채국물, 죽, 발효 · 염분 · 색소가 들어간 식품, 수입돼지 고기, 돼지의 간, 식당, 간판, 페인트칠, 염색, 세차, 인쇄, 서책류, 미술품, 만화책, 세탁, 색동옷, 색종이, 주류, 술집, 문구류, 한지, 의류, 비단, 한약, 음료수, 빙과류, 통나무 다리, 간, 피부, 혈액, 관절, 방광, 신장, 수분이 마르는 질환, 질내 분비물이 마르는 질환 등.

3. 묘술합(卯戌合)

토끼의 굴, 토끼의 길, 토끼를 잡은 개과 동물, 토끼고기를 먹은 위장, 고목, 초목을 심은 땅, 새싹이 움트는 대지, 흙에 기대 있는 나무, 땅콩을 심은 땅, 건축용 목재, 목공소, 가구점, 실내장식, 벽에 붙은 장식품, 도배지, 건축설계, 부동산, 건축물, 가옥, 점포, 사무실, 통나무집, 잔디밭, 잔디구장, 정원수, 가로수, 밥, 은행, 호두, 땅콩, 볍씨, 목화, 곡물류, 과일류, 신발류 · 의류 · 지물류 · 목재류 창고와 생산공장, 가내공장, 봉제공장, 건어물 · 생선류 · 신발류 판매장, 농산물 가공과 창고, 땅을 밟은 신발류, 손발로 하는 운동, 구기운동, 등산용 · 운동용 · 경기용 신발류와 의류, 춤, 바둑, 당구장, 사찰, 토굴, 논밭, 도서관, 서점, 독서실, 서류, 문서, 물고기 그물, 남녀 성행위, 과수원, 화훼원예, 난초, 바퀴, 삼륜차, 이륜차, 주차장, 차고, 제본, 인쇄소, 신문사, 석탄류, 간, 담, 위장질환, 손발, 관절, 폐, 콩팥, 심장, 여성기, 엉덩이, 항문, 유방, 건성피부, 고환, 전립선, 눈, 복숭아뼈 등.

4. 진유합(辰酉合)

지하에 매장된 철광석, 금광맥, 탄광채굴, 침전된 금은, 패물, 패물함, 보석상, 귀금속 · 가죽 창고, 의류기계가 설치된 장소, 금형, 금고, 굴을 파는 굴삭기, 지하에 박은 철근, 건축용 · 건설용 철재, 철금속 생산공장, 동전, 진흙 속의 어패류, 닭장, 닭가죽, 악어가죽, 사찰, 불상, 종각, 석조각, 전각, 톱, 칼, 돌을 깨는 기구, 병, 도자기, 금융기관, 위장, 대장, 호흡기관, 항문, 대장, 치아 등.

5. 사신합(巳申合)

뱀에게 물린 원숭이, 틀에 치인 뱀, 물고기와 낚시, 뱀술, 뱀독, 물고기 그물, 낚시 바늘에 걸린 장어과 동물, 전류가 흐르는 기계, 회전하는 기계, 감는 기계, 수력발전, 나사, 굴렁쇠, 전기, 전자, 전기 · 전자제품, 가전제품, 주방기구, 전선, 철사, 통신, 텔레비전, 카메라, 카메라 랜즈, 전자파, 안경, 연결고리, 자동차, 자동차 바퀴, 항공기 · 선박의 부품조립과 생산, 뱀가죽, 악어가죽, 가죽가공, 봉제, 총포, 조명, 자동차 헤드라이트, 건전지, 방전, 충전, 누전, 감전, 번개, 송수신기, 광선, 레이저, 용접, 난방, 테이프, 음반, 동전, 필름, 허리띠, 금니, 기차류, 전쟁무기, 포탄, 화약, 발동기, 장신구, 달, 별, 치과기구, 치기공, 사이가 벌어진 치아, 금속성 치아, 용광로, 철금속, 제철 · 제련소, 칼, 톱, 시위를 벗어난 화살, 어깨, 심장, 신장, 정신, 치아, 호흡기관, 대장, 감기 등.

6. 오미합(午未合)

마굿간, 경마장, 차고, 주차장, 차도, 교차로, 횡단보도, 자동차 · 전기 · 전자제품 창고, 열에너지 저장고, 송전소, 전신주, 가로등, 정오의 태양, 양지, 지구, 적도, 지축, 도로 위의 자동차, 터널을 지나가는 자동차, 소방차, 지진, 화산, 화재, 지열, 용광로, 난로, 흙, 먼지, 분말, 땅을 파는 굴삭기, 비석, 석조각, 불에 구운 건축자재, 붉은 벽돌, 돌안경, 돌산 · 굴을 폭파하는 작업, 화약폭발, 화차, 총포, 양을 모는 말, 야생마, 말이 있는 마을, 말이 있는 산, 비행기장, 남향집, 부동산, 도자기, 항아리, 고혈압, 눈, 복부, 어깨, 위장, 비장, 머리, 무병(巫病) 등.

■ 지지육합(地支六合)의 활용법

사주에 있는 오행(五行)이 대운(大運)이나 년운(年運)이나 월운(月運)에서 육합(六合)될 때 작용한다. 재물손실이나 해당하는 육친과 질병이나 생사이별 등이 따른다. 이때 육합(六合)되는 물상이 육친을 대신하여 나들이를 하면 육친상극(六親相剋)에서 오는 생사이별, 분리, 질병 등을 대체하여 화액을 면하거나 가볍게 넘길 수 있다.

비겁(比劫)이 육합(六合)되면 형제나 친구와 이별과 만남이 따르고, 관성(官星)이 육합(六合)되면 남자는 자식을 낳거나 자식과 이별하고, 여자는 남편과 이별하거나 외정이 따른다.

재성(財星)이 육합(六合)되면 재물손실이나 아내와 이별, 질병, 생사이별, 외정 등이 있다. 그러므로 여자가 남편을 육합(六合)하면 다른 남자가 들어와서 통정하는 사건이 일어나, 부부 생사이별의 화액을 대체하게 되는 경우가 많은데 이를 액땜이라고 한다. 자식을 육합(六合)하면 자식을 낳거나 자식의 가출, 이별 등이 따른다.

간단하게 요약하면 합(合)은 들어오고 나가는 것이고, 충(沖)은 나가고 들어오는 것이다. 합(合)에는 충(沖)이 있고, 충(沖)에는 합(合)이 있기 때문이다. 예를 들면 인해합(寅亥合)에는 임병충(壬丙沖)이 있고, 자오충(子午沖)에는 정임합(丁壬合)이 동반한다. 따라서 합(合)은 이별을 보고, 충(沖)은 승진 등의 분발을 본다.

4. 지지삼형(地支三刑)

寅巳申三刑	丑戌未三刑	子卯相刑

지지(地支)에는 인사신삼형(寅巳申三刑), 축술미삼형(丑戌未三刑), 자묘삼형(子卯三刑), 진진삼형(辰辰三刑)이 있다. 인사신삼형(寅巳申三刑)과 축술미삼형(丑戌未三刑)은 두 글자만 만나도 작용한다. 이 살(殺)이 있으면 남을 묶지 않으면 내가 묶이는 형상이니 법조인, 의사, 교육자, 약사 등으로 나가면 길하다. 또 한쪽 부모와 일찍 이별하거나 소아마비에 걸리고, 늙어서는 뇌졸중 등의 질병이 따른다.

1. 인사신삼형(寅巳申三刑) : 지세지형(持勢之刑)

인사신삼형(寅巳申三刑)은 역마성(驛馬星)과 생지(生支)에 있는 삼형(三刑)이다. 서로 찌르는 형상으로 화합할 수 없어 시위를 벗어난 화살과 같고, 총포에서 날아간 실탄과 같다.

사주에 인사신삼형(寅巳申三刑)이 있으면 정의와 개척정신이 강하기 때문에 야망을 펼쳐 타의 추종을 불허한다. 그러나 굽힐 줄 모르며 지나치게 뜨겁고 날카로와 함정에 빠져 범법자가 되기도 한다. 나의 칼날에 남이 다치거나 다른 사람의 칼날에 내가 다치는 흉살(凶

殺)이다.

사주에 인사신삼형(寅巳申三刑)이 있는데, 대운(大運)이나 년운(年運)에서 또 들어오면 인사신(寅巳申)이 동(動)하여 재물손실, 질병, 상해, 생사이별 등이 따른다. 그러나 인사신(寅巳申) 물상으로 나들이를 대체하면 화액을 면하거나 가볍게 넘길 수 있다.

■ 인사신(寅巳申) 물상

자동차 · 전기 · 전자제품의 부품생산과 조립, 건축물 · 가옥 · 점포 등의 매매 · 수리 · 이사 · 이동, 농기구, 정미기에 도정되는 곡물류, 연결고리, 전선, 철사, 선박용 루프, 전등, 레이저, 방사선, 치기공, 금은세공, 용광로, 가죽류 · 지물류 생산, 식품가공, 연쇄점, 봉제, 재봉틀, 직조기에 섬유를 짜는 것, 도박, 여행, 무역, 외교관, 영업사원, 집배원, 선전원, 운전기사, 운동선수, 기계류의 기술자, 기계류의 제품생산, 특허품, 창작, 연구원 등.

2. 축술미삼형(丑戌未三刑) : 무은지형(無恩之刑)

축술미삼형(丑戌未三刑)은 화개살(華蓋殺)과 지살(地殺)의 고장지(庫藏地)에 있다. 토(土)가 동(動)하여 쟁투하며 파괴하는 것이다. 사주에 축술미삼형(丑戌未三刑)이 있으면 은혜를 원수로 갚거나, 받는 경우가 있다.

사주에 축술미삼형(丑戌未三刑)이 있는데, 대운(大運)이나 년운(年運)에서 또 들어오면 축술미(丑戌未)가 동(動)하여 재물손실, 질병,

상해, 생사이별 등이 따른다. 그러나 다음과 같은 축술미(丑戌未) 물상으로 나들이를 대체하면 화액을 면하거나 가볍게 넘길 수 있다.

■ 축술미(丑戌未) 물상

부동산, 전답, 산, 묘지, 비석, 돌, 건축자재, 벽돌, 기와, 타일, 도자기, 그릇, 점포, 사무실, 창고, 사찰, 토굴, 차고, 지하실, 담, 성벽, 수석, 섬, 바위, 법원, 경찰서, 교도소, 유치장, 다리를 저는 사람, 중풍, 종교인, 승려, 교도관, 경찰관, 법조인 등.

3. 자묘삼형(子卯三刑) : 무례지형(無禮之刑)

자묘삼형(子卯三刑)은 도화살(桃花殺)의 함지(陷地)와 현침살(懸針殺), 목욕살(沐浴殺)에 있다. 자묘삼형(子卯三刑)은 서로 쟁투하며 구멍을 향해 돌진하는 것과 같아 바늘이 천을 누비는 형상이다. 무례하고 수치를 모를 정도로 색을 즐기며 관재구설이 따른다.

사주에 자묘삼형(子卯三刑)이 있는데, 대운(大運)이나 년운(年運)에서 또 들어오면 자묘(子卯)가 동(動)하여 재물손실, 질병, 상해, 생사이별 등이 따른다. 그러나 자묘(子卯) 물상으로 나들이를 대체하면 화액을 면하거나 가볍게 넘길 수 있다.

■ 자묘(子卯) 물상

음식, 가공식품, 면직류 · 섬유류 · 섬모류 생산, 목기가공, 가구류, 식물성 국물, 수경재배 식물, 토끼요리, 수족관의 물고기, 생선요리,

낚시, 난도질, 봉제, 재봉, 뜨개질, 구멍에 들어가는 물질과 쥐, 성교행위, 목욕, 침술, 주사, 자수, 종기, 쌍꺼풀, 허리통증, 손발상해와 결림, 자궁 · 항문염증, 자살행위 등.

4. 진오유해자형(辰午酉亥自刑)

辰辰自刑	午午自刑	酉酉自刑	亥亥自刑

진진자형(辰辰自刑), 오오자형(午午自刑), 유유자형(酉酉自刑), 해해자형(亥亥自刑)으로 같은 오행(五行)끼리 세력을 다투는 것으로 결국 하나는 세력을 잃고 쓰러진다. 사주에 진오유해자형(辰午酉亥自刑)이 있으면 저력과 꾸준한 노력으로 경쟁과 쟁투에서 승리하고, 큰 일에는 지혜를 모아 해결하는 수완가이기도 하다. 그러나 성급하여 작은 일에도 화를 잘 내며, 감정을 쉽게 발산하는 경향이 있다.

사주에 진오유해자형(辰午酉亥自刑)이 있는데, 대운(大運)이나 년운(年運)에서 또 들어오면 진오유해(辰午酉亥)가 동(動)한다. 진진자형(辰辰自刑)은 흙이 무너져 매몰되어 보물이 묻히고, 오오자형(午午自刑)은 마음의 상처나 교통사고 등이 따르고, 유유자형(酉酉自刑)은 망신이나 관재구설이 따르고, 해해자형(亥亥自刑)은 재물손실이 따른다.

인성(印星)이 자형(自刑)되면 어머니가 두 분이고, 비겁(比劫)이 자형(自刑)되면 이복형제가 있고, 재성(財星)이 자형(自刑)되면 아내의 인연이 바뀌고, 관성(官星)이 자형(自刑)되면 여자는 두 번 결혼하고, 남자는 자식들의 싸움이 그치지 않는다.

5. 지지육충(地支六沖)

寅申沖	巳亥沖	子午沖	卯酉沖	辰戌沖	丑未沖

지지충(地支沖)은 지지(地支)에서 상반된 오행(五行)이 만나 서로 싸우는 것을 말한다. 음(陰)과 음(陰), 양(陽)과 양(陽)의 상극(相剋) 관계다. 충(沖)은 멀리서 충(沖)하는 요충(遙沖)과 가까이서 충(沖)하는 상충(相沖)이 있는데, 상충(相沖)의 작용이 요충(遙沖)보다 더 강하다.

- 인신충(寅申沖) = 금목상충(金木相沖)
- 사해충(巳亥沖) = 수화상충(水火相沖)
- 자오충(子午沖) = 수화상충(水火相沖)
- 묘유충(卯酉沖) = 금목상충(金木相沖)
- 진술충(辰戌沖) = 토토상충(土土相沖)
- 축미충(丑未沖) = 토토상충(土土相沖)

1. 인신충(寅申沖)

인신충(寅申沖)이란 금목(金木)이 상충(相沖)하는 것으로 금(金)이

목(木)을 찍는 형상이다. 사주에 인(寅)이나 신(申)이 있는데 인년(寅年)이나 신년(申年)이 올 때 작용한다. 해당하는 육친에게도 영향이 미친다. 상충(相沖)은 지나쳐도 흉이 되고, 약하여 미치지 못해도 흉이 된다.

목(木)은 금(金)에 의해 다듬어지니 금(金)을 반긴다. 이와 같이 금목상충(金木相沖)은 부부와 같아 공생관계를 이룬다. 인신충(寅申沖)은 칼이 나무를 조각하는 격이니 활동력이 풍부하여 대성하는 사람이 많다. 그러나 예리한 칼날에 조각되는 금목(金木) 관계가 있고, 도끼에 쪼개지는 금목(金木) 관계가 있고, 톱으로 잘라야 하는 금목(金木) 관계가 있다. 연필깍는 칼로 다듬어야 할 나무가 도끼를 만나면 결코 다듬어질 수 없듯이, 서로 필요로 하는 금목(金木)이 만나야 길복을 누린다.

인신충(寅申沖)될 때 재물손실, 질병, 생사이별 등이 따른다. 그러나 다음과 같은 인신(寅申) 물상으로 나들이를 대체하면 화액을 면하거나 가볍게 넘길 수 있다.

■ 인신(寅申) 물상

초목, 나무조각, 나무가구, 건축용 · 실내장식용 목재, 제재소, 가옥, 사무실, 이사, 지물류, 건축용 철재, 자동차 부품, 껍질을 벗기는 기계, 방앗간, 직조기, 인쇄기, 윤전기, 편물기, 농기구, 농산물, 과일류, 과수원, 식품가공, 사료, 의류, 이불, 자수, 화훼농원, 꽃꽂이, 기록, 설계, 봉제, 재봉틀, 약재, 출판물, 미술품. 문구류, 재단, 절단, 식물의 난도질, 간판, 침술, 주사, 종소리, 법당, 목탁, 악기, 수술, 구기운동, 태권도, 손으로 하는 운동, 골프채, 흉터, 검난, 주방장 등 칼을 사용하는 직업, 화폐, 유가증권, 문서, 송사, 관재구설, 상해, 고양이 소리, 신경통, 요통, 두통, 담통, 골다공증, 무릎관절, 손발상해, 기계 · 교통사고, 간질환, 수족통증과 절단, 뇌졸중 등.

2. 사해충(巳亥沖)

사해충(巳亥沖)은 수화(水火)가 상충(相沖)되는 것으로 음(陰)과 음(陰)의 상극(相剋) 작용이다. 사주에 사(巳)나 해(亥)가 있는데 사년(巳年)이나 해년(亥年)이 올 때 작용하며, 해당하는 육친에게도 영향이 미친다. 수(水)가 화(火)를 만나면 화기(火氣)를 제압하고, 화(火)는 수(水)를 만나면 복종하고 반긴다.

수화(水火)가 상극(相剋)되면 부부인연이 따르거나 공생관계를 이루나, 지나치거나 미치지 못하면 부작용이 따른다. 예를 들면 수(水)가 많아 미약한 사(巳)를 공격하면 태풍 앞의 등불이고, 수(水)와 화(火)가 모두 많으면 세력다툼이 벌어진다.

사해충(巳亥沖)될 때 재물손실, 질병, 생사이별 등이 따른다. 그러나 다음과 같은 사해(巳亥) 물상으로 나들이를 대체하면 화액을 면하거나 가볍게 넘길 수 있다. 사해(巳亥)가 있으면 활동력이 넘치며 사교적이고 기동력이 있어 사업으로 출세한다.

■ 사해(巳亥) 물상

밤하늘의 달 · 별, 비와 구름에 가린 달 · 별, 밤에 보는 등불 · 자동차 헤드라이트, 기름을 사용하는 등불, 불꽃놀이, 전자파, 통신, 조명, 발전소, 용접, 충전, 광선, 방사선, 엔진, 기관, 발동기, 자동차, 전화, 충전, 감전, 더운물, 이륜차, 기차류, 세차, 신호등, 전쟁무기, 총포, 화약, 건전지, 중화기, 세차, 소방차, 화재, 충돌, 철로, 카메라류, 영사기, 수중폭발, 반점 등의 점, 사마귀, 혹, 전기 · 전자제품, 냉난방, 온수, 낚시, 빵류, 기름에 튀긴 음식, 생선회, 돼지고기 요리, 두 개의 치아, 부러진 치아, 사이가 뜬 치아, 손가락, 발가락, 쌍꺼풀, 안약, 심장약, 쟁반, 그릇에 담은 물, 양수기, 샘물, 소변, 설사, 혈액, 장어과 동물 · 탕 · 가죽, 뱀독, 뱀술, 뱀을 잡은 돼지, 돼지를 잡은 뱀. 자위행위, 떠돌아 다니고 싶은 마음, 성급한 사람과 마음, 감정을 억제하지 못하는 사람, 신들린 사람, 마음의 상처를 받은 사람, 마음을 다스리지 못하는 사람, 해외여행, 운전기사, 심장, 신경정신, 열병, 혈압, 마비, 수두, 홍역, 피부, 혈액, 눈, 신장, 치아, 대장, 두통, 염증, 종양, 뇌졸중, 수족, 화상, 무병(巫病), 저혈압 등.

3. 묘유충(卯酉沖)

묘유충(卯酉沖)은 금목(金木)이 상충(相沖)하는 것으로 음(陰)과 음(陰)의 상극(相剋) 작용이다. 사주에 묘(卯)나 유(酉)가 있는데 묘년(卯年)이나 유년(酉年)이 올 때 작용하며, 해당하는 육친에게도 영향이 미친다.

양목(陽木)과 양금(陽金)이 합작하는 인신충(寅申沖)과 비슷하다. 양목(陽木)이 칼이나 톱 등에 다듬어지는 것이라면, 음목(陰木)은 초목 등을 자르고 다듬어 만든 가공품이다. 음(陰)은 양(陽)보다 유순해 보이나 날카롭고 강한 면이 있다. 음(陰)과 양(陽)은 약함과 강함의 차이가 아니라 용도의 차이가 있을 뿐이다.

음목(陰木)인 묘(卯)는 음금(陰金)인 유(酉)의 처첩과 같아 유금(酉金)의 지배 여하에 따라 다르게 다듬어진다. 초목을 자르는데 도끼의 만남은 실패작이요, 종이나 섬유나 가죽 등을 재단하는데 도끼나 낫을 만나면 실패작이다.

묘유충(卯酉沖)될 때 재물손실, 질병, 생사이별 등이 따른다. 그러나 다음과 같은 묘유(卯酉) 물상으로 나들이를 대체하면 화액을 면하거나 가볍게 넘길 수 있다. 묘유충(卯酉沖)이 있는 사람은 묘유(卯酉) 물상으로 직업을 삼으면 대길하며, 상당한 재물을 모을 수 있다.

■ 묘유(卯酉) 물상

도마 위의 생선, 닭, 토끼, 토끼덫, 토끼가죽, 직조기, 재단되는 가죽 · 섬유 · 지물류, 과일 · 곡물의 껍질을 벗기는 기계, 초목 · 식품가공, 신발재단 · 봉제, 가죽구두, 제화, 자전거, 잔디깎기, 방앗간 · 선박기계, 철사, 농산물, 음식, 나무가구, 나무조각, 실내장식, 생활용품, 문구류, 서책류, 표구류, 완구류, 한약재, 콩나물, 은행, 미꾸라지, 멸치, 난초, 넝쿨나무, 톱밥, 대패질, 목수, 가지치기, 벌초, 벌목, 풀을 베는 낫, 출판사, 제본, 인쇄, 인쇄물, 철창문, 건축용 철재, 악기소리, 쇳소리, 바늘류, 나무그릇, 병, 운동기구, 오락기구, 새장, 조류요리 · 박제, 의류, 양말류, 재봉틀, 편물기, 바느질, 가죽제품, 자동차 바퀴, 이륜차, 삼륜차, 철금속, 패물, 금고, 허리띠, 법당, 부처,

간, 담, 대장, 치아, 수족, 허리, 신경통, 관절, 가슴앓이, 심장, 폐, 눈, 무릎, 엉덩이, 복숭아뼈 등.

4. 자오충(子午沖)

자오충(子午沖)은 수화(水火)가 상충(相沖)되는 것으로 양수(陽水)와 양화(陽火)의 상극(相剋) 작용이다. 음수(陰水)와 음화(陰火)가 합작하는 사해(巳亥) 물상과 비슷하다. 사주에 자(子)나 오(午)가 있는데 자년(子年)이나 오년(午年)이 오면 작용하며, 해당하는 육친에게도 영향이 미친다.

사해(巳亥)가 달과 바다의 만남이라면, 자오(子午)는 바다와 태양의 만남이다. 불과 기름의 만남이고, 불과 물의 만남이니 수화(水火) 물상이 모두 흉한 것도 아니고, 그렇다고 길한 것도 아니다. 따라서 자(子)가 오(午)를 만나면 물이 불을 다스려 수화(水火) 합작품에서 발전하나 자오충(子午沖)은 재물손실, 교통사고, 질병, 생사이별 등이 따른다. 그러나 다음과 같은 자오(子午) 물상으로 나들이를 대체하면 화액을 면하거나 가볍게 넘길 수 있다. 자오(子午)가 있으면 교통사고, 정신분열, 복부수술 등이 따르나 대체로 출세하는 사람이 많다.

■ 자오(子午) 물상

수력 · 화력 · 원자력 발전, 핵 · 열에너지, 밤, 낮, 해돋이, 하늘, 소나기, 쥐덫, 남녀 성행위, 배 위에 오른 사람, 자동차 주행, 교통사고, 자동차 · 전기 · 전자제품 생산, 자동차 헤드라이트, 자동차 · 엔진기름, 유류차, 소방차. 발동기, 승마, 말에 가하는 채찍, 마부, 바늘류, 안과·외과 의사, 검난, 칼잡이, 카메라, 눈동자, 렌즈, 텔레비전, 세탁기, 냉장고, 냉동기, 통신, 송수신, 전자파, 레이저, 방사선, 자외선, 항공기, 조명, 감전, 세차, 더운물, 복부, 눈, 고혈압, 심장, 홧병, 뇌졸중, 열병, 어깨, 질식, 뇌, 신경정신, 소장, 정액, 방광, 신장 등.

5. 진술축미충(辰戌丑未沖)

진술축미충(辰戌丑未沖)은 토(土)와 토(土)가 상충(相沖)되는 것으로 음(陰)과 음(陰), 양(陽)과 양(陽)의 상극(相剋) 작용이다. 사주에 진(辰)이나 술(戌)이나 축(丑)이나 미(未)가 있는데 진술축미년(辰戌丑未年)이 오면 작용하며, 해당하는 육친에게도 영향을 미친다.

진술축미(辰戌丑未)는 토석의 다양한 변화를 의미한다. 생활용품, 건축자재, 가옥, 건축물, 예술품 등의 형충(刑沖)에서 이루어진다. 토고(土庫)는 충출(沖出)되어 개고(開庫)되어야 길하다. 고(庫門)문이 열리지 않으면 고충(庫沖)될 때 출세한다.

진술축미충(辰戌丑未沖)이 있으면 재물손실, 질병, 생사이별 등이 따른다. 그러나 다음과 같은 진술축미(辰戌丑未) 물상으로 나들이를 대체하면 화액을 면하거나 가볍게 넘길 수 있다.

■ 진술축미(辰戌丑未) 물상

토석의 배합·조각, 진흙, 대지, 흙이 무너지고 땅을 파헤치는 작용, 돌을 깨는 작용, 그릇 등을 깨트리는 작용, 땅이 갈라지고 뒤집히는 작용, 반죽, 도자기나 토기 등 흙으로 빚은 그릇, 만물이 놓인 곳 · 보관하는 곳, 가두는 곳, 창고에 있는 물건, 부동산, 부동산 매매 · 임대 · 임차, 건축물, 가옥, 성벽, 담, 건물의 이사 · 수리 · 파괴 · 매매, 건축자재, 바위섬, 사찰, 묘지, 터널, 굴, 묘지이장, 매립지, 동물사육장, 부엌, 화덕, 지하, 사찰, 마을, 도로, 지하수, 온천, 금광석, 탄광, 탄광석, 화산, 지진, 용암, 불덩어리, 철로, 석조물, 전각, 공장, 화장품 등 끈끈한 물질, 오물, 굴삭기, 감금, 법원, 경찰서, 등기소, 골탈, 승려, 교도관, 경찰관, 법관, 종교인, 경비직, 나무를 심은 땅, 늪지, 습지, 광맥, 수맥, 금맥, 사계절, 고장지(庫藏地), 화개살(華蓋殺), 쟁투, 관재구설, 소갈비, 우유 · 유류 저장고, 주유소, 원유, 위장, 비장, 복부, 맹장, 다리, 염증, 종양, 자궁, 잇몸, 옆구리, 머리, 손발, 뇌졸중, 창자, 치질, 항문, 눈, 코, 입, 귀, 갈비뼈 등.

■ 진술축미(辰戌丑未)의 고장지(庫藏地)와 형충(刑沖)

진술축미(辰戌丑未)의 사고(四庫)는 물질을 암장(暗藏)하거나 담는 그릇으로, 만물이 놓인 장소를 의미한다. 크게는 지구를 말하고 작게는 창고나 그릇을 말한다. 진(辰)은 물(水)을 담는 그릇이고, 술(戌)은 불(火)을 담는 그릇이고, 축(丑)은 철금속(金)을 담는 그릇이고, 미(未)는 나무(木)를 담는 그릇이다. 사주에 진술축미(辰戌丑未) 사고(四庫)가 있는데 형충(刑沖)되는 년(年)이나 목(木), 화(火), 토(土), 금(金), 수(水)의 년(年)이 와서 사고(四庫)에 물상을 담을 때 재물손실, 질병, 상해, 생사이별 등이 따른다.

미(未)에 목(木)을 담으면 나무나 건축물에 치이고, 술(戌)에 화(火)를 담으면 총난이나 화재 등을 당하고, 축(丑)에 금(金)을 담으면 기계나 땅에 치이고, 진(辰)에 수(水)를 담으면 물에 치여 해난이 따른다.

고장지(庫藏地)를 형충(刑沖)하면 입고물(入庫物)의 생사이별을 막지 않으면 안 된다. 고(庫)안에 들어가는 합작물상을 참고하여 나들이 사건을 추리한다.

1. 진(辰) : 수고(水庫)

진고(辰庫)에는 신자유(申子酉)가 들어가고, 을계무(乙癸戊)를 암장(暗藏)하고 있다. 사주에 진(辰)이 있는데 갑년(甲年)이 오면 갑(甲)이 동(動)하여 진고(辰庫)로 들어가고, 자년(子年)이 오면 자(子)가 동(動)하여 진고(辰庫)로 들어가고, 유년(酉年)이 오면 유(酉)가 동(動)하여 진고(辰庫)로 들어간다.

이와 같이 진고(辰庫)로 들어간 물상은 축술미형충(丑戌未刑沖)을 기다려 개고(開庫)되어야 사건의 나들이가 있다. 고장지(庫藏地)에 형충(刑沖)을 가할 때 고(庫)에 들어간 물상들이 밖으로 나와 나들이를 하고, 고장지(庫藏地)에서 밖으로 나온 오행(五行)들은 사주에 있는 오행(五行)과 합작하여 사건을 만든다.

진고형충(辰庫刑沖)은 형충(刑沖)을 받은 고(庫)가 깨지는 것과 같아서 고장지(庫藏地)에 있던 물상에게 재물손실, 질병, 상해, 생사이별 등이 따른다. 자진(子辰), 신진(申辰), 진유(辰酉)의 합작품이 나들이 하는 변화가 있다.

예를 들어 여자에게 유금(酉金)은 관성(官星)이다. 사주에 진고(辰庫)가 있는데 유년(酉年)이 오면 남편 유(酉)는 진고(辰庫)로 들어가 진유(辰酉) 합작품이 생산된다. 이때 사주에 진(辰)을 형충(刑沖)하는 오행(五行)이 있으면 진고(辰庫)가 깨지므로 유(酉)는 재물손실, 질병, 상해, 생사이별 등이 따른다. 만일 사주에 진(辰)을 형충(刑沖)하는 오행(五行)이 없어도 운에서 진(辰)을 형충(刑沖)하는 오행(五行)이 들어오기 때문에 화액이 따른다.

유(酉)의 입고물(入庫物)인 남편의 화액을 대체하는 방법은, 진유(辰酉) 합작물상이 남편을 대신하여 나들이를 해야 한다. 진유(辰酉) 합작품은 물밑, 진흙에 묻힌 어패류, 금형에 담긴 철금속, 그릇에 담은 죽은 닭 등이다.

■ 진(辰) 물상

바다 · 호수 등 물이 있는 곳, 유류 · 주류 · 녹용 · 국물 · 죽 · 물 등을 담은 그릇과 보관하는 창고, 술집, 땅, 지하수, 수맥, 하수구, 쥐구멍, 섬, 지하, 습지, 늪지, 묘지, 물밑, 화장실, 화장품, 배설물, 건축물, 난방, 송유관, 송수관, 도자기, 항아리, 진흙, 빗길, 물, 원유, 골탈, 포장도로, 화장품, 진흙, 황토방, 위장, 비장, 치질, 항문, 종기, 습진, 피부질환, 염증주머니 등.

2. 술(戌) : 화고(火庫)

술고(戌庫)에는 인오묘(寅午卯)가 들어가고, 신정무(辛丁戊)가 암장(暗藏)하고 있다. 사주에 술(戌)이 있는데 인년(寅年)이 오면 인(寅)이 동(動)하여 인술(寅戌) 합작품이 생산되고, 오년(午年)이 오면 오(午)가 동(動)하여 오술(午戌) 합작품이 생산되고, 묘년(卯年)이 오면 묘(卯)가 동(動)하여 묘술(卯戌) 합작품이 생산된다. 이와 같이 술고(戌庫)에서 합작된 물상은 진축미(辰丑未) 술고(戌庫)를 형충(刑沖)할 때 사건의 나들이가 있다.

술(戌)은 인오묘(寅午卯)의 사건을 담은 보따리와 같으며, 진축미(辰丑未)가 운에서 들어오거나 사주에 있는 술(戌)을 형충(刑沖)하거나 고(庫)를 형충(刑沖)하는 것은 사건의 보따리를 풀어놓는 것과 같다. 이와 같이 고(庫)가 형충(刑沖)받을 때 육친에게 생사이별이 따른다.

남자에게 오화(午火)는 재성(財星)인데 오년(午年)이 오면 오(午)의 처첩이 술고(戌庫)에 들어가고, 사주에 오(午)가 있으면 오(午)의 아내와 재물이 입고(入庫)한다. 재성(財星)이 입고(入庫)되면 아버지나 아내에게 화액이 따른다. 그러나 오(午)의 물상으로 나들이를 대체하면 화액을 면하거나 가볍게 넘길 수 있다.

■ 술(戌) 물상

창고, 화덕, 엔진이 설치된 곳, 소방차가 있는 곳, 화재를 당한 주택, 화재와 관계 있는 회사. 부동산과 관계 있는 기관이나 업소, 도로, 건축물, 땅, 흙, 돌, 건축용 석재, 화산, 콘크리트, 석탑, 마을, 화약폭발, 광산, 굴, 터널, 전신주, 묘지, 용광로, 금고, 쇳물을 담은 용기, 주차장, 땅, 자동차 · 전기 · 전자제품 생산공장, 자동차 수리공장, 비장, 위장, 손, 발, 중풍, 허리, 옆구리, 소아마비 등.

3. 축(丑) : 금고(金庫)

축고(丑庫)에는 사유자(巳酉子)가 들어가고, 계신기(癸辛己)를 암장(暗藏)하고 있다. 사주에 축(丑)이 있는데 사년(巳年)이 오면 사(巳)가 동(動)하여 사축(巳丑) 합작품이 생산되고, 유년(酉年)이 오면 유(酉)가 동(動)하여 유축(酉丑) 합작품이 생산되고, 자년(子年)이 오면 자(子)가 동(動)하여 자축(子丑) 합작품이 생산된다.

축고(丑庫)에 합작된 물상은 진술미(辰戌未)의 행운(行運)에서 축(丑)을 형충(刑沖) 할 때 입고물(入庫物)이 밖으로 나와 사건의 나들이가 발생하며, 해당하는 육친에게도 영향이 미친다. 재물손실, 질병, 생사이별 등이 따르나 다음과 같은 축(丑)의 물상으로 나들이를 대체하면 화액을 면하거나 가볍게 넘길 수 있다.

■ 축(丑) 물상

쇠 · 물을 담은 그릇, 철금속이 매장된 지하, 굴, 터널, 탄광, 습지, 늪지, 지하실, 건축물, 가옥, 사무실, 도로, 담, 화장실, 하수구, 배설물, 창고, 철창, 닭장, 구치소, 땅밑, 물밑, 묘지에 들어온 물, 논밭, 웅덩이, 송수관, 송유관, 진흙, 도자기 등 항아리류, 용광로, 젖은 땅,

레미콘, 원유, 건축자재, 금형, 금고, 부동산과 관계 있는 기관과 업소, 샘, 지하실의 누수, 수맥, 금맥, 비석, 점포, 공장, 바위, 섬, 전각, 돌조각, 혈관, 창자, 위장, 비장, 아랫배, 다리, 치질, 냉증, 염증, 자궁안, 질내, 종기, 종양, 정액, 분비물, 생리통, 냉대하, 결석 등.

4. 미(未) : 목고(木庫)

미고(未庫)는 목(木)을 담는 그릇으로 오해묘(午亥卯)가 들어가고, 정을기(丁乙己)를 암장(暗藏)하고 있다. 사주에 미(未)가 있는데 오년(午年)이 오면 오(午)가 동(動)하여 오미(午未) 합작품이 생산되고, 묘년(卯年)이 오면 묘(卯)가 동(動)하여 묘미(卯未) 합작품이 생산되고, 해년(亥年)이 오면 해(亥)가 동(動)하여 해미(亥未) 합작품이 생산된다.

미고(未庫)에 합작된 물상은 축년(丑年)이나 술년(戌年)이 와서 미(未)를 형충(刑沖)할 때 입고물(入庫物)이 밖으로 나와 사건의 나들이가 생긴다. 이를테면 형충(刑沖)을 기다려 동(動)하는 것이다. 사주에 묘미합(卯未合)이 있으면 묘(卯)는 미고(未庫)에 들어가 있는 것과 같다.

또 사주에 미(未)를 형충(刑沖)하는 오행(五行)이 있거나 대운(大運)이나 년운(年運)에서 오면, 묘(卯)는 미고(未庫)에서 나와 다양한 오행(五行)과 합작하면서 묘미(卯未), 묘술(卯戌), 묘유(卯酉), 묘진(卯辰), 묘자(卯子), 묘해(卯亥) 등의 물상을 만든다.

진술축미(辰戌丑未)의 묘고(卯庫)는 천지사옥(天地四獄)에 있다.

남자는 이곳에 재성(財星)이 들어가면 고장지(庫藏地)에 형충(刑沖)을 가할 때 재물과 아내에게 화액이 따르고, 여자는 관성(官星)이 들어가면 형충(刑沖)될 때 남편과 생사이별이 따른다. 그러나 다음과 같은 미(未)의 물상으로 나들이를 대체하면 화액을 면하거나 가볍게 넘길 수 있다.

■ 미(未) 물상

창고, 목재가공 공장, 목재상, 건축물에 부착된 목재, 토목에 이용하는 목재, 논밭, 산, 나무를 심은 땅, 가로수, 도로, 교차로, 횡단보도, 가옥, 점포, 사무실, 주차장, 의류판매장, 동물사육장, 음식점, 술집, 바다와 육지의 연결지점, 운동장, 잔디장, 구기운동을 하는 장소, 손발을 이용하는 운동, 전신주, 돌기둥, 돌탑, 화산, 용암, 광산, 부동산, 건축과 관계 있는 기관 · 사무실 · 중개인, 산장, 사찰, 토굴, 돌계단, 묘지, 시외버스 주차장, 정거장, 다리, 흙, 먼지, 분말, 도자기 등의 항아리류, 그릇, 돌가루, 위장, 비장, 다리, 옆구리 등.

6. 지지육파(地支六破)

子酉破	丑辰破	寅亥破	午卯破	巳申破	戌未破

파(破)는 부순다는 뜻으로, 작용은 충(沖)과 비슷하나 조금 약하다. 자유파(子酉破), 축진파(丑辰破), 인해파(寅亥破)는 일반적인 파(破)

이고, 오묘파(午卯破)는 색정, 실패, 유흥 등이 일어난다. 사신파(巳申破)는 처음에는 합(合)의 작용으로 시작하나 중간에 불화가 생겨 파산이나 재물손실 등이 따르고, 술미파(戌未破)는 골육상쟁, 구설시비, 배신, 질투 등이 따른다.

사주에 이 살(殺)이 있는데 대운(大運)이나 년운(年運)에서 또 들어오면 작용한다. 그러나 다음과 같은 물상으로 나들이를 대체하면 화액을 면하거나 가볍게 넘길 수 있다.

1. 자유파(子酉破)

주류, 유류, 물, 꽃병, 물을 담은 병이나 그릇, 도자기, 그릇에 담긴 물, 주류 · 유류 저장고, 기계에 사용하는 기름, 선박기계, 닭, 닭요리, 닭피, 닭가죽, 닭장, 닭스프, 닭목을 물은 쥐, 쥐가죽, 쥐틀, 철창, 대장염증, 수술, 종양, 자궁 등.

2. 축진파(丑辰破)

부동산 매매, 건축과 가옥의 수리 · 이사, 논밭경작, 땅을 파헤치는 일, 습토, 지하실, 땅밑, 광물질, 돌, 돌산, 탄광, 연탄, 시멘트, 레미콘, 교통과 관계 있는 일거리, 철로, 굴, 터널, 땅울림, 논밭갈이를 하는 소, 맹장, 비장, 위장, 손발, 머리, 뇌, 복부, 냉대하, 자궁, 치질, 염증주머니, 아랫배, 항문 등.

3. 인해파(寅亥破)

먹거리 재배, 해초류, 야채류, 약초류, 버섯, 스프링쿨러, 물 위에 뜬 배, 자동차용 기름, 물먹는 호랑이 · 초목, 야채국물, 고양이탕, 끈끈한 액체, 화장품, 술과 안주, 돼지를 잡은 호랑이, 총에 맞은 돼지, 족발, 정골, 방광, 신장 등.

4. 오묘파(午卯破)

신발류나 의류 등의 봉제, 직조기에 짜이는 섬유류, 자수, 뜨개질, 장갑, 양말류, 나무가구, 나무조각, 편물, 침술행위, 성폭행, 간통, 성교행위, 주사, 눈을 찌른 바늘, 자동차 고장과 수리, 말발굽에 치인 토끼, 말 엉덩이이에 가하는 채찍, 엉덩이, 눈, 복부 등.

5. 사신파(巳申破)

자동차 · 전기 · 전자제품의 생산과 부속조립, 바퀴, 기차류, 철로, 감전, 철사, 전선, 로우프, 사이가 뜨는 이, 회전하는 기계, 총포, 파충류, 뱀탕, 원숭이를 물은 뱀, 총에 맞은 원숭이, 또아리를 튼 뱀. 뱀술, 뱀을 잡은 틀, 뱀을 쪼아먹는 부리, 상해를 입은 뱀, 뱀을 자르는 칼, 손가락과 발가락을 자르는 칼, 자위행위, 뱀가죽, 뱀의 피, 손발에 찔린 바늘, 기계에 치인 손발, 냉혈동물의 가죽, 대장, 치아, 심장, 혈압 등.

6. 술미파(戌未破)

양을 문 개과 동물, 부동산 중개소, 부동산 매매, 이사, 건축, 증축, 개축, 수리, 점포 · 도로 · 창고의 수리, 자물쇠를 작동하는 행위, 산, 들, 건축자재, 개간, 채석, 경작, 광산, 골동품과 매장물을 캐냄 등이고, 질병은 위장, 비장, 다리, 뇌졸중, 복통, 손발 등.

7. 지지육해(地支六害)

子未害	丑午害	寅巳害	辰卯害	申亥害	酉戌害

해(亥)는 오행(五行)의 서로 다른 성격이 나쁘게 작용하는 것을 말한다. 충(沖)과 파(破)는 극단적으로 작용하지만 해살(害殺)은 은근하게 해를 끼친다. 자미(子未)와 축오(丑午)는 원진살(怨嗔殺)의 작용이 더 강하고, 인사(寅巳)는 인사신삼형(寅巳申三刑)의 작용이 더 강하고, 유술(酉戌)은 원진살(怨嗔殺)에 가깝고, 진묘(辰卯)는 신해(申亥)만이 해살(害殺)의 작용을 한다.

대운(大運)이나 년운(年運)에서 상해하는 사건이 일어나면, 다음과 같은 상해하는 물상으로 나들이를 대체하면 화액을 면하거나 가볍게 넘길 수 있다.

1. 자미해(子未害)

몽둥이에 맞은 쥐, 쥐틀에 치인 쥐, 마굿간에 들어간 쥐, 돌맹이에 맞은 쥐, 자갈, 모래, 흙반죽, 레미콘 배합, 땅밑, 수로, 웅덩이, 호수, 물그릇, 물을 흡수하는 흙, 양의 피, 논밭에 고인 물, 진흙, 도자기, 산, 물, 유류 · 물탱크, 구멍난 항아리, 난방, 샘, 파도, 쥐를 때려잡는 막대기, 빗길, 눈길, 신장, 방광, 요로결석, 생리통 등.

2. 축오해(丑午害)

말발굽에 치인 소, 소뿔에 받힌 말, 논밭, 습지에 내린 태양, 쥐구멍에 드는 해, 횡단보도 위의 자동차, 차도 · 철로 위의 자동차, 마굿간, 콘크리트, 주차장, 섬에 있는 말, 남향집, 불에 구운 건축용 토석, 논밭을 가는 농기구, 엔진이 달린 농기구, 건조기, 창고 안의 전등, 묘지기, 창고지기, 복부, 위장, 비장, 치질, 통증과 수술 등.

3. 인사해(寅巳害)

자동차 · 전기 · 전자제품 수리, 교통 · 엔진 · 바퀴 사고, 장의차, 시외버스, 봉고, 트럭, 운전사, 이사, 뱀과 호랑이의 싸움, 불에 타는 목재, 화재, 자동차 화재 · 교환 · 분실, 열에 가공한 식품, 국수류, 빵류, 통조림, 간, 대장, 손발, 치아, 심장, 혈관 등.

4. 진묘해(辰卯害)

흙을 흡수하는 초목, 신발류 · 의류 · 섬유류 공장과 창고, 늪지의 초목, 목재 · 곡물류 · 과일류 창고, 의류 · 지물류 · 문구류 판매장, 사무실, 녹용이 들어간 한약, 토끼의 길, 토끼굴, 갈대, 대나무, 버드나무, 은행나무, 난초류, 화훼농원, 신발류 생산 · 창고 · 판매장, 위장, 간, 손발, 엉덩이, 피부, 치질 등.

5. 신해해(申亥害)

돼지, 돼지가죽, 공업용수, 쇳물, 금은을 녹인 물, 물에 잠긴 철금속, 돼지를 잡는 망치 · 창 · 칼 · 기계, 유류, 양수기, 광천수, 철분이 함유된 물, 바다, 비구름, 태풍, 송수관, 송유관, 샘, 주방기구, 수도꼭지, 기침, 감기, 객담, 호흡기관, 피부, 폐, 뇌 등.

6. 유술해(酉戌害)

닭을 잡은 개, 개를 잡은 망치, 닭을 쫓는 강아지, 틀에 끼인 개과 동물, 돌맹이에 맞은 닭, 닭목을 비트는 행위, 당하고 가해하는 행위, 철망으로 된 닭장과 개집. 기계가 설치된 공장, 철공소, 철금속을 다루는 공장, 철물점, 건축용 철재, 지하에 매장된 철금속, 닭장, 항아리류, 꽃병, 대장, 위장, 다리, 옆구리 등.

제7장. 신살론(神殺論)

살(殺)에는 수백 가지가 있으나 이 책에서는 중요한 몇 가지만을 다루기로 한다. 십이신살(十二神殺), 천을귀인(天乙貴人), 암록(暗祿), 합덕귀인(合德貴人), 금여록(金輿祿), 양인살(羊刃殺), 괴강살(魁罡殺), 비인살(飛刃殺), 음차살(陰差殺), 양차살(陽差殺), 고신살(孤身殺), 과숙살(寡宿殺), 공망(空亡), 복음살(伏吟殺), 원진살(怨嗔殺), 삼재(三災) 등은 모두 두 글자 이상이 합작하여 사건을 만든다.

1. 십이신살(十二神殺)

1. 겁살(劫殺)

겁살(劫殺)은 남에게 정신적으로나 물질적으로 빼앗긴다는 살(殺)

십이신살 조견표

十二神殺 \ 年日支	辛子辰	巳酉丑	寅午戌	亥卯未
劫 殺	巳	寅	亥	申
災殺, 囚獄殺	午	卯	子	酉
天 殺	未	辰	丑	戌
地 殺	申	巳	寅	亥
年殺, 桃花殺	酉	午	卯	子
月殺, 枯草殺	戌	未	辰	丑
亡身殺	亥	申	巳	寅
將 星	子	酉	午	卯
攀 鞍	丑	戌	未	辰
驛馬殺	寅	亥	申	巳
六害殺	卯	子	酉	午
華蓋殺	辰	丑	戌	未

로, 도둑을 맞는 일이나 강제로 당하는 일 등이 해당된다. 검난, 총난, 전사, 수난, 화재, 산액, 교통 · 감전 · 철길 · 열차 · 기계사고 등이 따른다. 이 살(殺)이 있으면 자동차, 관광, 해운, 해외, 영업, 군인, 전기, 전자, 방위산업 등으로 나가면 길하다.

2. 재살(災殺)

감옥에 가는 살(殺)로 일명 수옥살(囚獄殺)이라고도 한다. 장성살(長星殺)과 충(沖)되면 재살(災殺)이 된다. 명예와 실권을 두고 쟁탈전을 벌이는 형상이므로 납치, 감금, 소송, 급성질환, 교통사고, 횡사, 혈광사 등이 따른다. 남녀 모두 음탕하여 이성으로 인한 구설이 따른다. 이 살(殺)이 있으면 침술, 바늘, 신발류, 의류, 섬유류, 지물류, 법관, 교도관, 경찰, 식품가공업, 농원, 한약재, 한의사, 약사, 음식업 등으로 나가면 길하다.

3. 천살(天殺)

천재지변과 같이 불시에 닥치는 재난으로 슬픔, 죽음, 관재구설, 수해, 질병 등이 따른다. 늙어서 이 살(殺)이 있으면 중풍에 걸리거나 수명이 온전하기 어렵다. 이 살(殺)이 있으면 부동산, 건축, 주택, 건설, 경찰, 군인, 창고직, 종교인 등으로 나가면 길하다.

4. 지살(地殺)

작용은 역마살(驛馬殺)과 비슷하다. 활동적이며 노력형으로 모험과 개혁을 좋아하나 성급하여 한 곳에 정착하기 어렵다. 일이 많고 분주하며 이동과 변화가 많다. 수난, 해난, 화재, 검난, 수술, 상해, 산액, 관재구설, 교통 · 총기 · 감전 · 기계사고 등이 따르고 가문에 전사자가 있는 경우가 많다. 이 살(殺)이 있으면 관광, 총포, 방위산업, 해운, 통신, 자동차, 전자, 전기, 무역, 해외, 영업직, 수리 등으로 나가면 길하다.

5. 년살(年殺)

일명 도화살(桃花殺)이라고도 한다. 이 살(殺)에 해당하면 남녀 모두 쾌락을 추구하거나 색정문제로 함정에 빠지게 된다.

6. 월살(月殺)

창고를 파괴하는 살(殺)로 무엇이든지 빠져나간다. 고집살이라고도 하며 화개살(華蓋殺)과 충(沖)된다. 종교로 인한 문제가 발생하며, 개를 조심해야 한다. 손발상해, 복부수술, 위장질환 등이 따른다. 늙어서 이 살(殺)이 있으면 손발장애가 온다. 부동산, 건축, 기업, 종교인, 법조계, 군인, 점술가, 은행 등의 보관업으로 나가면 길하다.

7. 망신(亡身)

말 그대로 망신살이 뻗치는 살이다. 개혁과 정의를 좋아하며 남의 일에 나서기를 좋아하여 화를 부르기도 한다. 종교는 기독교 계통이 길하다. 교통사고, 상해, 산액, 해난, 총난, 검난, 수난 등이 따른다. 이 살(殺)이 있으면 전기, 전자, 자동차, 철도, 중화기, 전쟁무기, 기계부품, 군인, 법조계, 관광, 해외근무, 출장근무, 행상, 영업직, 자동차보험 등으로 나가면 길하다.

8. 장성(長星)

장성(長星)은 장군을 뜻한다. 승진, 권력, 발전 등이 따라 군인, 경찰, 법관, 공직 등에서 크게 출세하는 경우가 많다. 그러나 부부갈등이 심하고 색난, 수난, 검난, 영난, 형난, 교통사고, 상해, 수술, 요절 등이 따른다.

9. 반안(攀鞍)

반안(攀鞍)이란 말 위에 있는 안장에 편안하게 앉는다는 뜻이다. 편안하고 안정되어 만사가 잘 풀리나 잘못하면 말에서 떨어져 낙상할 수도 있다. 3년 주기로 직장이나 주거를 옮기는 경향이 있고, 손발상해나 결림, 복부 · 위장질환 등이 따른다. 이 살(殺)이 있으면 경찰, 교도관, 군인, 종교인, 부동산, 주택관리, 난방, 토목, 건축, 도로공사, 창고직, 보관업, 역술인, 미장공 등으로 나가면 길하다.

10. 역마(驛馬)

작용은 지살(地殺)과 비슷하나 조금 더 강하다. 두뇌회전이 빠르고 활동력이 강하며 부지런하다. 여유있는 생활을 하며 풍류를 즐기나 한 곳에 정착하지 못한다. 자리 옮김, 직장의 변화, 이사, 승진 들이 있으나 부부간에 분리가 있다. 이 살(殺)이 있으면 운수, 해운, 관광, 무역, 외교, 운동선수, 영업, 수금사원 등으로 나가면 크게 성공한다.

■ 역마변통(驛馬變通)

십이신살(十二神殺) 중에서 가장 많은 변화를 만드는 것이 역마살(驛馬殺)이다. 인오술(寅午戌)은 신역마(申驛馬)이고, 신자진(申子辰)은 인역마(寅驛馬)이고, 사유축(巳酉丑)은 해역마(亥驛馬)이고, 해묘미(亥卯未)는 사역마(巳驛馬)다.

예를 들어 사주에 인(寅), 오(午), 술(戌)이 있는데 신년(申年)이 오면 신역마(申驛馬)가 작용한다. 해당하는 육친에게도 영향이 미친다. 장생지(長生地)에 있으면 건왕(建旺)하고, 절지(絶地)에 있으면 다리가 부러진 말이고, 병지(病地)에 있으면 병든 말을 타고 가는 것과 같다. 그러나 준마를 타면 목적지를 향하여 치닫는다.

역마살(驛馬殺)은 십이운성(十二運星)으로는 병지(病地)에 해당한다. 병든 환자가 역마(驛馬)를 차고 병원이나 요양소로 가는 격이니 자리 이동 등의 변화가 생긴다. 인역마(寅驛馬)는 신(申)에 있으니 병든 환자를 치료하기 위해서는 장생(長生)이 와서 신역마(申驛馬)를 형충(刑沖)하는 인신(寅申) 작용이 성립된다. 마치 병을 치료하기 위해 말에게 채찍을 가하는 것과 같고, 환자를 병원으로 옮기는 자리 이동과 같다.

인년(寅年)에는 인신(寅申) 합작품의 역마(驛馬)가 생산되고, 오년(午年)에는 오신(午申) 합작품의 역마(驛馬)가 생산되고, 술년(戌年)에는 술신(戌申) 합작품의 역마(驛馬)가 생산된다.

역마(驛馬)의 물상은 가옥 · 점포 · 사무실 등의 이동, 판매, 창업, 폐업, 휴업, 출장, 해외나들이, 출장, 관광, 무역, 외출, 가출, 도망, 자동차 운행, 입원, 퇴원 등이다.

11. 육해(六害)

글자 그대로 여섯 가지 해를 당한다는 살(殺)이다. 사주에 이 살(殺)이 있으면 평생 신음하거나 절름발이 운으로 흐르고, 대운(大運)이나 세운(歲運)에서 만나면 도난, 관액, 화재 등이 발생하며 남녀 모두 이성문제가 복잡하다. 봉제, 신발류, 선원, 의류, 의사, 식품, 주류, 섬유, 책, 식물재배, 침술, 인쇄, 신문, 잡지 등으로 나가면 길하다.

12. 화개(華蓋)

화개살(華蓋殺)이란 진술축미(辰戌丑未)를 말하는데 모두 창고에 해당한다. 창고에 가득차 있는 물건을 욕심내다가 수모를 당하기도 한다. 또 화개살(華蓋殺)은 신앙을 뜻하기도 하므로 종교와 관계된 일이 발생한다. 손발결림이나 상해, 복부수술, 동사 등이 따른다. 이 살(殺)이 있으면 성직자, 법조계, 교도관, 경찰, 승려, 군인, 점성가, 역술인, 부동산, 건축, 건설 등으로 나가면 길하다.

2. 도화살(桃花殺)

십이신살(十二神殺)로는 년살(年殺)에 해당한다. 이성문제로 관재구설이 따르며 사치와 풍류를 좋아한다. 부부갈등이 심하여 쟁투가 따르고, 수옥살(囚獄殺)의 화액이 있다. 이 살(殺)이 있으면 의류, 음식, 식품가공, 신발류, 직조, 책 등의 인쇄물, 문방구류, 가구, 체인점, 침, 주사, 바늘, 의사 등으로 나가면 길하다.

3. 공망(空亡)

공망(空亡)이란 땅은 있는데 하늘이 없다는 뜻이다. 갑자(甲子)에서 순서대로 진행하다 보면 술(戌)과 해(亥)가 남고, 갑술(甲戌)에서 진행하다 보면 신(申)과 유(酉)가 남는다. 이때 술(戌)과 해(亥), 신(申)과 유(酉)는 공망(空亡)이 된다.

공망(空亡)은 땅만 있고 하늘이 없으니 천지가 어둠에 묻힌 암흑의 세계요, 여자는 있어도 남자가 없는 형상이라 꽃을 피우지 못하니 후손을 볼 수 없다. 이는 두 글자가 짝을 짓지 못하여 비어있는 것을 의미하며, 그 빈자리에 새로운 오행(五行)이 와서 갑을(甲乙) 순으로 메꾸어 준다. 따라서 공망(空亡)은 비어있는 자리를 채워주는 것이며, 마치 어머니를 잃어 새어머니가 들어오는 것과 같다.

공망(空亡)에는 순공망(旬空亡)과 재로공망(截路空亡)이 있다. 재로공망(截路空亡)은 성공을 눈 앞에 두고도 마지막 인내력이 없어 포기하거나, 역경에 부딪쳐 좌절하게 만드는 살(殺)이다. 대운(大運)이나 년운(年運)에서 사주에 있는 공망(空亡)을 형충(刑沖)하면 매우 흉하다.

■ 인성(印星)이 공망(空亡)되면 조모나 어머니가 두 분이다.
■ 재성(財星)이 공망(空亡)되면 어머니가 재혼하거나 아버지가 양자로 가거나, 본처와 해로하기 어렵다.
■ 관성(官星)이 공망(空亡)되면 본남편과 해로하기 어렵다.
■ 비겁(比劫)이 공망(空亡)되면 이복형제나 잃어버린 형제가 있다.
■ 년주(年柱)가 공망(空亡)되면 조상덕이 없다.
■ 월주(月柱)가 공망(空亡)되면 부모와 형제덕이 없다.
■ 시주(時柱)가 공망(空亡)되면 병약한 자식을 두거나, 두 여자에게서 자식을 낳거나, 둘 이상의 자식을 두기 어렵다.
■ 역마(驛馬)가 공망(空亡)되면 한 가지 일에 정착하지 못한다.

이와 같이 공망(空亡)되면 별자리의 힘이 쇠약하여 해당하는 육신(六神)을 잃던가, 빈자리를 메꾸기 위해 둘 셋이 된다. 그러나 공망

(空亡) 물상을 직업으로 삼거나 취미활동 등으로 분발하면 화액을 면하거나 가볍게 넘길 수 있다.

4. 삼재(三災)

삼재(三災)는 하늘의 재앙, 사람의 재앙, 땅의 재앙으로 누구에게나 12년에 한 번씩 돌아오며, 삼재(三災)가 들면 팔난(八難)을 겪게 된다. 두 개의 오행(五行)이 형(刑)되거나 충극(沖剋)되어 일어난다. 재물손실, 상해, 질병, 생사이별 등이 따른다.

예를 들어 해자축방합(亥子丑方合)이 드는 해에는 해(亥)와 충(沖)되는 사(巳)의 삼합(三合), 즉 사유축(巳酉丑) 띠인 뱀띠, 닭띠, 소띠가 삼재(三災)에 든다. 해자축(亥子丑)에서는 해년(亥年)이 들 삼재(三災), 자년(子年)이 쉴 삼재(三災), 축년(丑年)이 나갈 삼재(三災)다. 삼재(三災)는 년지(年支)를 위주로 보는데, 형충파해(刑沖破害)나 복음(伏吟) 등이 년지(年支)에서 보는 것이나 사주에서 보는 것이나 같은 이치다.

5. 원진살(怨嗔殺)

- 자미원진(子未怨嗔) : 쥐는 양의 머리에 뿔이 있는 것을 꺼린다.
- 축오원진(丑午怨嗔) : 소는 말이 밭을 갈지 않는 것을 원망한다.

■ 인유원진(寅酉怨嗔) : 범은 닭의 부리가 짧은 것을 원망한다.
■ 묘신원진(卯申怨嗔) : 토끼는 원숭이를 꺼린다.
■ 진해원진(辰亥怨嗔) : 용은 돼지의 머리가 검은 것을 꺼린다.
■ 사술원진(巳戌怨嗔) : 뱀은 개짖는 소리를 꺼린다.

원진살(怨嗔殺)은 지지(地支)에서 이루어지는데, 이유 없이 서로 시기하고 미워하는 살(殺)로 사주 어디에 있든 해당한다. 특히 궁합이나 인간관계에 원진살(怨嗔殺)이 있으면 융합되기 어렵다. 예를 들어 인성(印星)이나 일지(日支)에 원진살(怨嗔殺)이 있으면 부모와 고부간의 원진(怨嗔)이고, 일지(日支)나 재성(財星)에 원진살(怨嗔殺)이 있으면 아내와 원진(怨嗔)이고, 일지(日支)에 원진살(怨嗔殺)이 있으면 부부간의 원진(怨嗔)이다.

원진(怨嗔) 중에서는 인유원진(怨嗔)과 묘신원진(卯申怨嗔)이 가장 흉하고, 자미원진(子未怨嗔)과 진해원진(辰亥怨嗔)은 약간 가볍고, 사술원진(巳戌怨嗔)과 축오원진(丑午怨嗔)은 그보다 더 가볍다. 사주에 원진살(怨嗔殺)이 있는데 대운(大運)이나 년운(年運)에서 또 들어오면 작용이 더 강해지기 때문에 만사불성이다.

원진살(怨嗔殺)이 있으면 재물손실, 질병, 상해, 생사이별 등이 따른다. 그러나 다음과 같은 원진(怨嗔) 물상으로 나들이를 대체하면 화액을 면하거나 가볍게 넘길 수 있다.

■ **자미원진(子未怨嗔)**

양의 젖이 고인 땅, 수분을 흡수한 땅, 양고기 요리, 흑염소 요리와 탕약, 물과 유류를 담은 용기, 산, 물, 논밭, 유류, 주류, 웅덩이, 도자기, 항아리류, 바다, 호수, 흙과 물의 배합, 우물, 수로, 시멘트, 모래, 자갈, 돌, 바위, 다리, 묘지, 들쥐, 틀에 치인 쥐, 페인트칠, 먹물, 염료, 염색물, 난방, 목욕탕, 포장도로, 비에 젖은 길, 밤길, 해변, 파도, 부두, 미장, 산, 물, 해난, 수난, 홍수, 가옥침수. 수난, 신장, 방광, 위장, 자궁, 피부 등.

■ **축오원진(丑午怨嗔)**

지하철, 전등, 지하나 굴을 밝히는 불빛, 발동기, 땅을 파는 기구, 엔진이 달린 농기계, 논밭을 가는 기구, 진흙, 포장도로, 광산, 탄광, 자동차, 지하주차장 · 차고, 골탈, 말과 소의 싸움, 늪지에 빠진 말, 우유가공, 시멘트, 페인트칠, 엔진기름, 기름찌꺼기, 아랫배를 찌른 바늘류, 성교행위, 기마자세, 진흙으로 만든 기물을 말리는 작업, 건축용 토석재를 말리고 굽고 열을 가하는 작업, 깨진 항아리와 그릇류, 위장, 비장, 심장, 복부, 눈 등.

■ **인유원진(寅酉怨嗔)**

새벽에 우는 닭, 새벽 종소리, 고양이과 동물의 가죽, 가죽의류, 모피, 자동차의 부품조립과 생산, 목탁소리, 피아노 소리, 금관악기, 목관악기, 현악기, 나무를 베는 톱 · 칼 · 대패, 목재가공, 나무조각, 재단기, 절단기, 가구제작, 실내장식, 직조물, 의류, 섬유류, 가죽류, 재봉틀, 편물, 바느질, 과일과 곡물을 깎거나 껍질을 벗기는 기계, 작두에 잘리는 약초와 초목, 곡물류을 자르거나 가공하는 기계, 통조림, 방앗간의 곡물류, 가옥의 건축 · 수리, 건축용 철재, 철금속에 붙은 목재, 식물의 난도질, 닭을 잡는 호랑이, 고양이과 동물의 울음소리, 검난, 도장, 서각, 사찰, 불상, 종각, 나무에 달린 쇠붙이, 총에 맞은 호랑이, 호랑이를 가둔 창살, 창칼에 찔린 호랑이, 손발을 찌른 창칼, 관절염, 골다공증, 대장, 간, 폐, 손발, 허리, 신경통 등.

■ 묘신원진(卯申怨嗔)

덫에 걸린 토끼, 총칼에 맞은 토끼, 토끼가죽, 생선회 칼, 봉제, 섬유나 가죽을 누비는 재봉틀, 바늘과 실로 짜는 직물, 나무조각, 가구제작, 실내장식, 장갑, 양말류, 가죽의류, 가죽신발류, 의류재단, 옷을 만드는 가위 · 바늘 · 실 · 칼, 편물, 정미기, 곡물의 껍질을 벗기는 일, 요리, 콩기름, 가공식품, 과일통조림, 낚시에 걸린 어류, 장어과 어류, 미꾸라지, 멸치, 서책류, 출판물의 인쇄와 제본, 지물류 절단, 농기구, 벌목, 가지치기, 잔디깍기, 초목을 베는 칼, 꽂꽂이, 화훼원예, 난초, 수술, 입이 찢어지는 일, 눈을 찌른 바늘, 필기, 미술, 엉덩이의 상해 · 주사 · 침, 안경을 낀 눈, 무릎 · 허리 · 손발 · 봉숭아뼈를 상해하는 행위, 종기, 고환, 전립선, 신장, 방광, 손발, 간, 담, 대장,

신경통, 관절, 골다공증 등.

■ 진해원진(辰亥怨嗔)

녹용의 피, 녹용탕, 물에 잠긴 용, 진흙, 바다밑, 우리 안의 돼지, 섬에 사는 돼지, 산돼지, 땅을 파는 돼지, 늪에 빠진 돼지, 위장에 들어간 돼지고기, 산, 물, 논, 밭, 섬, 바위, 돌, 자갈, 모래, 바다, 호수, 웅덩이, 강, 샘, 지하수로, 하수구, 물과 땅의 연결지점, 논밭에 고인 물, 오염된 물 · 강 · 하천 · 바다, 흙탕물, 홍수, 창고 · 가옥침수, 포장도로, 비에 젖은 길, 댐류, 끈끈한 액체, 화장품, 주류, 유류, 원유, 골탈, 배설물, 목욕탕, 냉탕, 화장실, 변기, 세면기, 난방, 지하에 묻은 송수관 · 송유관, 냉동실, 냉장고, 물 · 주류 · 유류를 담은 용기와 저장고, 빙산, 빙과류, 음료수, 흙반죽, 도자기, 항아리, 염색물, 레미콘, 페인트칠, 술집, 음주, 독극물, 수산물시장, 염증, 자궁, 피부, 비뇨기과, 위장, 비장, 혈관, 방광, 신장, 치질 등.

■ 사술원진(巳戌怨嗔)

개를 문 뱀, 뱀을 문 개, 낚시에 걸린 뱀장어, 큰 물고기, 긴 물고기, 긴 물상과 둥근 물상이 놓인 곳과 창고, 뱀굴, 개의 목걸이, 개집, 강아지를 안은 손, 다리를 감은 뱀, 목을 감은 허리띠, 목걸이를 한 목, 반지를 낀 손, 운동장, 자동차 · 전기 · 전자제품과 창고와 공장, 철로, 철로에 있는 돌, 기차류와 정거장, 기차류 탈선, 자동차류 사고,

차고, 주차장, 로터리, 원형의 땅, 조명, 광선, 토석을 구워서 만든 건축자재, 석조각, 굴을 밝히는 불빛, 터널, 필름, 테이프, 사막, 건축물, 남향집, 실내조명, 발동기, 철창, 땅을 파는 농기구, 굴삭기, 비석, 묘지의 석조물, 자동차 도난 · 분실 · 고장 · 수리, 손발, 가슴앓이, 옆구리, 심장, 위장, 치아, 잇몸 등.

6. 양인살(羊刃殺)

양인(羊刃)은 칠살(七殺)을 합살(合殺)하여 지대한 공을 세우며 편관(偏官)을 기뻐한다. 양간(陽干)에만 있고 음간(陰干)에는 없다. 양인살(羊刃殺)은 흉기를 들고 공격해오는 흉살(凶殺)로 관재구설, 극부(剋夫), 극처(剋妻), 타향살이, 대수술, 형사, 악사, 타살 등이 따른다. 양인살(羊刃殺)은 대운(大運)이나 년운(年運)에서 합(合)되거나 형충파해(刑沖破害)되는 것을 두려워 한다.

양인살(羊刃殺)이 태왕(太旺)하면 성격이 횡폭하며 악사, 타살, 익사, 총사 등을 당한다. 특히 양인살(羊刃殺)이 형충(刑沖)되면 무기에 의한 악사나 타살로 비참하게 죽는 경우가 많다. 그러나 신약(身弱)한 사주는 오히려 양인살(羊刃殺)이 구세주가 된다.

일간(日干)을 위주로 보며, 사주에 이 살(殺)이 여러 개 있으면 성급하여 안하무인격이다. 또한 양인살(羊刃殺)은 강렬한 힘을 주기 때문에 그 힘만 믿고 날뛰게 된다. 그러나 양인(羊刃)이 편관(偏官)을 만나면 대장부다운 위엄을 갖추게 된다.

양인살(羊刃殺)이 형충(刑沖)되면 재물이 없으며 사고가 많이 따른다. 양인살(羊刃殺)이 대운(大運)이나 세운(歲運)에서 충(沖)이나 합(合)되면 상해나 사고 등이 발생한다. 여자가 양인살(羊刃殺)이 많으면 음란하고, 일주(日柱)에 양인살(羊刃殺)이 있으면 극부극처(剋夫剋妻)하는 경우가 있다.

그러나 양인살(羊刃殺)이 있는 사람 중에 대부대귀한 경우가 많으니 반드시 흉으로만 볼 수는 없다. 성격이 강인하여 굽힐 줄 모르는 대장부다운 기질이 있으니 군인이나 경찰 등으로 나가면 좋다. 양인살(羊刃殺)은 편관(偏官)과 인수(印綬)와 함께 있으면 좋다. 편관(偏官)은 장수요, 양인(羊刃)은 칼인데 거기에 나를 도와주는 인수(印綬)까지 있으니 숙살지권의 대권을 잡고 천하를 호령한다.

7. 암록(暗祿)

암록(暗祿)은 건록(建祿)과 육합(六合)하는 지지(地支)로 사주에 있으면 항상 재물이 따른다. 이 살(殺)이 있으면 인덕이 있고, 재물이 없다가도 생기고, 뜻밖의 귀인을 만나 곤경에서 벗어난다. 일간(日干)을 위주로 보며 사주 어디에 있든 해당된다.

그러나 형충(刑沖), 공망(空亡), 파극(破剋)되면 작용이 약화된다. 사주에 암록(暗祿)이 있는데 대운(大運)이나 년운(年運)에서 또 들어오면 작용은 더 강해지고, 사주에 없더라도 대운(大運)이나 년운(年運)에서 오면 가볍게나마 작용한다.

암록(暗祿)은 합(合)을 좋아하고 형충(刑沖)을 꺼린다. 암록(暗祿)이 년운(年運)에서 삼합(三合)이나 육합(六合)되면 뜻하지 않은 귀인을 만난다. 암록(暗祿)이 되는 오행(五行)이 있거나, 암록(暗祿)을 삼합(三合)이나 육합(六合)하는 오행(五行)이 있는 사람을 만나면, 나의 암록(暗祿)이 되기 때문에 나를 돕는 사람이다. 천을귀인(天乙貴人)과 암록(暗祿)이 합(合)되는 사람끼리 만나면 쌍방이 공조하는 운명이 된다. 암록(暗祿)이 남녀의 궁합이나 대인관계에 있으면 상조하는 사이로 좋은 인연이다.

8. 천을귀인(天乙貴人)

천을귀인(天乙貴人)은 갑일간(甲日干), 무일간(戊日干), 경일간(庚日干)이 축(丑)이나 미(未)를 만나면 해당한다. 백 가지 흉을 물리치며 제거하여 재난이 스스로 물러나고, 만인의 존경을 받는 최고의 길신(吉神)이다. 귀인(貴人)은 백 가지 살(殺)이 해제된다고 했으니 원진살(怨嗔殺)에 붙어있으면 원진살(怨嗔殺)이 해제되고, 악살에 붙어있으면 악살이 해제된다.

재성(財星)이 천을귀인(天乙貴人)에 해당하면 재물에 구애를 받지 않고, 남자는 조상덕과 부모덕이 있으며 현명한 아내를 얻는다. 여자는 관성(官星)이 천을귀인(天乙貴人)에 해당하면 현명한 남편을 만난다. 그러나 공망(空亡)되거나 형충파해(刑沖破害)되면 복록이 감소한다.

제8장. 육신론(六神論)

사주에서 중심은 나(身)이고, 나는 일간(日干)이다. 일간(日干)인 나를 낳아준 부모가 있고, 나와 동등한 형제와 친구가 있고, 내가 보살펴야 할 후손이 있고, 나를 다스리고 지배하는 사람들이 있다.

일간(日干)인 나를 중심으로 가족관계, 대인관계, 사회적 위치, 건강, 직업 등을 알 수 있도록 음양오행(陰陽五行)을 상생(相生)과 상극(相剋)으로 분류하여 분석하고 해석한 것이 육신법(六神法)이다.

운명은 음양오행(陰陽五行)의 상생상극(相生相剋)에 의해 결정되기 때문에, 상생상극(相生相剋)은 물론 육신법(六神法)을 철저하게 익혀야 한다. 육신(六神)에는 비견(比肩)과 겁재(劫財), 식신(食神)과 상관(傷官), 편재(偏財)와 정재(正財), 편관(偏官)과 정관(正官), 편인(偏印)과 인수(印綬) 등 10가지가 있다.

육신 조견표

日干 / 六神	甲日	乙日	丙日	丁日	戊日	己日	庚日	辛日	壬日	癸日
比肩	甲寅	乙卯	丙巳	丁午	戊辰戌	己丑未	庚申	辛酉	壬亥	癸子
劫財	乙卯	甲寅	丁午	丙巳	己丑未	戊辰戌	辛酉	庚申	癸子	壬亥
食神	丙巳	丁午	戊辰戌	己丑未	庚申	辛酉	壬亥	癸子	甲寅	乙卯
傷官	丁午	丙巳	己丑未	戊辰戌	辛酉	庚申	癸子	壬亥	乙卯	甲寅
偏財	戊辰戌	己丑未	庚申	辛酉	壬亥	癸子	甲寅	乙卯	丙巳	丁午
正財	己丑未	戊辰戌	辛酉	庚申	癸子	壬亥	乙卯	甲寅	丁午	丙巳
偏官	庚申	辛酉	壬亥	癸子	甲寅	乙卯	丙巳	丁午	戊辰戌	己丑未
正官	辛酉	庚申	癸子	壬亥	乙卯	甲寅	丁午	丙巳	己丑未	戊辰戌
偏印	壬亥	癸子	甲寅	乙卯	丙巳	丁午	戊辰戌	己丑未	庚申	辛酉
印綬	癸子	壬亥	乙卯	甲寅	丁午	丙巳	己丑未	戊辰戌	辛酉	庚申

■ 비견(比肩) : 일간(日干)과 오행(五行)이 같고 음양(陰陽)도 같은 것.
■ 겁재(劫財) : 일간(日干)과 오행(五行)이 같고 음양(陰陽)이 다른 것.
■ 식신(食神) : 일간(日干)이 생하고 음양(陰陽)이 같은 것.
■ 상관(傷官) : 일간(日干)이 생하고 음양(陰陽)이 다른 것.
■ 편재(偏財) : 일간(日干)이 극하고 음양(陰陽)이 같은 것.
■ 정재(正財) : 일간(日干)이 극하고 음양(陰陽)이 다른 것.
■ 편관(偏官) : 일간(日干)이 극하고 음양(陰陽)이 같은 것.
■ 정관(正官) : 일간(日干)이 극하고 음양(陰陽)이 다른 것.
■ 편인(偏印) : 일간(日干)을 생하고 음양(陰陽)이 같은 것.
■ 인수(印綬) : 일간(日干)을 생하고 음양(陰陽)이 다른 것.

■ 나와 같으면 비견겁재(比肩劫財)요,
■ 내가 도와주면 식신상관(食神傷官)이요,
■ 내가 극하는 상대방은 편재정재(偏財正財)요,
■ 나를 도와주면 편인인수(偏印印綬)요,
■ 나를 다스리면 편관정관(偏官正官)다.

1. 비견(比肩)

갑(甲)에서 갑인(甲寅), 을(乙)에서 을묘(乙卯), 병(丙)에서 병사(丙巳), 정(丁)에서 정오(丁午), 무(戊)에서 무진술(戊辰戌), 기(己)

에서 기축미(己丑未), 경(庚)에서 인신(寅申), 신(申)에서 신유(辛酉), 임(壬)에서 임인(壬寅), 계(癸)에서 계자(癸子)를 만나면 일간(日干)과 오행(五行)이 같고 음양(陰陽)도 같으니 비견(比肩)이다.

비견(比肩)이란 어깨를 나란히 한다는 뜻으로, 형제나 친구에 해당한다. 비견(比肩)은 힘을 믿고 기고만장하여 협동하는 마음이 없고, 남의 말을 잘 듣지 않는다. 그리고 비견(比肩)은 유산을 나눠가져야 하는 형제이기 때문에 부담스럽기도 하나, 외부의 적인 관살(官殺)이 나를 극(剋)할 때는 막아주기 때문에 대단히 좋다. 다시 말하면 비견(比肩)은 재물이 있으면 재산싸움이 일어나지만, 신약사주(身弱四柱)에게는 힘이 된다는 뜻이다.

비견(比肩)은 극재(剋財)하는 성질이 있으니, 재(財)는 아버지와 아내에 해당하는데, 비견(比肩)이 많으면 극부극처(剋父剋妻)한다. 따라서 남자가 일지(日支)에 비견(比肩)이 있으면 아내와 동등해지기 때문에 아내가 말을 잘 듣지 않아 대립과 충동이 일어난다.

한편 여자에게는 비견(比肩)은 남편의 아내가 된다. 그러므로 비견(比肩)이 많으면 남편에게 아내가 많은 형상이라, 남편이 첩을 얻거나 본인이 첩노릇을 한다. 비견(比肩)이나 겁재(劫財)가 많은 사람은 예술인, 개인사업, 샐러리맨 등의 독창적인 직업이 좋다.

2. 겁재(劫財)

갑(甲)에서 을묘(乙卯), 을(乙)에서 갑인(甲寅), 병(丙)에서 정오(丁午), 정(丁)에서 병사(丙巳), 무(戊)에서 기축미(己丑未), 기(己)에서 무진술(戊辰戌), 경(庚)에서 신유(辛酉), 신(辛)에서 경신(庚申), 임(壬)에서 계자(癸子), 계(癸)에서 임해(壬亥)를 만나면 일간(日干)과 오행(五行)이 같고 음양(陰陽)이 다르니 겁재(劫財)다.

비견(比肩)이 움직이지 않는 것이라면 겁재(劫財)는 움직이는 것이다. 즉 겁재(劫財)는 활동성을 뜻한다. 겁재(劫財)는 옹고집이라 열심히 노력하지만 손해를 본다. 교만하고 불손하며 투쟁심이 강하고, 때로는 투기와 요행을 바라기도 한다. 겁재(劫財)는 파재(破財)하고, 많으면 비견(比肩)처럼 극부극처(剋夫剋妻)한다.

■ 비겁변통(比劫變通)

- ■ 비겁(比劫)이 많거나 합(合)되면 부부간에 분리, 생사이별, 고독 등이 따른다. 남녀 모두 초혼에 실패하여 고독하며 이복형제나 죽은 형제가 있다.
- ■ 신약사주(身弱四柱)에 비겁(比劫)이 알맞게 있어 일간(日干)을 도와주면 형제나 친구의 도움으로 크게 출세한다.
- ■ 세 개 있는 갑(甲) 관성(官星)이 기(己) 비겁(比劫)을 천간합(天

干合)하면 여자는 세 번 시집갈 팔자이고, 남자는 세 명의 처첩에게서 자식을 낳는다.

- 비겁(比劫)이 많으면 부자상극(父子相剋)이라 화목하지 못하고, 부부인연이 엷어 부부싸움이 잦으며 노고와 액난이 따른다. 부부싸움이 잦고, 이해심이 부족하여 대인관계에서 시비, 구설, 쟁투 등이 따르며, 낭비가 심하여 재물을 모으기 어렵다.
- 비겁(比劫)이 많은데 합(合)이 많으면 정에 약하며 음란하다.
- 비겁이 형충(刑沖)되면 형제 자매간에 싸움이 그치지 않는다.
- 비겁(比劫)이 공망(空亡)되면 이복형제나 죽은 형제가 있다.
- 비겁(比劫)이 시주(時柱)에 있는 재성(財星)을 천간합(天干合)하면 부모유산을 동생에게 빼앗기나 일찍 분배하면 구제된다.
- 시주(時柱)에 비겁(比劫)이 있으면 손아래 형제 자매가 있다.
- 비겁(比劫)과 인성(印星)만 있으면 만사불성이며 단명이나 요절 등이 따른다.
- 비겁(比劫)이 지지(地支)에서 인성(印星)과 삼합(三合)이나 육합(六合)되면, 어머니가 종교를 갖고 있거나 어머니를 일찍 잃는다. 남자가 년상(年上)에 있는 재성(財星)이 천간합(天干合)되면 아내가 승려나 불교와 인연이 깊은 사람이다.
- 비겁(比劫)과 식상(食傷)이 지지(地支)에서 합(合)되면 시비와 구설이 그치지 않는다.
- 비겁(比劫)이 재성(財星)을 천간합(天干合)하면 어머니가 재혼하고, 이복형제가 있다.
- 사주에 있는 비겁(比劫)을 대운(大運)이나 년운(年運)이 천간합

(天干合)이나 지지합(地支合)하면 형제와 분리, 생사이별이 있다. 옛애인을 만나거나 이성교제가 생기고, 형제에게 분가나 가출 등이 따르고, 남자는 아내와 생사이별이 있다. 비겁(比劫)이 합(合)되는 육신(六神)에게도 생사이별 등이 따른다.

- 비겁(比劫)이 대운(大運)이나 년운(年運)에서 형충파해(刑沖破害)되면 형제나 친구 등 대인관계에서 시비구설, 쟁투가 따른다.
- 여자가 비겁(比劫)이 관성(官星)을 천간합(天干合)하면 본남편과 해로하기 어렵다. 부부간에 분리, 이혼, 생사이별 등이 따른다.
- 여자가 비겁(比劫)이 많거나 관성(官星)이 비겁(比劫)을 천간합(天干合)하면 남편을 빼앗기거나, 두 여자가 한 남자를 나누어 갖거나, 재혼하거나, 음란하여 남편 몰래 외정을 갖기도 한다.
- 여자가 비겁(比劫)이 년상(年上)에 있는 재성(財星)을 천간합(天干合)하면 나이 많은 남자에게 시집간다.
- 여자가 비겁(比劫)이 관성(官星)을 천간합(天干合)하면 형제처럼 지내는 사람에게 남편을 빼앗긴다. 남자관계가 복잡하며 한 남자와 오래 지속하기 힘들다.
- 남자가 비견(比肩)을 천간합(天干合)하면 두 여자에게서 자식을 얻는다.
- 남자가 비겁(比劫)이 재성(財星)을 천간합(天干合)하거나, 비겁(比劫)이 많아 약하게 하나 있는 재성(財星)을 파극(破剋)하면, 첩을 두지만 나중에는 처첩에게 배신을 당한다. 또 나의 재물과 처첩을 형제나 친구에게 빼앗긴다. 그러나 재혼하면 길해져서 해로할 수 있다.

- 남자가 년주(年柱)에 비겁(比劫)이 있으면 형과 누나가 있다.
- 남자가 월주(月柱)에 있는 비겁(比劫)이 년주(年柱)에 있는 재성(財星)을 형충(刑沖)하면 아버지를 일찍 잃는다. 결혼 후 생사이별이 따르며, 형이 죽거나 독자다. 만일 형이 살아있다면 아버지가 없다.
- 남자가 비견(比肩)이 재성(財星)을 천간합(天干合)하면 처첩이 많으며 색난이 따른다.
- 남자가 비견(比肩)이 관성(官星)을 천간합(天干合)하면 여러 여자에게서 자식을 낳는다.

3. 식신(食神)

갑(甲)에서 병(丙), 을(乙)에서 정(丁), 병(丙)에서 무(戊), 정(丁)에서 기(己), 무(戊)에서 경(庚), 기(己)에서 신(辛), 경(庚)에서 임(壬), 신(辛)에서 계(癸), 임(壬)에서 갑(甲), 계(癸)에서 을(乙)을 만나면 일간(日干)이 생(生)하며 음양(陰陽)이 같으므로 식신(食神)이다.

식신(食神)은 재물의 근본으로 옷과 밥그릇에 해당한다. 편관(偏官)인 칠살(七殺)을 다스려 나를 보호하기 때문에 수성(壽星)이라고도 한다. 식신(食神)은 생재(生財)하므로 여자관계가 많아 곤욕을 치르기도 한다. 여자가 식신(食神)이 많으면 호색가로 과부나 첩이 된다.

식상(食傷)이 재(財)를 생(生)하는 사주는 식상(食傷)이 재(財)를 생(生)하는 운이 오면 재물을 쌓아 치부한다. 재성(財星)을 식상(食傷)이 옆에서 생(生)하는 사주는 재물이 있다. 사주에 재(財)가 없으면 식신(食神)의 유기(有氣)함을 살펴서 판단해야 한다.

4. 상관(傷官)

갑(甲)에서 정(丁), 을(乙)에서 병(丙), 병(丙)에서 기(己), 정(丁)에서 무(戊), 무(戊)에서 신(辛), 기(己)에서 경(庚), 경(庚)에서 계(癸), 신(辛)에서 임(壬), 임(壬)에서 을(乙), 계(癸)에서 갑(甲)을 만나면 일간(日干)이 생(生)하고 음양(陰陽)이 다르므로 상관(傷官)이다. 상관(傷官)이 사주에서 재(財)를 만나지 못하면 가난하다.

상관(傷官)은 글자 그대로 관(官)을 상하게 하는 것이다. 관(官)은 여자에게는 남편이므로 남편이 다치고, 남자에게는 자식이므로 자식이 다친다. 상관(傷官)의 특성은 남을 우습게 여겨 누르고 올라서려는 기질이 있고, 순할 때는 한없이 순하지만 포악해지면 매우 잔인하다. 영리하고 말솜씨가 뛰어나며 예술방면에 재능이 있으니 예술계나 법조계로 나가면 길하다. 식상(食傷)은 남에게 베푸는 형상이므로 교육자도 길하다. 식상(食傷)은 재성(財星)을 만나는 것을 가장 기뻐하고, 도식(倒食)에 파극(破剋)되는 것을 꺼린다.

■ 식상변통(食傷變通)

- 식상(食傷)이 왕하면 관(官)을 극(剋)하니 여자는 남편과 생사이별이 따르고, 남자는 자식이 귀하며 관운(官運)이 없다.
- 식상(食傷)이 너무 많거나 파극(破剋)되면 성급하고, 화를 잘 내며 신경질적이다. 약자에게는 강하고 강자에게는 약하다.
- 식상(食傷)이 많으면 부부간에 분리, 생사이별이 따른다. 그러나 딸만 있으면 화액을 가볍게 넘길 수 있고, 대개 딸만 두는 경우가 많다.
- 식상(食傷)이 재성(財星)을 생(生)하는데, 식상운(食傷運)이 들어오면 재물복이 따르며 운수대통한다.
- 식상(食傷)이 관성(官星)을 형충파해극(刑沖破害剋)하면 모두 상관(傷官)이다.
- 식상(食傷)이 인성(印星)을 깔고 앉아 도식(倒食)에 파극(破剋)되면 재물손실, 고부갈등, 고독 등이 따른다. 인성(印星)과 식상(食傷)이 함께 있는 경우도 마찬가지다.
- 식상(食傷)이 미약한데 많은 인성(印星)이 파극(破剋)하면 자식이 없다.
- 식상(食傷)이 재(財)를 생(生)하면 아버지가 부자이고 아버지와 화목하다. 그러나 여자는 결혼 후 친정이 망하고 시댁은 흥한다.
- 식상(食傷)이 건왕(建旺)하면 재물복이 두텁고, 먹성이 좋아 뚱뚱

하다.

■ 식상(食傷)이 많은데 재성(財星)이 없거나, 있더라도 파극(破剋)되어 미약하면 식상(食傷)이 상관(傷官)으로 변하여 관성(官星)을 파극(破剋)하기 때문에 대개는 딸만 있다. 만일 아들이 있으면 부부간에 분리, 생사이별 등이 따른다.

■ 식상(食傷)이 관성(官星)을 형충파해극(刑沖破害剋)하거나, 관성(官星)을 합(合)하면 자식을 낳은 후 남편과 생사이별이 따른다. 자식을 키우기 어려우나 딸은 화액이 가볍다.

■ 관성(官星)이 식상(食傷)을 깔고 앉아 있거나, 식상(食傷)과 관성(官星)이 함께 있으면 결혼 후 큰 화액이 온다. 아들을 낳으면 분리, 생사이별, 상해, 질병 등이 따른다.

■ 재성(財星)이 식상(食傷)을 깔고 앉아 있거나 재성(財星)과 식상(食傷)이 함께 있으면 남자는 아내복과 재물복이 두텁고, 여자는 현명한 아내로 자식을 낳은 후 집안이 화목해지고, 남편의 사업이 번창한다.

■ 두 개의 인성(印星)이 식상(食傷)을 천간합(天干合)하면 할머니나 어머니가 두 분이거나, 어머니가 두 남자의 아이를 낳는다.

■ 대운(大運)에서 사주에 있는 식상(食傷)을 천간합(天干合)이나 지지합(地支合)하면 형충파해(刑沖破害)되는 운에서 자식과 질병, 분리, 생사이별 등이 따른다. 대운(大運)에서 식상운(食傷運)이 올 때도 마찬가지다.

■ 여자가 사주에 있는 식상(食傷)이 다른 주(柱)의 관성(官星)과 천간합(天干合)되면, 자식을 낳은 후 남편을 잃거나 자식을 데리고

시집간다. 자식과 분리나 생사이별이 따르고, 다른 남자의 아이를 낳거나 남편이 다른 여자에게서 자식을 얻는다. 대체적으로 본남편과 해로하기 어려우며, 남의 자식을 키우기도 한다.

■ 여자가 인성(印星)이 식상(食傷)을 천간합(天干合)하면 고부갈등이 심하고, 시어머니와 자식이 상극(相剋)된다. 자식을 친정이나 시댁에 맡기게 된다.

■ 여자가 식상(食傷)이 관성(官星)을 천간합(天干合)이나 지지합(地支合)하면 자식을 데리고 시집간다.

■ 여자가 인성(印星)이 미약한데 식상(食傷)을 많이 다스리면 남편과 분리, 생사이별 등이 따르며 고부갈등이 그치지 않는다.

■ 여자가 식상(食傷)이 관성(官星)을 천간합(天干合)하면 자식을 낳은 후 남편과 이혼이나 생사이별이 따른다. 그러나 재혼하면 대길하다.

■ 여자가 시주(時柱)에 있는 관성(官星)이 식상(食傷)을 천간합(天干合)하면 남편이 어린 여자를 범한다.

■ 여자가 두 개의 식상(食傷)이 관성(官星)을 천간합(天干合)하면 재혼할 팔자로 자식을 데리고 시집간다.

■ 여자가 두 개의 관성(官星)이 식상(食傷)을 천간합(天干合)하면 두 남자에게서 자식을 낳는다. 천간합(天干合)하는 횟수만큼의 남자와 아이를 낳는다.

■ 여자가 식상(食傷)과 인성(印星)이 천간합(天干合)되면 자식을 친정어머니나 시어머니에게 맡기게 되고, 자식으로 인한 고부갈등이 있다. 또 시어머니와 같이 살면 딸만 낳게 된다.

■ 여자가 인성(印星)이 식상(食傷)을 천간합(天干合)하면 자식이 부모를 떠나서 공부한다. 모자상극(母子相剋), 자식의 학업중단, 전학 등이 따른다.

5. 정관(正官)

갑(甲)에서 신(辛), 을(乙)에서 경(庚), 병(丙)에서 계(癸), 정(丁)에서 임(壬), 무(戊)에서 을(乙), 기(己)에서 갑(甲), 경(庚)에서 정(丁), 신(辛)에서 병(丙), 임(壬)에서 기(己), 계(癸)에서 무(戊)를 만나면 일간(日干)이 극(剋)하고 음양(陰陽)이 다르므로 정관(正官)이다.

공무원은 법과 질서를 준수하며 모범을 보여야 하듯이 정관(正官)도 이와 같은 특성을 갖고 있다. 정관(正官)은 선비타입으로 고지식하지만 착실하며 온화하다. 그러나 정관(正官)이 있어도 인수(印綬)가 없으면 명리(名利)를 얻기 힘들다.

여자가 정관(正官)만 있는데 재(財)가 있고 형충파해(刑沖破害)가 없으면 남편복이 있지만, 정관(正官)이 형충파해(刑沖破害)되면 빈천하다. 사주에 편관(偏官)이 있으면 공무원이나 샐러리맨으로 나가는 것이 길하다.

6. 편관(偏官)

갑(甲)에서 경(庚), 을(乙)에서 신(辛), 병(丙)에서 임(壬), 정(丁)에서 계(癸), 무(戊)에서 갑(甲), 기(己)에서 을(乙), 경(庚)에서 병(丙), 신(辛)에서 정(丁), 임(壬)에서 무(戊), 계(癸)에서 기(己)를 만나면 일간(日干)을 극(剋)하고 음양(陰陽)이 같으므로 편관(偏官)이다.

관(官)은 법이나 규칙을 만들어 집행하고 감시하는 기관인데, 정관(正官)은 행정법을 관장하는 기관이고, 편관(偏官)은 형법을 관장하는 기관으로 이해하면 된다. 다시 말하면 정관(正官)은 전통적인 행정공무원으로 보고, 편관(偏官)은 경찰이나 군인으로 본다.

경찰은 범죄를 수사하는 과정에서 법을 앞세워 권위를 내세우기도 하고, 공포감을 조성해 사건을 처리하지만, 막상 수사가 끝나면 그들을 선도하며 직장을 알선해 주는 등 인정을 베푼다. 이와 같은 성격이 편관(偏官)의 특성이다.

편관(偏官)은 이처럼 나를 치는 것이기 때문에 사주에 편관(偏官)이 있으면 질병, 불구 등이 따르고 생명을 잃을 수도 있다. 그러나 크게 성공한 사람들 중에 편관(偏官)이 있는 사주가 많다. 경찰, 군인, 검사, 수사관, 세무공무원 등으로 나가는 것이 길하다.

편관(偏官)이 양인살(羊刃殺)이나 괴강살(魁罡殺)과 함께 있으면 군인으로 성공한다. 여자가 편관(偏官)이 많으면 남자가 많은 형상으로 결혼을 여러 번 하거나 화류계로 나가기 쉽다.

■ 관성변통(官星變通)

- 여자가 관성(官星)이 매우 많으면 남편을 극(剋)하여 여러 번 결혼한다. 성격이 급하고 포악하여 범법자가 되거나, 잡귀가 침입하는 등 무병(巫病)에 시달린다.
- 편관(偏官)이 있으면 영리하며 총명하여 공명현달하고, 대중 앞에 나선다.
- 관성(官星)이 혼잡되면 칠살(七殺)의 흉살(凶殺)이 된다. 칠살(七殺)은 사나운 맹수와 같아 재화가 끊이질 않는다. 그러나 이 살(殺)이 있는 사람 중에 대부대귀하는 경우도 많다. 일진(日辰)이 갑신(甲申), 을유(乙酉), 정축(丁丑), 무인(戊寅), 기묘(己卯), 신미(辛未), 계미(癸未)이면 칠살(七殺)을 암장(暗藏)하고 태어난 사람이다. 칠살(七殺)은 양인살(羊刃殺)을 만나면 합살(合殺)시켜 구제된다.
- 관성(官星)은 일간(日干)과 비겁(比劫)을 천간합(天干合)하고, 식상(食傷)을 천간합(天干合)한다. 일간(日干)이 관성(官星)을 합(合)하면 복이 감소한다.
- 편관(偏官)이 약하면 재성(財星)의 생(生)을 받아야 대부대귀하고, 편관(偏官)이 매우 많으면 인성(印星)을 만나 화살(化殺)되어야 고관의 자리에 오르며 대부대귀하다. 살(殺)이 제복(制伏)하는 것은 화살(化殺)하는 것만 못하기 때문에 복이 감하여 뜻밖의 화

액이 따른다.

■ 년주(年柱)나 월주(月柱)에 있는 관성(官星)을 재성(財星)이 생(生)하면 부모덕과 조상덕이 있고, 부모 형제와 아내의 도움으로 출세한다. 남녀 모두 외모가 준수하며 자식복, 배우자복, 재물복을 모두 갖춘다.

■ 관성(官星)이 지나치게 많은데 제복화살(制伏化殺)이 없거나, 있더라도 지나치거나 미치지 못하면 빈천하며 낭비벽이 심하여 평생 기복이 많다. 여자는 재혼하거나 폭군 남편을 만나는 등 남편복이 없고, 남자는 아들이 없다.

■ 여자가 관성(官星)이 식상(食傷)을 천간합(天干合)하여 도식(倒食)으로 변하면 도벽이 있는 자식을 둔다.

■ 관성(官星)이 재성(財星) 위에 있으면 남녀 모두 배우자복이 있다. 남자는 현명하고 재력이 있는 아내를 얻어 출세하고, 여자는 남편을 출세시킨다.

■ 비겁(比劫)이 관성(官星) 위에 앉아 있으면 남자는 자식과 상극(相剋)이고, 여자는 남편과 상극(相剋)이다. 본인은 물론 남편과 자식이 허리나 손발에 상해가 따른다.

■ 인성(印星)이 관성(官星) 위에 있거나, 관성(官星)과 인성(印星)이 나란히 있으면 총칼을 차는 사람, 교육자, 과학자 등으로 나가고 높은 관직에 오른다.

■ 관성(官星)이 매우 많아 신약(身弱四柱)해지면 잡귀가 침입한다. 미약한 관성(官星)을 파극(破剋)하면 항상 화액이 따르고, 신(神)이 들리는 경우가 많다.

- 식상(食傷)이 관성(官星)을 합(合)하면 반드시 부부간에 분리가 따른다.
- 여자가 관성(官星)을 다른 주(柱)의 오행(五行)이 천간합(天干合)하면 본남편과 해로하기 어렵고, 자식을 낳은 후 남편과 생사이별한다.
- 여자가 비겁(比劫)이 관성(官星)을 천간합(天干合)하면 남편을 다른 여자에게 빼앗긴다. 관성(官星)이 합(合)되는 것은 남편과의 이별을 뜻하는 것이다.
- 여자가 대운(大運)이 사주에 있는 관성(官星)을 천간합(天干合)이나 지지합(地支合)하면 남편과 분리나 생사이별이 따른다.
- 여자가 관성(官星)을 형충파해(刑沖破害)하면 남편과 쟁투, 질병, 분리, 생사이별 등이 따른다. 그러나 형충파해(刑沖破害)하는 물상으로 직업을 삼거나 취미활동 등으로 분발하면 길하다.
- 여자가 음일간(陰日干)인데 관성(官星)이 일간(日干)을 천간합(天干合)하면 부부간에 분리, 질병, 생사이별 등이 따른다.
- 여자가 관성(官星)이 비겁(比劫)을 천간합(天干合)하면 초혼에 실패하여 재혼하고, 자매들도 재혼한다. 그리고 대운(大運)이나 년운(年運)에서 천간합(天干合)하면 외정이 있거나 부부간에 생사이별이 따른다.
- 여자가 대운(大運)이나 세운(歲運)에서 관성(官星)과 식상(食傷)이 천간합(天干合)하면 자식을 낳은 후 남편과 생사이별이 따른다. 두 개의 식상(食傷)과 천간합(天干合)하거나 두 개의 식상(食傷)이 관성(官星)과 천간합(天干合)하면 두 남편에게서 자식을 낳

는다.

- 여자가 관성(官星)과 식상(食傷)이 천간합(天干合)하는 대운(大運)이나 년운(年運)이 오면, 자식이나 남편과 이별이 따르며 외정이 있다. 지지(地支)에서 합(合)되어도 같다.
- 여자가 관성(官星)이 천간합(天干合)하면 미혼녀는 혼사가 성립되고, 기혼녀는 남편과 갈등, 분리, 질병, 생사이별 등이 따르며 외정이 있다.
- 여자가 관성(官星)이 년주(年柱)나 월주(月柱)에 있으면 일찍 결혼하고, 시주(時柱)에 있으면 늦게 결혼한다.
- 남자가 관성(官星)이 천간합(天干合)되거나 천간합(天干合)하는 년(年)이 오면 자식과 분리, 상해, 생사이별 등이 따른다.
- 남자가 관성(官星)이 비견(比肩)을 천간합(天干合)하면 두 여자에게서 자식을 낳는다.
- 남자가 두 개의 관성(官星)이 천간합(天干合)되면 두 여자에게서, 세 개의 관성(官星)이 천간합(天干合)되면 세 여자에게서 자식을 낳는다.
- 남자가 관성(官星)이 천간합(天干合)되면 아들을 낳거나 승진, 취업 등이 따른다. 그러나 자식에게 가출이나 질병이 따른다.
- 남자가 편관(偏官)이 지지(地支)에서 비겁(比劫)을 만나면 양인살(羊刃殺)을 만나는 것이나, 양인살(羊刃殺)에 암장(暗藏)된 오행(五行)이 칠살(七殺)과 천간합(天干合)하기 때문에 화액을 면한다. 마치 도둑에게 동생을 시집보내고, 뇌물을 바친 공덕으로 살성(殺星)에서 벗어나는 것과 같다.

■ 남자가 관성(官星)이 일간(日干)을 천간합(天干合)하면 다른 곳에서 아들을 낳거나 남의 자식을 키운다.

7. 정재(正財)

갑(甲)에서 기(己), 을(乙)에서 무진술(戊辰戌), 병(丙)에서 신유(辛酉), 정(丁)에서 경신(庚申), 무(戊)에서 계자(癸子), 기(己)에서 임해(壬亥), 경(庚)에서 을묘(乙卯), 신(辛)에서 갑인(甲寅), 임(壬)에서 정오(丁午), 계(癸)에서 병사(丙巳)를 만나면 일간(日干)이 극(剋)하고 음양(陰陽)이 다르므로 정재(正財)다.

정재(正財)는 정당하게 모으는 재물과 본처에 해당하므로 현모양처를 얻어 복록을 누린다. 그러나 지나치게 많으면 여색으로 인하여 파재(破財)하고, 인수(印綬)인 어머니를 극하므로 어머니를 일찍 잃는다. 사주의 구성이 나쁘면 아무리 좋은 재물이 있어도 없는 것만 못하다. 일주(日柱)가 약한데 재(財)가 왕하면 재다신약(財多身弱)으로 아내에게 가권이 주어지고, 재생관(財生官)하여 아내로 인하여 재난이 생길 수도 있다.

사주에 정재(正財)가 있으면 정직, 성실, 세심하고 가정밖에 모르는 사람이다. 그러나 정재(正財)와 편재(偏財)가 혼잡하면 본처 옆에 또 여자가 있으니 애인이 생기고, 잘못하면 이혼할 수도 있다. 직업은 불규칙한 직업을 선택하면 실패할 확률이 매우 높으니, 안정된 수입이 들어오는 업종을 택하는 것이 좋다.

8. 편재(偏財)

갑(甲)에서 무진술(戊辰戌), 을(乙)에서 기축미(己丑未), 병(丙)에서 경신(庚申), 정(丁)에서 신유(辛酉), 무(戊)에서 임해(壬亥), 기(己)에서 계자(癸子), 경(庚)에서 갑인(甲寅), 신(辛)에서 을묘(乙卯), 임(壬)에서 병사(丙巳), 계(癸)에서 정오(丁午)를 만나면 일간(日干)이 극(剋)하고 음양(陰陽)이 같으므로 편재(偏財)다.

편재(偏財)는 투기, 밀수, 도박, 고리대금 등으로 일확천금을 얻지만 금방 파산한다. 즉 금전의 출입이 빈번하다는 뜻이다. 신왕사주(身旺四柱)가 편재(偏財)가 있으면 상업으로 나가는 것이 좋고, 남자가 천간(天干)에만 편재(偏財)가 있으면 술과 여자를 좋아한다. 재물을 가볍게 여기지만 순진하고 인정이 많아 남을 돕는 것을 좋아한다.

신왕사주(身旺四柱)가 편재(偏財)가 왕성하면 복록이 두텁고, 여기에 정관(正官)까지 있으면 금상첨화다. 그러나 편재(偏財)가 많으면 편인(偏印)을 극(剋)하기 때문에 어머니가 위험하고, 신왕(身旺)한데 비겁(比劫)이 많고 시상(時上)에 편재(偏財)가 있으면 대부대귀하다. 그러나 시상(時上)에서 일위귀격(一位貴格)을 이루어야 한다.

■ 재성변통(財星變通)

정재(正財)와 편재(偏財)의 자리를 재성(財星)이라고 한다. 대체적으로 빈부는 재성(財星)이 결정하나 재성(財星)만으로 재력을 보는 것은 아니다. 벼슬을 하면 자연히 재물이 따라오기 때문이다. 이것을 재생관(財生官)이라고 한다.

- 편재(偏財)나 정재(正財)가 많으면 후처에게서 태어난 사람이다.
- 사주에 편재(偏財)가 있는데 식상(食傷)이 있으면 대부대귀하다.
- 편재(偏財)가 시상(時上)에 있으면서 년월(年月) 등의 천간(天干)에서 생(生)을 받으면 대부대귀하고, 신왕(身旺)하면 복이 두터우나 겁재(劫財)가 편재(偏財)를 천간합(天干合)하면 복이 감한다.
- 지지(地支)에서 식상(食傷)이 국(局)을 이루어 재성(財星)을 만나거나, 재성(財星)을 생(生)하거나, 생(生)을 받은 재성(財星)이 다시 재성국(財星局)을 이루면 재물복을 타고난 사람이다.
- 재성(財星)이 많으면 어릴 때 죽을 고비를 넘기고, 대운(大運)까지 재관운(財官運)으로 흐르면 목숨이 위태롭다. 후처 소생으로 태어나기도 하며, 아내의 인연이 바뀌거나 상해, 생사이별, 단명, 재산손실 등이 따른다. 한쪽 부모와 일찍 헤어지거나 편부 밑에서 자란다. 여자관계가 복잡하며 아내가 가출하는 경우도 있다.
- 신약(身弱)한데 재성(財星)이나 살성(殺星)이 많으면 점쟁이가 되거나 신(神)이 들리거나 무병(巫病)이 오기도 한다.
- 재성(財星)이나 일지(日支)가 형충(刑沖)되면 결혼 후 큰 화액이

따른다.

- 재성(財星)이 년주(年柱)나 월주(月柱)에 있으면 결혼을 일찍하고, 시주(時柱)에 있으면 늦게 한다.
- 재성(財星)이 식상(食傷) 위에 있거나 생(生)을 받으면 대길하고, 식상(食傷)과 나란히 있어도 복록이 두텁다.
- 정재(正財)와 편재(偏財)가 혼잡한데 재성(財星)이 매우 많으면 천한 명이다. 첩의 자식이거나, 어머니를 일찍 잃거나, 고아가 되거나, 수명이 짧다.
- 재성(財星)이 식상(食傷) 위에 앉아 주(柱)를 세우거나, 재성(財星)과 관성(官星)이 나란히 있거나, 재성(財星)과 식상(食傷)이 나란히 있으면 배우자복, 재물복, 벼슬복, 자식복, 부모복, 형제복을 모두 타고난 사람이다.
- 신약사주(身弱四柱)가 재(財)가 많으면 부부인연이 약하고, 재물을 모으기가 어려워 빈한하다.
- 일간(日干)이 장생지(長生地)나 제왕지(帝旺地)나 건록지(建祿地)에 앉아 있으면 신왕(身旺)하다. 이때 재관(財官)이 투출하여 식상(食傷)을 생(生)하면 대부대귀하다.
- 재관(財官)이 년상(年上)이나 월상(月上)에 있으면 대대로 벼슬과 부귀를 누리던 가문의 태생으로 조상덕이 있다.
- 대운(大運)에서 오는 재성(財星)이 년운(年運)과 천간합(天干合)되거나, 사주가 지지합(地支合)되면 재물손실, 질병, 부부간의 생사이별 등이 따른다.
- 겁재(劫財)가 재성(財星)을 천간합(天干合)하면 재물을 모으기

어렵다. 형제를 도우며 이복형제가 있다.

- 여자가 일주(日柱)는 약한데 재관(財官)이 왕하면 결혼 후 시집은 흥하나 친정은 망한다.
- 남자가 재성(財星)이 많으면 여자를 많이 바꾸지만 제대로 된 여자는 하나도 없다. 그러나 재성국(財星局)을 이루거나 격(格)에 들면 길하다.
- 남자가 재성(財星)이 많으면 여러 여자와 인연이 있다. 결혼 후에는 재물손실, 질병, 부부갈등, 분리 등의 액이 따른다. 재(財)가 많으면 수입보다 지출이 많다. 그러나 금융계통에서 분발하면 액땜이 된다.
- 남자가 두 개의 재성(財星)이 일간(日干)을 천간합(天干合)하거나, 비견(比肩)이 천간합(天干合)하면 아내나 아버지가 둘이다.
- 남자가 하나의 재성(財星)을 많은 비견(比肩)이 나눠먹으면 이복형제가 있고, 초혼에 실패한 후 재혼하는 여자를 아내로 맞는다.
- 남자가 재성(財星)이 공망(空亡)되면 아내와 이별하거나, 초혼에 실패하고 재혼하는 경우가 많다. 첩이나 의붓아버지가 있는 경우도 있다.
- 남자가 재성(財星)이 상충(相沖)되면 아버지를 극(剋)한다. 결혼 후에는 아내를 극(剋)하고, 재물을 파(破)하나 상충(相沖)하는 물상으로 직업을 삼으면 면할 수 있다. 여자의 도움으로 출세하는 경우도 있다.
- 남자가 재성(財星)끼리 상충(相沖)되면 처첩의 싸움이 그치지 않는다. 재물손실, 자리 이동 등 노고와 여난이 따른다.

■ 남자가 재성(財星)이 다른 주(柱)의 오행(五行)과 천간합(天干合)되면 본처와 해로하기 어렵고, 아내로 인하여 재물손실이 따른다.
■ 남자가 재성(財星)이 천간합(天干合)되면 색난이 떠나지 않는다.
■ 남자가 대운(大運)에서 사주에 있는 재성(財星)을 천간합(天干合)하거나 지지합(地支合)하면, 재물손실이나 아내와 생사이별이 따른다.
■ 남자가 재성(財星)을 형충파해(刑沖破害)하면 아내와 질병, 쟁투, 생사이별 등이 따른다. 그러나 형충파해(刑沖破害)하는 물상으로 직업을 삼으면 화액을 면할 수 있다.

9. 인수(印綬)

갑(甲)에서 계자(癸子), 을(乙)에서 임해(壬亥), 병(丙)에서 을묘(乙卯), 정(丁)에서 갑인(甲寅), 무(戊)에서 정오(丁午), 기(己)에서 병사(丙巳), 경(庚)에서 기축미(己丑未), 신(辛)에서 무진술(戊辰戌), 임(壬)에서 신유(辛酉), 계(癸)에서 경신(庚申)을 만나면 일간(日干)을 생(生)하고 음양(陰陽)이 다르므로 인수(印綬)다.

인수(印綬)는 어머니에 해당한다. 어머니가 나를 곱게 입히고 다듬어 주면 흥에 겨워 춤을 추고 노래가 나오듯이 예술성이 있다. 또한 인수(印綬)는 학문에 해당하므로 공부를 많이 한 사람은 명예를 중요하게 생각한다. 사주에 인수(印綬)가 있으면 교육자, 언론인, 작가, 발명가, 예술가 등으로 나가면 길하다.

10. 편인(偏印)

갑(甲)에서 임해(壬亥), 을(乙)에서 계자(癸子), 병(丙)에서 갑인(甲寅), 정(丁)에서 을묘(乙卯), 무(戊)에서 병사(丙巳), 기(己)에서 정오(丁午), 경(庚)에서 무진술(戊辰戌), 신(辛)에서 기축미(己丑未), 임(壬)에서 경신(庚申), 계(癸)에서 신유(辛酉)를 만나면 일간(日干)을 생(生)하고 음양(陰陽)이 같으므로 편인(偏印)이다.

편인(偏印)은 수성(壽星)인 식신(食神)을 극상(剋傷)하므로 도식(倒食)이라고도 한다. 파재, 실권, 질병, 이별, 고독, 색난 등을 의미하므로 사주에 편인(偏印)이 많으면 어떤 식으로든 불행이 찾아온다. 또한 편인(偏印)은 권태와 싫증을 빨리 느껴 매사가 용두사미격으로 끝나기 쉽고, 편인(偏印)이 많고 관성(官星)이 없으면 먹고 노는데만 신경쓴다.

인성(印星)은 학문으로 인수(印綬)는 모국어에 해당하고, 편인(偏印)은 외국어에 해당한다. 따라서 월지(月支)에 편인(偏印)이 있거나 인수국(印綬局)을 이루면 외국어에 능통하다. 인성(印星)은 정신수양에도 해당하므로, 인성(印星)이 있는데 관(官)이 없으면 종교가가 되는 경우가 많다. 직업은 소설가, 시인, 평론가, 가수, 배우 등의 예술가나 의사, 종교인, 학자, 교육자 등으로 나가면 길하다.

■ 인성변통(印星變通)

- ■ 인성(印星)은 재성(財星)과 식상(食傷)을 천간합(天干合)한다.
- ■ 인성(印星)이 혼잡되면 공부를 싫어한다.
- ■ 재(財)가 많으면 인성(印星)을 극(剋)하므로 공부와 인연이 없다.
- ■ 사주에 편인(偏印)이 있는데 편인운(偏印運)이 또 오면, 편인(偏印)은 인장, 증서, 문서 등으로 밥그릇이나 손발이 없어지는 형상이 되어 수표부도 등 문서상의 문제가 발생한다.
- ■ 대운(大運)에서 오는 인성(印星)이 사주에 있는 인성(印星)을 천간합(天干合)이나 지지합(地支合)하면, 어머니와 분리나 생사이별이 따르거나 직장에서 물러난다.
- ■ 인성(印星)이 식상(食傷)과 천간합(天干合)되면 어머니와 질병, 분리, 생사이별이 따른다. 여자는 아들을 낳은 후 고부갈등이 따른다.
- ■ 사주에 있는 인성(印星)을 대운(大運)에서 형충파해(刑沖破害)하면 어머니와 분리나 생사이별이 따른다.
- ■ 인성(印星)이 많으면 부부인연이 엷어 해로하기 어렵고, 여자는 자식이 없거나 남편을 극(剋)한다.
- ■ 편인(偏印)과 편관(偏官)이 상생(相生)하면 진관(嗔官)을 이루며, 관인양전(官印兩傳)하면 수명이 길고 복록이 두텁다. 높은 지위에

올라 부귀영화를 누린다.

- 인수(印綬)가 두 개 이상 있으면 편인(偏印)이 되어 어머니나 할머니가 두 분이다.
- 인성(印星)이 파극(破剋)되거나 지나치게 많아 식상(食傷)을 도식(倒食)하면 체구가 왜소하다. 마음이 좁아 성급하며 신경질적이고 자주 체한다.
- 인성(印星)이 혼잡되었는데 재성(財星)이나 관성(官星)이 없으면 성격이 편굴된다. 그릇이 작아 큰 일을 도모하지 못한다.
- 신약사주(身弱四柱)에 인성(印星)이 있으면 가뭄에 단비를 만난 격이나, 식상(食傷)이 도식(倒食)에 파극(破剋)되면 재물에 큰 화액이 따른다.
- 인성(印星)이 많은데 재성(財星)과 식상(食傷)이 있으면 재물운이 올 때 인성(印星)이 자기보다 약한 식상(食傷)을 파극(破剋)하여 큰 액이 따르거나 생명을 잃을 수도 있다.
- 인성(印星)이 합(合)을 많이 하면 정에 약하고, 어머니와 할머니가 많다.
- 재성합(財星合)이 많으면 어머니가 재혼하며 아버지가 많다.
- 인성(印星)이 재성(財星)에게 파극(破剋)되면 어릴 때 어머니와 이별이 따르거나 요절한다.
- 인성(印星)이 약한데 용신(用神)에 해당하면서 재(財)에 파극(破剋)되면 단명하거나 악사한다.
- 인성(印星)이 식상(食傷)을 천간합(天干合)하면 자식과 상극(相剋)되어 분리가 따른다.

- 많은 인성(印星)이 식상(食傷)을 천간합(天干合)하면 자식이 없거나 딸만 둔다. 남자는 처가 부모와 한 집에 살게 되는 경우가 있고, 여자는 시어머니나 친정어머니가 자식을 키우기도 한다.
- 인성(印星)이 식상(食傷)을 두 개 이상 천간합(天干合)하면 어머니가 두 남자에게서 자식을 낳는다.
- 인성(印星)이 식상(食傷)을 천간합(天干合)하면 임신, 출산, 가출, 분가, 분리 등이 따른다.
- 인성(印星)이 많으면 공부에 의욕이 없어 성적이 뒤떨어진다. 학업이 중단되기도 한다.
- 인성(印星)이 많은데 식상(食傷)도 많으면 단명하거나 악사한다. 이런 사주는 신약(身弱)하기 때문에 대개 요절하게 된다.
- 인성(印星)이 형충(刑沖)되면 어머니와 상극(相剋)되어 분리나 생사이별이 따른다.
- 인성(印星)이 재성(財星) 위에 있으면 모자상극(母子相剋)되어 갈등이 많다.
- 인성(印星)이 관성(官星) 위에 있으면 공직으로 나가 출세한다.
- 인성(印星)이 비겁(比劫) 위에 있으면 음탕하다.
- 인성(印星)이 미약한데 재성(財星)이 많아 인성(印星)을 파극(破剋)하면 어머니를 일찍 잃거나 요절, 악사 등이 따른다.
- 재성(財星)이 인성(印星) 위에 있는데 재성(財星)이 형충(刑沖)되면 부모가 상극(相剋)되어 아버지가 어머니를 죽인다.
- 인성(印星)이 관성(官星) 위에 앉아 생(生)을 받으면서 용신(用神)에 해당하면 예술방면에 재능이 있다. 박사나 학자가 되기도

한다.

- 인성(印星)이 공망(空亡)되면 어머니가 두 분이거나 어머니와 분리된다.
- 남자가 인성(印星)이 다른 주(柱)에 있는 재성(財星)과 천간합(天干合)이나 지지합(地支合)되면, 어머니가 재혼하거나 재취로 간다. 고부갈등이 심하며 아내와 어머니 사이를 갈라 놓고, 부모에게 분리나 생사이별 등이 따른다.
- 남자가 인성(印星)이 재성(財星)을 천간합(天干合)하면 부모가 재혼하거나 아버지가 첩을 둔다. 고부갈등이 있으며 어머니와 아버지에게 분리가 따른다. 본처와 해로하기 어렵다.
- 남자가 두 개의 재성(財星)이 인성(印星)을 천간합(天干合)하면 두 여자를 얻고, 세 개의 재성(財星)이 인성(印星)을 천간합(天干合)하면 세 여자를 얻는다.

제9장. 십이운성론(十二運星論)

십이운성(十二運星)이란 사람의 일생에 비유한 것으로, 태어나서 죽을 때까지를 12운으로 나누어 우주의 법칙을 접목시켜 운명에 미치는 영향을 분석하여 대비한 것이다. 따라서 십이운성(十二運星)은 사주풀이의 핵심이기 때문에 제대로 활용하지 못하면 운명을 읽을 수가 없다.

1. 태(胎)

태(胎)는 정자와 난자가 만나 잉태된 상태를 말한다. 아직은 아무 형태도 갖추어지지 않았으니 운에서도 진전이 없다. 다시 말하면 계획

십이운성 조견표

日干 / 十二運星	甲日	乙日	丙戊日	丁己日	庚日	辛日	壬日	癸日
絶, 胞	申	酉	亥	子	寅	卯	巳	午
胎	酉	申	子	亥	卯	寅	午	巳
養	戌	未	丑	戌	辰	丑	未	辰
長生	亥	午	寅	酉	巳	子	申	卯
沐浴	子	巳	卯	申	午	亥	酉	寅
冠帶	丑	辰	辰	未	未	戌	戌	丑
建祿 臨官	寅	卯	巳	午	申	酉	亥	子
帝旺	卯	寅	午	巳	酉	申	子	亥
衰	辰	丑	未	辰	戌	未	丑	戌
病	巳	子	申	卯	亥	午	寅	酉
死	午	亥	酉	寅	子	巳	卯	申
墓, 葬	未	戌	戌	丑	丑	辰	辰	未

하고 준비하는 단계이기 때문에 어떤 일이 이루어지는 것을 기대하기 어렵다.

한 주(柱)에서 간지(干支)를 이루는 태(胎)로는 병자(丙子), 무자(戊子), 정해(丁亥), 기해(己亥), 임오(壬午), 계사(癸巳)가 있다. 모두 지지(地支)가 형충(刑沖)되는 것을 크게 꺼린다.

일주(日柱)에 태지(胎地)가 있으면서 간지(干支)를 이루면 간혹 재혼하는 경우도 있으나 대체로 현부와 현처를 만난다. 정해일주(丁亥)와 병자일주(丙子日柱)는 영적인 힘이 있어 스스로 마음을 다스릴 줄 알고, 성급하며 날카로우나 뒤끝이 없다.

무자일주(戊子日柱), 기해일주(己亥日柱), 임오일주(壬午日柱), 계사일주(癸巳日柱)는 남자는 아내를 누르며 군림하려는 기질이 있으나 아내를 사랑할 줄 알고, 여자는 남편에게 재정적인 뒷받침을 하는 등 도움을 준다.

이 운에서 일어나는 화액은 태(胎)의 물상을 직업으로 삼아 분발하거나, 태(胎)의 물상으로 나들이를 하면 가볍게 지나가거나 면할 수 있다. 태(胎)가 한 주(柱)가 아닌 다른 주(柱)에서 이루어지면 작용이 약하다.

■ 재성(財星)이 태지(胎地)에 있으면

재성(財星)이 태지(胎地)에 있으면서 한 주(柱)에서 간지(干支)를 이루거나, 년주(年柱)나 월주(月柱)에 있으면 아버지와 일찍 이별한다. 일찍 결혼한 후 사회진출이 순조로워진다. 아버지와 아내의 도움을 받지만 대부분 부부갈등이 많다. 간혹 참고 인내하면 현부현처를 만나 해로하는 경우도 있다. 그러나 재성(財星)이 태지(胎地)에 있으면 끊어졌던 재물운이 다시 온다.

■ 관성(官星)이 태지(胎地)에 있으면

관성(官星)이 태지(胎地)에 있으면서 한 주(柱)에서 간지(干支)를 이루면 남녀 모두 활동적이다. 여자는 남편의 수입으로 만족하지 못하여 결혼 후에도 계속 사회활동을 하는데 물과 관계 있는 사업을 한다. 남자는 병약한 자식을 두거나 무병(巫病)이 오기도 한다. 태지(胎地)가 일주(日柱)에 있으면 남녀 모두 부부가 상부상조하고, 시주(時柱)에 있으면 만년에 자식이 출세한다. 관성(官星)의 태(胎)는 복이 늦게 온다.

■ 인성(印星)이 태지(胎地)에 있으면

인성(印星)이 태지(胎地)에 있으면서 한 주(柱)에서 간지(干支)를 이루면 어머니의 희생으로 어렵게 학문을 한다. 이런 사주는 자신의 직업에 만족하지 못하지만 교육계로 나가면 길하다. 인성(印星)이 태지(胎地)에 있으면 대체로 보통 이상의 직업을 갖고, 인성(印星)이 재성(財星) 위에 있으면서 태지(胎地)에 해당하면 재물손실, 부부갈등, 고부갈등, 어머니와 분리나 생사이별 등이 따른다. 그러나 물과 관계 있는 직업으로 나가면 화액을 면할 수 있다.

■ 식상(食傷)이 태지(胎地)에 있으면

식상(食傷)이 태지(胎地)에 있으면서 일주(日柱)에서 간지(干支)를 이루거나, 태지(胎地)가 년주(年柱)나 월주(月柱)에서 한 주(柱)에 있으면 사회활동을 일찍 시작한다. 먹거리, 주류, 유류, 화공약품, 자동차, 전기, 전자 등의 직업에 종사하면 재물을 모은다. 그러나 여자는 자식과 이별하거나 자식이 병약하다. 식상(食傷)이 인성(印星) 위에 있으면서 태지(胎地)에 해당하면 시어머니가 있으면 딸만 낳는다. 고부갈등, 모자상극(母子相剋) 등이 따른다.

■ 비겁(比劫)이 태지(胎地)에 있으면

비겁(比劫)이 태지(胎地)에 있으면서 한 주(柱)에서 간지(干支)를 이루어 년주(年柱)나 월주(月柱)에 태지(胎地)가 있으면 형제 자매의 도움으로 발전한다. 본인이나 형제 자매는 태(胎)의 물상을 직업으로 삼으면 길하다. 그러나 비겁(比劫)이 관성(官星) 위에 있으면서 태지(胎地)에 해당하면 형제 자매간에 상극(相剋)되어 갈등, 이별, 재물손실 등이 따른다.

2. 양(養)

양(養)은 어머니의 뱃속에서 자라고 있는 상태를 말한다. 어머니의 뱃속에서 보호를 받으며 자라고 있으니 온순하고 낙천적이나 어려움에 부딪치면 좌절하는 경향이 있다. 이 운에서는 다른 사람의 도움이 없으면 발전하기 어렵다.

한 주(柱)에서 태(胎)를 이루는 간지(干支)로는 갑술(甲戌), 을미(乙未), 경진(庚辰), 신축(辛丑)이 있는데 지지(地支)가 형충(刑沖)되는 것을 크게 꺼린다. 양(養)이 일주(日柱)나 월주(月柱)에 있으면 친어머니 밑에서 자라기 어렵다.

갑술을미(甲戌乙未) 일주(日柱)는 일지(日支養)에 있는 양(養)이 형충(刑沖)될 때 재물손실, 부부간에 분리나 생사이별이 따르나 토(土)의 물상으로 나들이를 대체하면 화액을 면하고 아내의 도움을 받을 수 있다.

경진일주(庚辰日柱)와 신축일주(辛丑日柱)는 다른 사람 손에서 자라고, 부부인연이 엷다. 이 운에서 일어나는 화액은 양(養)의 물상을 직업으로 삼아 분발하거나 양(養)의 물상으로 나들이를 대체하면 가볍게 지나가거나 면할 수 있다. 양(養)이 한 주(柱)가 아닌 다른 주(柱)에서 이루어지면 작용이 약하다.

■ 재성(財星)이 양지(養地)에 있으면

재성(財星)이 양운(養運)으로 흐르거나, 년주(年柱)나 월주(月柱)에서 간지(干支)를 이루면 조부나 아버지가 양자로 갔거나 양녀로 간 여자를 아내로 맞는다. 일주(日柱)나 월주(月柱)가 양지(養地)에 해당하면 다른 사람 손에서 양육된다. 재성(財星)을 깔고 앉은 양지(養

地)가 형충(刑沖)되면 아버지와 일찍 이별하고, 부부간에 상극(相剋)이 있다. 일주(日柱)에 갑술양지(甲戌養地)나 을축양지(乙丑養地)가 있으면, 아내의 도움으로 발복하여 재물을 얻을 수 있으나 해로하기는 어렵다.

■ 관성(官星)이 양지(養地)에 있으면

관성(官星)이 양지(養地)에 있으면서 한 주(柱)에서 간지(干支)를 이루면, 양지(養地)를 형충(刑沖)할 때 부부간에 상극(相剋)되어 여자는 일부종사하기 어렵다. 남편이 양자로 갔거나 조상이 양자로 간 집안의 후손이다. 남자는 양자로 간 아들이 있고, 3년 주기로 직장의 변화가 있으며 자식이 가출한다.

■ 인성(印星)이 양지(養地)에 있으면

인성(印星)이 양지(養地)에 있으면서 한 주(柱)에서 간지(干支)를 이루면, 어머니가 양녀로 간 사람이거나 다른 사람 손에서 자랐고, 고부갈등이 있다. 양지(養地)가 형충(刑沖)되거나 사주에 양(養)을 형충(刑沖)하는 오행(五行)이 있으면, 어머니와 상극(相剋)되어 어머니와 이별, 어머니의 질병, 문서상의 변화, 직업의 변화, 학업중단 등이 따른다.

■ 식상(食傷)이 양지(養地)에 있으면

식상(食傷)이 양지(養地)에 있으면서 한 주(柱)에서 간지(干支)를 이루면, 여자는 자식을 친정이나 시댁에 맡기거나 양자로 보낸다. 양지(養地)를 형충(刑沖)할 때 자식과 이별이나 질병이 따른다. 사주에 형충(刑沖)하는 오행(五行)이 있으면, 자식과 상극(相剋)되어 자식에게 가출이나 상해가 따른다.

■ 비겁(比劫)이 양지(養地)에 있으면

비겁(比劫)이 양지(養地)에 있으면서 한 주(柱)에서 간지(干支)를 이루면, 본인이나 형제 자매나 사촌이 양자로 가거나 다른 사람 손에서 자란다. 일주(日柱)에 양지(養地)가 있으면서 간지(干支)를 이루면 부부금실이 좋아 상부상조하나, 일지(日支)가 형충(刑沖)되면 부부간에 분리나 생사이별 등이 따른다.

3. 장생(長生)

장생(長生)은 십이운성(十二運星) 중에서 최고의 길성(吉星)으로, 주위로부터 축하를 받으며 태어나는 순간을 말한다. 출생의 고통이 있어 다소 어려움이 따르지만 좋아진다.

한 주(柱)에서 간지(干支)를 이루는 장생(長生)에는 병인(丙寅)과 임신(壬申)이 가장 왕하다. 무인(戊寅), 기유(己酉), 정유(丁酉), 계묘(癸卯)는 설기(洩氣)하며 극(剋)하는 관계이기 때문에 길복이 엷고, 경(庚)과 신(辛)은 짝이 되지 않는다. 모두 지지(地支)가 형충(刑沖)되는 것을 크게 꺼린다.

장생(長生)이 일주(日柱)에 있으면 심신이 건강하며 발복하고, 사주에 모두 있으면 해당하는 육친도 운이 열린다. 장생운(長生運)이 오면 지지(地支)에 뿌리가 생성되니 태양이 가득한 봄날의 대지처럼 생기가 넘친다. 사주에 장생(長生)이 있으면 부모 형제나 귀인의 도움으로 발전하며 만사형통한다.

이 운에서 일어나는 화액은 장생(長生)의 물상을 직업으로 삼아 분발하거나, 장생(長生)의 물상으로 나들이를 대체하면 가볍게 지나가거나 면할 수 있다. 장생(長生)이 한 주(柱)가 아닌 다른 주(柱)에서 이루어지면 작용이 약하다.

■ 재성(財星)이 장생지(長生地)에 있으면

재성(財星)이 식상(食傷) 위에 있으면서 장생지(長生地)에 해당하면 최고의 길성(吉星)이다. 이런 사주는 상관운(傷官運)이 오면 재력을 과시하게 된다. 이처럼 장생지(長生地)에서 재성(財星)과 식상(食傷)이 간지(干支)를 이루면 조상덕, 부모덕, 형제덕, 아내덕, 재물복이 스스로 따라오니 일생동안 부귀를 약속받은 명이다.

년주(年柱)나 월주(月柱)에 있는 재성(財星)이 장생지(長生地)에 해당하면 10대를 전후하여 출세길이 열리고, 현명한 여자를 만나 일찍 결혼한다. 그러나 장생지(長生地)가 형충파해(刑沖破害)되면 복록이 감소하고, 재성(財星)이 식상(食傷) 위에 있지 않거나, 월주(月柱)나 시주(時柱)에서 돕지 못하면 일찍 피었다 일찍 시든다.

■ 관성(官星)이 장생지(長生地)에 있으면

관성(官星)이 년주(年柱)나 월주(月柱)에서 장생지(長生地)에 있으면서 간지(干支)를 이루면, 명문대가의 후손으로 일찍 관직에 진출하여 가문을 빛낸다. 여자는 일찍 훌륭한 배우자를 만나 좋은 내조를 하며 사회활동을 폭넓게 한다. 남녀 모두 시주(時柱)에 있는 관성(官星)이 장생지(長生地)에 해당하면 만년에 출세한다.

관성(官星)이 장생지(長生地)에 있으면서 신왕(身旺)하면 대길하여 고관대작에 오른다. 병인장생(丙寅長生)과 임신장생(壬申長生)은 관성(官星)의 자리에 재성(財星)이 앉으면 재생관(財生官)하여 크게 발복한다. 정유(丁酉), 기유(己酉), 무인(戊寅), 계묘(癸卯)는 복이 엷다. 관성(官星)은 일주(日柱)가 신왕(身旺)해야 복록이 두텁고, 관성(官星)이 장생지(長生地)에 있으면 부모 형제와 아내의 도움을 받아 발전한다.

■ 인성(印星)이 장생지(長生地)에 있으면

인성(印星)이 장생지(長生地)에서 간지(干支)를 이루면 예술방면에 재능이 있으며 소설가, 시인, 언론인 등으로 성공한다. 인성(印星)이 년주(年柱)나 월주(月柱)에서 장생지(長生地)에 해당하면 일찍 빛을 보고, 시주(時柱)에 있으면 만년에 빛을 본다. 인성(印星)이 장생지(長生地)에 있으면 모자간에 애정이 두텁고, 어머니의 도움으로 학문을 성취하여 꽃을 피운다. 외가가 명문대가로 어머니는 교육수준이 높고 예체능방면에서 명성을 떨친다. 인성(印星)의 장생(長生)은 병인(丙寅)과 임신(壬申)이 가장 길하고, 무인(戊寅), 기유(己酉), 정유(丁酉), 계묘(癸卯)는 복록이 엷다.

■ 식상(食傷)이 장생지(長生地)에 있으면

식상(食傷)은 병인(丙寅)과 임신(壬申)이 가장 길하지만, 장생(長生)을 극하거나 설기(洩氣)하기 때문에 복이 감한다. 갑을(甲乙)과 경신(庚辛)은 간지(干支)를 이루지 못하면서 모두 지지(地支)에서 형충파해(刑沖破害)되면 복이 감한다. 여자가 사주에서 재성(財星)을 만나면 장수하며 자식복, 남편복, 재물복을 타고난 사람이지만 자식들이 외가의 도움을 받기도 한다. 시주(時柱)에 있으면 만년에 자식이 출세한다.

■ 비겁(比劫)이 장생지(長生地)에 있으면

비겁(比劫)이 장생지(長生地)에 앉아 한 주(柱)에서 간지(干支)를 이루면 형제 자매가 모두 성공한다. 여기에 비겁(比劫)이 희신(喜神)

에 해당하면 부모 형제의 도움으로 출세하며 형제간에 우애가 두텁다. 비겁(比劫)이 년주(年柱)나 월주(月柱)에서 장생지(長生地)에 해당하면 출세한 형제나 친구의 도움으로 성공한다. 년주(年柱)나 월주(月柱)에 장생지(長生地)가 있으면 형제들이 20대를 전후하여 일찍 피어나고, 시주(時柱)에서 비겁(比劫)이 장생지(長生地)에 있으면서 간지(干支)를 이루면 본인과 형제가 만년에 피어난다.

4. 목욕(沐浴)

목욕(沐浴)은 태어난 직후 목욕하는 상태를 말한다. 목욕은 아기의 의사와 관계 없이 이루어지며, 고통스럽지만 끝난 후에는 개운하다. 이처럼 목욕(沐浴)은 길흉이 반복해서 나타나므로 성공과 실패가 빈번하다. 때를 벗겨야 하며 더운물과 찬물을 써야 하는 번거로움이 있으니 운명도 이와 마찬가지로 막힘이 따라 순탄하지 못하다.

한 주(柱)에서 간지(干支)를 이루는 목욕(沐浴)에는 갑자(甲子), 을사(乙巳), 경오(庚午), 신해(辛亥)가 있다. 이 중에서 갑자(甲子)의 작용이 가장 강한데, 모두 지지(地支)가 형충(刑沖)되는 것을 크게 꺼린다. 목욕(沐浴)이 일주(日柱)에 있으면 부부인연이 자주 바뀌며 주거를 자주 옮기는 등 굴곡이 많다. 일주(日柱)에 갑자(甲子)가 있으면 교도소에 가게 되고, 정에 약하며 수치를 모를 정도로 음란하다. 이 운에서는 몇 배 더 인내와 노력을 기울여야 한다.

이 운에서 일어나는 화액은 목욕(沐浴)의 물상을 직업으로 삼아 분발하거나, 목욕(沐浴)의 물상으로 나들이를 대체하면 가볍게 지나가거나 면할 수 있다.

■ 재성(財星)이 목욕지(沐浴地)에 있으면

재성(財星)이 목욕지(沐浴地)에 있으면서 간지(干支)를 이루면 낭비가 심하며 재물손실이 따른다. 여자는 남자를 자주 바꾸며, 나이 많은 남자와 불륜에 빠진다. 재성(財星)이 년상(年上)에 있으면 연상의 여인과 결혼하고, 월상(月上)에 목욕지(沐浴地)가 있으면 연상의 여인과 불륜에 빠진다. 재성(財星)이 목욕지(沐浴地)를 깔고 앉아 형충(刑沖)받으면 부모곁을 떠나고, 여자로 인하여 재물손실이 따른다.

■ 관성(官星)이 목욕지(沐浴地)에 있으면

관성(官星)이 목욕지(沐浴地)에 있으면 여자는 사회활동을 하고, 부부간에 이별하거나 각각 외정을 즐긴다. 관성(官星)이 년주(年柱)나 월주(月柱)에서 목욕지(沐浴地)에 해당하면 음탕하여 부부간에 이별이 따른다. 여자는 일찍 결혼하고, 남자는 자식이 바람을 피우거나 부모를 일찍 떠난다.

갑자목욕(甲子沐浴)이 가장 강렬한데, 부부가 모두 수치를 모를 정도로 음탕하다. 갑자(甲子)를 제외한 목욕(沐浴)은 대체로 남녀 모두 수완가로 사교적이고, 직장에서는 유능한 사람으로 평판을 받는다.

■ 인성(印星)이 목욕지(沐浴地)에 있으면

인성(印星)이 목욕지(沐浴地)에 있으면서 한 주(柱)에서 간지(干支)를 이루면, 어머니가 미인인데 정에 약하며 사회활동을 한다. 학생은 성적의 굴곡이 심하고, 직장인은 자신의 일에 만족하지 못하여자주 옮긴다. 년주(年柱)나 월주(月柱)에서 인성(印星)이 목욕지(沐浴地)에 해당하면 어머니를 일찍 떠난다. 시주(時柱)에서 목욕지(沐浴地)가 간지(干支)를 이루면 늦바람을 피우는 경향이 많고, 여자는 늦게 직업전선에 뛰어든다. 어렵게 이룬 재산이 쉽게 나가는 경우도 있다. 어렵게 공부하며 어머니는 남자같고 아버지는 여자같다.

■ 식상(食傷)이 목욕지(沐浴地)에 있으면

식상(食傷)이 목욕지(沐浴地)에 있으면서 한 주(柱)에서 간지(干支)를 이루면, 이성에 일찍 눈뜨며 음탕하여 한 사람과 오래가지 못한다. 남자는 경오목욕(庚午沐浴)이 간지(干支)를 이루면 성공하는 자식을 두고, 여자는 갑자목욕(甲子沐浴)이 간지(干支)를 이루면 바람둥이 자식을 둔다.

여자는 식상(食傷)이 재성(財星)을 깔고 앉아 목욕지(沐浴地)에 해당하면, 딸이 나이 많은 남자와 바람이 나거나 나이 많은 남자에게 시집간다. 식상(食傷)이 비겁(比劫)을 깔고 앉아 목욕지(沐浴地)에 해당하면 형제들 앞에서 스스럼 없이 옷을 벗는다. 남녀 모두 미식가이며 말솜씨가 좋고, 노래를 잘 부르며 풍류를 즐긴다.

■ 비겁(比劫)이 목욕지(沐浴地)에 있으면

비겁(比劫)이 목욕지(沐浴地)에 있으면서 한 주(柱)에서 간지(干支)를 이루면, 형제 자매의 성격이 활달하며 역경을 잘 극복하지만 직업이 자주 바뀌는 경향이 있다. 고집이 강하며 남에게 구속받기를 싫어하고, 이성간에 마음이 잘 변하여 배우자가 바뀐다. 형제 자매도 마찬가지다. 년주(年柱)나 월주(月柱)에 목욕지(沐浴地)가 있으면 형제가 젊어서 바람을 피우고, 시주(時柱)에 있으면 늦바람을 피운다.

5. 관대(冠帶)

관대(冠帶)는 목욕이 끝난 후 의관을 갖추고 자세를 고치는 상태를 말한다. 깨끗하고 단정하여 인정받으니 그동안의 고생은 사라지고 발전을 거듭한다. 또 기다리는 때이기 때문에 나태하고 지연됨이 따르나 끝까지 목표를 포기하지 않는다.

한 주(柱)에서 짝을 짓는 관대(冠帶)는 병진(丙辰), 정미(丁未), 무진(戊辰), 기미(己未), 임술(壬戌), 계축(癸丑)이 있다. 모두 지지(地支)가 형충(刑沖)되는 것을 크게 꺼리며, 건록운(建祿運)이 와야 출세길이 열린다. 이 운에서 일어나는 화액은 관대(冠帶)의 물상을 직업으로 삼아 분발하거나 관대(冠帶)의 물상으로 나들이를 대체하면 가볍게 지나가거나 면할 수 있다. 다른 주(柱)에서 이루는 관대(冠

帶)는 작용이 약하다.

■ 재성(財星)이 관대지(冠帶地)에 있으면

재성(財星)이 관대지(冠帶地)에 있으면서 한 주(柱)에서 간지(干支)를 이루면, 부부인연이 엷어 본처와 해로하기 어렵고, 젊은 시절 고독한 신세를 면하지 못한다. 만년에 만난 부부와 해로하며, 재물복도 두터워져 안정된 생활을 한다. 관대지(冠帶地)가 시주(時柱)에 있으면 만년에 불교신도가 되거나 입산하는 경우가 있고, 년주(年柱)나 월주(月柱)에 있으면 아버지가 불도에 귀의한 사람이거나 아버지와 아내가 불교신앙이 깊다.

수일간(水日干)의 재성(財星)이 관대지(冠帶地)에서 간지(干支)를 이루면 아버지는 의관에 띠를 두르는 관리이고, 본인도 높은 자리에 오르거나 출세길이 일찍 열린다. 그러나 관대(冠帶)가 시주(時柱)에 있으면 출세길이 늦게 열린다. 아들을 낳은 후 재물손실과 부부간에 갈등, 상해, 질병 등이 따른다. 그러나 남자는 자식과 아내의 도움으로 재산이 증식되는 경우도 있다.

■ 관성(官星)이 관대지(冠帶地)에 있으면

관성(官星)이 관대지(冠帶地)에 있으면서 한 주(柱)에서 간지(干支)를 이루면 높은 자리에 오르고, 년주(年柱)나 월주(月柱)에 관대지(冠帶地)가 있으면 부모 형제가 관공직으로 나간다. 여자가 관성(官

星)이 식상(食傷) 위에 있으면서 간지(干支)를 이루면 아들이 있으면 남편과 질병, 갈등, 이별 등이 따른다.

■ 인성(印星)이 관대지(冠帶地)에 있으면

인성(印星)이 관대지(冠帶地)에 있으면서 한 주(柱)에서 간지(干支)를 이루면 학업이 중단되거나 전공분야가 바뀌거나 늦게 학문을 하게 되고, 어머니와 일찍 이별하거나 갈등이 따른다. 인성(印星)이 재성(財星) 위에 있으면서 관대지(冠帶地)에 해당하면 부모간에 싸움이 잦거나, 자식 때문에 부모가 싸운다. 아버지가 재력이 있으면 어머니가 없고, 어머니가 재력이 있으면 아버지가 없다. 관대지(冠帶地)가 년주(年柱)나 월주(月柱)에 있으면 어머니가 사회생활을 일찍 시작하고, 시주(時柱)에 있으면 사회활동을 하며 만년에 공부한다.

■ 식상(食傷)이 관대지(冠帶地)에 있으면

식상(食傷)이 관대지(冠帶地)에 있으면서 한 주(柱)에서 간지(干支)를 이루면 두뇌가 명석하여 이론에 밝다. 성품이 온화하고 단정하며 미식가이고, 벗을 좋아하며 풍류를 즐겨 사람들이 많이 따른다. 여자는 자식복과 남편복이 있는 편이나 임술(壬戌)과 계축관대지(癸丑冠帶)는 복이 감한다. 관대지(冠帶地)가 년주(年柱)나 월주(月柱)에 있으면 일찍부터 복록을 누리고, 시주(時柱)에 있으면 어느날 갑자기 찾아온다. 식상(食傷)은 재물과 수명을 나타내므로 관대지(冠帶地)

에 해당하면 부족함이 없고, 재(財)까지 있으면 부귀를 겸전한다.

■ 비겁(比劫)이 관대지(冠帶地)에 있으면

비겁(比劫)이 관대지(冠帶地)에 있으면서 한 주(柱)에서 간지(干支)를 이루면 형제 중에 관직에 오른 사람이 있고, 형제나 친구의 도움으로 관록을 먹는다. 임술(壬戌)이나 계축관대(癸丑冠帶)에 해당하면 무당이나 무병(巫病)을 앓는 형제 자매가 있다. 생사이별, 손발과 허리 등의 상해, 신장이나 방광질환과 결석, 위장과 비장의 결석 등이 따른다. 법조계, 건축업, 부동산업, 역술인, 점쟁이, 무당 등으로 나가면 살(殺)이 가벼워진다.

6. 건록(建祿)

건록(建祿)은 성장한 후 벼슬길에 올라 복록을 쌓아가는 상태다. 이때는 모든 일이 잘 풀려 나날이 발전하며 자신감도 있다. 화려한 관복을 입고 대중을 호령하며 권세와 복을 누리는 운세다.

한 주(柱)에서 간지(干支)를 이루는 건록(建祿)에는 갑인(甲寅), 을묘(乙卯), 경신(庚申), 신유(辛酉)가 있다. 모두 지지(地支)가 형충(刑沖)되는 것을 크게 꺼린다. 건록(建祿)이 일주(日柱)에서 간지(干支)를 이루면 신왕전록격(身旺專祿格)이 되고, 시지(時支)에 전록

(專祿)의 뿌리를 내리면 귀록시격(歸祿時格)이 된다. 그러나 건록(建祿)의 뿌리가 형충파해(刑沖破害)되면 화액이 따른다.

재성(財星)이 한 주(柱)에서 건록지(建祿地)에 있거나 년주(年柱)나 월주(月柱)에서 건록지(建祿地)에 앉으면, 부잣집에서 태어나거나 아버지를 부자로 만든다. 그렇지 않으면 아버지를 잃거나 이별이 따른다.

사주에서 재성(財星) 건록(建祿)이 간지(干支)를 이루면 총명하며 단정하고, 20대 후반에 일찍 발전한다. 부모 형제의 도움으로 일찍 현모양처를 맞이하고, 아내의 도움으로 재물운이 열린다. 재성건록(財星建祿)이 시주(時柱)에서 간지(干支)를 이루면 만년에 재물복이 열린다.

이 운에서 일어나는 화액은 건록(建祿)의 물상을 직업으로 삼아 분발하거나 건록(建祿)의 물상으로 나들이를 대체하면 가볍게 지나가거나 면할 수 있다.

■ 재성(財星)이 건록지(建祿地)에 있으면

재성(財星)이 한 주(柱)에서 건록지(建祿地)를 이루면 부모덕과 아내덕이 있다. 건록(建祿)이 년월(年月)에서 한 주(柱)를 이루면 부잣집 태생이며 처가도 부자다. 사주에 식상(食傷)이 있으면 부모와 처첩의 덕으로 사업을 일으켜 부귀영화를 누린다. 시주(時柱)에서 재성(財星)이 건록(建祿)의 기둥을 세우면 만년에 발복하여 재물을 축적하나, 혼사가 늦거나 어린 여자와 인연을 맺는다. 그러나 건록(建祿)

을 충합(沖合)할 때 아내와 생사이별이 따른다. 건록(建祿)에는 육기(六氣)가 있으니 형충파해합(刑沖破害合)을 꺼린다. 운세에서 충합(沖合)이 들어오면 건록(建祿)이 충합(沖合)하는 물상으로 나들이를 하면 화액을 면하거나 가볍게 넘길 수 있다.

■ 관성(官星)이 건록지(建祿地)에 있으면

관성(官星)이 건록지(建祿地)에 있으면서 한 주(柱)에서 간지(干支)를 이루면, 대대로 벼슬한 가문으로 조상의 영화가 후손에게까지 전해진다. 20대를 전후하여 일찍 관직에 나가거나 만인이 선호하는 직업을 갖는다. 이처럼 관성(官星)이 건록지(建祿地)에 있으면 여자는 지혜와 권력과 덕망을 겸비한 남편을 만나고, 남자는 자식의 출세까지 보장받는다. 건록(建祿)이 용신(用神)이면 평생 복록이 그치지 않는다.

■ 인성(印星)이 건록지(建祿地)에 있으면

인성(印星)이 건록지(建祿地)에 있으면서 한 주(柱)에서 간지(干支)를 이루면, 어머니가 학문이 높거나 예체능방면에서 크게 성공한 사람이다. 인성(印星)이 년주(年柱)나 월주(月柱)에서 건록지(建祿地)에 있으면 학업성적이 우수하고, 대운(大運)에서 인성운(印星運)이 또 오면 수재라는 소리를 듣는다. 그러나 운이 가면 대학에 들어가기도 어렵고, 인성(印星)이 합(合)되면 학업을 중단하거나 진학시험에 떨어진다. 인성건록(印星建祿)이 형충(刑沖)되면 어머니와 이별이 따른다.

■ 식상(食傷)이 건록지(建祿地)에 있으면

식상(食傷)이 건록지(建祿地)에 있으면서 한 주(柱)에서 간지(干支)를 이루면 평생 의식주에 대한 문제가 없다. 이때 재성(財星)까지 함께 있으면 부귀영화를 누린다. 여자는 자식을 낳은 후 가문이 번창하고, 출세하는 자식을 두거나 자식의 힘을 얻어 출세하고, 남편의 운기도 돕는다. 식상건록(食傷建祿)은 땅 위에 복록을 심는 것과 같다.

■ 비겁(比劫)이 건록지(建祿地)에 있으면

비겁(比劫)이 건록지(建祿地)에 있으면서 한 주(柱)에서 간지(干支)를 이루면, 관직으로 나가거나 관록을 먹는 형제 자매가 있다. 비겁(比劫)이 희신(喜神)에 해당하면 친구와 형제의 도움으로 사회에서 유용한 인물이 되고, 대인관계도 좋다. 형제 자매가 상부상조하는 것이다. 그러나 비겁(比劫)이 기신(忌神)에 해당하면 형제와 친구의 도움이 없고, 복이 줄어든다.

7. 제왕(帝旺)

제왕(帝旺)은 관직에 올라 복록과 세력을 떨치는 운세다. 탄탄대로를 질주하는 최상의 운세로 계획한 일은 모두 이루어진다. 제왕(帝旺)은 십이운성(十二運星) 중에서 가장 왕성하여 목적을 향해 치닫는 운세라 크게 명리를 얻지만 태세(太歲)나 대운(大運)에서 합(合)되거나 형충파해(刑沖破害)되면 화액이 따른다.

한 주(柱)에서 간지(干支)를 이루는 제왕(帝旺)에는 병오(丙午), 임자(壬子), 무오(戊午)가 있다. 모두 지지(地支)가 형충(刑沖)되는 것을 크게 꺼린다. 병오제왕(丙午帝旺)은 정오의 태양이고, 임자제왕(壬子帝旺)은 넓고 깊은 밤바다와 같이 차며 어둡고, 무오제왕(戊午帝旺)은 끝없이 펼쳐지는 산과 들이다.

제왕(帝旺)은 지지(地支)에서 형충파해(刑沖破害)되는 것이 가장 나쁘고, 일주(日柱)에서 간지(干支)를 이루면 최고의 자리에 있는 것이다. 재성제왕(財星帝旺)이 깨지면 재물손실이나 아내와 생사이별이 따르고, 여자는 관성제왕(官星帝旺)이 깨지면 부부간에 이별이 따른다.

이 운에서 일어나는 화액은 제왕(帝旺)의 물상을 직업으로 삼아 분발하거나 제왕(帝旺)의 물상으로 나들이를 대체하면 가볍게 지나가거나 면할 수 있다.

■ 재성(財星)이 제왕지(帝旺地)에 있으면

재성(財星)이 년주(年柱)나 월주(月柱)에서 제왕지(帝旺地)에 있으면서 간지(干支)를 이루면 부잣집 태생이다. 제왕(帝旺)과 식상(食傷)이 있는데 대운(大運)에서 식상운(食傷運)이 또 오면 큰 부자가 된다. 재성(財星)이 제왕지(帝旺地)에서 간지(干支)를 이루면 조상덕이 겹쳐 부모의 유산을 물려받는 등 재물복을 누린다. 사업가의 기질을 타고나 젊어서 기업을 세워 재물을 모은다. 현모양처를 만나며 신용과 신망을 한 몸에 받는다. 재성제왕(財星帝旺)이 식상(食傷)을 만나면 하늘이 내린 복이다.

신왕재왕(身旺財旺)한데 식상(食傷)이 재(財)를 생(生)하고, 대운(大運)에서 식상운(食傷運)이 또 오면 천운이 열리는 최고의 운세다. 간혹 재성(財星)이 왕한 사주가 가난한 집에서 태어나면 아버지나 자식 중에 한 명이 죽는다. 다시 말하면 가난한 집에서 부자 자식으로 태어나기 때문이다.

■ 관성(官星)이 제왕지(帝旺地)에 있으면

관성(官星)이 년주(年柱)나 월주(月柱)에서 제왕지(帝旺地)에 있으면서 한 주(柱)에서 간지(干支)를 이루면 명문대가의 자손으로 조상덕이 있다. 관공직에 나가거나 사회적으로 높은 자리에 올라 부귀영화를 누린다. 조상의 업적이 자손에게까지 이어지는 것이다. 남자는 출세하는 자식이 있고, 여자는 현명한 남편을 만나 출세시킨다. 재성

(財星)이 있는데 신왕(身旺)하면 큰 부자가 되고, 여자는 사회활동을 하며 남자들에게 인기가 많다.

■ 인성(印星)이 제왕지(帝旺地)에 있으면

인성(印星)이 제왕지(帝旺地)에 있으면서 한 주(柱)에서 간지(干支)를 이루면 수재라는 소리를 들으며 학문, 예술, 체육방면에 재능이 뛰어나다. 어머니도 교육을 많이 받은 사람으로 예술이나 학문 등에서 크게 빛을 발한다. 인성(印星)이 관성(官星) 위에 있으면 예술방면에서 크게 이름을 떨친다. 인수(印綬)가 희신(喜神)에 해당하면 어질며 장수하고, 학문과 예능방면에 천재적인 소질을 타고난 사람이다. 신약(身弱)한데 인성(印星)이 있으면 어머니가 현명하다. 인수제왕(印綬帝旺)이 있으면 천하제일의 재능을 갖고 태어난 사람이다. 소설가, 교수, 가수, 예체능 계통에서 세계적인 명성을 떨치는 사람들은 모두 인수제왕(印綬帝旺)에 앉은 사람들이다.

■ 식상(食傷)이 제왕지(帝旺地)에 있으면

식상(食傷)이 제왕지(帝旺地)에 있으면서 한 주(柱)에서 간지(干支)를 이루면, 식상(食傷)은 두뇌와 수명을 나타내기 때문에 두뇌가 명석하며 이론에 밝고, 인품이 어질며 훌륭하다. 여자는 모자간에 화합이 잘 되며 크게 성공하는 자식을 둔다. 고서(古書)에 이르길 식신유기(食神有氣)하면 승재관(勝財官)이라 했다. 이것은 재관사주(財官

四柱)를 능가한다는 뜻으로 부귀와 장수를 누린다는 말이다.

■ 비겁(比劫)이 제왕지(帝旺地)에 있으면

비겁(比劫)이 제왕지(帝旺地)에 있으면서 한 주(柱)에서 간지(干支)를 이루면, 신약사주(身弱四柱)는 비겁(比劫)에게 힘을 얻어 대길하지만, 신왕사주(身旺四柱)는 더욱더 신왕(身旺)해지기 때문에 흉하다. 다시 말해 신약사주(身弱四柱)는 출세한 형제의 도움을 받지만, 신강사주(身强四柱)는 출세한 형제가 있어도 도움이 없다는 뜻이다. 비겁(比劫)은 재성(財星)과 합(天干合)이나 형충(刑沖)되면 부부간이나 아버지와 갈등, 분리, 생사이별 등이 따른다. 비겁제왕(比劫帝旺)이 합(合)되는 운에는 형제 자매와 분리, 질병, 생사이별이 따른다. 그러나 제왕(帝旺)의 물상으로 나들이를 대체하면 화액을 가볍게 넘길 수 있다.

8. 쇠(衰)

쇠(衰)는 달도 차면 기울듯이 화려했던 제왕(帝旺)의 전성기가 지나고 기우는 운세를 말한다. 몸은 점차 늙어 후배에게 자리를 넘겨주고 뒤로 처진다. 쇠운(衰運)에서 새로운 일에 손을 대면 도중하차 하거나 고전한다. 한 주(柱)에서 간지(干支)를 이루는 쇠(衰)에는 갑진

(甲辰), 을축(乙丑), 경술(庚戌), 신미(辛未)가 있다. 모두 지지(地支)가 형충(刑沖)되는 것을 꺼린다.

이 운에서 일어나는 화액은 쇠(衰)의 물상을 직업으로 삼아 분발하거나, 쇠(衰)의 물상으로 나들이를 대체하면 가볍게 지나가거나 면할 수 있다. 쇠운(衰運)에는 수입이 줄며 체력도 따라주지 않으니 매사 인내와 노력으로 극복해 나가야 한다.

■ 재성(財星)이 쇠지(衰地)에 있으면

재성(財星)이 년주(年柱)나 월주(月柱)에서 쇠지(衰地)에 있으면서 한 주(柱)에서 간지(干支)를 이루면, 좋은 아내를 일찍 만나지만 병약한 여자다. 성격이 급하고 신경질적이나 유순하며 따뜻하고, 젊어서 사업을 일으켜 재물을 모으며 사회적으로 공덕을 쌓는다. 그러나 쇠지(衰地)가 년운(年運)이나 대운(大運)에서 형충파해합(刑沖破害合)되면 하루 아침에 아내와 재물을 잃는 경우가 있다.

재성(財星)이 쇠지(衰地)에 있는데 사주에 형충(刑沖)하는 살성(殺星)이 있으면, 조상이나 아버지의 묘지를 이장할 일이 생기고, 아버지나 아내와 생사이별한다. 쇠지(衰地)는 토성(土星)이므로 부동산을 팔거나 담보로 투자하면 모두 액땜이 된다. 부동산, 가옥, 흙, 돌 등의 물상으로 나들이를 하면 화액을 면하거나 가볍게 넘길 수 있다.

■ 관성(官星)이 쇠지(衰地)에 있으면

관성(官星)이 년주(年柱)나 월주(月柱)에서 쇠지(衰地)에 있으면서 한 주(柱)에서 간지(干支)를 이루면, 관운이 일찍 열리나 쇠기(衰氣)가 기다리고 있으니 오래가지 못하고, 지나치게 욕심이 많으며 자기 꾀에 넘어간다. 이것은 화개살(華蓋殺)이 형충(刑沖)되는 것이니 종교인, 법관, 교도관, 군인, 경찰, 건축업, 부동산업 등으로 나가면 토(土)의 물상에 나들이를 대체하는 것이니살성(殺星)이 가벼워진다.

관성(官星)이 다른 주(柱)의 도움을 받지 못하며 파극(破剋)되어 매우 미약하면 관재구설이나 무병(巫病)이 따른다. 여자에게 관성(官星)은 남편이므로 내조를 잘 해도 남편이 이루는 것이 없다. 형충(刑沖)되거나 관성(官星)을 천간지지합(天干支地合)할 때 남편과 분리, 질병, 생사이별 등이 따른다. 시주(時柱)에 있으면 사건은 만년에 벌어진다. 남편과 생사이별을 면하려면 관성(官星) 물상의 일거리나 매매 등으로 나들이를 해야 한다.

■ 인성(印星)이 쇠지(衰地)에 있으면

인성(印星)이 쇠지(衰地)에 있으면서 한 주(柱)에서 간지(干支)를 이루면 어질고 착하다. 마음이 약하여 잘 속고, 성급하며 쉽게 흥분하여 매사 건성으로 넘어가는 경우가 많고, 학문이 우수하나 써먹지 못한다. 어머니는 어질며 교양이 있으나 신양이 있고, 사회활동을 하면 살이 가벼워진다. 지지(地支)가 형충(刑沖)되면 어머니는 사회활동을 하는 사람이고 모자간에 이별이 따른다. 교육자나 예체능방면에 재능이 있다. 관성(官星)이 인성(印星)을 생(生)하는데 일주(日柱)에 뿌리가 있으면 복록이 두텁다.

■ 식상(食傷)이 쇠지(衰地)에 있으면

식상(食傷)이 쇠지(衰地)에 있으면서 한 주(柱)에서 간지(干支)를 이루거나, 년주(年柱)나 월주(月柱)에서 간지(干支)를 이루면 여자는 어려운 난관을 잘 극복하고, 일찍 성공하는 자식을 둔다. 식상(食傷)이 일주(日柱)에서 쇠지(衰地)가 간지(干支)를 이루면 성급하여 신중하지 못하다. 매사에 긍정적이라 남을 잘 믿고 유혹에 잘 빠져 손해나 실패가 많다. 지지(地支)에서 식상(食傷)을 형충(刑沖)하면 뜻하지 않은 화액이 있고, 합(合)할 때 자식과 이별이 따른다. 식상(食傷)이 생대록(生帶祿)에 있으면 이론가로 평가받지만, 쇠지(衰地)에서 간지(干支)를 이루면 성급하며 흥분을 잘하여 뜻을 올바르게 전달하지 못한다.

■ 비겁(比劫)이 쇠지(衰地)에 있으면

비겁(比劫)이 쇠지(衰地)에 있으면서 한 주(柱)에서 간지(干支)를 이루거나, 년주(年柱)나 월주(月柱)에서 간지(干支)를 이루면 형제자매에게 길이 일찍 열린다. 지지(地支)를 형충(刑沖)하면 본인은 물론 형제 자매에게 화액이 따르고, 형제 자매나 친구와 싸움이 그치지 않는다. 불교신자나 신(神)을 모시는 사람이나 고집이 강하고 굴곡이 많은 삶을 사는 형제 자매가 있다. 비겁(比劫)이 희신(喜神)에 해당하면 독선적인 성격이 변하여 형제 자매와 우애가 깊고, 형제 자매나 친구의 도움을 받는다.

9. 병(病)

늙어서 병든 상태를 말한다. 죽음을 기다리는 형상으로 만사가 정상적이지 않아 감상적이며 비관적이다. 몸이 병들어 옮기는 자리 이동은 역마성(驛馬星)에 있다. 사회활동의 변화, 부동산의 매매와 이동, 해외여행, 가출 등의 다양한 나들이 변화가 있다.

운세가 병지(病地)에 있으면 이 병원 저 병원으로 옮겨다녀야 하는 사건이 일어난다. 사람의 운명도 이와 같이 병운(病運)에서는 노력, 자리 이동, 직장의 변화 등 활동무대의 다양한 일거리가 생산된다. 역마병지(驛馬病地)에 있으니 역마(驛馬)가 있으면 부지런하고, 매사에 긍정적이며 사교적이다. 외교관이나 영업직 등이 적격이다.

■ 재성(財星)이 병지(病地)에 있으면

재성(財星)이 병지(病地)에 있으면서 한 주(柱)에서 간지(干支)를 이루면 아내나 아버지나 재물이 병든다. 여기저기 해결해야 할 빚이 생기거나 이자를 받는 일이 생기고, 재물을 모으는 힘이 있는가 하면 지출이 항상 따라다닌다. 재물손실이 없으면 아버지나 아내와 이별이나 질병이 따른다. 병(丙)이 병들면 본인은 물론 아버지나 아내가 혈압, 두통, 심장, 눈, 소장, 어깨 등에 질병이 발생한다. 다시 말하면 아버지나 아내의 재물로 인하여 마음의 병을 얻는 것이다.

재성(財星)이 년주(年柱)나 월주(月柱)에서 간지(干支)를 이루면 30대를 전후하여 사업을 일으키나 절반은 실패하고, 재성(財星)이 병들었는데 일찍 결혼하면 아내가 병약하거나 낭비가 심하고, 늦게 결혼하면 좋은 인연을 만난다.

■ 관성(官星)이 병지(病地)에 있으면

관성(官星)이 병지(病地)에 있으면서 한 주(柱)에서 간지(干支)를 이루면, 병든 오행(五行)의 물상이나 관성(官星)을 깔고 앉은 물상을 직업으로 삼으면 본인과 남편의 질병을 막을 수 있다. 남자는 관성(官星)이 자식인데 오행(五行)에 관계된 물상에 본인은 물론 자식의 질병이 있고, 자식을 낳은 후 직장이동이 있다. 남녀 모두 사회에서 인정받으며 발전하고, 성격이 명랑하여 광범위한 대인관계를 갖는다. 대개 해외나 지사, 지점 등에서 근무하는 경우와 출장이 많다.

■ 인성(印星)이 병지(病地)에 있으면

인성(印星)이 병지(病地)에 있으면서 한 주(柱)에서 간지(干支)를 이루면 이루면, 어머니가 인성(印星)이 병드는 오행(五行)의 물상에서 병을 얻는다. 어머니 곁을 떠나 학업을 마치기도 하며 학업중단, 전학, 전공과목이 바뀌는 등의 변화가 있다. 그러나 다방면에서 소질과 재능을 발휘한다. 인성(印星)이 병들면 재능은 우수하나 한 직종에 오래 머무르지 못하여 성공하기 어렵다. 인성(印星)이 년주(年柱)나 월주(月柱)에서 간지(干支)를 이루면 학문을 일찍 이루고, 시주(時柱)에 있으면 늦게 이룬다.

■ 식상(食傷)이 병지(病地)에 있으면

식상(食傷)이 병지(病地)에 있으면서 한 주(柱)에서 간지(干支)를 이루었는데, 그 지지(地支)를 형충(刑沖)하면 체격이 마른편이며 자주 체한다. 또 독극물을 마시거나 약물중독이 되기도 한다. 식상(食傷)이 병들면 대개 위장질환으로 고생한다. 약사, 조리사, 식품관리 등으로 나가면 화액을 면할 수 있다. 여자는 자식의 직업에도 변화가 많으며, 식상(食傷)의 물상에 자식의 질병이 있다.

■ 비겁(比劫)이 병지(病地)에 있으면

비겁(比劫)이 병지(病地)에 있으면서 한 주(柱)에서 간지(干支)를 이루면, 형제가 비겁(比劫)이 병드는 물상에서 질병을 얻는다. 형제의 직업에 변화가 많으나 수단이 좋아 앞서간다. 지지(地支)를 형충파해(刑沖破害)하면 형제와 이별이 따른다. 비겁(比劫)이 년주(年

柱)나 월주(月柱)에서 간지(干支)를 이루면 형제들이 일찍 발전하고, 시주(時柱)에 있으면 형제들이 만년에 발복한다.

10. 사(死)

사(死)는 모든 기능이 정지되어 죽음에 이른 상태를 말한다. 호흡과 맥박이 멈춰 만사가 동결되니 더 이상 아무것도 할 수 없다. 이 운에서는 육친과 재물을 잃는다.

사(死)를 형충(刑沖)하는 오행(五行)은 사체를 마지막으로 목욕시키는 것과 같으니 목욕(沐浴)에 있다. 예를 들어 갑(甲)이 앉은 오(午)의 자리는 사(死)의 간지(干支)인데, 자(子)는 갑(甲)의 목욕(沐浴)이다. 오(午)를 자오형충(子午刑沖)하는 것은 죽은 사람의 목욕(沐浴)을 의미하므로, 자오(子午) 합작품의 물상을 포착하면 사건의 전말이 눈 앞에 펼쳐진다.

한 주(柱)에서 간지(干支)를 이루는 사지(死地)에는 을해(乙亥), 갑오(甲午), 경자(庚子), 신사(辛巳)가 있다. 모두 지지(地支)가 형충(刑沖)되는 것을 크게 꺼린다. 을해사지(乙亥死地)가 있으면 다리를 절거나 물과 관계된 장사를 하는 사람이다. 신경통, 두통, 신경성질환, 간질환, 손발, 허리 등에 상해가 따른다.

갑오사지(甲午死地)는 목기(木氣)가 약하기 때문에 두통, 요통, 견통, 무병(巫病) 등이 따른다. 경자사지(庚子死地)는 아내가 금기(金

氣)가 약하여 대장, 폐결핵, 각혈 등이 따른다. 신사사지(辛巳死地)는 금기(金氣)가 약하여 폐결핵, 호흡기, 허리, 치아 등의 상해나 통증이 있다.

사지(死地)에 드는 년(年)이 오면 사(死)를 깔고 앉은 육신(六神)이 화액을 당한다. 예를 들어 병일간(丙日干)이 유(酉)를 만나면, 비록 한 주(柱)에서 간지(干支)를 이루지 않더라도 사(死)가 된다. 또 유(酉) 위에 계수(癸水)가 있으면 계수(癸水) 신장이 유(酉) 때문에 병들고, 유(酉)를 만나는 년(年)이나 대운(大運)이 오면 일간(日干) 병(丙)은 유(酉)에서 사(死)가 되어 신장이 병들어 죽는다는 뜻이다. 그러나 사(死)에서 시생하므로 사지(死地)에 든 육신(六神)을 반드시 흉하다고만 볼 수는 없다.

만일 어머니가 사지(死地)에 있으면 할머니나 어머니가 두 분이어야 화액을 면하고, 아내가 두 명이면 두 번째 만난 여자는 구제되고, 남편이 사지(死地)에 있으면 첫 남자와 이별하면 두 번째 남자는 구제된다. 이처럼 시주(時柱)에 사지(死地)가 있으면서 간지(干支)를 이루면, 천간육신(天干六神)은 만년에 죽을 고비를 넘긴 후 발복한다.

이 운에서 일어나는 화액은 사(死)의 물상을 직업으로 삼아 분발하거나 사(死)의 물상으로 나들이를 대체하면 화액을 가볍게 넘기거나 면할 수 있다.

■ 재성(財星)이 사지(死地)에 있으면

재성(財星)이 사지(死地)에 있으면서 한 주(柱)에서 간지(干支)를 이루면 아버지와 상극(相剋)이고, 년주(年柱)나 월주(月柱)에 있으면 아버지를 일찍 잃거나 태어난 후 할아버지를 잃는다. 부자간에 이별이 있으며 부자상극(父子相剋)이 있다. 결혼 후에는 재물손실이나 아내와 생사이별하지만 재혼으로 만난 여자는 구제된다. 그러나 대체로 잔병이 많은 아내를 만난다. 재성(財星)이 사지(死地)에 있으면 아버지와 함께 살기 어렵고, 본처를 잃고 재취나 삼취를 얻어야 구제된다.

■ 관성(官星)이 사지(死地)에 있으면

관성(官星)이 사지(死地)에 있으면서 한 주(柱)에서 간지(干支)를 이루면, 여러 남자를 거치거나 남편과 생사이별한다. 그러나 재혼하면 남편이 구제된다. 여자는 관성(官星)이 사지(死地)에 있으면 남편과 해로하기 어렵다. 시주(時柱)에서 관성사지(官星死地)가 되어 간지(干支)를 이루면 만년에 사건이 있다. 관성(官星)이 시지(時支)에서 사(死)가 되면 자식을 잃거나 자식이 없고, 사관(死官)이라도 재성(財星)을 사주에서 만나면 자식이 있다.

관성(官星)이 식상(食傷) 위에 있으면서 사지(死地)에 해당하면 자식을 낳으면 남편과 생사이별이 따른다. 관성(官星)이 재성(財星) 위에 있으면서 사지(死地)의 간지(干支)를 이루면 아내가 아들을 낳기 어렵다. 이런 사람은 아버지와 한 집에 살면 딸만 둔다. 만일 아들이 있으면 아내에게 가출, 생사이별, 질병 등이 따르거나 아버지와 생사이별이 있다.

■ 인성(印星)이 사지(死地)에 있으면

인성(印星)이 사지(死地)에 있으면서 한 주(柱)에서 간지(干支)를 이루면, 어머니와 상극(相剋)되어 어머니에게 죽음이 따른다. 그러나 어머니나 할머니가 두 분이면 화액을 면할 수 있다. 인성(印星)이 사지(死地)에 있으면 어머니의 임종을 지킨다. 인성(印星)이 시주(時柱)에서 사지(死地)의 간지(干支)를 이루면 죽음 뒤에 시작이 있으니 만년에 빛을 발한다.

인성이 재성(財星)을 깔고 앉아 있으면서 사지(死地)에 해당하면 재래파인(財來破印)되어 고부간에 갈등이 있다. 아내가 어머니를 모시면 두 사람 중 하나는 수명이 짧다. 그러나 교육자가 되거나 인성(印星)이나 인성(印星)이 합작하는 물상을 직업으로 삼으면 액난을 면할 수 있다. 아버지가 재물을 탐하면 어머니는 수명이 짧고, 아버지가 부자이면 어머니가 둘이다.

■ 식상(食傷)이 사지(死地)에 있으면

식상(食傷)이 사지(死地)에 있으면서 한 주(柱)에서 간지(干支)를 이루면, 여자는 아들은 있어도 다 키워서 잃고 딸만 두게 된다. 설사 한 주(柱)에서 간지(干支)를 이루지 않더라도 시지(時支)에서 자식인 식상(食傷)이 사지(死地)에 들면 자식에게 화액이 있다. 그러나 자식이 식품계통, 교육자, 변호사 등으로 나가거나, 사(死)의 물상을 직업으로 삼으면 화액을 면할 수 있다.

대운(大運)이 사(死)의 오행(五行)으로 흐르면 자식의 직업도 물상을 따라가기 때문에 자식의 화액을 면할 수 있다. 경자사지(庚子四地)는 자식 경(庚)이 물 자(子) 속에 잠기는 것이다. 이때 경(庚)이나 자(子)의 물상이 나들이를 하면 액땜이 된다. 지지(地支)에서 형충(刑沖)되는 것을 꺼리며, 사(死)의 년(年)이 오거나 대운(大運)에서 만나면 식상(食傷)의 물상이 죽음에 드니 사(死)의 물상으로 대체해야 한다.

■ 비겁(比劫)이 사지(死地)에 있으면

비겁(比劫)이 년주(年柱)나 월주(月柱)에서 사지(死地)에 있으면서 간지(干支)를 이루면 형제 자매와 상극(相剋)된다. 이때는 비겁(比劫)의 물상을 직업으로 삼으면 화액을 면할 수 있다. 비겁이 사(巳)를 깔고 앉은 기둥이 있으면 죽은 형제가 있고, 운에서 사(巳)가 오면 형제의 죽음을 막아야 한다.

11. 묘(墓)

묘(墓)는 무덤 속에 갇혀 답답한 상태를 말한다. 이때는 답답한 어둠뿐이라 만사불성이다. 큰 일을 도모하지 못하며 아무리 재능이 뛰어나도 발휘하지 못한다. 묘고(墓庫)는 무덤이나 창고에 비유하고, 사물을 담는 그릇과 같아 묘고(墓庫) 안에는 다양한 입고물(入庫物)이 들어가서 숨는다. 금고 안에 들어가고, 창고 안에 들어가고, 감옥 안에 들어가고, 병원에 입원하는 것과 같다. 따라서 문이 열리지 않으면 빛을 볼 수 없고 밖으로 나올 수도 없다.

고(庫)를 형충(刑沖)할 때 문이 열리지만 밖으로 나온 물상을 잃게 된다. 따라서 충출(沖出)된 오행(五行)은 얻음과 잃음이 있다. 묘고(墓庫)는 진술축미(辰戌丑未)의 사계(四季)에 있고 진중(辰中)에는 을계무(乙癸戊)가 들어 있는 토수(土水)의 고장지(庫藏地)다. 다른 고장지(庫藏地)도 동일하다.

잡기재관격(雜氣財官格)은 충출(沖出)되어야 빛을 보아 유용하고, 다른 고장지(庫藏地)는 충극(沖剋)될 때 고(庫)의 그릇이 깨지는 것과 같아, 입고물(入庫物)이 상해를 입거나 생사이별이 따른다.

■ 재성(財星)이 고지(庫地)에 있으면

재성(財星)이 고지(庫地)에 있으면서 한 주(柱)에서 간지(干支)를 이루면, 부모를 일찍 떠나 공부하거나 아버지를 일찍 잃어 편모 밑에서 자란다. 결혼 후에는 재물손실, 질병, 아내와 생사이별이 있으니 본처와 해로하기 어렵다.

재성(財星)이 관성(官星) 위에 있는데 고지(庫地)에 해당하면, 남자는 아들을 낳은 후 아내와 생사이별이 있고, 아버지가 있으면 아버지가 고지(庫地)로 들어간다. 여자는 결혼 후에 아버지와 생사이별이 따르고, 시아버지와 상극(相剋)되나 출재가 있으면 이별은 면한다.

재성(財星)이 비겁(比劫) 위에 있으면 아버지나 처첩과 이별하거나, 아버지나 아내나 본인 중에서 신장결석, 방광결석, 손발과 허리에 상해와 통증이 있다. 일주(日柱)가 고지(庫地) 위에 있으면 부부인연이 엷고, 아버지와 처첩 사이에 갈등이 따른다.

■ 관성(官星)이 고지(庫地)에 있으면

관성(官星)이 고지(庫地)에 있으면서 한 주(柱)에서 간지(干支)를 이루면, 여자는 남편과 상극(相剋)된다. 이때 이사, 가옥수리, 건축 등을 하면 남편과 분리나 생사이별이 따른다. 남자는 부자상극(父子相剋)되어 지지(地支)를 형충(刑沖)할 때 이별이 따르며 아들이 가출하는 등 어린 자식은 키우기 어렵다. 그러나 관공직이나 부동산업, 무당, 역술인, 법조인 등에 종사하면 길복이 따르고, 만년에 자식이 발전하여 출세한다.

■ 인성(印星)이 고지(庫地)에 있으면

인성(印星)이 고지(庫地)에 있으면서 한 주(柱)에서 간지(干支)를 이루면 부모와 상극(相剋)이 있어 어머니와 분리, 학업중단, 전학 등이 따른다. 인성(印星)이 재성(財星) 위에 있는데 고지(庫地)에 해당하면 부모의 싸움이 그치지 않으며 어머니에게 신장결석, 방광결석, 손발이나 허리 등에 질환이 따른다. 한마디로 부모사이를 갈라놓는 자식이다.

지지(地支)를 형충(刑沖)하면 고부갈등이나 결혼 후 어머니에게 상해, 질병, 분리가 따른다. 인성(印星)이 재성(財星) 위에 있는데 고지(庫地)에 해당하면 아버지나 어머니를 일찍 잃고, 시주(時柱)에 있으면 만년에 학문과 재능을 발휘한다.

■ 식상(食傷)이 고지(庫地)에 있으면

식상(食傷)이 고지(庫地)에 있으면서 한 주(柱)에서 간지(干支)를 이루면, 여자는 아들이 없거나 병약하여 키우기 어렵다. 식상고지(食傷庫地)가 형충(刑沖)되면 자식의 가출 등으로 이별하거나 본인이 큰 화를 당한다. 식상(食傷)이 인성(印星) 위에 있으면서 고지(庫地)에서 간지(干支)를 이루어도 모자상극(母子相剋)이 되어 어머니와 자식이 신장이 허약하다. 고(庫)를 형충(刑沖)하는 운에는 어머니와 생사이별이 따른다.

■ 비겁(比劫)이 고지(庫地)에 있으면

비겁(比劫)이 고지(庫地)에 있으면서 한 주(柱)에서 간지(干支)를 이루면 형제 자매와 상극(相剋)이라 형제 자매간에 쟁투, 질병, 상해, 생사이별이 따르고, 물과 관계된 사업을 하는 형제 자매가 있다. 비겁(比劫)이 살성(殺星)을 깔고 앉았는데 고지(庫地)에서 간지(干支)를 이루면, 신장과 방광이 허약하여 손발과 허리 등에 통증이 있다. 그러나 이런 사주는 본인은 물론 형제 자매가 만년에 발복한다.

12. 절(絶)

절(絶)은 줄이 끊어진 연과 같은 운세를 말한다. 완벽하게 무(無)로 돌아간 상태로 만사가 장애물에 부딪쳐 중도하차 하여 매사 시작은 있으나 끝이 없다. 절(絶)의 운세는 새로운 생명을 기다리는 것과 같기 때문에 때를 기다려야 한다. 그러나 밑거름이 되는 시기이므로 인내를 갖고 노력하면 새싹이 돋아날 것이다.

한 주(柱)에서 간지(干支)를 이루는 절(絶)에는 갑신(甲申)과 을유(乙酉)가 있는데, 살성(殺星)이 들어와 절지(絶地)를 형충(刑沖)하는 것을 크게 꺼린다. 절(絶)이 있으면 손발과 허리에 상해가 온다. 년주(年柱)나 월주(月柱)에서 이루어지면 형제 자매가 그렇고, 일주(日柱)에서 이루어지면 낭비가 심하여 재물손실이 따르며 부부인연이 엷어 갈등이 따른다. 일주(日柱)에 있는 갑신절지(甲申絶地)나 을유절지(乙酉絶地)는 다른 주(柱)에서 살성(殺星)이 혼잡되면, 살성(殺星)이 오는 운에서 재물손실이나 남편과 생사이별이 있다. 정축절(丁丑絶)은 신경성 위장질환이 따르고, 기축절(己丑絶)의 여자는 생리통이나 복통이 따르며 위장이나 비장이 습하다.

일주(日柱)에서 절지(絶地)의 간지(干支)를 이루었는데, 일지(日支)의 절지(絶地)를 형충(刑沖)하는 오행(五行)이 있으면 부부간에 이별, 간질환, 손발과 허리 등에 통증이 있다. 그러나 임인절(壬寅絶)은 가볍다. 이 운에서 일어나는 화액은 절(絶)의 물상을 직업으로 삼아 분발하거나, 나들이를 대체하면 가볍게 지나가거나 면할 수 있다.

■ 재성(財星)이 절지(絶地)에 있으면

재성(財星)이 절지(絶地)에 있으면서 한 주(柱)에서 갑신(甲申)과 을유(乙酉)의 기둥을 세우거나, 년주(年柱)나 월주(月柱)에 있으면 부자상극(父子相剋)되어 아버지와 생사이별한다. 그러나 아버지가 금목(金木) 합작품을 직업으로 삼아 분발하면 화액을 면할 수 있다.

갑신절(甲申絶)과 을유절(乙酉絶)은 본처와 해로하기 어려우며 아내를 폭행한다. 여기서도 아내나 본인이 금목(金木) 합작품을 직업으로 삼으면 화액을 면하며 해로할 수 있다. 그러나 아들을 두지 않아야 완전한 액땜이 된다. 대체로 이런 사주는 딸만 낳는 경우가 많다. 정축절(丁丑絶), 기축절(己丑絶), 임인절(壬寅絶)은 가볍다.

재성(財星)이 비겁(比劫)을 깔고 앉은 절지(絶地)에 형충(刑沖)을 가하면, 부부간에 생사이별과 질병 등이 따른다. 재물복은 있지만 아내로 인하여 손실을 막기 어렵다. 이때 사채놀이 등은 손재를 막는 직업이 된다. 남녀 모두 금융계통은 돈의 나들이 직업이기 때문에 흉을 길로 돌리는 방법이 된다. 재성(財星)이 절지(絶地)에 있으면 많이 얻고 많이 잃어, 돈 때문에 울지만 다시 시작하는 기쁨이 있다.

■ 관성(官星)이 절지(絶地)에 있으면

관성(官星)이 절지(絶地)에 있으면서 한 주(柱)에서 간지(干支)를 이루면 여자는 부부간에 이별이 있다. 갑신절지(甲申絶地)와 을유절지(乙酉絶地)가 있으면 부부가 모두 손발과 허리 등에 큰 상해가 온다. 여자는 관성(官星)이 식상(食傷) 위에 있는데 절지(絶地)에 해당하면, 아들을 낳은 후 부부간에 생사이별하거나 남편의 손발이나 허리 등에 상해가 따른다.

질병은 간질환이 따르는데, 재혼하는 여자는 액땜이 된다. 남녀 모두 금목(金木) 물상을 직업으로 삼으면 화액을 면할 수 있다. 이런 사주는 대체로 딸은 효도하지만 아들을 두지 못하거나 불효하거나 키우기 어렵다. 갑신절지(甲申絶地)가 년주(年柱)나 월주(月柱)에서 간지(干支)를 이루고 희신(喜神)이 되지 못하면 평생 고독하다. 그러나 침구사나 한의사가 되면 구제된다. 기축절(己丑絶), 정축절(丁丑絶), 임인절(壬寅絶)은 가볍다.

■ 인성(印星)이 절지(絶地)에 있으면

인성(印星)이 재성(財星)을 깔고 앉아 있으면서 절지(絶地)에 해당하는데 간지(干支)를 이루면, 갑신절지(甲申絶地)와 을유절지(乙酉絶地)는 부모사이를 갈라놓는 불효자가 된다. 결혼 후에는 어머니에게 질병, 상해, 생사이별이 있으며 고부갈등이 심하다. 재성(財星)이 대운(大運)이나 년운(年運)에서 들어오는 것을 꺼리며, 절지(絶地)를 형충(刑沖)하는 해가 오거나 대운(大運)에서 만나면 죽을 고비를 넘기거나 악사를 당한다. 그러나 직업을 바꾸거나 어머니와 분리되거나 인성(印星) 물상이나 절지(絶地) 물상이 직업이 되면 화액을 면할 수 있다. 질병은 간이 허약한데 있으니, 손발과 허리에 상해와 통증이 따른다. 어머니의 질병도 같다. 시주(時柱)에서 절지(絶地)의 간지(干支)를 이루면 만년에 사건이 발생한다.

■ 식상(食傷)이 절지(絶地)에 있으면

식상(食傷)이 년주(年柱)나 월주(月柱)에서 절지(絶地)에 해당하면, 여자는 자식과 이별하거나 어머니를 일찍 떠난다. 본인과 자식이 왜소하며 자주 체하고, 아들이 귀하거나 없다. 시어머니와 한 집에 살면 딸만 낳고, 고부갈등이 있으며 자식이 가출하거나 잔병이 많다. 도식(倒食)이 와서 식상(食傷)을 파극(破剋)하는 것을 꺼린다. 대체로 중년 이후에 발복하며, 만년에 자식이 출세한다.

■ 비겁(比劫)이 절지(絶地)에 있으면

비겁(比劫)이 절지(絶地)에 있으면서 한 주(柱)에서 간지(干支)를 이루면 요절하는 형제 자매가 있고, 본인이나 형제 중에 척추, 손발, 허리 등에 상해와 통증이 있다. 갑신절(甲申絶)과 을유절(乙酉絶)은 사주에 수(水)가 없으면 관절염이나 골다공증 등을 조심해야 한다. 그러나 금목(金木) 물상을 직업으로 삼으면 가볍게 지나간다. 절지(絶地)가 형충(刑沖)되면 형제 자매간의 상극(相剋)이니 분리나 이별이 따르고, 잃은 형제를 기다리는 형제 자매가 있다.

제10장. 십이운성(十二運星)의 물상과 활용법

십이운성(十二運星)을 응용하는 방법은 사주에 있는 천간성(天干星)과 지지성(地支星)을 활용하는 것이다. 한 주(柱)에서 깔고 앉은 지지성(地支星)을 활용하여 천간성(天干星)의 운명을 풀이하는 방법과, 다른 주(柱)에 있는 지지성(地支星)을 활용하여 천간성(天干星)이 끼치는 영향력을 관찰하는 방법이 있다.

예를 들어 병화재성(丙火財星)이 식신인(食神寅)을 깔고 앉아 있으면, 재성(財星)은 인(寅)으로 인하여 장생(長生)이 되므로, 재성(財星)은 최상의 별이 되어 최고의 별자리를 깔고 앉은 격이 된다. 재성(財星)은 아버지, 재물, 처첩에 해당하기 때문에 재력이 있는 부모를 만나고, 현모양처를 얻고, 복록이 두터워 부귀영화를 누리는 것으로 풀이된다.

그러나 재성(財星)이 갑(甲)이 되어 오(午)를 깔고 앉아 있으면, 갑(甲)에서 오(午)는 사(死)가 되어 오화(午火)가 갑목(甲木)을 죽이는 것이 된다. 이때는 아버지나 처첩과 생사이별이 따르고, 재물이 파산한 후에 새롭게 출세길이 열린다.

이처럼 십이운성(十二運星)은 육친이나 질병, 육친상극(六親相剋)에 이르기까지 생사이별의 작품들을 다음과 같이 다양하게 분류되는 오행(五行)의 물상들이 운명을 대체하게 된다. 따라서 다음과 같은 합작품의 나들이는 생사이별이나 화액을 대체하는 물상이 된다.

1. 태(胎)

태(胎)는 연약하여 잘 깨지는 운세다. 대운(大運)이나 세운(歲運)에서 형충파해합(刑沖破害合)이 올 때 태(胎)의 물상에 나들이가 있으면 생사이별의 화액을 면하거나 가볍게 넘길 수 있다.

■ 무자태(戊子胎) 물상

흙과 물이 합작하여 변한 물상으로 다음과 같다.

암초, 섬, 부두, 바다, 호수, 강, 댐, 웅덩이, 샘, 지하수, 계곡에 흐르는 물, 산과 물, 빗길, 젖은 땅, 얼은 땅, 빙판, 눈길, 높은 산, 산봉우리를 덮은 눈, 해일, 홍수, 물 · 유류탱크, 도자기, 건물 내의 수도시설, 난방, 주방기구, 물그릇, 물과 육지의 연결점, 쥐구멍, 장독, 술독, 항아리, 가옥침수, 목욕탕, 진흙탕, 변기, 세면기, 위장 · 비장 · 신장 · 자궁 · 방광질환 등.

■ 기해태(己亥胎) 물상

흙, 돌, 바위 등이 물과 합작하여 변한 물상이다.

바다, 바다와 육지의 연결점, 부두, 섬, 호수, 하수구, 화장실, 오물, 돼지비개, 페인트칠, 포장도로, 해골, 빗길, 젖은 땅, 물그릇, 건물 내의 수도 · 가스류 시설, 지하에 묻은 송수관 · 송유관, 목욕탕, 주방, 장독, 술독, 음료수, 주류, 습지, 논밭, 난방, 가스류, 물탱크, 굴, 굴안의 물, 탄광, 위장 · 신장 · 방광질환 등.

■ 임오태(壬午胎) 물상

어둠과 밝음의 충전현상이다.

자동차 · 전기 · 전자제품과 부품, 발전기, 수력 · 화력발전, 발동기, 엔진, 양수기, 유류차, 소방차, 세차, 용접, 방전, 충전, 건전지, 난방, 온수, 자동차칠, 검정색, 가스관, 유류관, 카메라, 수도꼭지, 소나기, 항공기 기름, 조명탄, 태양을 가린 구름, 심장 · 소장 · 방광 · 안과질환, 어깨통, 손발저림, 가슴앓이, 백내장, 고혈압 등.

■ **계사태(癸巳胎) 물상**

밤하늘을 빛나게 하는 달이나 별과 같다.

자동차, 전기, 전자, 자동차 · 전기 · 전자제품, 폐유, 자동차 기름, 전동차 · 중화기 기름, 기차류, 철로, 전자파, 방사선, 양수기, 조명, 등불, 등대, 자동차 헤드라이트, 샤워, 목욕탕, 온수, 건전지, 용접, 수력 · 화력발전, 달밤, 발동기, 발포, 폭발, 화약, 송수관, 송유관, 이륜차, 가스총, 총포, 카메라, 심장 · 신장 · 치과 · 신경정신 · 대장질환, 빈혈, 두통, 손발저림, 혈압 등.

2. 양(養)

양(養)은 보호자에게 양육받을 때이기 때문에 이 운세에서는 매사 신중을 기하여 결정해야 한다. 형충파해합(刑沖破害合)의 운세가 올 때 양(養)의 물상으로 나들이를 하면 화액을 면하거나 가볍게 넘길 수 있다.

■ **경진양(庚辰養) 물상**

매장된 금(金)은 파야 내 것이 된다.

건축용 철재, 철물점, 철재창고, 제철소, 땅을 파는 기계, 지하에 매장된 철금속, 광산, 굴, 금광, 보석상, 기계부품, 건물에 붙은 철금속, 기계가 설치된 곳, 지하수, 구치소, 지하실 철문, 동전, 금고, 금형 안에 있는 쇳물, 가죽제품 · 창고 · 가공기계, 위장 · 대장질환 등.

■ 신축양(辛丑養) 물상

지하에서 철근으로 기초공사를 하는 형상이다.

철근조립건물, 지하에 매장된 철금속, 지하건물 기초철근, 레미콘과 철근배합, 시멘트 건물, 철재창고, 철금속이 놓인 장소, 철물점, 제철소, 건물에 붙은 철금속, 땅 · 원유를 파는 기계, 금광, 탄광, 연탄, 광석 보석상, 보석, 장신구, 전기 · 전자제품과 부품, 기계조립과 생산, 선박기계, 가죽과 가죽공장, 자동차 · 항공기 기계, 굴, 터널, 지하철, 동전, 금고, 논밭, 가옥, 우유가공과 창고, 위장 · 비장 · 폐 · 간 · 피부 · 치과질환, 잇몸, 갈비뼈 등.

■ 갑술양(甲戌養) 물상

가을의 낙엽과 같이 잎새가 떨어지는 형상이다.

건물, 가옥, 토목재, 산림, 논밭, 가로수, 실내장식, 농원, 식물원, 과수원, 분재, 화훼원예, 목재상, 나무가 놓인 장소, 목재창고, 나무가구 · 의류 · 지물류 창고와 생산공장, 곡물 · 과일창고, 시장, 대들보, 건축용 목재, 식품 생산공장, 한약재가 있는 곳과 창고, 식물을 심은 땅, 토목에 관계된 업종, 위장 · 간질환 등.

■ 을미양(乙未養) 물상

대지 위의 초목과 같아 발전하는 형상이다.

건물, 가옥, 산림, 논밭에 심은 곡물 · 과일 · 채소, 가공식품, 식품판매장, 과수원, 난초, 화훼원예, 농작물 · 목재창고, 의류공장, 의류판매장, 신발류 공장과 판매장, 실내장식, 나무가구, 과일시장, 나무를 심은 땅, 분재, 토목과 관계 있는 직업, 화분에 심은 초목, 식물원, 한약재 창고와 판매장, 한의원, 위장 · 간 · 신경정신질환, 두통, 손발통증 등.

3. 장생(長生)

신약사주(身弱四柱)는 이 운세에서 끝없이 발전하며 만사가 뜻한 대로 이루어진다. 형충파해합(刑沖破害合)의 운세가 올 때 장생(長生)의 물상으로 나들이를 하면 화액을 면하거나 가볍게 넘길 수 있다.

■ 병인장생(丙寅長生) 물상

태양이 초목에 햇빛을 내리는 형상이다.

자동차, 중화기, 중장비, 동력, 엔진, 전자, 전기, 항공기, 가옥, 태양열, 온실, 햇빛을 받은 식물, 곡물류, 다림질, 과일류, 면직물, 지물류, 문구류, 인쇄물, 전자복사, 실내의 조명장치, 마른나무, 불에 탄 나무, 화재, 아침의 태양, 산불, 고양이, 호랑이 눈, 가공한 식품, 산림, 서책류, 비단이불, 뇌혈관, 뇌졸중, 고혈압, 두통, 관상동맥, 열병, 홧병 등.

■ 정유장생(丁酉長生) 물상

앞 길을 밝히는 등불과 같다.

등불, 자동차 · 전기 · 전자제품과 부품, 조명, 금형, 불상, 부처의 광명, 금은 광채, 텔레비전, 용광로, 철재, 금은이 용해된 물, 불에 녹은 쇳물, 두꺼비집, 통신기기, 심장 · 대장질환, 저혈압 등.

■ 무인장생(戊寅長生) 물상

산호랑이의 용맹이 하늘을 떨치는 형상이다.

건축물, 숙박업소, 높은 산, 산림, 고양이과 동물, 자동차와 길, 주차장, 나무와 흙, 땅에 심은 식물, 나무기둥, 목재가 놓인 곳, 의류 · 지물류 · 문구류 · 곡물류 · 과일류의 점포와 창고, 건축물에 붙은 목재, 실내장식, 토목과 관계된 일, 위장 · 간질환 등.

■ 임신장생(壬申長生) 물상

원숭이의 지혜는 환경변화를 꺼린다.

기계류, 유류, 양수기, 주방기구, 수도꼭지, 수도관, 냉장고, 세탁기, 냉동기, 정수기, 유류 · 물 저장고, 물의 근원, 구름층, 홍수, 비구름, 철근, 쇳물, 철재, 빙과류, 얼음, 유류가공, 대장 · 폐 · 방광질환 등.

■ 기유장생(己酉長生) 물상

철근으로 건물을 지으니 튼튼한 형상이다.

건축물, 가옥, 철재, 기계가 설치된 공장, 도자기, 토기, 항아리류, 흙으로 빚은 그릇, 주전자, 병, 땅 속에 매장된 철금속, 부처, 부처상, 금광, 농기구, 땅을 파는 기계, 패물함, 금고, 토목공사, 닭장, 철창, 건축물에 부착된 철근과 가죽, 철근창고, 위장 · 비장 · 대장질환 등.

■ 계묘장생(癸卯長生) 물상

초목이 물을 만났으니 운세가 열리는 형상이다.

어류, 생선류의 회와 탕약, 수경재배 식물, 채소재배, 논밭의 곡물류, 식물에 내리는 비, 물, 해초류, 수초, 화초, 난초, 꽃꽂이, 식품가공업, 가죽류, 신발류, 의류, 지물류, 검은 종이, 그림, 서예, 물에 빠진 토끼, 고무나무, 수액, 고무액, 구두약, 선원, 물 위에 뜬 배, 스프링쿨러, 토끼고기 요리, 신장 · 간 · 피부 · 남자생식기 질환 등.

4. 목욕(沐浴)

목욕(沐浴)은 때를 벗기는 때이므로 노력으로 이루는 때다. 형충파해합(刑沖破害合)이 올 때 목욕(沐浴)의 물상으로 나들이를 하면 화액을 면하거나 가볍게 넘길 수 있다.

■ 갑자목욕(甲子沐浴) 물상

물 밑에서 초목의 뿌리가 흔들리는 형상이다.

화훼원예, 논밭에 심은 식물, 물 위에 뜬 배 · 나무, 수경재배 식물, 선박, 직조기, 꽃꽂이, 한약재, 탕약, 야채즙, 과일즙, 과일주, 곡물주, 주류생산, 세탁물, 염색, 그림물감, 건축물의 칠, 나무를 긁는 쥐, 그림, 서예, 그림책, 바늘에 찔린 눈, 음료수, 손발과 눈, 손발의 피, 가공음료수, 수액, 스프링쿨러, 화장품, 고등채소, 신장 · 방광 · 피부 · 자궁 · 치질 · 간질환 등.

■ 을사목욕(乙巳沐浴) 물상

가지 많은 나무는 바람이 잘 날 없듯이 매사 안정되지 않는 상이다.

면류, 빵류, 식품가공, 가공식품, 그릇에 담긴 음식, 식물성 요리, 조류요리, 조류의 알, 닭, 나무를 감고 있는 뱀, 조류를 잡은 뱀, 넝쿨나무, 둥근나무, 트럭에 실린 나무, 중화기, 방망이, 운동장의 잔디, 회전무대, 실내조명 장치, 손발을 움직이는 운동기구, 전자제품, 냄비, 기차류에 실린 의류 · 지물류 · 목재류 · 섬유류 · 가죽류, 폭발물, 치아 · 심장 · 간질환 등.

■ 경오목욕(庚午沐浴) 물상

빛좋은 개살구처럼 허세가 당당한 형상이다.

항공기 · 자동차 · 전기 · 전자제품과 부품, 철금속으로 만든 기계, 용광로에 있는 철금속, 철금속으로 된 물건, 금은세공, 철재생산, 자동차기계 조립, 기계에 흐르는 전기, 가죽제품, 중화기, 전쟁무기, 닭, 대장 · 호흡기질환 등.

■ 오묘목욕(午卯沐浴) 물상

서로 얼켜 싸움 끝에 다져지는 형상이다.

봉제, 재봉틀, 직조기, 편물, 모직물, 방직, 식품가공, 정미소, 곡물을 빻는 기계, 재단기, 절단기, 서책류 제본, 신발류 생산, 이용, 미용, 잔디깎기, 침술, 바늘류, 승마, 나무조각, 한약재의 절단과 가공, 마른 풀, 구멍을 뚫는 송곳, 남녀 성교행위, 입안의 혀, 기마자세, 심장 · 간 · 항문 · 자궁 · 구강 · 목질환, 가슴앓이. 어깨통, 손발 · 허리 · 엉덩이 상해와 흉터, 칼이나 바늘 등의 수술행위 등.

■ 자묘목욕(子卯沐浴) 물상

찔리고 찌르는 경쟁과 쟁투의 운세다.

남녀 성교행위, 구멍에 들어가는 쥐, 나무를 갉아먹는 쥐, 손발상해, 섬유류 · 의류 · 신발류 생산, 재봉틀, 편물, 수경재배 식물, 수액, 수초, 해초, 어류, 어류회, 검은 종이, 정액의 사정, 남성 호르몬, 자위행위, 난초, 꽃꽂이, 미나리, 벼, 인쇄물, 서책류, 염색, 침술, 주사, 인장, 신문인쇄, 출판물, 미술품, 서예, 필기, 장갑류, 양말류, 선박, 물 위에 뜬 나무 · 선박, 입안의 가시, 생선찌게, 토끼고기 요리, 신장 · 방광 · 간 · 항문 · 자궁질환, 관절 · 손발 · 허리 상해와 통증 등.

■ 신해목욕(辛亥沐浴) 물상

금은으로 씻어내는 노력과 노고가 있다.

기계기름, 주방기구, 물에 잠긴 쇠, 바다 위의 철선, 수도꼭지, 정수기, 세탁기, 냉장고, 쇳물, 공업용수, 도금, 칠, 통조림, 화공약품, 가공 음료수, 주류 · 유류 생산, 돼지가죽, 폐 · 신장 · 방광 · 피부 · 호흡기질환 등.

5. 관대(冠帶)

관대(冠帶)는의관과 띠는 자주 벗어야 하는 때이기 때문에 항상 불안하며 오래가지 못한다. 화려함이 있으나 형충파해합(刑沖破害合)이 있으면 시들고 만다. 그러나 대운(大運)이나 세운(歲運)에서 합(合)이 올 때 관대(冠帶) 물상으로 나들이를 하면 화액을 면하거나 가볍게 넘길 수 있다.

■ 병진관대(丙辰) 물상

구름에 가린 태양의 형상이다.

지하철과 역, 지하실, 지하, 지하가 있는 건물, 지하실의 조명, 지하에 있는 점포, 화장실, 흙으로 빚어 만든 물건, 건축용 석재, 포장도로, 주방, 화장품, 전열기, 가로등, 난방, 난방기구, 건전지, 쥐구멍에 드는 햇빛, 온돌, 유류 · 주류 · 가스 · 항공기 연료창고, 양지, 전기 · 전자제품의 점포 · 공장 · 창고, 주차장, 세차장, 습지, 온탕, 냉탕, 진흙탕, 레미콘, 5층 · 7층건물, 남향건물, 묘지, 심장 · 소장 · 위장 · 비장 · 안과 · 치질 · 항문 · 피부 · 염증 · 신경성 · 혈압질환, 어깨통 등.

■ 정미관대(丁未冠帶) 물상

달빛이 나무 위에 솟으니 앞길을 밝히는 형상이다.

도로, 주차장, 차고, 건축물, 가옥, 사찰, 전기 · 전자제품과 공장 · 판매업소, 전철역, 점포, 부동산, 가루류, 채석장, 굴의 폭발작업, 전쟁무기 창고, 전신주, 전선, 약품조제, 실내조명 장치, 가로등, 도로 위의 자동차, 등대, 난방, 벽 속의 전기배선, 흙으로 빚은 기물, 불에 굽거나 열을 가한 건축자재, 건축용 석재, 그릇류, 도자기, 기차류 엔진, 묘지, 온실 등.

■ 무진관대(戊辰冠帶) 물상

높은 건축물이 높은 산처럼 당당하니 출세가 따른다.

부동산, 논밭, 산, 건축물, 돌, 흙, 도로, 습지, 호수, 강, 바위, 레미콘, 건축자재, 토기, 도자기, 항아리류, 그릇류, 물 · 유류 · 주류를 담은 그릇과 창고, 묘지, 화장실, 변기, 세면기, 숙박업소, 목욕탕류, 지하수맥, 골탈, 중장비, 칠, 주유소, 술집, 화장품, 위장 · 비장 · 피부 질환, 당뇨, 손발상해, 비만증 등.

■ 기미관대(己未冠帶) 물상

토석으로 경내를 만들어 양을 사육하는 형상이다.

건축물, 가옥, 땅, 부동산, 논밭, 도로, 담, 논밭, 건축자재, 건축용 토석, 전신주, 돌기둥, 토기, 도자기, 벽, 성벽, 담, 묘비와 상석, 주차장, 목재창고, 위장 · 비장 · 뇌 · 갈비뼈 질환과 손발상해 등.

■ 임술관대(壬戌冠帶) 물상

산에 눈이 내리는 형상이다.

산, 물, 섬, 강, 호수, 웅덩이, 개울, 계곡, 지하수, 지하건물, 땅밑,

물밑, 바다 밑, 굴, 샘, 목욕탕, 댐, 항아리류, 물이나 유류를 담은 그릇과 병, 비에 젖은 도로 · 논밭 · 땅, 레미콘, 시멘트, 모래, 자갈, 바위, 묘지에 들어온 물, 습지, 돌다리, 음식을 담은 그릇, 굴삭기, 진흙반죽, 주류 판매업소, 가공음료수, 주방, 변기, 화장품, 칠, 부두, 냉장고, 얼음창고, 신장 · 방광질환, 결석, 손발 · 허리 · 척추 통증과 상해 등.

■ **계축관대(癸丑冠帶) 물상**

진흘탕에 물이 마를 날이 없다.

물, 섬, 바다, 웅덩이, 호수, 강, 바다밑, 물밑, 하수구, 지하수, 화장실, 변기, 목욕탕, 정화조, 정수기, 배설물, 빗물이 담긴 곳, 묘지에 들어온 물, 물이 찬 묘지, 계곡의 물, 샘, 주류, 유류, 우유, 음료수 가공, 물 · 음식그릇, 도자기, 항아리류, 술병, 물병, 물 · 유류창고, 모래, 자갈, 시멘트, 부두, 양수기, 곰탕, 소갈비, 거북이, 교량, 화장품, 신장 · 방광 · 위장 · 비장질환, 염증, 종양, 치질, 손발 · 척추 · 허리 상해 등.

6. 건록(建祿)

건록(建祿)은 패기가 넘쳐 흐르는 때이므로 만사가 뜻대로 이루어지는 운세다. 형충파해합(刑沖破害合)이 올 때 건록(建祿) 물상으로 나들이를 하면 화액을 면하거나 가볍게 넘길 수 있다.

■ 갑인건록(甲寅建祿) 물상

대들보가 되는 나무는 그릇이 큰 사람이다.

산림, 나무, 목재, 대들보, 건축용 목재, 나무가구, 나무조각, 건축물, 가옥, 실내장식품, 식물, 의류, 섬유류, 섬모류, 곡물류, 과일류, 지물류, 문구류, 씨앗, 이불, 호랑이 털, 고양이과 동물의 그림, 그림, 그림책, 서책류, 서예, 자동차, 자동차 인테리어, 중장비, 미술작품, 오동나무, 미루나무, 귀목나무, 소나무, 운동기구, 손발운동, 미남미녀, 부모를 떠난 사람, 독립심이 강한 사람, 화폐, 증권, 예금통장, 간질환, 손발 · 허리의 상해와 통증 등.

■ 을묘건록(乙卯建祿) 물상

초목은 아름답고 군자에 비유된다. 연약하나 태풍에도 넘어가지 않는다.

초목과 뿌리, 난초, 벼, 야채, 넝쿨, 수양버들, 고무나무, 나무가구, 나무조각, 곡물류, 과일류, 화훼농원, 꽃, 어류, 어류회, 조류, 가공식품, 식물성 식품, 입안의 음식, 칼이나 톱 등에 깎인 나무, 한약초, 은행, 호두, 비단, 신발류, 가죽류, 의류, 직물류, 지물류, 문구류, 서책류, 자동차 바퀴, 지갑, 신문, 토끼, 간 · 손발질환 등.

■ 경신건록(庚申建祿) 물상

강하고 부드러워 남녀가 화합하는 형상이다.
철금속, 건축용 철재, 기계부품, 회전하는 기계, 정미기 · 방앗간 기계, 금은 등의 장신구, 시계, 칼, 전기 · 전자제품과 생산, 절단기, 재단기, 직조기, 재봉틀, 금형, 가죽류, 조류박제, 바늘류, 대장 · 호흡기질환 등.

7. 제왕(帝旺)

제왕(帝旺)은 최고의 운세로 운수대통하는 때다. 그러나 성한 뒤에는 반드시 쇠하므로 오래가지 못한다. 형충파해합(刑沖破害合)이 올 때 제왕(帝旺)의 물상으로 나들이를 하면 화액을 면하거나 가볍게 넘길 수 있다.

■ 병오제왕(丙午帝旺) 물상

정오의 태양으로 가장 높은 자리에 있는 형상이다.
태양 · 열 · 핵에너지, 발전, 방사선, 레이저, 전자파, 전기, 광선, 자동차 · 동력엔진, 전등, 빛, 정오, 낮, 말, 화차, 전쟁무기, 항공기, 폭발물, 총포, 화약, 포탄, 화재, 중장비, 하늘, 용광로, 난초, 뇌혈관 ·

고혈압 · 치과 · 안과질환, 두통, 열병, 홧병, 복통 등.

■ 정사제왕(丁巳帝旺) 물상

보름달은 때가 되면 기울게 마련이다.

전기, 전자, 주차장, 양지, 높은 산, 산봉우리, 산불, 자동차 공장 · 학원, 굴삭기, 화덕, 전쟁무기 · 중화기 공장과 창고, 총포, 마굿간, 경마장, 말이 있는 산, 도자기 · 토기와 가마, 가옥, 건축물, 건축자재, 7층 건물, 숙박업소, 농기구, 남향건물, 돌, 모래, 자갈, 바위, 석조각, 전각, 위장 · 복부 · 소장질환, 고혈압 등.

■ 임자제왕(壬子帝旺) 물상

바다가 깊고 넓어 만물을 감싸는 형상이다.

바다, 호수, 강, 샘, 수도, 비, 지하수, 수로, 구름, 목욕탕, 주방, 공업용수, 주류, 유류, 가스류, 오염된 물, 유흥업소, 야간업소, 박쥐, 밤에 활동하는 쥐, 화장실, 배설물, 난방, 혈액, 화장품, 국물, 송유관, 송수관, 음료수, 빙산, 냉동, 빙장, 얼음, 냉수, 방광질환, 신장질환 등.

■ 계해제왕(癸亥帝旺) 물상

바다에 물이 가득하여 마르지 않는 형상이다.

물, 비구름, 바다, 호수, 샘, 지하수, 끈끈한 액체, 화장품, 혈액, 대변, 소변, 변기, 돼지의 배설물, 물을 담은 용기, 습지, 국물, 주류, 유류, 음료수, 빙과류, 얼음, 공업용수, 오염된 물, 하수구, 썩은 물, 탁한 물, 혈액, 주방, 목욕탕, 신장 · 방광 · 혈액 · 소변질환 등.

8. 쇠(衰)

쇠(衰)는 늙어서 쇠하는 때이기 때문에 무리하게 밀고 나가면 한순간에 무너진다. 형충파해합(刑沖破害合)이 올 때 쇠(衰)의 물상으로 나들이를 하면 화액을 면하거나 가볍게 넘길 수 있다.

■ 갑진쇠(甲辰衰) 물상

나무 뿌리가 돌에 부딪혀 쇠약해지는 형상이다.

부동산, 가옥, 택지, 땅, 논밭, 산림, 곡물류, 식물, 채소, 과일류, 나무가 놓인 곳, 창고, 한약재, 약재 · 곡물류 · 과일류 창고, 화훼원예, 식물원, 농원, 청과물 시장, 과수원, 가로수, 흙, 모래, 자갈, 바위, 건축용 목재, 실내장식, 가구, 발효식품, 도배, 도배한 벽지, 소나무, 오동나무, 분재, 화분, 미술품, 의류와 창고 · 공장 · 판매장, 섬유류, 위장 · 간질환 등.

■ 을축쇠(乙丑衰) 물상

진흙 속에서 연꽃이 피는 형상이다.

벼, 모를 심은 논, 볍씨를 뿌린 습지, 갈대밭, 습지에 있는 조류, 섬에서 자란 초목, 우유 가공공장, 소갈비, 논밭, 약탕기, 지하건물, 젖은 나무, 동굴 안의 초목, 어류, 조류, 벽화, 갈매기섬, 배설물, 새둥지, 나무가구, 비료, 곰팡이, 발효식품, 버섯, 콩나물류, 야채, 농작물, 과수원, 난초, 화원, 화훼원예, 거북이 간 · 목 · 등, 의류창고 · 점포, 어류 · 곡물류 · 과일류 판매장, 조류요리, 음식점, 그릇에 담은 음식, 위장 · 비장 · 간 · 담질환 등.

■ 경술쇠(庚戌衰) 물상

매장된 금광물은 창고에 갇힌 철금속과 같으니 열어야 보배가 된다.

기계가 설치된 곳, 철금속 생산공장 · 보관창고, 철근건축 조립, 건축용 철재, 쇠를 녹이는 용광로, 제철소, 철물점, 보석상, 금은동전, 기계부품과 생산공장, 철창, 양계장, 구치소, 가죽류 가공 · 창고 · 점포 · 회사 · 공장, 닭의 가공식품, 위장에 들어가는 닭고기, 흙을 파는 기계, 농기구, 패물함, 보관함, 금고, 꿩사육장, 가죽류, 조류박제, 개집, 철창에 갇힌 개, 동전 저금통, 매장된 금광, 광산, 위장질환, 대장질환 등.

■ 신미쇠(辛未衰) 물상

금은보화라도 진열장에 있어야 빛을 발할 수 있다.

전기 · 전자제품, 자동판매기, 철물점, 보석상, 철금속 창고 · 점포, 기계부품 공장 · 창고, 건물 내의 전기시설, 전기설치, 전신주, 전선, 패물, 패물함, 금고, 주방기구, 농기구, 땅을 파는 기구, 철공소, 제철소, 건축용 철재, 폐 · 호흡기관 · 대장 · 피부질환 등.

9. 병(病)

병(病)은 만물이 병드는 때다. 분주하나 변화가 많아 노력만큼 소득이 없다. 형충파해합(刑沖破害合)이 올 때 병(病)의 물상으로 나들이를 하면 화액을 면하거나 가볍게 넘길 수 있다.

■ 병신병(丙辛病) 물상

불이 쇠를 녹여 기물을 만드는 형상이다.

태양을 가린 구름, 4Kg · 40Kg의 구름층, 수원(水源), 전기가 흐르는 기계, 자동차 · 전기 · 전자제품과 부품, 자동차 엔진, 선박 · 항공기 기계부품, 철금속, 제절, 제철소, 용광로, 불에 녹인 쇳물, 쇠를 깎는 기계, 패물, 보석상, 금은세공, 금속성 장신구, 가죽제품 가공, 안경, 금속성 안경테, 시계, 총포, 화약, 포탄, 전쟁무기, 정미소에 설치된 기계, 불꽃놀이, 폭발, 별빛, 광채, 방사선, 의료기구, 텔레비전, 전자파, 레이저, 광선, 감전, 방전, 번개, 유류, 정수기, 냉장고, 냉동기, 심장 · 소장 대장 · 폐 · 신경정신 · 뇌혈관 · 안과 · 간질환, 고혈압, 두통, 어깨통, 감기 등.

■ 정묘병(丁卯病) 물상

눈이 병들면 심장과 마음이 병든다.

건어물, 재봉틀, 직조기, 편물기, 선박엔진, 의류, 신발류, 양말류, 장갑류, 어류, 건초류, 지물류, 해초류, 콩나물류, 생선류 구이, 한약초, 음지의 초목, 쌍둥이, 미닫이, 인쇄물, 신문, 서책류, 불에 타는 목재, 콩, 은행, 호두, 밤, 전기, 전자, 인화물질, 손발의 붉은 반점, 몽고반점, 자동차 바퀴, 이륜차, 이용, 미용, 전자복사, 텔레비전, 고환, 여성기, 온실 안의 식물, 수족관의 전등, 달빛, 별빛, 심장 · 간 · 신장 · 신경성 · 비뇨기과 · 안과질환 등.

■ 무신병(戊申病) 물상

산에 철금속이 묻혀 있는 형상이다.

건축용 철재, 철근 생산공장과 창고, 매장된 광물질, 금, 은, 동, 철, 광산, 탄광, 금광, 금광석, 보석, 굴을 파는 기계, 채석장, 기계가 설치된 공장, 금고, 보관함, 철근이 들어간 콘크리트, 건축공사, 건축의 부실공사, 건축용 기계, 철공소, 철물점, 제철소, 녹슬고 병든 건물, 중금속 때문에 병든 땅, 병든 땅, 쓰레기, 가죽류, 가죽제품 가공 · 생산 · 창고 · 점포, 전각, 석조각, 건축용 석재, 돌산, 석조건물, 토석 절단, 지질탐지기, 지하수, 수맥, 자동차 · 중장비 생산공장과 부품, 중화기, 위장 · 대장 · 호흡기관 · 귀 · 코의 질환 등.

■ 기묘병(己卯病) 물상

간이 허약하여 위장이 병드는 형상이다.

건축용 목재, 목재류 · 지물류 · 의류 · 신발류 창고, 실내장식, 서점, 화분, 화훼원예, 의류 · 신발류 판매장, 신발류 공장, 과일류, 식물류, 도배한 벽지, 논밭에 심은 농작물, 나무 때문에 병든 흙, 당구 · 볼링 · 야구 · 테니스 채와 공, 물고기를 먹고 병든 위장, 새둥지, 대문, 미닫이문, 가옥, 위장 · 비장 · 간질환 등.

■ 계유병(癸酉病) 물상

닭이 비에 젖었으니 병이 드는 형상이다.

폐수, 폐유, 공업용수, 탁한 물, 수도, 음료수, 주류, 그릇에 담긴 주류 · 물 · 유류, 술을 담은 항아리, 물을 담은 녹슬은 그릇, 녹슨 송유관 · 송수관, 닭고기, 닭죽, 새요리 안주, 국물, 물에 불린 가죽류, 중금속에 오염된 물, 금을 씻은 물, 물병, 술병, 약병, 기계기름, 액체로 된 화장품, 배설물, 가죽주머니, 어패류, 치과 의료기구, 백금니, 부처님의 다기, 부처의 금색옷, 세탁기, 냉장고, 솥, 성병, 신장 · 방광 · 대장질환 등.

■ 임인병(壬寅病) 물상

호랑이가 한밤 중에 활동하는 형상이다.

세탁, 세제, 천의류, 염색, 미술작품, 물감, 검은 종이, 염색한 지물류, 자동차, 중화기, 유류, 물, 초목과 물, 비내리는 산림, 젖은 나무, 검은 고양이, 비단, 이불, 호랑이가죽 · 그림, 서화, 자수, 세차, 화초, 식물재배, 수경재배 식물, 과일주, 색동옷, 꽃꽂이, 농작물, 볍씨, 물위에 뜬 나무, 식물성 먹거리, 스프링쿨러, 화훼원예, 선박, 나뭇배, 밤에 활동하는 호랑이, 방광 · 신장 · 간질환 등.

10. 사(死)

사(死)는 만물이 죽음에 드는 때다. 형충파해합(刑沖破害合)이 올 때 사(死)의 물상으로 나들이를 하면 화액을 면하거나 가볍게 넘길 수 있다.

■ 갑오사(甲午死) 물상

나무가 불볕에 말라죽는 형상이다.

목재 · 농산물을 실은 자동차, 가공한 목재, 불에 탄 나무, 죽은 나무, 햇빛에 말라죽은 나무, 벼락맞은 나무, 도끼에 쪼개진 나무, 나무가구, 곡물류, 의류, 지물류, 섬유류, 가죽류, 서책류, 문구류, 운전기사, 화폐공장, 표구류, 승마, 낙마, 말에서 떨어져 죽은 사람, 교통사고로 죽은 사람, 복상사, 보험, 농작물, 과일류, 자동차 화재, 불난 집, 심장 · 소장 · 간 · 신경정신 · 복부 · 목질환, 두통, 불면증, 복통, 어깨통, 무병(巫病), 손발상해와 흉터 등.

■ 을해사(乙亥死) 물상

뿌리가 썩어 나무가 죽는 형상이다.

죽은 나무, 뿌리가 썩은 나무, 오염된 물에 죽은 나무, 꽃꽂이, 화훼원예, 스프링쿨러, 수경재배 식물, 조류의 배설물, 물 위의 조류, 독극물에 오염된 조류, 수초류, 해초류, 어류, 돼지고기 요리, 돼지의 피, 수족관, 생선류 회 · 요리 · 탕 · 냉동, 의류, 섬유류, 지물류, 야채류, 빙과류, 가공식품, 선원, 배, 곡주, 발효식품, 얼음, 냉장 · 냉동식품, 물에 빠져 죽은 사람, 생선류을 먹고 죽은 사람, 독극물을 마시고 죽은 사람, 탁주를 먹고 죽은 사람, 돼지고기를 먹고 죽은 사람, 하수구에 빠져 죽은 사람, 피가 막혀 죽은 사람, 바다에 빠져 죽은 사람, 손발에 흐르는 피, 다리를 저는 사람, 신장 · 방광 · 간 · 신경정신 질환, 신경통, 두통, 소아마비, 목뼈 · 복숭아뼈 상해 등.

■ 경자사(庚子死) 물상

금(金)이 물에 잠겨 쓸모가 없어진 형상이다.

물에 잠긴 철금속, 물 위의 철선, 물에 부식된 철금속, 중금속에 오염된 물질, 썩은 물에 잠긴 쇠, 녹슨 쇠, 죽은 쇠, 쇳물, 철금속으로 된 송수관 · 송유관, 기계, 주방기구, 유류, 공업용수, 정수기, 수도꼭지, 가죽류, 가죽제품, 쥐가죽, 검정가죽, 냉장고, 냉동기, 가죽제품, 방광 · 대장 · 신장 · 호흡기 · 요도기관 · 염증질환, 폐결핵, 각혈, 혈뇨 등.

■ 신사사(辛巳死) 물상

금(金)이 불에 녹아 물로 변하는 형상이다.

자동차, 전기 · 전자제품, 용광로에서 녹은 쇠, 금은세공, 전기가 흐르는 기계, 반지, 목걸이, 금형, 쇠를 담은 용기, 용접, 치과 의료기구, 치과기공, 금니, 회전기계, 통신, 광선, 전자파, 방사선, 기차류, 철로, 제철소, 철재를 실은 트럭, 동력엔진, 뱀, 패물, 장신구, 허리띠, 가죽류, 가죽제품, 전신, 전화, 통신, 전선, 철사, 철재, 철물점, 폐결핵으로 죽은 사람, 감전되어 죽은 사람, 철로에서 망가진 자동차, 폐결핵, 기침, 요통, 허리상해 등.

11. 묘(墓)

묘고(墓庫)는 만물을 가두는 때다. 형충파해합(刑沖破害合)이 올 때 묘(墓)의 물상으로 나들이를 하면 화액을 면하거나 가볍게 넘길 수 있다.

■ 병술고(丙戌庫) 물상

태양이 서산에 갇힌 형상이다.

양지, 대지, 부동산, 남향건물, 고층건물, 중장비, 땅을 파는 기계, 농기구, 주차장, 차도, 도자기 · 가마, 화덕, 차고, 태양열 저장고, 태양열 주택, 전기 · 전자에너지, 화재, 마른 땅, 산불, 석양, 용암, 화산, 지진, 남산, 건축용 중화기, 화력 · 원자력 · 핵발전소, 자동차, 화차, 기차류, 항공기 생산공장, 비행기장, 건물의 전기장치, 건축용 석재, 불에 구운 건축자재, 변기, 전기 · 전자제품 창고, 고혈압, 두통, 어깨통, 가슴통, 열병, 홧병, 무병(巫病), 신경정신 · 안과질환 등.

■ 정축고(丁丑庫) 물상

전답과 묘지에 마음을 두고 벗어나지 못하는 형상이다.

논밭, 거북이, 전기 · 전자제품과 생산공장 · 판매장 · 창고, 가옥, 건물 내의 전기시설, 터널 안의 전기, 지하실의 전기, 지하에 묻은 전선, 빛, 달밤, 시멘트, 모래, 텔레비전, 콤팩트디스크, 디스켓, 레코드, 전자복사, 전자악기, 통신 · 전신계통 회사, 달밤, 습지, 탄광, 두꺼비집, 소갈비, 전자오락실, 전자오락, 기차류, 등불, 광선, 방사선, 섬, 바위, 진흙, 발효식품, 우유가공 · 창고, 화장품, 끈끈한 식품, 건전지, 신경성 · 치아 · 복부 · 위장 · 비장 · 신장질환, 빈혈, 저혈압, 생리통, 치질, 갈비뼈의 통증과 상해.

■ 무술고(戊戌庫) 물상

개에게 물리니 형상이니 몸에 칼이 들어온다.

땅, 산, 논밭, 부동산, 건축물, 가옥, 바위, 돌산, 흙더미, 산사태, 건축석재, 산봉우리, 높은 산, 도로, 호텔, 창고, 석조건물, 사막, 묘지, 사찰, 토굴, 개과 동물, 축대, 탑, 묘지 석조물, 벽난로, 아궁이, 구들장, 마당, 광산, 방구들, 석탄류, 콘크리트, 종교인, 성직자, 돌부처, 지진, 용암, 주차장, 차고, 부동산 중개인 · 사무실, 토지와 관계된 관공서, 도자기 가마, 성벽, 황달, 당뇨, 위장 · 비장 · 신장질환 등.

■ 임진고(壬辰庫) 물상

용이 물을 만났으니 만사형통하나 하늘로 오르지 못하는 안타까움이 있다.

물, 호수, 바다, 강, 연못, 웅덩이, 저수지, 지하수, 섬, 바위, 샘, 계곡, 부두, 물과 육지의 연결점, 지하수가 모이는 곳, 수맥, 댐, 수원

(水源), 습지, 물 · 유류탱크, 진흙, 진흙탕, 흙반죽, 물을 담은 그릇, 목욕탕, 오염된 물, 썩은 물, 끈끈한 물질, 대소변, 오물통, 변기, 하수구, 지하에 묻은 수도관, 난방, 홍수, 침수, 시멘트, 모래, 주류, 유류, 원유, 해골, 도로, 빗길, 벼루, 먹물, 송유관, 묘지, 묘지 안에 들어간 물, 냉동실, 방광 · 신장 · 위장 · 비장 · 항문 · 자궁 · 피부 · 염증 · 귀 · 코질환, 치질, 습진, 성병, 무좀, 혈액순환 장애, 허리 통증과 상해 등.

■ **계미고(癸未庫) 물상**

전답에 비가 내려 물이 있는 형상이다.

유류창고, 물탱크, 산, 물, 섬, 연못, 호수, 웅덩이, 지하수, 샘, 둑, 댐, 주류, 음료수, 술집, 음식점, 공업용수, 레미콘, 자갈, 모래, 빗길, 물통, 목욕탕, 육지와 바다의 연결점, 물그릇, 도자기, 포장도로, 수자원개발 · 토목공사, 환경에 오염된 물, 탁한 물, 냉장고, 냉동고, 정수기, 건물 안의 수도배관, 화장실, 배설물, 냉증 · 신경통 · 신장 · 방광 · 위장 · 비장 · 피부 · 염증질환, 다리와 허리의 통증과 상해 등.

■ **기축고(己丑庫) 물상**

전답을 가는 소는 일꾼이다.

건축물, 5층 · 10층 건물, 가옥, 논밭, 지하건물, 성벽, 담, 도로, 섬, 산, 돌, 모래, 자갈, 흙, 젖은 땅, 콘크리트, 건축자재, 건축용 석재,

바위, 변기, 그릇, 도자기, 하수구, 소의 배설물, 화장품, 우유 가공공장, 우사, 사찰, 토굴, 거북이, 소, 소갈비, 거북이, 묘지, 묘지의 석조물, 성직자, 불교신도, 미장공, 채석장, 터널, 굴, 광산, 기차류, 철로, 지하벽, 지하실, 습지, 해골, 물 · 주류 · 원유 · 유류창고 등.

12. 절(絶)

■ 갑신절(甲申絶) 물상

나무를 조각하는 칼이 사람의 인격을 다듬는 형상이다.

나무를 깍는 칼 · 톱, 과일 · 곡물껍질을 벗기는 기구, 정미소 기계, 절단기에 잘리는 지물류 · 초목, 볍씨, 조각, 한복, 가위질, 뜨개질, 직조기, 편물기, 재단, 봉제, 재봉틀, 자수, 대패질, 피아노, 칠, 벌목, 과수원, 가지치기, 잔디깍기, 도끼에 쪼개지는 장작, 실내장식, 기계에 가공되는 식품, 검난, 검난을 당한 몸, 철창에 갇힌 몸, 건축설계, 인쇄기, 가죽류, 의류, 섬유류, 서책류, 문구류, 활자, 신문인쇄 · 제본, 전각, 나무가구, 건축용 목재, 동량, 대들보, 도끼와 도끼자루, 방망이와 망치, 낫, 녹즙기, 못, 송곳, 농기구, 분말기, 골프채, 집문서, 간질환, 허리 · 척추의 상해와 통증 등.

■ 을유절(乙酉絶) 물상

곡물을 먹어치우는 염치없는 닭은 예의를 지킬 줄 알아야 한다.

칼과 톱에 베인 나무, 잔디깍기, 의류 · 섬유류 · 가죽류를 짜는 기계, 직조기, 피아노, 재단기, 절단기, 인쇄기, 편물기, 자수, 뜨개질, 재봉틀, 신발봉제, 풀베기, 정미기, 과일껍질을 벗기는 기계, 생선회 · 칼, 조류의 간, 칼에 베인 손발, 주방기구, 볍씨껍질, 톱밥, 한약초, 바늘과 실, 의류 · 제지생산, 화폐, 인쇄물, 활자, 조류박제, 가죽류, 신발류, 가죽의류, 가공식품, 농기구, 가지치기, 실내장식, 나무가구, 나무조각, 도장, 서각, 전각, 이발, 동물가죽, 낫, 쇠붙이가 달린 나무, 칼, 녹즙기, 건축설계, 의상 · 신발류 디자인, 의류재단, 침술행위, 한복, 면도기, 간 · 대장 · 관절 · 골다공증 · 목질 · 두통질환, 손발 · 허리의 통증과 상해 등.

■ 경인절(庚寅絶) 물상

자동차 · 중장비와 부품, 재봉틀, 직조기, 의류생산, 문구류, 완구류, 나무가구, 나무조각품, 검난, 실내장식, 가죽의류, 표구규, 서책류, 섬유류, 섬모류, 지물류, 펄프, 한복, 색동옷, 농작물 가공 · 식품가공 · 제재소 · 정미소 기계, 과일껍질을 벗기는 기계, 농기구, 침술 · 주사행위, 한약재 가공, 통조림, 씨앗, 그림, 호랑이가죽, 운동기구, 손발차기 운동, 칼과 톱에 베인 손발, 서예품, 만화, 그림책, 피아노, 현악기, 척추 · 다리 · 허리의 상해 등.

■ 병자절(丙子絶) 물상

쥐구멍에 볕이 드는 형상이다.

수력 · 화력발전, 발전기, 충전, 용접, 세차, 자동차 · 항공기 기름, 냉동기, 냉장고, 유류차, 물차, 소방차, 소화기, 텔레비전, 전자파, 가스류, 카메라 조리개, 태양을 가린 비구름, 온수, 공업용수, 밤과 낮, 음양(陰陽), 명암, 조명탄, 불꽃놀이, 폭탄, 화염병, 총포, 화약, 화재, 혈액 · 두통 · 뇌혈관 · 뇌졸중 · 신경정신 · 안과 · 고혈압 · 심장 · 소장 · 방광 · 신장질환, 무병(巫病), 어깨통 등.

■ 정해절(丁亥絶) 물상

어둠을 밝히는 달도 얼음을 녹일 수는 없다.

수력 · 화력발전, 발전기, 건전지, 달, 별, 전자파, 전기 · 전자제품, 용접, 충전, 전광, 빛, 방사선, 유류차, 물차, 전투기, 불꽃놀이, 등대, 화약, 포탄, 총포, 세차, 공업용수, 명암, 밤에 일어난 화재, 조명장치, 수도꼭지, 온수, 냉수, 난방, 자동차 헤드라이트, 심장 · 신장 · 안과 · 신경정신질환, 저혈압, 두통, 무병(巫病), 빈혈 등.

■ 신묘절(辛卯絶) 물상

재주가 아무리 많아도 한 가지 기술만은 못하다.

신발류 생산, 재봉틀, 의류, 지물류, 직조기, 토끼가죽, 가죽신발류,

가죽의류, 칼 · 톱 · 작두에 베인 한약재와 식물, 인쇄물, 대패질, 톱밥, 나무조각, 나무가구, 실내장식, 자수, 뜨개질, 서책류, 신문, 가죽지갑, 가방, 화훼원예, 꽃꽂이, 가지치기, 잔디깍기, 자전거, 쇠가 붙은 나무 운동기구, 농기구, 정미소에 설치된 기계, 곡물 · 과일 등을 가공하는 기계, 가공식품, 가위, 이용, 미용, 피아노, 수술, 검난, 간 · 폐 · 심장질환, 허리 · 손발 · 복숭아뼈 상해와 통증 등.

제12장. 천간(天干)으로 본 운세

천간성(天干星)의 변통(變通)에는 갑을병정무기경신임계(甲乙丙丁戊己庚辛壬癸)의 십간성(十干星)의 육신(六神)을 붙인다. 이 육신(六神)들은 아들, 딸, 어머니, 애인, 처첩, 며느리, 며느리의 애인 등의 단어를 사용하지 않고 재(財), 관(官), 인(寅), 식(食), 비겁(比劫) 등으로 나타낸다.

예를 들어 아버지나 재물, 처첩과 관계 있는 모든 사건들은 정재(正財)나 편재(偏財) 등으로 표시한다. 다음에 설명하는 사건들은 일간(日干)인 나를 위주로 하여 행운(行運)으로 운명을 풀이한 것이다. 다시 말해서 대운(大運), 세운(歲運), 월운(月運)에서 일어나는 사건을 일간(日干)에 맞추어 풀이하는 것이다.

예를 들어 갑일주(甲日柱)의 갑년(甲年)에는 갑년(甲年)의 물상이 들고나는 사건이 일어난다. 이때 많은 물상 중에 가장 확률이 높은 사건으로 추리한다. 그리고 어린 아이의 사주를 보면서 부동산의 물상이 동한다고 하여 부동산 매매 등의 사건으로 추리할 수는 없다. 부모가 이사를 하면 아이는 당연히 따라가는 것이 아니겠는가.

1. 갑일주(甲日柱)의 운세

■ 갑년(甲年) 운세

남자는 재물손실과 아내나 부모 형제와 가출, 질병, 생사이별이 따른다. 건강상으로는 간이나 위장질환이 염려된다. 다음과 같은 물상을 직업이나 일거리로 삼아 분발하거나 나들이로 대체하면 화액을 가볍게 넘기거나 면할 수 있다.

부동산 매매, 가옥 등 건물의 이사 · 수리 · 건축, 실내장식, 토목과 관계된 일, 건축용 목재, 나무가구 매매와 자리옮김, 초목, 화초, 곡식, 과일류, 나무채를 사용하는 운동, 아버지의 가옥, 아내가 매매하는 가옥, 재산분배, 서고, 서점, 간 · 위장질환 등.

■ 을년(乙年) 운세

미혼여성은 혼사가 성립되고, 기혼여성은 남편과 이별이 따른다. 남자는 아내의 출산, 직장의 변화, 아내의 가출과 불륜, 자식의 가출 · 질병 · 분리가 따르고, 육친상극(六親相剋)과 퇴직, 매매 · 수리 · 습득 · 분실 등이 따른다. 건강상으로는 간질환과 수술이 염려된다. 그러나 다음과 같은 물상을 직업이나 일거리로 삼아 분발하거나 나들이로 대체하면 화액을 가볍게 넘기거나 면할 수 있다.

초목, 가옥 등 건물의 매매 · 이사 · 수리 · 증축, 실내장식, 의류, 섬유류, 나무가구, 자수, 뜨개질, 바느질, 섬모류, 섬유류, 가죽류, 잔디깍기, 식품가공, 절단과 재단, 인쇄물, 제본, 제지공장, 화폐, 남녀성교, 신발류, 사교춤, 대장 · 간 · 담질환 등.

■ 병년(丙年) 운세

여자는 자식의 가출 · 질병 · 임신 · 출산 · 송사 · 구설 · 쟁투 · 도벽이 있고, 자식으로 인하여 부부간에 갈등과 싸움이 있다. 자식과 남편이 상극(相剋)되어 분리되거나 생사이별하고, 미혼여성은 혼사가 성립되거나 애인의 들어오고 나감이 있다. 그러나 다음과 같은 물상을 직업이나 일거리로 삼아 나들이로 대체하면 화액을 가볍게 넘기거나 면할 수 있다.

직장의 변화, 자동차 · 선박 · 전기 · 전자제품 · 기타 기계부품, 철금속 기물, 안경, 카메라, 주방기구, 패물, 장신구, 전자파, 방사선 등.

■ 정년(丁年) 운세

여자는 자식의 가출 · 질병 · 음독 · 진학시험 · 취직시험이 있다. 만일 임(壬)이 있으면 어머니와 질병 · 분리 · 생사이별이 따른다. 출산 · 고부갈등 · 송사 · 관재구설 · 쟁투가 있다. 건강상으로는 두통 · 빈혈 · 가슴앓이 · 방광 · 신장질환이 염려된다. 그러나 다음과 같은 물상을 직업이나 일거리로 삼아 나들이로 대체하면 화액을 가볍게 넘기거나 면할 수 있다.

자동차 · 전기 · 전자제품과 기계부품, 용접, 충전, 건전지, 발전, 주류판매업, 유흥업소, 야간업소, 전동차, 전등, 조명, 광선, 미용원, 이용원, 전자파, 얼음, 공업용수, 심장 · 방광질환 등.

■ 무년(戊年) 운세

남자는 아버지나 아내와 이별, 아내의 가출과 질병, 이혼소송이 따른다. 만일 계수(癸水)가 있으면 부모간의 갈등, 어머니의 질병, 고부간의 갈등, 재물손실 등이 따른다. 건강상으로는 손발저림과 신장 · 방광 · 혈액 · 위장질환 등이 염려된다. 그러나 다음과 같은 물상을 직업이나 일거리로 삼아 나들이로 대체하면 화액을 가볍게 넘기거나 면할 수 있다.

부동산 매매, 이사, 송사, 관재구설, 부모의 유산, 아내의 부동산, 지하수를 파는 중장비, 온천, 목욕탕, 숙박업소, 부동산 중개인 사무실, 댐, 둑, 자동차류의 문서와 면허증, 송수관, 송유관, 묘지의 상석과 비석, 농기구, 창업, 난방, 온수와 냉수, 수도물, 사업계획서, 계약서, 중도금, 사기로 인한 재물손실, 약수터, 등산, 자동차, 전기 · 전자제품, 술집, 동거생활, 남녀 동침장소, 부동산에 투자하는 재물 등.

■ 기년(己年) 운세

남자는 아내의 가출 · 불륜이 있고, 아버지 · 아내 · 형제 · 친구와 분리 · 질병 · 생사이별 등 육친상극(六親相剋)이 따른다. 건강상으로는 간 · 위장질환이 있고, 아버지나 아내가 머리나 갈비뼈 등을 다칠 염려가 있다. 그러나 다음과 같은 물상을 직업이나 일거리로 삼아 나들이로 대체하면 화액을 가볍게 넘기거나 면할 수 있다.

부동산, 부동산 · 가옥 · 점포 · 사무실 등의 매매와 이사, 부동산에 투자하는 재물, 토목공사와 관계된 일, 건물에 부착된 목재, 실내장식, 도배, 나무가구의 옮김, 땅에 심은 나무, 목재창고, 나무채로 된 운동기구, 건축자재, 돌담, 성벽, 농작물, 분재, 화분 등.

■ 경년(庚年) 운세

여자는 남편과 갈등 · 질병 · 가출 · 이혼 · 생사이별 등이 따르며 외정을 즐긴다. 미혼여성은 애인이 생기거나 혼사가 성립된다. 결혼을 하지 않은 형제들도 마찬가지다. 건강상으로는 간질환과 수술이 따른다. 그러나 다음과 같은 물상을 직업이나 일거리로 삼아 나들이로 대체하면 화액을 가볍게 넘기거나 면할 수 있다.

철금속 제품과 기계부품, 패물, 금은장신구, 금고, 화폐생산, 주식 및 유가증권, 대장간, 주방기구, 가공식품, 실내장식, 나무가구, 목수, 대패질, 벌목, 나무조각, 서각, 전각, 직조기, 방직기, 편물기, 봉제, 문구류, 서책, 인쇄소, 인쇄기계, 칼 · 톱 등에 베이고 깍이는 나무, 취직, 승진, 나무에 붙은 쇠붙이, 운동기구, 침술, 주사, 수술, 검난 등.

■ 신년(辛年) 운세

여자는 자식에게 임신 · 출산 · 가출 · 질병 등이 있고, 자식이 있으면 남편과 분리 · 생사이별이 따른다. 딸에게 이성교제로 인한 구설과 송사가 있고, 가출한 딸이 음식장사나 물장사를 한다. 불륜으로 인한 임신, 남편과 이혼소송이 있다. 건강상으로는 혈압 · 관상동맥 · 어깨통 · 무병(巫病) · 두통 · 간 · 심장 · 안과질환이 염려된다. 그러나 다음과 같은 물상을 직업이나 일거리로 삼아 나들이로 대체하면 화액을 가볍게 넘기거나 면할 수 있다.

자동차 · 항공기 · 선박 · 전기 · 전자제품 등 모든 기계와 부품, 철재류, 철물점, 불이나 용광로에 녹은 쇳물, 주방기구, 귀금속, 금은장신구, 난방, 용접, 충전, 방전, 감전, 가죽류, 안경, 수갑 등.

■ 임년(壬年) 운세

어머니나 자식과 질병 · 분리 · 생사이별이 있다. 고부간의 갈등, 임신과 출산, 자식의 학업중단 · 시험의 불합격 · 가출 · 관재구설 · 송사가 따른다. 건강상으로는 빈혈 · 저혈압 · 신경성질환이 염려된다. 그러나 다음과 같은 물상을 직업이나 일거리로 삼아 나들이로 대체하면 화액을 가볍게 넘기거나 면할 수 있다.

자동차 · 항공기 · 선박 · 전기 · 전자제품 등 모든 기계와 부품, 엔진, 조명, 야간업소, 주류판매업, 물, 주류, 유류, 음료수, 공업용수, 합선, 충전, 수난, 해난, 용접, 발전, 방전, 전자파, 레이저, 통신, 미용, 이용, 목욕탕, 온수, 난방, 주방기구, 출생신고, 물과 관계된 사업의 계약문서, 방광이나 신장질환 등.

■ 계년(癸年) 운세

어머니나 아내와 질병 · 갈등 · 분리 · 생사이별 등이 있다. 재물손실, 부모의 이혼과 재혼, 가출한 부모나 아내가 돌아온다. 미혼자는 애인이 생기거나 혼사가 성립된다. 건강상으로는 신장 · 방광 · 위장질환이 염려된다. 그러나 다음과 같은 물상을 직업이나 일거리로 삼아 나들이로 대체하면 화액을 가볍게 넘기거나 면할 수 있다.

중장비, 전기 · 전자제품, 온천, 목욕탕, 숙박업소, 난방, 음식점, 양과류, 분식류, 도자기, 주류, 유류, 야간업소, 계곡, 생수, 지하수, 음료수, 전자오락, 건물 내의 배관, 수도관, 반죽, 도자기, 건축용 석재, 진학시험 불합격, 학업중단, 직장이동, 학교사무실, 부동산 사무실, 문서 보관창고, 서고, 서점 등.

2. 을일주(乙日柱)의 운세

■ 갑년(甲年) 운세

재물손실, 아버지나 아내와 갈등 · 분리 · 생사이별, 아내의 불륜이 따른다. 형제의 부부가 분리되거나 불륜이 있다. 건강상으로는 간 · 위장 · 복부질환이 염려된다. 그러나 다음과 같은 물상을 직업이나 일거리로 삼아 나들이로 대체하면 화액을 가볍게 넘기거나 면할 수 있다.

가옥 · 점포 · 사무실 등의 건물 매매 · 이사 · 수리 · 건축 · 파괴, 서고, 서점, 의류판매장, 도배, 지물포, 조류박제, 벽걸이, 실내장식, 한약재 창고, 인쇄물, 출판사, 생선류, 건어물, 벽에 거는 그림, 닭, 새둥지, 낚시, 건축자재, 건물에 붙은 목재류 등.

■ 을년(乙年) 운세

여자는 임신 · 출산 · 불륜, 남편과의 갈등 · 쟁투 · 분리 · 이혼 · 생사이별 등이 있고, 아들의 가출이 있다. 미혼여성은 혼사가 성립되거나 애인이 생기고, 미혼모가 되기도 한다. 유산이 잘 되며 간질환이나 수술이 따른다. 그러나 다음과 같은 물상을 직업이나 일거리로 삼아 나들이로 대체하면 화액을 가볍게 넘기거나 면할 수 있다.

가옥의 매매 · 수리 · 이사 · 건축 · 증축, 점포나 사무실의 임대 및 이사, 의류 · 섬유류 · 가죽류 등의 봉제, 직조, 편물, 조류박제, 한약재, 잔디깍기, 가지치기, 풀베기, 서책류, 출판사, 제본, 문구류, 완구류, 실내장식, 조각, 서각, 전각, 인쇄물, 지물류, 나무가구, 나무조각품, 생선류, 건어물, 이발, 미용, 가발, 작두에 잘리는 초목, 면도기, 목 · 눈수술, 검난, 식품가공, 승진, 직장의 자리 이동 등.

■ 병년(丙年) 운세

여자는 자식의 가출 · 질병 · 임신 · 출산 · 유산 등이 있다. 아들을 낳은 후 남편과 분리 · 생사이별하며, 남편 몰래 외정을 갖는다. 남자는 처가 부모에게 질병과 이별이 있고, 직장에서의 관재구설 · 송사 · 파직 등이 따른다. 건강상으로는 심장질환이 염려된다. 그러나 다음과 같은 물상을 직업이나 일거리로 삼아 나들이로 대체하면 화액을 가볍게 넘기거나 면할 수 있다.

자동차 · 항공기 · 선박 · 전기 · 전자제품과 기계부품, 철금속 제품 생산, 전자파, 레이저, 방사선, 광선, 조명, 통신기계, 발전, 엔진, 귀금속, 금은장신구, 태양, 양지, 태양열에너지, 용광로, 제철소 등.

■ 정년(丁年) 운세

여자는 임신 · 출산 · 유산 · 고부갈등, 자식과의 이별 등이 따른다. 어머니에게 자식을 맡기거나 자식의 진학시험 불합격 · 취직시험 · 가출 · 관재구설이 있다. 건강상으로는 가슴앓이 · 심장 · 방광 · 뇌혈관 · 저혈압 · 신경정신질환 등이 염려된다. 그러나 다음과 같은 물상을 직업이나 일거리로 삼아 나들이로 대체하면 화액을 가볍게 넘기거나 면할 수 있다.

전기 · 전기제품 등 각종 기계와 부품, 용접, 방전, 조명, 광선, 방사선, 전등, 충전, 방전, 건전지, 달, 별, 유흥업소, 빛, 수도꼭지, 주류 · 유류가공, 난방, 온수와 냉수의 배합, 발전, 엔진 등.

■ 무년(戊年) 운세

남자는 재물손실과 부모나 아내와 질병 · 분리 · 생사이별이 있다. 미혼자는 애인이 생기거나 혼사가 성립되고, 여자의 도움으로 창업하거나 재물을 모은다. 아내의 가출과 불륜, 부모간의 갈등, 고부간의 갈등이 따른다. 건강상으로는 신장 · 방광 · 위장질환이 있다. 그러나 다음과 같은 물상을 직업이나 일거리로 삼아 나들이로 대체하면 화액을 가볍게 넘기거나 면할 수 있다.

산, 물, 부동산, 각종 문서, 부동산 송사, 건물, 가옥, 숙박업소, 온천, 목욕탕, 사찰, 염색, 약수터, 포장도로, 댐, 물그릇, 건물칠, 페인트, 유류탱크, 주유소, 수도배관, 원동기, 양수기, 엔진, 주택관리사 자격증, 주식 및 유가증권, 예금통장, 상경계열 진학시험 등.

■ 기년(己年) 운세

부부간이나 형제 자매간에 분리 · 생사이별이 따르고, 부부가 각각 외정을 갖는다. 재물손실 · 창업 · 투자 등이 따른다. 미혼남자는 혼사가 성립되거나 애인이 생긴다. 건강상으로는 간질환이 염려된다. 그러나 다음과 같은 물상을 직업이나 일거리로 삼아 나들이로 대체하면 화액을 가볍게 넘기거나 면할 수 있다.

산림, 부동산, 가옥, 건물, 건물에 붙은 목재 · 실내장식품 · 벽지, 나무채로 된 운동기구, 형제와 아버지의 부동산, 형제간의 재산분배, 토목과 관계된 기물, 가로수, 목공소, 나무가구, 일터 등.

■ 경년(庚年) 운세

여자는 부부가 각각 외정을 갖고, 남편과 생사이별이나 송사가 일어나고, 자매들도 남편과 생사이별이 따른다. 남자는 자식과 생사이별, 아내의 임신이나 출산이 있다. 건강상으로는 손발이나 허리상해, 간 · 대장질환 등이 따른다. 그러나 다음과 같은 물상을 직업이나 일거리로 삼아 나들이를 하면 화액을 가볍게 넘기거나 면할 수 있다.

제재소 · 정미소 기계 등 철금속으로 된 각종 기계와 부품, 건축용 철재, 철물류, 절단기, 재단기, 쇳소리, 종소리, 북소리, 가죽제품, 직조기, 재봉틀, 봉제, 바늘류, 장구, 꽹과리, 종, 불상, 패물, 장신구, 금니, 통조림, 철금속으로 된 용기에 담은 식품, 식물성 물질, 가옥수리, 실내장식, 나무조각 도구, 목제품, 인쇄기, 지물류 생산, 농산물 · 과일류 가공, 의류, 천, 가죽, 포목, 면직류, 인쇄물 등.

■ 신년(辛年) 운세

여자는 불륜 · 임신, 남편과 이혼소송이나 생사이별이 있고, 자식과 남편간에 갈등이 따른다. 미혼여성은 혼사가 성립된다. 건강상으로는 심장 · 호흡기관 · 정신질환 등이 따른다. 그러나 다음과 같은 물상을 직업이나 일거리로 삼아 나들이로 대체하면 화액을 가볍게 넘기거나 면할 수 있다.

자동차 · 항공기 · 선박 · 전기 · 전자제품 등 모든 기계와 부품, 제철소, 기계수리 공장, 철금속 물질, 용광로에서 녹은 쇠, 용접, 전자파, 방사선, 광선, 폭발물, 총포, 포탄, 세차장, 물, 유류, 가스류, 패물,

장신구, 금은세공 등.

■ 임년(壬年) 운세

직장의 변화, 증권 · 서류 · 계약서 등의 송사가 따르고, 여자는 임신이나 출산, 자식의 가출이나 질병, 자식과 이별이나 갈등이 따른다. 건강상으로는 혈압 · 빈혈 · 심장 · 신장 · 방광 · 신경성질환 등이 염려된다. 그러나 다음과 같은 물상을 직업이나 일거리로 삼아 나들이로 대체하면 화액을 가볍게 넘기거나 면할 수 있다.

전기 · 전자제품, 주방기구, 주류, 유류, 물, 음료수, 음식점, 이 · 미용원, 충전, 방전, 수난, 해난, 온수, 온천, 밤하늘의 달 · 별, 조명, 수력발전, 야간업소, 전자파, 수증기, 난방. 선박 기계엔진, 발동기 등.

■ 계년(癸年) 운세

남자는 어머니나 아내와 분리 · 생사이별이 있고, 고부갈등, 재물손실이 따른다. 학생은 학업이 중단되고 가출한다. 계(癸)가 천간합(天干合)되면 진학시험에 떨어진다. 건강상으로는 신장과 방광질환이 염려된다. 그러나 다음과 같은 물상을 직업이나 일거리로 삼아 나들이로 대체하면 화액을 가볍게 넘기거나 면할 수 있다.

물, 물이 있는 곳, 물을 담는 용기, 가공음료수, 공업용수, 빙과류,

냉장고, 냉동기, 중장비, 부동산 및 각종 문서 · 영수증 · 보증서, 주식 및 유가증권, 어머니의 재산 등.

3. 병일주(丙日柱)의 운세

■ 갑년(甲年) 운세

취직, 승진, 질병, 어머니와 생사이별, 고부간의 갈등, 부모간의 갈등과 이별이 있다. 자식의 학업이 중단되거나 진학시험에 불합격한다. 여자는 출산과 자식의 가출 · 질병 · 생사이별이 따르고 어머니가 가출한다. 건강상으로는 간 · 위장 · 복부질환이 따른다. 그러나 다음과 같은 물상을 직업이나 일거리로 삼아 나들이로 대체하면 화액을 가볍게 넘기거나 면할 수 있다.

부동산 문서와 계약서, 아파트, 가옥이나 사무실 등의 건물 매매 · 이사 · 수리 · 증축 · 파괴, 주택관리사 · 공인중개사 자격증, 사무실 도배, 나무채를 사용하는 운동기구, 논밭, 가로수, 과수원, 산림 등.

■ 을년(乙年) 운세

미혼자는 혼사가 성립되고, 기혼자는 외정을 즐기며 아내와 이별이 있고, 아버지와 생사이별, 고부간의 갈등, 재물손실 등이 있다. 건강상으로는 눈 · 손발수술이나 상해, 간 · 대장질환이 따른다. 그러나 다음과 같은 물상을 직업이나 일거리로 삼아 나들이로 대체하면 화액을 가볍게 넘기거나 면할 수 있다.

가옥 수리 · 이사 · 매매, 가구이동, 유가증권 등 재산문서, 섬유류, 섬모류, 의류, 지물류, 문구류, 완구류, 농산물 · 과일류 · 조류 등의 가공식품, 과수원, 잔디깍기, 의류 · 신발류 생산공장과 판매업소, 가죽류, 가죽제품, 화훼원예, 초목, 낚시와 물고기가 걸린 바늘, 직조기에 짜이는 섬유와 가죽류, 서각, 전각, 대패질, 작두질, 절단기, 재단기, 서책류, 제본, 출판물, 편물, 뜨개질, 바늘에 걸린 실, 종이, 조류박제, 학업중단, 진학시험 불합격, 학교, 학원, 졸업장, 교과서 등.

■ 병년(丙年) 운세

부부간과 부자간에 갈등과 이별이 따르고, 부부가 각각 외정을 즐기며 아내가 가출한다. 형제의 부부도 생사이별이 있고, 형제의 혼사가 있다. 재산상으로는 손해와 이익이 있다. 건강상으로는 가슴앓이 · 어깨통 · 홧병 · 혈압 · 두통 · 심장 · 소장 · 신경성 · 호흡기관 · 안과질환 등이 따른다. 그러나 다음과 같은 물상을 직업이나 일거리로 삼아 나들이로 대체하면 화액을 가볍게 넘기거나 면할 수 있다.

중장비, 중화기, 소방차, 항공기 · 선박 등의 기계부품, 전기 · 전자제품, 화력 · 수력발전, 빙과류 기계, 태양, 광선, 빛, 전등, 전자파, 방사선, 핵 · 태양열에너지, 전열기, 금은세공, 장신구, 가스류, 빙과류, 용광로, 제철, 불에 녹은 철금속, 가죽제품, 난방, 온수, 통신, 유류, 주류, 수도꼭지, 소화기 등.

■ 정년(丁年) 운세

여자는 남편과 생사이별, 송사, 외정, 남편의 승진이 있고, 남자는 자식을 얻는다. 남녀 모두 이성문제가 있다. 형제간에도 질병이나 생사이별이 따른다. 건강상으로는 빈혈, 저혈압, 손발 · 허리의 상해와 통증, 신경성 · 심장 · 신장 · 방광질환이 염려된다. 그러나 다음과 같은 물상을 직업이나 일거리로 삼아 나들이로 대체하면 화액을 가볍게 넘기거나 면할 수 있다.

자동차 · 전기 · 전자제품과 부품, 충전, 방전, 용접, 건전지, 화력 · 수력발전, 전등, 조명, 빛, 조명탄, 통신, 레이저, 전자파, 소방차, 소화기, 전동차, 중화기, 화약, 총포, 포탄, 수중폭발, 전쟁무기, 밤하늘의 달 · 별, 목욕탕, 온수, 난방, 이용, 미용, 야간술집, 주방기구, 수도꼭지, 통신, 전선, 방사선, 방송, 광선, 유가증권, 합격통지서, 문서, 자격증, 남편의 애인 등.

■ 무년(戊年) 운세

임신, 유산, 외정, 관재구설, 송사, 남편과의 생사이별, 자식의 이성교제 · 혼사 · 가출 · 질병, 며느리의 취직이나 부정, 형제의 출산, 형제의 부부갈등 등이 따른다. 건강상으로는 신장 · 방광 · 심장질환이 있다. 그러나 다음과 같은 물상을 직업이나 일거리로 삼아 나들이로 대체하면 화액을 가볍게 넘기거나 면할 수 있다.

중장비, 땅을 파는 기계, 산, 사찰, 가옥, 고층건물, 건축자재, 변기, 세면기, 부동산, 숙박업소, 목욕탕류, 전자오락, 엔진, 발동기, 도자기, 토석배합, 수도, 난방, 높은 산, 산봉우리, 설산, 주류판매업소, 유흥업소, 페인트칠, 기름통, 유류창고, 취업, 승진시험 등.

■ 기년(己年) 운세

자식의 결혼 · 가출 · 학업중단 · 전학, 딸 부부의 생사이별, 어머니의 가출 · 생사이별, 소송, 쟁투, 언쟁, 고부간의 상극(相剋) 등이 있다. 건강상으로는 위장 · 간질환이 따른다. 그러나 다음과 같은 물상을 직업이나 일거리로 삼아 나들이로 대체하면 화액을 가볍게 넘기거나 면할 수 있다.

건물 · 가옥 · 사무실 등의 이사, 건축 · 토목자재, 토목공사, 토석의 도로공사, 부동산 문서, 유가증권, 주식매매, 나무가구, 가구이동, 도배, 실내장식과 재료, 식물을 심은 땅, 산림, 논밭, 농작물 · 목재창고, 건물에 부착된 목재, 자식과 어머니의 부동산, 자식에게 부동산 상속, 건축용 목재, 부동산 중개사무실, 서류, 볼링, 축구, 나무채를 사용하는 운동, 관재구설, 송사 등.

■ 경년(庚年) 운세

재물의 들고 나감이 있으며 처첩이나 아버지와 분리, 질병, 가출, 생사이별, 쟁투 등이 따른다. 미혼자는 애인이 들어오거나 혼사가 성립되나, 약혼 후 분리되거나 파혼이 따른다. 기혼 남자는 이혼송사가 있다. 건강상으로는 대장이나 간질환이 따른다. 그러나 다음과 같은 물상을 직업이나 일거리로 삼아 나들이로 대체하면 화액을 가볍게 넘기거나 면할 수 있다.

귀금속, 편물기, 직조기, 기계류, 철재류, 화폐 · 채권 · 주식 · 기타 유가증권 등의 재산문서 등.

■ 신년(辛年) 운세

아버지나 아내와 생사이별이나 갈등, 부부가 각각 외정이 있고, 형제의 결혼 · 분가 · 부부갈등과 분리가 있으며, 본인은 물론 아버지와 아내에게도 질병이 따른다. 출재, 손재, 자, 이재 등이 있다. 건강상으로는 어깨통 · 목질 · 두통 · 혈압 · 심장 · 대장 · 폐질환이 따른다.

그러나 다음과 같은 물상을 직업이나 일거리로 삼아 나들이로 대체하면 화액을 가볍게 넘기거나 면할 수 있다.

철금속 물질, 자동차 · 전기 · 전자제품과 부품, 중화기엔진, 선박기계, 소화기, 용광로에서 녹은 쇠, 가죽제품, 전쟁무기, 화약, 포탄, 폭발물, 총포, 화재, 가스분사기, 유류, 전차, 패물, 장신구, 금은세공, 안경, 자동차 · 전자제품을 구입하는데 들어간 돈, 남에게 뺏긴 돈, 형제 자매에게 지출된 돈, 재물손실, 아내와 아버지의 재물 등.

■ 임년(壬年) 운세

미혼여성은 애인의 들고 나감이 있거나 혼사가 성립된다. 기혼여성은 남편과 생사이별이 따르고, 부부가 각각 외정이 있다. 남자는 자식을 얻는 경사가 생기지만 자식에게 가출이나 질병이 따른다. 건강상으로는 신장 · 방광 · 심장 · 빈혈 · 저혈압 · 신경성 · 뇌졸중 · 혈관질환이 따른다. 그러나 다음과 같은 물상을 직업이나 일거리로 삼아 나들이로 대체하면 화액을 가볍게 넘기거나 면할 수 있다.

전기 · 전자제품과 부품, 항공기계 부품. 정수기, 양수기, 발동기, 소화기, 소방차, 엔진, 공업용수, 난방, 온수, 바다, 호수, 밤하늘의 달 · 별, 수력 · 화력발전, 용접, 건전지, 얼음, 빙과류, 가공음료수, 주류, 유류, 빛, 통신, 전자파, 레이저, 충전, 방전, 수도꼭지 등.

■ 계년(癸年) 운세

미혼여성은 임신 · 애인 · 혼사가 있고, 기혼여성은 임신 · 유산 · 출산이 있고, 부부가 각각 외정을 즐기며 남편과 갈등 · 생사이별이 있고, 자식에게 가출과 질병이 있고, 송사 · 관재구설이 따른다. 건강상으로는 신장 · 방광 · 위장질환이 염려된다. 그러나 다음과 같은 물상을 직업이나 일거리로 삼거나 나들이로 대체하면 화액을 가볍게 넘기거나 면할 수 있다.

목욕탕류, 숙박업소, 음료수, 주류, 유류, 가스류, 중장비엔진, 비, 구름, 이슬, 수증기, 온수, 지하수, 얼음, 눈(雪), 냉동, 냉장, 주방과 주방기구, 수도꼭지, 강, 하천, 호수, 웅덩이, 홍수, 태풍, 해난, 수난, 화장실, 변기, 세면기, 난방, 하수구, 도자기, 물탱크, 그릇, 흰머리, 높은 산, 백두산, 설산, 빙산.

4. 정일주(丁日柱)의 운세

■ 갑년(甲年) 운세

여자는 임신 · 출산, 자식의 가출과 질병이 있고, 자식이나 어머니나 고부간에 갈등과 생사이별이 있으며, 딸의 부부에게 갈등 · 생사이별이 있다. 건강상으로는 위장 · 간 · 복부질환이 따른다. 그러나 다음과 같은 물상을 직업이나 일거리로 삼아 나들이로 대체하면 화액을 가볍게 넘기거나 면할 수 있다.

부동산 문서, 계약문서, 유가증권, 토지거래, 논밭, 산, 가옥 · 점포 · 사무실 등의 이사와 수리, 자식에게 부동산 상속, 실내장식, 벽지, 도배, 가구이동, 초목, 의류, 문구류, 지물류, 서책류, 합격증, 자격증, 사찰, 도로, 건축자재, 나무채를 사용하는 운동과 운동기구, 학업중단, 불합격 등.

■ 을년(乙年) 운세

미혼남자는 애인이 생기거나 혼사가 성립되고, 기혼남자는 외정, 아내와 갈등 · 생사이별 · 이혼소송이 따른다. 여자는 고부간의 갈등과 생사이별이 따른다. 아버지와 분리되거나 유산을 상속받으며, 재물투자에 따른 이익 등 사업이 번창한다. 그러나 자식의 학업이 중단되는 경우도 있다. 건강상으로는 간질환, 눈 · 목 · 손발 등에 통증과 상해가 있다. 그러나 다음과 같은 물상을 직업이나 일거리로 삼아 나들이로 대체하면 화액을 가볍게 넘기거나 면할 수 있다.

가옥의 매매 · 수리, 통장, 화폐, 유가증권, 재산문서, 서류, 서책류, 신문, 실내장식, 건축용 철재, 건축용 목재, 화폐 · 제지공장, 농산물 · 과일류 등 식물성 가공식품, 통조림, 사료, 가죽제품, 직조기, 직조기에 짜이는 섬유나 가죽류, 정미소, 제재소, 베이거나 잘린 가구 · 지물 · 섬유 · 목재 · 한약재, 가지치기, 재단, 잔디깎기, 서각, 전각, 화훼원예, 화초, 난초, 잡초, 물고기, 봉제, 재봉틀, 자수, 편물, 출판사, 인쇄소, 학업중단, 진학시험 불합격.

■ 병년(丙年) 운세

재물손실과 부부간에 갈등 · 질병 · 생사이별이 있고, 각각 외정이 있으며 아내가 가출한다. 아버지와 질병 · 생사이별이 있으며, 형제간에 유산싸움을 벌인다. 건강상으로는 홧병 · 심장 · 신경성 · 혈압 · 대장 · 호흡기질환 등이 있다. 그러나 다음과 같은 물상을 직업이나 일거리로 삼아 나들이로 대체하면 화액을 가볍게 넘기거나 면할 수 있다.

철금속기계, 기계에 흐르는 전기, 자동차, 전차, 전동차, 전기 · 전자제품과 부품, 중화기, 통신, 태양, 적외선, 자외선, 광선, 방사선, 전자파, 핵에너지, 동력, 발동기, 양수기, 화력발전, 가스류, 유류, 항공 · 선박기계 부품, 스크루우, 고열, 냉각, 용광로에서 녹인 쇠, 패물, 장신구, 안경, 카메라, 영사기, 냉동기, 에어콘, 정수기, 금은세공, 보증으로 인한 손해, 아내가 낭비한 재물, 재물투자와 손실, 전쟁무기, 총포, 포탄, 화약.

■ 정년(丁年) 운세

부부가 각각 외정을 즐기며 생사이별이 있고, 형제가 합세하여 아버지를 극한다. 미혼여성은 애인이 생기거나 혼사가 성립되고, 남자는 자식을 얻는 경사가 생기지만 자식이 가출한다. 취직 · 승진 · 직업의 변화 등이 따르고, 누나가 애인이 생기거나 결혼한다. 건강상으로는 저혈압 · 빈혈 · 심장 · 방광 · 신장 · 비뇨기과질환 등이 따른다. 그러나 다음과 같은 물상을 직업이나 일거리로 삼아 나들이로 대체하면 화액을 가볍게 넘기거나 면할 수 있다.

자동차, 전기 · 전자제품, 수력 · 화력발전, 용접, 방전, 충전, 건전지, 통신, 전자파, 리모콘, 텔레비전, 방사선, 유류, 주류, 액체, 가스류, 전등, 조명, 등불, 달, 별, 광선, 빛, 네온사인, 전동차, 유흥업소, 야간업소, 난방, 정수기, 냉동기, 냉장고, 물, 온수, 수도물, 음료수, 공업용수, 가공한 음료수, 미용, 이용, 불꽃놀이, 야광탄,'탐조등, 회중전지, 승진 등.

■ 무년(戊年) 운세

자식과 남편간에 생사이별이 있고, 자식의 혼사 · 가출 · 임신 · 출산이 있다. 미혼여성은 혼사가 성립되고, 기혼여성은 출산 후 남편과 생사이별이 따라 유복자를 두는 경우도 있다. 관재구설 · 송사 · 쟁투가 있다. 건강상으로는 두통 · 손발저림 · 저혈압 · 빈혈 · 허리 · 눈 ·

혈액 · 신장 · 방광 · 비뇨기과질환 등이 따른다. 그러나 다음과 같은 물상을 직업이나 일거리로 삼아 나들이로 대체하면 화액을 가볍게 넘기거나 면할 수 있다.

부동산, 산, 논밭, 사찰, 건물, 고층건물, 건축자재, 가옥, 점포, 사무실, 숙박업소, 목욕탕류, 화산, 용암, 지진, 도자기 등의 진흙을 빚어 불에 구운 기물, 자동차, 중화기, 땅을 파는 기계, 물 · 주류 · 유류탱크, 산봉우리, 눈덮인 산, 백두산 등.

■ 기년(己年) 운세

어머니와 생사이별이 있고, 여자는 임신과 출산, 자식에게 결혼 · 출산 · 가출 · 질병 · 생사이별, 고부간의 갈등이 있다. 건강상으로는 위장 · 비장 · 간질환 등이 따른다. 그러나 다음과 같은 물상을 직업이나 일거리로 삼아 나들이로 대체하면 화액을 가볍게 넘기거나 면할 수 있다.

건물 등의 부동산 문서, 가옥, 토목과 관계된 일거리, 점포나 사무실 등의 계약문서, 졸업장, 자격증, 면허증, 농작물 · 목재 · 의류 창고, 의류판매장, 가로수, 목재상, 제재소, 논밭에 심은 초목, 도로, 건재상, 실내장식, 벽지, 벽에 붙은 장식과 목재, 가구, 돌, 흙, 모래, 자갈, 바위, 섬, 시멘트, 콘크리트, 비석, 당구장, 야구장, 볼링장, 학교, 학원, 교실, 기숙사, 하숙집, 공부방, 어머니의 방, 승진, 취업, 진학시험 불합격, 직장에서의 이동과 관재구설 등.

■ 경년(庚年) 운세

사업이 번창하여 많은 재물을 모으지만 아내의 가출 · 갈등 · 생사이별 · 이혼 등이 있다. 미혼자는 결혼하고 기혼자는 외정이 따른다. 고부간의 갈등, 분가, 아버지와의 생사이별, 부모의 갈등과 생사이별이 있다. 건강상으로는 손발상해와 통증, 간질환과 수술이 따른다. 그러나 다음과 같은 물상을 직업이나 일거리로 삼아 나들이로 대체하면 화액을 가볍게 넘기거나 면할 수 있다.

철금속 물질, 기계와 부품류, 금은장신구, 패물, 금고, 동전, 화폐와 화폐발행, 유가증권, 금전출납부, 예금통장, 신용카드, 대출금, 금융계통의 일, 가옥 등 재산문서, 매매문서, 실내장식, 수리, 이사, 직조기, 재봉틀, 편물기, 재단, 철조건물에 붙은 목재, 가위 · 칼 · 작두 등의 절단기, 곡물류 · 과일류 · 야채 등의 식품가공 기계, 정미기, 탈곡기, 창업, 투자, 출재, 득재, 발전, 출판물 제본, 서책류, 문구류, 나무가구 이동, 가죽류, 시계, 목걸이, 팔찌, 치아, 의류 · 지물류 · 가죽류가공, 학업중단, 진학시험 불합격, 취직, 직장에서의 자리 이동 등.

■ 신년(辛年) 운세

미혼여성은 애인이 생기거나 혼사가 성립되고, 기혼여성은 부부가 각각 외정을 즐기고, 질병과 생사이별이 따른다. 자식의 가출, 직장이나 직업의 변화가 있다. 건강상으로는 빈혈 · 저혈압 · 방광 · 심장 · 신장 · 신경성 · 혈액질환이 따른다. 그러나 다음과 같은 물상을 직업이나 일거리로 삼아 나들이로 대체하면 화액을 가볍게 넘기거나 면할 수 있다.

수력 · 화력발전, 전기, 전자, 건전지, 빛, 조명, 야광, 레이저, 방사선, 난방, 난로, 끓인 물, 온수, 유류, 주류, 공업용수, 정수기, 수증기, 수도관, 수도꼭지, 물과 관계 있는 일, 소방차, 소화기, 형광등 등의 전등 등.

■ 임년 운세

여자는 남편과 분리 · 쟁투 · 이혼 · 생사이별이 있으며 다른 남자가 생긴다. 이혼한 여자는 헤어진 남편과 만남이 있고, 미혼인 여자는 혼사가 성립되거나 애인이 생기며, 물과 관계된 일거리나 직업이 생긴다. 남자는 자식의 가출, 자식과 분리, 생사이별이 있고, 낙태수술, 출산, 임신 등이 따른다. 건강상으로는 방광 · 심장질환이 따른다. 그러나 다음과 같은 물상을 직업이나 일거리로 삼아 나들이로 대체하면 화액을 가볍게 넘기거나 면할 수 있다.

전자 · 전기제품, 전등, 전구, 형광등, 수력발전, 가습기, 냉장고, 정수기, 냉동, 얼음, 온수, 냉수, 선풍기, 온풍기, 전기난로, 석유난로,

전자오락, 브라운관, 네온, 광선, 조명탄, 탐조등 등.

■ 계년(癸年) 운세

자식과 남편간에 질병 · 생사이별, 자식의 가출이 있으며 남편 몰래 다른 남자를 만나기도 한다. 미혼여성은 애인이 생기거나 혼사가 성립된다. 건강상으로는 신장 · 방광 · 비뇨기과 질환이 따른다. 그러나 다음과 같은 물상을 직업이나 일거리로 삼아 나들이로 대체하면 화액을 가볍게 넘기거나 면할 수 있다.

지하수, 온천수, 목욕탕, 숙박업소, 유류, 주유소, 자동차, 중화기, 엔진, 보일러, 지하나 건물 안에 있는 송수관 · 송유관 · 가스관, 건축자재, 수도꼭지, 변기, 세면기, 도자기, 옹기, 기름 · 물탱크, 수증기, 하천, 강, 하수구, 바다, 계곡의 물, 우로, 비, 구름, 홍수, 해일, 해난, 수난, 태풍, 물이나 술을 담은 용기, 제빙공장, 냉장고, 냉동실, 얼음, 빙과류, 흙이나 밀가루 등의 반죽, 빵, 배설물, 세차장 등.

5. 무일주(戊日柱)의 운세

■ 갑년(甲年) 운세

형제 · 자식 · 부부간에 가출 · 분가 · 갈등 · 생사이별 등이 있다. 남편의 친구나 친구의 애인과 불륜을 맺거나 재혼하기도 한다. 건강상으로는 위장 · 간질환이 있다. 그러나 다음과 같은 물상을 직업이나 일거리로 삼아 나들이로 대체하면 화액을 가볍게 넘기거나 면할 수 있다.

부동산, 건물, 가옥, 사찰, 산, 고층건물, 논밭, 산림, 가로수, 도로, 건축 · 토목자재, 실내장식, 나무가구, 점포, 사무실, 목재창고, 목재상, 건재상, 의류, 지물류, 문구류, 식물, 땅에 심은 초목, 과수원, 화훼원예, 화원, 분재, 가공식품, 농작물, 나무기둥, 서점, 서책류, 섬유류, 이불, 당구, 볼링, 야구, 골프, 벽지, 방망이, 바둑, 이사와 승진 등의 자리 이동 등.

■ 을년(乙年) 운세

자식의 가출 · 분가 · 이별 · 질병이 있다. 여자는 임신 · 출산 · 질병이 있으며 남편과 분리 · 생사이별이 따르고, 남편몰래 외정을 갖거나 남편이 어린 여자와 바람을 피운다. 자식과 남편 사이에 갈등 · 이별이 있다. 미혼여성은 혼사가 성립되거나 애인이 생기거나 미혼모가 되기도 한다. 건강상으로는 고혈압 · 간 · 대장 · 정신질환 등이 따른다. 그러나 다음과 같은 물상을 직업이나 일거리로 삼아 나들이로 대체하면 화액을 가볍게 넘기거나 면할 수 있다.

가옥의 수리 · 매매 · 이사, 부동산 계약, 실내장식, 칼 등에 베이거나 조각된 나무, 서각, 전각, 나무가구, 나무조각, 건물 안의 목재, 직조기, 가공식품, 재봉틀, 봉제, 의류생산, 재단, 절단, 검난, 출판물, 서책류, 화훼농원, 꽃, 분재, 잔디깍기, 가죽류, 농수산물, 문구류, 완구류, 지물류, 목재류, 섬유류, 조류박제, 물고기회, 회칼 등.

■ 병년(丙年) 운세

자식을 외가나 친가에 맡기게 되고, 어머니와 분리 · 생사이별이 따른다. 여자는 출산, 자식의 가출, 자식과 상극(相剋), 고부간의 갈등과 생사이별이 따른다. 그러나 다음과 같은 물상을 직업이나 일거리로 삼아 나들이로 대체하면 화액을 가볍게 넘기거나 면할 수 있다.

전기 · 전자제품, 자동차, 중화기, 발동기, 발전기, 용광로에서 녹은 쇠, 고열, 광선, 방사선, 주방기구, 냉장고, 냉동기, 정수기, 에어콘, 항공기 · 선박기계와 부품, 화력 · 원자력 · 수력발전, 태양열 · 핵에너지, 통신, 전자파, 레이저, 화면, 카메라, 시계부품, 기계에 흐르는 전기, 철재류, 자동차 · 전기 · 전자회사 계통의 증권, 기계부품 문서, 재산문서, 재산증식, 화폐, 금고, 수표, 금은세공, 패물, 장신구, 학업중단, 취직시험, 진학시험 불합격, 송사, 쟁투, 승진 등.

■ 정년 운세

재물의 손실, 출자, 투자, 창업, 개업, 휴업, 폐업 등이 따르며 미용업이나 매매, 물과 관계 있는 직업에 나들이가 있다. 부모와 갈등, 분리, 분가, 생사이별이 있으며 부모 사이에 갈등, 쟁투, 분리가 따른다. 미혼 남자는 애인이 들어오거나 혼사가 성립된다. 건강상으로는 심장 · 방광 · 신장질환이 따른다. 그러나 다음과 같은 물상을 직업이나 일거리로 삼아 나들이로 대체하면 화액을 가볍게 넘기거나 면할 수 있다.

물과 관계 있는 직업, 전자 · 전기제품, 브라운관, 카메라, 전자 자동차 등.

■ 무년(戊年) 운세

재물손실, 아버지 · 부부 · 형제 · 친구와 질병 · 분리 · 생사이별이 있고, 아내에게 외정이나 가출이 따른다. 형제나 친구와 보증이나 금전거래를 조심해야 한다. 건강상으로는 방광 · 신장 · 비뇨기과 질환과 손발이나 허리에 상해와 통증이 따른다. 그러나 다음과 같은 물상을 직업이나 일거리로 삼아 나들이로 대체하면 화액을 가볍게 넘기거나 면할 수 있다.

부동산과 문서, 유가증권, 중장비, 토목공사, 포장도로, 도로공사, 목욕탕, 숙박업소, 도자기, 산, 물, 샘, 약수터, 물 · 유류 · 주류창고, 땅을 파는 기계, 농기구, 사찰, 산장, 산봉우리, 설산, 높은 산, 백두산, 흰머리, 대머리, 댐, 호수, 강, 바다와 육지의 연결지점, 건축자재, 발동기 · 양수기 엔진, 냉장고, 냉동기, 세탁기, 정수기, 지열, 용암, 땅밑, 습지, 계곡에 흐르는 물 등.

■ 기년(己年) 운세

남편이나 형제 자매와 질병 · 분리 · 생사이별이 따른다. 출산이 있으며 부부가 각각 외정을 갖는다. 자식에게 관재구설 · 쟁투 · 송사 등이 따른다. 건강상으로는 위장 · 비장 · 간질환이 따른다. 그러나 다음과 같은 물상을 직업이나 일거리로 삼아 나들이로 대체하면 화액을 가볍게 넘기거나 면할 수 있다.

부동산, 도로, 가구, 가로수, 건축용 목재, 벽에 붙은 목재, 도배지, 실내장식품, 건축용 토석자재, 먼지, 당구, 바둑, 야구, 탁구, 볼링, 골프, 목재 · 의류 · 지물 · 농산물창고, 형제 자매 · 아들의 집, 나무를 심은 땅, 농원, 토지거래자, 부동산 중개인, 전신주, 산, 산림, 화훼, 서고, 서점, 출판사, 문구류 등.

■ 경년(庚年) 운세

여자는 자식의 가출 · 질병, 자식과 분리 · 이별, 가출한 자식과 만남, 임신, 출산 등이 따른다. 남자 관계로 구설시비나 쟁투가 벌어진다. 자식을 낳은 여자는 남편과 분리되거나 생사이별이 있고, 자식과 남편을 두고 가출하거나 자식과 함께 가출하거나 이혼 소송이 있다.

건강상으로는 간이나 대장질환이 따른다. 그러나 다음과 같은 물상을 직업이나 일거리로 삼아 나들이로 대체하면 화액을 가볍게 넘기거나 면할 수 있다.

의류, 직조기, 식품, 식물, 음식물, 방앗간 기계류, 나무가구, 봉제, 재봉틀, 편물기, 야채요리, 조류요리, 물고기회 등.

■ 신년(辛年) 운세

어머니와 질병 · 분리 · 생사이별이 있고, 자식을 어머니에게 맡기며 재산증식이 있다. 여자는 고부갈등, 자식의 가출, 출산이 있다. 건강상으로는 고혈압 · 두통 · 목 · 폐 · 심장 · 소장질환이 따른다. 그러나 다음과 같은 물상을 직업이나 일거리로 삼아 나들이로 대체하면 화액을 가볍게 넘기거나 면할 수 있다.

자동차 · 중화기 · 전기 · 전자제품과 기계부품, 금고, 금니, 금은장신구, 금은세공, 패물, 철금속, 제철소, 용광로에서 녹은 쇠, 가죽류, 엔진, 유가증권, 재산문서, 기계문서, 진학시험 불합격, 취직, 자격증 · 면허증 취득 등.

■ 임년(壬年) 운세

부모나 아내와 분리 · 생사이별이 있다. 여자는 고부간의 갈등이 있다. 미혼남자는 혼사가 성립되거나 애인이 생긴다. 건강상으로는 저혈압 · 방광 · 신장 · 심장 · 혈액질환이 따른다. 그러나 다음과 같은 물상을 직업이나 일거리로 삼아 나들이로 대체하면 화액을 가볍게 넘기거나 면할 수 있다.

자동차 · 전기 · 전자제품과 문서, 유류, 주류, 음료수, 물, 액체류 가스, 수증기, 얼음, 빙산, 수력 · 화력발전, 용접, 충전, 홍수, 태풍, 눈, 비, 구름, 호수, 강, 난방, 목욕탕, 수자원 개발, 댐, 수원지, 수도, 소화기, 세차, 주유소, 염색, 미용, 이용, 음식점, 야간업소, 세탁소, 조명, 전등, 빛, 방사선, 재산문서, 유가증권, 화폐, 예금통장, 신용카드, 금전출납부, 금융계통 취직, 재물손실, 매매, 대출, 아버지와 아내의 재산문서와 탕진, 타인의 보증, 계약문서, 입학시험 불합격 등.

■ **계년(癸年) 운세**

아내 · 형제 · 친구와 갈등 · 분리 · 생사이별이 있다. 부부가 각각 외정을 즐기며 동업자와 분리된다. 미혼남자는 혼사가 성립되거나 애인이 생긴다. 건강상으로는 신장 · 방광 · 위장질환이 따른다. 그러나 다음과 같은 물상을 직업이나 일거리로 삼아 나들이로 대체하면 화액을 가볍게 넘기거나 면할 수 있다.

자동차 등의 면허증, 목욕탕, 숙박업소, 난방, 비, 구름, 강, 하수구, 샘물, 태풍, 바다, 해난, 수난, 홍수, 지하수, 항아리류에 담긴 물, 끓인 물, 공업용수, 탕약, 탁한 물, 분수, 계곡에 흐르는 물, 빙산, 설산, 흙탕물, 배설물, 먹물, 염색물, 물감, 주유소, 세차장, 대머리, 수족관, 막걸리 등.

6. 기일주(己日柱)의 운세

■ 갑년(甲年) 운세

미혼여성은 혼사가 성립되거나 애인이 생긴다. 기혼여성은 남편과 분리 · 갈등 · 생사이별이 있고, 부부에게 각각 외정이 따른다. 남자는 자식의 가출이나 질병이 있고, 아내의 출산이 있다. 그러나 다음과 같은 물상을 직업이나 일거리로 삼아 나들이로 대체하면 화액을 가볍게 넘기거나 면할 수 있다.

부동산, 3년생 이상인 나무의 죽음, 나무가 있는 땅, 목재가공과 창고, 나무가구, 건축용 목재, 건물에 부착된 목재, 경작지, 나무와 딱딱한 물질을 합해서 만든 기구, 나무채로 하는 운동, 씨앗, 묘목, 분재, 산림, 화훼농원, 중개소, 주택관리실, 토목, 건물, 도로, 담, 가로수, 바위, 돌, 실내장식, 도배지, 벽걸이, 의상실, 의류판매장과 창고, 섬유류, 지물류, 표구류, 서점, 화실, 서예학원, 이사 등.

■ 을년(乙年) 운세

자식이나 부부간에 분리 · 생사이별이 있으며 부부가 각각 외정이 있다. 자식의 가출 · 질병 · 혼사가 있고, 부자상극(父子相剋)이 있다. 미혼여성은 혼사가 성립되거나 애인의 들고 나감이 있다. 그러나 다음과 같은 물상을 직업이나 일거리로 삼아 나들이로 대체하면 화액을 가볍게 넘기거나 면할 수 있다.

가옥의 수리, 나무가구와 조각품, 목재가공, 실내장식, 가구의 이동, 임대와 매매, 대패밥, 톱밥, 대패질, 톱질, 칼질, 검난, 통조림, 식품가공, 작두에 잘리는 식물성 물질, 직조기에 짜이는 천이나 가죽류, 비료, 난초, 가지를 친 나무, 초목을 베는 칼이나 낫, 잔디깍기, 갈대, 묘목, 넝쿨나무, 조류, 조류박제, 가죽류, 물고기, 관직시험과 파직, 승진, 관재송사, 형사처벌 등.

■ 병년(丙年) 운세

어머니 · 장인 · 장모 · 자식의 질병과 생사이별이 있다. 자식의 가출 · 학업중단 · 불합격이 있고, 할머니에게서 양육되기도 한다. 고부갈등이 있지만 사업이 발전하며 창업을 하기도 하며 출산이 따른다. 그러나 다음과 같은 물상을 직업이나 일거리로 삼아 나들이로 대체하면 화액을 가볍게 넘기거나 면할 수 있다.

자동차, 중화기, 항공기, 전기 · 전자와 제품, 기계부품, 전기가 흐르는 기계의 작동, 엔진, 공업용수, 수도관, 수도꼭지, 텔레비전, 전자파, 레이저, 방사선, 전등, 통신, 쇠를 녹이는 불, 용광로, 금은세공, 귀금속, 금고, 안경, 빛, 조명, 유류, 재산문서와 증식, 화폐, 유가증권, 전자오락, 게임의 승부, 화력발전, 건전지, 취직시험, 입사, 진학시험 불합격.

■ 정년(丁年) 운세

부부 · 부모와 분리와 생사이별이 있다. 남자는 외정이 있으며 여자는 고부갈등이 있다. 미혼남자는 혼사가 성립되거나 애인의 들고 나감이 있다. 건강상으로는 심장이나 방광질환이 따른다. 그러나 다음과 같은 물상을 직업이나 일거리로 삼아 나들이로 대체하면 화액을 가볍게 넘기거나 면할 수 있다.

통신, 전기 · 전자제품과 기계부품, 전자파, 카메라, 광선, 조명, 네온, 전열기, 공업용수, 수도관, 수도꼭지, 유류, 수력 · 화력발전, 온수, 세차, 용접, 목욕탕, 재물손실, 자동차 · 전기 · 전자계통 주식과 기타 유가증권, 아버지와 아내의 재산문서, 예금통장, 신용카드 등.

■ 무년(戊年) 운세

남자는 부자상극(父子相剋)과 부부가 각각 외정이 있고, 아버지 · 아내 · 형제와 질병 · 분리 · 생사이별이 있다. 미혼남자는 혼사가 성립되거나 애인의 들고 나감이 있다. 건강상으로는 신장과 방광질환이 따른다. 그러나 다음과 같은 물상을 직업이나 일거리로 삼아 나들이로 대체하면 화액을 가볍게 넘기거나 면할 수 있다.

부동산, 부동산 문서, 주식 및 유가증권, 건물, 목욕탕, 지하수, 온천, 호수. 강, 도자기 등의 흙을 빚어 구운 물상, 물을 담은 그릇, 웅덩이, 댐, 건축자재, 변기, 세면기, 숙박업소, 전자오락, 자동차, 중장비, 공인중개사 자격증, 자동차류의 면허증, 주류 · 유류 · 물탱크, 시멘트콘크리트, 도로, 젖은 땅 등.

■ 기년(己年) 운세

미혼 여성은 애인이 들어오거나 혼사가 성립되거나 형제 자매의 혼사가 있다. 형제 자매간이나 부부간에 분리 · 가출 · 이혼 등 눈물을 흘릴 일이 일어나고, 남편에게 간이나 위장질환이 따른다. 남자는 자식을 낳으며 자식의 분가나 가출이 따르기도 한다. 부동산의 변화가 있으며 직장에서 자리 이동, 실직, 취직이 따른다. 그러나 다음과 같은 물상을 직업이나 일거리로 삼아 나들이로 대체하면 화액을 가볍게 넘기거나 면할 수 있다.

아파트, 당구장, 사무실, 가택, 벽, 점포, 벽지, 목가구, 목조각, 분재, 의류, 서책, 농사, 전답, 곡물창고, 조부의 산소, 조상신(神) 등.

■ 경년(庚年) 운세

여자는 임신이나 출산이 있고, 남편과 질병 · 분리 · 생사이별이 있다. 자식에게 가출과 질병이 있고, 자식과 남편이 상극(相剋)이라 갈등 · 분리 · 생사이별이 따른다. 부부가 각각 외정을 즐긴다. 미혼여성은 혼사가 성립되거나 애인의 들고 나감이 있다. 그러나 다음과 같은 물상을 직업이나 일거리로 삼아 나들이로 대체하면 화액을 가볍게 넘기거나 면할 수 있다.

가옥과 사무실의 수리 · 이사, 실내장식, 나무조각, 나무가구, 전각, 서각, 서예, 직조기에 짜이는 면직물, 재봉틀, 편물기, 금, 은, 동 및 철금속, 가죽류, 기계류, 치과의료기, 의치, 치기공, 칼, 톱, 검, 가위 등 자르는 기구, 가공식품, 통조림 등의 과일류 가공, 농기구, 이발기구, 면도기, 잔디깍는 기구, 녹즙기, 경전, 식물의 절단과 난도질, 인쇄, 출판, 서책류, 윤전기, 신문, 제본, 지물생산, 의류, 조류박제, 신발류생산 등.

■ 신년(辛年) 운세

자식이 할머니 밑에서 자라거나 학업중단, 불합격, 취직이 있다. 여자는 임신이나 출산, 자식의 질병과 가출, 고부갈등이 따른다. 남자는 어머니와 장인이나 장모의 질병 · 분리 · 생사이별이 있다. 건강상으로는 심장 · 신경성 · 폐질환이 따른다. 그러나 다음과 같은 물상을 직업이나 일거리로 삼아 나들이로 대체하면 화액을 가볍게 넘기거나 면할 수 있다.

귀금속, 금은장신구, 자동차 · 전기 · 전자제품, 각종 기계부품, 불에 녹인 쇠, 가죽가공, 금형, 주방기구, 총포, 포탄, 화약, 조명탄, 철재류, 엔진, 발동기, 카메라, 안경, 금고, 유류, 자동차 · 전기 · 전자계통의 주식과 기타 유가증권, 재산증식, 화폐, 예금통장, 카드, 조류박제 등.

■ 임년(壬年) 운세

여자는 고부갈등이 있다. 남자는 부모나 아내와 분리 · 생사이별이 있고, 연상의 여자와 불륜을 맺는다. 미혼남자는 혼인이 성사되거나 애인의 들고 나감이 있다. 건강상으로는 심장 · 방광 · 신장질환이 있다. 그러나 다음과 같은 물상을 직업이나 일거리로 삼아 나들이로 대체하면 화액을 가볍게 넘기거나 면할 수 있다.

물, 유류, 주류, 호수, 강, 바다, 홍수. 태풍, 수도, 공업용수, 수력 · 화력발전, 발동기, 양수기, 엔진, 전기, 전자, 음료수, 목욕탕, 온수, 세탁기, 냉장고, 냉동기, 얼음, 전자파, 조명, 밤, 달, 별, 미용실, 이용실, 유흥업, 야간업소, 빗길, 등불, 건전지, 텔레비전, 염색, 세차, 소방차, 소화기, 가스류 등.

■ 계년(癸年) 운세

부부간에 갈등 · 분리 · 생사이별이 있고, 부부가 각각 외정을 즐긴다. 형제 자매와 아버지가 상극(相剋)이고, 형제의 혼사가 있거나 형제의 부부간에 갈등과 생사이별이 있다. 미혼남자는 혼사가 성립되거나 애인의 들고 나감이 있다. 건강상으로는 목 · 신장 · 방광 · 위장 · 비장질환이 있다. 그러나 다음과 같은 물상을 직업이나 일거리로 삼아 나들이로 대체하면 화액을 가볍게 넘기거나 면할 수 있다.

산, 바다, 강, 호수, 샘, 약수터, 비, 구름, 물, 얼음, 빙산, 웅덩이, 온천, 목욕탕, 숙박업소, 세차장, 자동차류의 면허증, 재산문서, 난방, 분뇨, 오염된 물, 음료수, 유류, 주류, 물 · 유류 · 주류탱크, 주유소, 송수관, 송유관, 가스류관, 해난, 수난, 태풍, 홍수, 재물손실, 동업자, 빗길, 밤길, 부동산, 건물 등.

7. 경일주(庚日柱)의 운세

■ 갑년(甲年) 운세

부모나 아내와 질병 · 분리 · 생사이별 · 고부갈등이 있으며 부부가 모두 외정을 즐긴다. 미혼남자는 혼사가 성사되거나 애인의 들고 나감이 있다. 그러나 다음과 같은 물상을 직업이나 일거리로 삼아 나들이로 대체하면 화액을 가볍게 넘기거나 면할 수 있다.

건물, 가옥, 논밭, 도로, 토목공사, 가로수, 초목, 점포, 사무실, 실내장식, 도배, 나무채로 된 운동기구, 야구공, 목가구, 건축용 목재, 건물에 부착된 목재, 의류, 가죽류, 문구류, 완구류, 지물류, 섬유류, 서책류, 서점, 도서관, 부동산 문서, 화폐, 주식과 기타 유가증권, 아내와 아버지의 재산, 예금통장, 신용카드, 취직 · 진학시험 불합격 등.

■ 을년(乙年) 운세

아버지나 아내와 질병 · 분리 · 생사이별이 있고, 부부가 모두 외정을 갖는다. 부자상극(父子相剋)이 따르고, 형제들에게 아버지의 재산이 분배된다. 건강상으로는 간이나 대장질환과 손발의 상해와 통증이 있다. 그러나 다음과 같은 물상을 직업이나 일거리로 삼아 나들이로 대체하면 화액을 가볍게 넘기거나 면할 수 있다.

초목, 건물, 가옥, 점포, 사무실, 실내장식, 직조물, 의류와 생산, 섬유, 칼 · 톱 · 도끼 등에 잘린 나무, 목재류, 재봉틀, 직조기에 짜이는 섬유나 가죽류, 콩나물류, 나무조각품, 간판, 서책류, 인쇄물, 화폐, 예금통장, 주식 및 유가증권, 신용카드, 지물류, 문구류, 서각, 전각, 목수의 연장, 제재소, 금고, 농기구, 새장, 볍씨, 묘종, 수술, 검난, 쟁투, 상처, 흉터, 화훼, 꽂꽂이, 금전출납부, 계산서, 영수증, 동업자,

수입과 이익의 분배, 임대차 계약서, 가공식품, 가지를 친 나무, 아버지의 재산을 형제와 분배, 부자갈등과 분가, 형제 자매의 가출, 방앗간기계, 껍질을 벗기거나 곡식을 빻는 기구, 밀가루, 닭장, 철장, 조류박제, 가죽제품, 철망 등.

■ 병년(丙年) 운세

여자는 임신과 출산, 남편과의 질병 · 갈등 · 분리 · 생사이별이 있고, 남편 몰래 바람을 피우거나 가출한다. 형제 자매간에 질병 · 분리 · 생사이별이 있고, 남자는 취직이나 승진이 있으며 아들을 얻는다. 미혼여성은 본인이나 형제 자매의 혼사와 애인의 들고 나감이 있다. 건강상으로는 홧병 · 관상동맥 · 뇌졸중 · 두통 · 신경성 · 심장 · 피부 · 호흡기관 · 안과질환이 있다. 그러나 다음과 같은 물상을 직업이나 일거리로 삼아 나들이로 대체하면 화액을 가볍게 넘기거나 면할 수 있다.

중장비 · 전기 · 전자제품과 기계부품, 엔진류, 철재류, 전자파, 열 · 핵에너지, 발전, 광선, 방사선, 쇠를 녹이는 용광로의 불, 대장간, 안경, 카메라, 총포, 포탄, 화약, 전차, 가스류, 주방기구, 금은장신구, 패물, 철물점 등.

■ 정년(丁年) 운세

남편이나 자식과 질병 · 분리 · 생사이별이 있다. 임신 · 출산 · 유산이 따르고, 남편과 자식이 상극(相剋)되고, 자식의 가출 · 혼사가 있다. 자식을 낳은 후 자식복과 재물복을 누린다. 미혼여성은 혼사가 성립되거나 애인의 들고 나감이 있다. 건강상으로는 저혈압 · 심장 · 신장 · 방광 혈액질환이 따른다. 그러나 다음과 같은 물상을 직업이나 일거리로 삼아 나들이로 대체하면 화액을 가볍게 넘기거나 면할 수 있다.

자동차 · 전기 · 전자제품과 부품, 유류가공, 음료수, 주류, 얼음, 빙과류, 용접, 건전지, 방전, 수력 · 화력발전, 엔진류, 조명, 광선, 빛, 레이저, 전자파, 텔레비전, 주방기구, 온수, 목욕탕, 유흥업소, 야간주류판매업, 음식점, 미용실, 이용실, 공업용수, 전기 · 원자력에너지, 승진, 취업, 창업, 재산증식, 사업의 발전 등.

■ 무년(戊年) 운세

어머니나 자식과 가출 · 분리 · 갈등 · 생사이별이 있다. 임신, 출산, 고부갈등이 있으며, 자식이 할머니에게 양육된다. 딸의 혼사가 있으며 딸의 부부사이에 갈등 · 분리 · 생사이별이 따른다. 건강상으로는 신장 · 방광 · 위장질환이 따른다. 그러나 다음과 같은 물상을 직업이나 일거리로 삼아 나들이로 대체하면 화액을 가볍게 넘기거나 면할 수 있다.

산, 물, 부동산, 건축용 토석, 레미콘, 땅을 파는 기구, 자동차, 엔진·면허증, 숙박업소, 고층건물 안의 목욕탕, 지하수, 벽 속에 설치된 송수관, 보일러, 온수, 수도, 온천, 술집, 점포, 사무실, 기름·물탱크, 바위, 돌, 모래, 자갈, 흙, 부동산 문서, 계약문서, 공인중개사·주택관리사 자격증, 입학시험 불합격, 취직, 발령장, 합격통지서, 부동산으로 인한 쟁투·송사·관재구설 등.

■ 기년(己年) 운세

어머니나 아내와 질병·갈등·분리·생사이별이 있다. 부모가 상극(相剋)이며 고부갈등, 혼인신고가 있다. 건강상으로는 간·위장·비장질환이 따른다. 그러나 다음과 같은 물상을 직업이나 일거리로 삼아 나들이로 대체하면 화액을 가볍게 넘기거나 면할 수 있다.

부동산 문서, 가옥, 아파트, 콘크리트, 벽지, 당구, 건축용 토석, 담, 성벽, 도배, 바위, 섬, 실내화장실, 지하실, 벽걸이, 벽에 걸린 표구, 그림, 서예, 가로수, 논밭에 심은 곡식과 초목, 아버지와 아내의 부동산과 재산문서, 주식 및 유가증권, 예금통장, 신용카드, 묘지, 창고, 나무를 심은 땅, 투자, 재물손실, 가옥의 이사·수리, 나무가구의 자리 이동, 점포나 사무실의 이사, 의류·지물류의 창고와 판매장, 서고 등.

■ 경년(庚年) 운세

남자는 아내가 가출하거나 외정을 갖고, 부부간에 갈등 · 분리 · 생사이별이 따른다. 아버지나 형제 자매와 갈등 · 분리 · 생사이별이 있고, 형제 자매의 혼사가 성립되거나 애인의 들고 나감이 있다. 부모의 재산분배, 동업자와의 재산분배가 있다. 그러나 다음과 같은 물상을 직업이나 일거리로 삼아 나들이로 대체하면 화액을 가볍게 넘기거나 면할 수 있다.

패물, 철금속으로 된 기계, 봉제, 자수, 재단기, 절단기, 잔디깍기, 현금자동인출기, 예금통장, 금전출납부, 금고, 식물의 난도질, 출판물, 녹즙기, 아버지의 재산을 낭비, 주식 및 유가증권, 사기, 의류, 가죽류, 보증으로 인한 손재, 금리 등.

■ 신년(辛年) 운세

여자는 남편과 갈등 · 분리 · 생사이별이 따르고, 부부가 각각 외정을 갖으며 형제 자매의 혼사가 있다. 미혼여성은 혼사가 성립되거나 애인의 들고 나감이 있다. 건강상으로는 혈압 · 소장 · 심장 · 신경성 · 정신질환이 따른다. 그러나 다음과 같은 물상을 직업이나 일거리로 삼아 나들이로 대체하면 화액을 가볍게 넘기거나 면할 수 있다.

귀금속, 철금속으로 된 기계와 부품, 자동차, 전기 · 전자제품, 가죽류, 불에 녹은 쇳물, 주방기구, 카메라, 용광로의 쇠, 제철, 쇠를 깎는 기구, 조명기구, 안경, 텔레비전 등.

■ 임년(壬年) 운세

여자는 남편과 갈등 · 분리 · 생사이별이 따르며 외정, 임신, 자식의 가출이 있다. 남자는 자식이 출생하며 처가에 자식을 맡긴다. 처가 부모에게 질병 · 분리 · 생사이별이 따른다. 미혼여성은 혼사가 성립되거나 애인의 들고 나감이 있다. 그러나 다음과 같은 물상을 직업이나 일거리로 삼아 나들이로 대체하면 화액을 가볍게 넘기거나 면할 수 있다.

물, 유류, 주류, 수력 · 화력발전, 용접. 전자, 전기, 바다, 강, 호수, 파도, 온수, 목욕탕, 공업용수, 수도, 태풍, 홍수, 해난, 검난, 침수, 유조차, 물차, 정수기, 충전, 난방, 세탁기, 냉장고, 냉동기, 에어콘, 전열기, 환풍기, 선풍기, 바람, 비, 구름, 음식점, 주방기구, 이용실, 미용실, 음료수, 얼음, 눈, 빙과류, 주류판매업, 야간유흥업소, 먹거리 등.

■ 계년(癸年) 운세

어머니와 갈등 · 분리 · 생사이별이 있고, 고부간에 갈등 · 분리 · 생사이별이 있으며, 임신 · 출산 · 자식의 가출이 있다. 처가 부모와 분리와 생사이별이 있고, 자식이 할머니 손에서 자란다. 건강상으로는 신장 · 방광 · 위장질환이 따른다. 그러나 다음과 같은 물상을 직업이나 일거리로 삼아 나들이로 대체하면 화액을 가볍게 넘기거나 면할 수 있다.

호수, 웅덩이, 강, 샘물, 지하수, 바닷물, 온천, 온수, 목욕탕, 비, 구름, 이슬, 서리, 안개, 수증기, 유류, 주류, 용암, 오염된 물, 하수구, 진흙, 화장실, 배설물, 수도배관, 수도꼭지, 빙과류, 음료수, 냉장고, 냉동기, 세탁기, 문서로 인한 관재구설, 유흥업소, 소금 등.

8. 신일주(辛日柱)의 운세

■ 갑년(甲年) 운세

부모나 아내와 질병 · 분리 · 생사이별이 따르고, 아내의 가출과 불륜이 있다. 부모사이에도 갈등 · 분리 · 생사이별이 있다. 여자는 고부간의 갈등이 있고, 남자는 여자관계가 복잡하여 색난이 있다. 미혼남자는 혼사가 성립되거나 애인의 들고 나감이 있다. 건강상으로는 간 · 위장 · 비장질환이 따른다. 그러나 다음과 같은 물상을 직업이나 일거리로 삼아 나들이로 대체하면 화액을 가볍게 넘기거나 면할 수 있다.

부동산 · 재산 등 각종 문서와 서류, 건물, 가옥, 토목공사, 토목자재, 가로수, 산림, 논밭에 심은 곡식 · 야채 · 약초, 과수원, 나무가구, 벽지, 실내장식, 공인중개사 · 주택관리사 · 회계사 자격증, 시험, 등기소, 금융계통의 직원과 일거리, 부기, 주산, 손발을 사용하는 운동, 나무채를 사용하는 운동, 금융상업, 상경계열 학문, 승진, 취직, 진학 · 입사시험, 사업자 등록증, 유가증권, 예금통장 등.

■ 을년(乙年) 운세

아버지나 아내와 갈등 · 질병 · 분리 · 생사이별이 따르고, 아내에게 애인이 생긴다. 형제 자매의 혼사가 성립되거나 애인의 들고 나감이다. 형제와 부모의 재산을 분배한다. 건강상으로는 간이나 대장질환이 따른다. 그러나 다음과 같은 물상을 직업이나 일거리로 삼아 나들이로 대체하면 화액을 가볍게 넘기거나 면할 수 있다.

가구 · 조각 등의 나무제품, 실내장식, 의류, 섬모류, 섬유류, 편물, 가죽류, 박제, 봉제, 재봉틀, 자수, 표구류, 초목, 화훼, 분재, 한약재, 톱 · 칼 · 가위 등의 절단기와 재단기, 가을, 낙엽, 톱밥, 문구류, 인쇄물, 서책류, 출판물 제본, 지물류, 재물의 투자나 손실, 폐업, 창업, 대출, 도박, 형제간의 재산분배, 동업자와의 수입분배 등.

■ 병년(丙年) 운세

여자는 남편과 질병 · 분리 · 생사이별이 있고, 부부가 각각 외정을 갖는다. 남자는 출산과 자식의 가출이 있다. 미혼여성은 혼사가 성립되거나 애인의 들고 나감이 있다. 그러나 다음과 같은 물상을 직업이나 일거리로 삼아 나들이로 대체하면 화액을 가볍게 넘기거나 면할 수 있다.

자동차, 중화기, 철금속으로 된 기계와 부품, 엔진류, 전기 · 전자제품, 광선, 전자파, 레이저, 조명, 빛, 방사선, 열 · 핵에너지, 화력 · 수력발전, 전열기, 주방기구, 용광로, 금은세공, 불에 녹은 쇳물, 제철소, 텔레비전, 안경, 카메라, 기계에 흐르는 전기, 공업용수, 유류, 난방 등.

■ 정년(丁年) 운세

자식의 가출과 임신 · 출산이 있고, 남편과 질병 · 분리 · 생사이별이 따른다. 남편과 자식이 상극(相剋)이고, 부부가 각각 외정을 갖는다. 미혼여성은 혼사가 성립되거나 애인의 들고 나감이 있다. 건강상으로는 심장 · 방광 · 신장 · 신경성 · 저혈압 · 정신질환이 따른다. 그러나 다음과 같은 물상을 직업이나 일거리로 삼아 나들이로 대체하면 화액을 가볍게 넘기거나 면할 수 있다.

자동차, 전기, 전자, 전기 · 전자제품과 부품, 용접, 조명, 텔레비전, 에너지, 전자파, 레이저, 방사선, 통신, 전열기, 건전지, 주방기구, 번개, 달, 별, 가스류, 자동판매기, 이용업, 미용업, 주류, 발전, 물, 유류, 총포, 포탄, 화약, 승진, 취직, 창업, 재산증식, 자동차 · 전기 · 전자계통의 주식 등.

■ 무년(戊年) 운세

출산, 고부갈등, 자식의 가출 · 학업중단 · 불합격 · 혼사 · 취직 · 분리 · 생사이별이 있다. 어머니와 질병 · 분리 · 생사이별이 따른다. 건강상으로는 신장이나 방광질환이 염려된다. 그러나 다음과 같은 물상을 직업이나 일거리로 삼아 나들이로 대체하면 화액을 가볍게 넘기거나 면할 수 있다.

자동차, 중화기, 부동산, 문서와 계약서 등 각종 서류, 산수, 지하수, 온천, 목욕탕, 숙박업소, 엔진류, 땅을 파는 기계, 그릇, 농기구, 건축자재, 진흙을 빚어 불에 구운 물상, 주식 및 유가증권 등.

■ 기년(己年) 운세

아내나 어머니와 질병 · 분리 · 생사이별이 있고, 부부가 각각 외정을 갖는다. 아내의 가출과 고부갈등이 있다. 건강상으로는 간이나 위장질환이 따른다. 그러나 다음과 같은 물상을 직업이나 일거리로 삼아 나들이로 대체하면 화액을 가볍게 넘기거나 면할 수 있다.

부동산, 부동산 문서 · 매매문서, 임대차 계약문서, 건물, 토목과 관계된 일, 분재, 가로수, 건축용 토석, 벽, 담, 도로, 레미콘, 실내장식, 도배한 벽지, 목재소, 가구점, 나무로 만든 물상, 아내와 아버지의 집, 아내의 부동산, 학원, 당구, 서점, 문구류, 완구, 화훼농원, 의류 판매장, 학업중단, 진학시험 불합격, 취직 · 승진시험 합격 등.

■ 경년(庚年) 운세

아내나 아버지와 질병 · 분리 · 생사이별이 있고, 아내의 수술 · 가출이 있으며 부부가 각각 불륜이 있다. 아버지와 형제들간에 갈등과 이별이 있다. 미혼남자는 혼사가 성립되거나 애인의 들고 나감이 있다. 건강상으로는 간질환과 수술, 손발상해가 염려된다. 그러나 다음과 같은 물상을 직업이나 일거리로 삼아 나들이로 대체하면 화액을 가볍게 넘기거나 면할 수 있다.

직조기, 편물기, 곡물류 가공기계, 톱날, 회전기, 윤전기, 인쇄기, 방앗간, 정미기, 금은장신구, 귀금속, 식품 가공기계, 통조림, 철금속, 건축용 철재, 조류박제, 총포, 재봉틀, 봉제, 가죽류을 짜고 누비는 바늘, 검난, 이발기, 면도기, 가죽제품, 지갑, 신발류, 금고, 나무가구 · 조각, 잔디깍는 기구, 초목을 베는 기구, 낫 등에 베인 나무, 가위질, 바느질, 대패질, 전각, 서각, 실내장식, 농기구, 절단기, 재물손실, 도박, 대출, 형제나 친구로 인한 재물손실 등.

■ 신년(辛年) 운세

여자는 남편이나 형제와 질병 · 분리 · 생사이별 등이 있으며 부부가 각각 외정을 갖는다. 건강상으로는 고혈압 · 어깨통 · 두통 · 안과 · 정신 · 신경성질환이 염려된다. 그러나 다음과 같은 물상을 직업이나 일거리로 삼아 나들이로 대체하면 화액을 가볍게 넘기거나 면할 수 있다.

자동차 · 항공기 · 선박 · 전기 · 전자제품과 부품, 철금속류, 패물, 금은세공과 장신구, 용접봉, 가죽류, 주방기구, 총포, 화약, 중화기, 수도꼭지, 시계, 카메라, 방사선 기계, 컴퓨터, 광선, 주광등 등.

■ 임년(壬年) 운세

임신과 출산이 있고, 남편과 질병 · 갈등 · 분리 · 생사이별이 따른다. 아들이 남편을 극하고, 부부가 각각 외정을 갖는다. 건강상으로는 심장이나 방광질환이 염려된다. 그러나 다음과 같은 물상을 직업이나 일거리로 삼아 나들이로 대체하면 화액을 가볍게 넘기거나 면할 수 있다.

전기 · 전자제품과 기계부품, 엔진류, 용접, 충전, 방전, 발전, 동력,

물, 수도물, 공업용수, 온수와 냉수, 국물, 먹거리, 식품가공 · 생산 · 판매, 가공한 음료수, 주방기구, 건전지, 전열기, 주류, 유류, 가스류, 번개, 쟁투, 소화기, 소방차, 관재구설, 송사, 비, 구름, 태풍, 수난, 해난, 난방, 재산증식, 남편의 사업 발전, 야간주류업, 주식 및 유가 증권 등.

■ 계년(癸年) 운세

여자는 임신 · 출산 · 고부갈등이 있고, 자식의 혼사 · 가출 · 질병 · 분리가 있으며, 딸에게 이성교제가 따른다. 어머니나 딸의 부부에게 갈등 · 분리 · 생사이별이 있다. 건강상으로는 신장질환이 염려된다. 그러나 다음과 같은 물상을 직업이나 일거리로 삼아 나들이로 대체하면 화액을 가볍게 넘기거나 면할 수 있다.

온천수, 지하수, 목욕탕, 수로, 비, 구름, 이슬, 안개, 바다, 강, 웅덩이, 태풍, 해일, 물그릇, 술병, 주류 · 유류창고, 주유소, 정유공장, 주류 생산공장, 식품가공과 생산, 먹거리, 국물, 해난, 수난, 구설, 쟁투, 송사, 배설물, 화장품, 중장비 면허증, 물과 관계 있는 사업, 엔진류 등.

9. 임일주(壬日柱)의 운세

■ 갑년(甲年) 운세

남편이나 자식과 갈등 · 분리 · 질병 · 생사이별이 있고, 자식의 임신 · 출산 · 가출이 있다. 남편과 자식간에 갈등과 분리가 있고, 부부가 각각 외정을 갖는다. 건강상으로는 위장 · 비장 · 간질환이 있다. 그러나 다음과 같은 물상을 직업이나 일거리로 삼아 나들이로 대체하면 화액을 가볍게 넘기거나 면할 수 있다.

산, 부동산, 건물, 가옥, 점포나 사무실, 도로, 가로수, 토목과 관계된 일거리, 농산물, 과수원, 농원, 화훼원예, 목장, 수경재배 식물, 목재창고, 건축용 목재, 건물에 부착된 목재, 실내장식품, 나무가구, 분재, 화분, 꽃꽂이, 식품판매장, 식당, 음식점, 식물성 먹거리, 노래방, 웅변학원, 서고, 서점, 교사, 의류판매장, 창고, 지물포, 도배지, 문구류 판매장, 당구장, 정구장, 야구장, 축구장 등.

■ 을년(乙年) 운세

자식의 학업중단 · 임신 · 출산 · 가출 · 생사이별이 있고, 자식이 할머니에게 양육된다. 어머니와 분리 · 생사이별이 있고, 고부갈등이 있다. 건강상으로는 간질환이 염려된다. 그러나 다음과 같은 물상을 직업이나 일거리로 삼아 나들이로 대체하면 화액을 가볍게 넘기거나 면할 수 있다.

먹거리, 초목, 화훼, 소나기, 스프링쿨러, 수경재배 식물, 실내장식품, 나무가구 · 조각품, 건축용 목재, 가죽류, 의류, 의류생산, 봉제, 재봉틀, 직조기, 자수, 인쇄물, 책, 가옥, 건물, 문구류, 서각, 전각, 서예, 표구, 대패밥, 톱밥, 정미소 기계, 농작물 껍질을 벗기는 기계, 조류박제, 가지치기, 과수원 등.

■ **병년(丙年) 운세**

아버지나 아내와 질병 · 갈등 · 분리 · 생사이별이 있고, 재혼이 따른다. 아내의 외정과 부모에게 상극(相剋)이 있다. 미혼남자는 혼사가 성립되거나 애인의 들고 나감이 있다. 건강상으로는 고혈압 · 심장 · 소장 · 폐 · 호흡기질환이 염려된다. 그러나 다음과 같은 물상을 직업이나 일거리로 삼아 나들이로 대체하면 화액을 가볍게 넘기거나 면할 수 있다.

자동차 · 선박 · 항공기 · 전기 · 전자제품과 부품, 화력발전, 용광로, 금은장신구와 세공, 주방기구, 엔진류, 원자력 · 열 · 핵에너지, 태양, 광선, 총포, 화약, 발동기, 보일러, 양수기, 소방차, 세차장, 주유소, 유류, 안경 등.

■ 정년(丁年) 운세

아버지나 아내와 갈등 · 분리 · 생사이별이 있고, 아내에게 가출과 외정이 따른다. 건강상으로는 저혈압 · 빈혈 · 정신 · 신경성질환이 염려된다. 그러나 다음과 같은 물상을 직업이나 일거리로 삼아 나들이로 대체하면 화액을 가볍게 넘기거나 면할 수 있다.

재물손실, 동업자와 재산분배, 형제간의 재산분배, 자동차 · 전기 · 전자제품과 부품, 용접, 발전, 엔진, 동력, 건전지, 양수기, 소방차, 세차, 번개, 난방, 공업용수, 수도물, 수압, 목욕탕, 온수, 주방기구, 자동판매기, 유류, 주류, 가스류, 조명, 전등, 밤하늘의 달과 별, 광선, 레이저, 화폐, 주식 및 유가증권, 송사 등.

■ 무년(戊年) 운세

남자는 아내의 임신이나 출산이 있고, 여자는 남편과 질병 · 분리 · 생사이별이 따른다. 부부가 각각 외정을 갖는다. 형제에게 질병 · 분리 · 생사이별이 따른다. 건강상으로는 신장과 방광질환이 염려된다. 그러나 다음과 같은 물상을 직업이나 일거리로 삼아 나들이로 대체하면 화액을 가볍게 넘기거나 면할 수 있다.

부동산, 건물, 중장비, 온천, 지하수, 웅덩이, 호수, 바위, 섬, 숙박업소, 목욕탕, 고층건물, 땅을 파는 기계, 도자기, 물을 담은 통, 창고,

항아리, 수분이 있는 땅, 눈덮인 산, 건물내의 난방시설, 수로 위의 땅, 토목과 관계된 일거리, 건축용 토석, 농기구, 땅부자, 부동산으로 모은 땅, 재산증식, 사업의 발전, 부모와 조부모의 재산, 조상덕, 아들을 낳은 후 재산이 증식된다. 양수기, 빙산, 백두산, 흰머리, 대머리, 나이 많은 남편 등.

■ 기년(己年) 운세

남자는 출산이 있고, 여자는 임신 · 가출, 남편과 이혼 · 분리 · 생사이별이 있고, 남녀 모두 자식의 가출이 따른다. 미혼여성은 혼사가 성립되거나 애인의 나들이가 있다. 건강상으로는 간이나 위장질환이 염려된다. 그러나 다음과 같은 물상을 직업이나 일거리로 삼아 나들이로 대체하면 화액을 가볍게 넘기거나 면할 수 있다.

논밭 등 부동산, 건물, 가옥, 건축용 토석과 목재, 건물에 부착된 목재, 실내장식, 벽에 걸린 액자와 표구, 도배한 벽지, 의류판매장, 목재소, 나무가구, 도로, 담, 마을, 산림, 가로수, 간판, 진흙, 분재, 지하창고, 묘지, 초목이 있는 땅, 먹거리, 농수산물 · 식품 · 지물류 창고, 점포, 음식점, 서고, 서점, 식품판매장, 편의점, 연쇄점 등.

■ 경년(庚年) 운세

여자는 임신 · 출산 · 유산 · 고부갈등 · 구설 · 송사 · 쟁투가 있고, 자식의 학업중단 · 진학시험 불합격 · 가출 · 질병 · 분리 · 생사이별이 있다. 남자는 부모나 처가 부모와 분리 · 생사이별이 있다. 그러나 다음과 같은 물상을 직업이나 일거리로 삼아 나들이로 대체하면 화액을 가볍게 넘기거나 면할 수 있다.

재봉틀, 직조기, 인쇄기, 편물기, 재단기, 절단기, 먹거리 가공기계와 부품, 식품과 가공업, 건물, 가옥문서, 실내장식, 점포, 사무실, 출판물, 지물, 신발류 봉제, 문구류, 완구, 가죽류 · 천 등의 가공기계, 잔디깍기, 이발기, 면도기, 칼질, 바느질, 가위질, 톱질, 검난, 흉터, 상해, 수술, 제재소 · 정미소기계, 나무가구 생산, 대패질, 톱밥, 조각, 전각, 서각, 섬유류, 의류, 조류박제, 가죽제품, 생선류의 회, 난도질, 음식점, 창업 등.

■ **신년(辛年) 운세**

부모나 아내와 질병 · 분리 · 생사이별이 있다, 부모간의 상극(相剋), 고부갈등, 아내의 가출과 외정, 형제와 재산분배가 있다. 건강상으로는 고혈압 · 소장 · 심장 · 신경성질환이 염려된다. 그러나 다음과 같은 물상을 직업이나 일거리로 삼아 나들이로 대체하면 화액을 가볍게 넘기거나 면할 수 있다.

자동차 · 항공기 · 선박 · 전기 · 전자제품과 기계부품, 제철, 철금속물질, 귀금속, 장신구, 금은세공, 용광로, 주방기구, 고열 · 냉각처리,

카메라, 쇳물, 가죽류, 금전출납기, 금고, 자동판매기, 주식 및 유가증권 등의 재산문서 등.

■ 임년(壬年) 운세

아버지나 아내와 갈등 · 분리 · 생사이별, 아내의 불륜, 형제가 합세하여 아버지를 극한다. 아내에게 심장 · 저혈압 · 방광 · 신장질환이 따르고, 본인과 아버지에게 심장질환이 따른다. 그러나 다음과 같은 물상을 직업이나 일거리로 삼아 나들이로 대체하면 화액을 가볍게 넘기거나 면할 수 있다.

주류업 등 물과 관계된 사업, 전기 · 전자제품, 방전, 용접, 광선, 빛, 레이저, 방사선, 수력발전, 자동판매기, 금전출납기, 금융과 관계된 직업, 투자, 지출, 대출, 홍수, 태풍, 수난, 해난, 창업 등.

■ 계년(癸年) 운세

형제 자매나 친구의 도움으로 재물의 이익이 생긴다. 여자는 친구의 애인이나 남편과 교제가 있다. 결혼한 여자는 남편과 분리되거나 가출하기도 한다. 미혼 여자는 혼사가 성립되거나 애인이 생긴다. 부동산, 건축물, 자동차류의 매매 · 수리 · 교환 등이 따른다. 건강상으로는 신장질환이 발생한다. 그러나 다음과 같은 물상을 직업이나 일거리로 삼아 나들이로 대체하면 화액을 가볍게 넘기거나 면할 수 있다.

자동차, 중기류, 기름류, 주류, 건축물, 주유소, 온천, 목욕탕, 더운 물, 이사, 보일러, 스팀, 그릇에 담긴 더운 물, 국물, 홍수, 수난, 자리 이동 등.

10. 계일주(癸日柱)의 운세

■ 갑년(甲年) 운세

여자는 임신 · 출산, 자식의 분가 · 가출 · 생사이별이 따른다. 미혼 여자는 애인이 들어오며 낙태수술이 있다. 남자는 부동산이나 자식의 문제로 송사가 일어나며, 처가 부모에게 질병이나 생사이별이 따른다. 부동산의 매매나 이사, 실내장식 등 가구류의 자리 이동이 있다. 건강상으로는 신장이나 간질환 등이 따른다. 그러나 다음과 같은 물상을 직업이나 일거리로 삼아 나들이로 대체하면 화액을 가볍게 넘기거나 면할 수 있다.

가택, 전답, 점포, 사무실, 건축물, 아파트, 농원, 나무가구류, 지물류, 서점, 도배, 당구장, 목조건물, 도서관, 도서 · 의류창고 등.

■ 을년(乙年) 운세

어머니나 자식과 갈등 · 분리 · 생사이별, 자식의 가출, 고부갈등이 따른다. 딸의 혼사와 임신 · 출산이 있다. 건강상으로는 간질환과 수술이 염려된다. 그러나 다음과 같은 물상을 직업이나 일거리로 삼아 나들이로 대체하면 화액을 가볍게 넘기거나 면할 수 있다.

먹거리, 조류박제, 초목, 화훼, 천, 가죽류, 의류, 가구, 나무조각, 서각, 전각, 인쇄물, 출판물, 책, 문구류, 실내장식, 건물, 가옥, 점포, 사무실, 실내에 있는 물상, 식물의 난도질, 물고기, 과수원의 가지치기, 잔디깍기 등.

■ 병년(丙年) 운세

부모나 아내와 질병 · 분리 · 생사이별이 있고, 고부갈등과 부부가 각각 외정을 갖는다. 미혼남자는 혼사가 성립되거나 애인의 들고 나감이 있다. 건강상으로는 소장 · 심장 · 폐 · 호흡기질환이 염려된다. 그러나 다음과 같은 물상을 직업이나 일거리로 삼아 나들이로 대체하면 화액을 가볍게 넘기거나 면할 수 있다.

자동차 · 항공기 · 전기 · 전자제품과 기계부품, 카메라, 안경, 방사선, 전자파, 빛, 광선, 총포, 자동판매기, 오락기, 발동기 · 양수기 등의 엔진류, 발전, 충전, 용접, 용광로, 금전인출기, 금고, 금형, 자동차 · 전기 · 전자계통의 주식 및 유가증권, 재산문서 및 각종 문서, 부모와 아내의 재산문서, 전투기 등.

■ 정년(丁年) 운세

아내와 질병 · 분리 · 생사이별이 있고, 형제 자매의 혼사, 아내의 불륜이 있다. 미혼자는 혼사가 성립되거나 애인의 들고 나감이 있다. 건강상으로는 빈혈 · 심장 · 방광 · 신장 · 신경성질환이 염려된다. 그러나 다음과 같은 물상을 직업이나 일거리로 삼아 나들이로 대체하면 화액을 가볍게 넘기거나 면할 수 있다.

자동차 · 선박 · 전기 · 전자제품과 기계부품, 용접, 충전, 건전지, 발동기, 발전기, 양수기, 엔진, 전자오락, 빛, 광선, 방사선, 난방, 수도꼭지, 가스류, 유류, 주류, 소방차, 소화기, 난방기구, 밤하늘, 밤무대, 달빛, 도박, 자동판매기, 금전출납기, 동업자와 분배하는 재물, 화폐, 투자와 재물손실, 창업 등.

■ 무년(戊年) 운세

남녀 모두 부부간에 질병 · 분리 · 생사이별이 따른다. 남자는 자식의 가출이나 출산, 형제 자매의 혼사가 있고, 여자는 남편이 외정을 갖는다. 그러나 다음과 같은 물상을 직업이나 일거리로 삼아 나들이로 대체하면 화액을 가볍게 넘기거나 면할 수 있다.

산, 물, 부동산, 건물, 가옥, 건축자재, 자동차, 중화기, 양수기, 땅을 파는 기구, 농기구, 지하수와 개발, 숙박업소, 목욕탕, 온천수, 금융 · 세무기관, 주류 · 유류창고, 부동산 관청, 도자기, 항아리, 물병, 송수관, 송유관, 가스관, 흙반죽, 수로가 있는 땅, 재산증식, 승진 등.

■ 경년(庚年) 운세

여자는 임신과 출산, 자식의 가출, 고부갈등, 어머니나 자식과 질병 · 분리 · 생사이별이 있다. 그러나 다음과 같은 물상을 직업이나 일거리로 삼아 나들이로 대체하면 화액을 가볍게 넘기거나 면할 수 있다.

가옥 등의 건물의 수리 · 증축 · 매매 · 이사, 철근조립건축, 기계조립, 부품생산, 봉제, 직조기, 가죽류 · 의류 · 섬모류 · 섬유류 · 지물류 생산, 출판물, 인쇄물, 조각, 가죽제품 등.

■ 기년(己年) 운세

남자는 아들을 얻으나 자식의 질병 · 분가 · 가출이 있다. 여자는 임신 · 출산이 있고, 부동산이나 자식 문제로 송사가 따르며, 남편과 분리 · 이별 · 가출이 있다. 남녀 모두 자식과의 갈등과 직장의 변화가 있고, 점포 · 사무실 · 가택 등의 이사 · 매매 · 수리 등이 일어난다. 그러나 다음과 같은 물상을 직업이나 일거리로 삼아 나들이로 대체하면 화액을 가볍게 넘기거나 면할 수 있다.

가택, 건축물, 부동산, 전답, 농원, 화초류, 채소, 곡물류, 곡물창고, 식당, 식품, 식품창고, 술집, 음주, 위장 · 간 · 신장질환 등.

■ 신년(辛年) 운세

남자는 어머니나 아내와 갈등 · 분리 · 생사이별이 있고, 부부가 각각 외정을 갖는다. 자식의 학업중단과 진학시험 불합격이 따르고, 재물의 투자와 손실이 있다. 미혼남자는 혼사가 성립되거나 애인의 들고 나감이 있다. 건강상으로는 뇌졸중 · 심장 · 소장 · 신경성질환이 염려된다. 그러나 다음과 같은 물상을 직업이나 일거리로 삼아 나들이로 대체하면 화액을 가볍게 넘기거나 면할 수 있다.

자동차 · 항공기 · 선박 · 전기 · 전자제품과 기계부품, 주방기구, 귀금속, 금은장신구, 금은세공, 철재생산, 금고, 지갑, 가죽류, 아버지와 아내의 재산 등.

■ 임년(壬年) 운세

남자는 아내와 갈등 · 분리 · 생사이별이 있고, 부부가 각각 외정을 갖는다. 보증으로 인한 재산손실과 부도가 따르고, 형제 자매가 부모의 재산을 분배한다. 미혼남자는 혼사가 성립되거나 애인의 들고 나감이 있다. 건강상으로는 심장 · 방광 · 신장 · 신경성질환이 염려된다. 그러나 다음과 같은 물상을 직업이나 일거리로 삼아 나들이로 대체하면 화액을 가볍게 넘기거나 면할 수 있다.

자동차 · 중장비 · 전기 · 전자제품과 기계부품, 빛, 광선, 방사선, 전자파, 레이저, 조명, 용접, 방전, 충전, 건전지, 수력 · 화력발전, 주방기구, 수도꼭지, 물, 주류, 유류, 빙과류, 물과 관계된 사업, 야간업소, 유흥업, 자동판매기, 전자오락, 금전출납기 등.

■ 계년(癸年) 운세

여자는 남편과 분리 · 생사이별이 있고, 부부가 각각 외정을 갖는다. 남자는 임신이나 출산이 따른다. 건강상으로는 신장 · 방광 · 비뇨기과질환이 염려된다. 그러나 다음과 같은 물상을 직업이나 일거리로 삼아 나들이로 대체하면 화액을 가볍게 넘기거나 면할 수 있다.

부동산, 산, 물, 비, 이슬, 바다 · 호수 등 물이 있는 곳, 목욕탕, 온천수, 지하수, 송수관, 송유관, 보일러, 물 · 유류탱크, 주유소, 오염된 물, 오물, 배설물, 하수구, 주류, 음료수, 돌다리, 부동산 문서와 소유자, 재물복이 많은 사람, 조상덕으로 얻은 재산, 부동산으로 모은 재산, 자식덕으로 얻은 재산, 정수처리, 공업용수, 승진, 취직, 직장이동 등.

제13장. 지지(地支)의 개념적 배경

지지(地支)에서 합작한 물상을 직업이나 일거리로 삼아 분발하면 육친의 생사이별을 대신하여 물상 나들이로 대체한 결과가 되므로 화액을 면하거나 가볍게 넘길 수 있다.

1. 자년(子年) 운세

자년(子年)에는 자수(子水)의 합작물상이 나들이를 하고, 자수(子水)가 동(動)하여 합(合)하거나 형충파해(刑沖破害)하는 오행(五行)들과 합작하여 사건을 만든다. 예를 들어 자축(子丑)이 합(合)되면 자(子)의 물상이 나들이를 하고, 축(丑)의 물상이 나들이를 하면 자축(子丑) 합작품에 사건이 생긴다.

사주에 축(丑)이 있으면 자축(子丑)이 합작하는 물상을 만들고, 진(辰)이 있으면 자진(子辰)이 합작하는 물상을 만들고, 신(申)이 있으면 자신(子申)이 합작하는 물상을 만들고, 유(酉)가 있으면 자유(子酉)가 합작하는 물상을 만들고, 오(午)가 있으면 자오(子午)가 합작하는 물상을 만들고, 묘(卯)가 있으면 자묘(子卯)가 합작하는 물상이 생산되기 때문에 합작하는 물상을 알아야 운명풀이가 가능하다.

사주에 경금(庚金)이 있으면 경(庚)은 자년운(子年運)에서 사지(死地)에 든다. 따라서 경금(庚金) 육신(六神)이 재성(財星)에 해당하면 분리 · 생사이별, 재물손실, 색난 등이 따른다. 경(庚)은 해운(亥運)에서 병들고, 자운(子運)에서 사지(死地)에 들며, 축운(丑運)에서 묘고(卯庫)에 들어간다.

사주에 경(庚)과 자(子)가 있으면 경(庚)의 육신(六神)이 자(子)를 만났으니 죽는 운명으로 태어난 것이다. 따라서 자년(子年)에는 경금(庚金)이 죽는다. 이와 같이 경(庚)이 자(子)에서 별자리를 잡으면 경자(庚子) 사건이 일어난다. 이때 경금(庚金)이나 자수(子水)의 물상을 직업으로 삼으면, 경금(庚金) 직업에서는 경금(庚金)의 육신(六神)이 구제되고, 자수(子水) 직업에서는 자수(子水)의 육신(六神)이 구제된다.

이처럼 경(庚)이나 자(子)의 물상에서 나들이 변화가 있으면 물상이 육친을 대신하게 되므로 화액을 면할 수 있다. 사주에는 몸을 병들게 하는 오행(五行)과 죽음에 이르게 하는 오행(五行)이 있으니, 인간이 스스로 병사(病死)의 오행(五行)과 미약한 오행(五行)에서 직업이 되는 것은 육체적 생존이 오행(五行)의 조화에 의존하기 때문이다. 그러므로 미약하거나 파극(破剋)되거나 사(死)의 오행(五行)에서 직업이 되는 것은 죽음을 피하는 방편이 된다.

2. 축년(丑年) 운세

축년(丑年)에는 축토(丑土)의 합작물상이 나들이를 한다. 축(丑)은 자(子)를 당겨와서 자(子)의 나들이가 있고 자축(子丑) 합작품에 나들이 변화가 있으며, 사(巳)를 당겨와서 사(巳)의 나들이가 있고 사축(巳丑)의 합작품에 나들이 변화가 있으며, 유(酉)를 당겨와서 유(酉)의 나들이가 있고 유축(酉丑)의 합작품에 나들이가 변화가 있다. 사주에 자(子), 사(巳), 유(酉)가 있으면 축년(丑年)에 자축(子丑), 사축(巳丑), 유축(酉丑)이 동(動)하여 나들이 작품이 생산된다.

이를테면 합작하여 나들이를 하는 육신(六神)이 재성(財星)이면 재물손실과 아내나 아버지나 조부에게 질병, 분리, 생사이별 등이 따르고, 관성(官星)이면 여자는 남편과 질병이나 생사이별이 따르고, 남자는 조상과 아들에게 질병이 따른다. 축(丑)의 묘고(卯庫)는 자수(子水), 사(巳), 유(酉), 계신기(癸辛己)의 물상을 담은 그릇이다. 사주에 진술축미(辰戌丑未)가 한 글자만 있어도 축(丑)의 묘고(卯庫)를 형충(刑沖)한다. 축(丑)의 고장지(庫藏地)에 담긴 물상들은 충출(沖出)되어 축(丑) 안에 담긴 물상들은 질병, 상해, 생사이별이 있다.

3. 인년(寅年) 운세

인년(寅年)은 인목(寅木)의 합작물상이 나들이를 하는 변화가 있다. 인년(寅年)은 인목(寅木)이 동(動)하여 모든 제살(諸殺) 및 형충파해합(刑沖破害合) 등을 당겨온다. 예를 들어 인목(寅木)이 관성(官星)과 합작하거나 형충파해(刑沖破害)되거나 역마(驛馬) 등 제살(諸殺)과 합작하면 여자는 남편과 분리. 생사이별, 질병이 따르고, 직업이나 일거리에서 다양한 나들이의 변화가 있다. 남자는 자식과 분리, 생사이별, 질병, 생산, 직업, 승진, 취직 등의 다양한 변화가 있다.

인(寅)은 해(亥)를 당겨와서 인(寅)과 해(亥)의 나들이가 있고 인해(寅亥)의 합작품에 나들이 변화가 있다. 인(寅)은 오(午)를 당겨와서 인(寅)과 오(午)의 나들이가 있고 인오(寅午)의 합작품에 나들이 변화가 있다. 인(寅)은 술(戌)을 당겨와서 인(寅)과 술(戌)의 나들이가 있고 인술(寅戌)의 합작품에 나들이 변화가 있다. 인(寅)은 신(申)을 당겨와서 인(寅)과 신(申)의 나들이가 있고 인신(寅申)의 합작품에 나들이 변화가 있다.

가령 사주에 해(亥), 오(午), 술(戌), 신(申), 인(寅)이 있는데 인년(寅年)이 오면 인해(寅亥), 인오(寅午), 인술(寅戌), 인신(寅申) 합작품이 생산된다. 따라서 합작하는 물상을 알아야 풀이가 가능하다. 이를테면 육신(六神)이 재성(財星)이면 재성(財星)의 나들이와 합작품이 있고, 관성(官星)이면 관성(官星)의 나들이와 합작품이 있다.

4. 묘년(卯年) 운세

묘년(卯年)에는 묘목(卯木)의 합작물상이 나들이를 하는 변화가 있다. 묘년(卯年)은 묘목(卯木)이 동(動)하여 제살(諸殺) 및 합형충파해(合刑沖破害), 역마(驛馬), 원진(怨嗔) 등을 당겨와서 사건을 만든다. 예를 들어 묘목(卯木)이 식상(食傷)에 해당하거나 식상(食傷)과 합작하고, 형충파해(刑沖破害)되고 역마(驛馬) 등 제살(諸殺)과 합작하면 자식과 질병, 분리, 생사이별이 따른다. 남자는 할머니나 처가 부모와 질병, 분리, 생사이별이 따르고 본인도 상해를 입는다.

묘(卯)는 술(戌)을 당겨와 묘(卯)와 술(戌)의 나들이가 있으며 묘술(卯戌) 합작품에 나들이 변화가 있고, 해(亥)를 당겨와 묘(卯)와 해(亥)의 나들이가 있으며 묘해(卯亥) 합작품에 나들이 변화가 있고, 미(未)를 당겨와 묘(卯)와 미(未)의 나들이가 있으며 묘미(卯未) 합작품에 나들이 변화가 있고, 유(酉)를 당겨와 묘(卯)와 유(酉)의 나들이가 있으며 묘유(卯酉) 합작품에 나들이 변화가 있다.

다시 말해서 사주에 술(戌), 해(亥), 미(未), 유(酉), 오(午), 자(子), 묘(卯)가 있으면 묘년(卯年)에 묘술(卯戌), 묘해(卯亥), 묘미(卯未), 묘유(卯酉), 묘오(卯午), 묘자(卯子)의 합작품이 생산되는 변화가 발생한다. 따라서 모든 사건은 물상과 동(動)하는 때를 알아야 풀이가 가능하다. 그리고 십이운성(十二運星)은 활용폭이 넓으니 반드시 참고해야 한다. 정화(丁火)는 묘년(卯年)이 되면 정(丁)의 물상이 병드니, 정화(丁火)가 병드는 약한 운세로 풀이해야 한다.

예를 들어 월주(月柱)에 정묘(丁卯)가 있는데 임일주(壬日柱)가 패절지(敗絶地)에 있으면, 묘년(卯年)에 병든 심장이 죽음에 이르는 신세가 되는 것이다. 육친관계 또한 빼놓을 수 없으니 육친의 사주에서 간접적으로 읽어주는 운명의 줄거리를 다양하게 파악해야 한다.

5. 진년(辰年) 운세

진년(辰年)은 진(辰)의 합작물상이 나들이를 하는 변화가 있다. 진년(辰年)에는 진(辰)이 동(動)하여 합형충파해(合刑沖破害), 역마(驛馬), 원진(怨嗔) 등과 합되어 사건을 생산한다.

진(辰)은 유(酉)를 육합(六合)으로 당겨와서 진(辰), 유(酉)의 나들이와 진유(辰酉) 합작품의 나들이 변화가 있고, 자(子)를 삼합(三合)으로 당겨와서 진(辰), 자(子)의 나들이와 자진(子辰) 합작품의 나들이 변화가 있고, 신(申)을 삼합(三合)으로 당겨와서 진(辰), 신(申)의 나들이와 신진(申辰) 합작품의 나들이 변화가 있다.

다시 말해서 사주에 유(酉), 자(子), 신(申), 축(丑), 술(戌)이 있으면 진년(辰年)에 진유(辰酉), 신진(申辰), 축진(丑辰), 진술(辰戌)의 합작품이 생산하는 사건이 일어나는 것이다.

진(辰)은 수고(水庫)다. 이 진(辰) 물그릇에 신금(申金)과 자수(子水)를 담고 유(酉)를 암장(暗藏)한다. 진고(辰庫)를 형충(刑沖)하는 축운(丑運)이나 술운(戌運)이 오면 진(辰)에 매장된 물상들은 분리,

질병, 파괴, 생사이별의 나들이가 따른다. 여자가 관성(官星)이 입고(入庫)되어 나들이를 하면 남편의 죽음을 피할 수 없고, 남자가 재성(財星)이 입고(入庫)되어 나들이를 하면 아내와 생사이별을 피할 수 없다. 물상의 나들이로 육신(六神)을 대체하는 길만이 생사이별의 화액을 면하는 방법이다.

병일간(丙日干)의 여자는 관성(官星)이 수(水)이므로 남편은 진(辰)의 관고(官庫)에 든다. 사주에 술(戌)이나 축(丑)이 있으면 진(辰)을 형충(刑沖)하기 때문에 남편의 죽음을 막아야 한다. 운에서 일어나는 사건은 운세이며, 사주에서 일어나는 사건은 숙명이다.

6. 사년(巳年) 운세

사년(巳年)에는 사(巳)의 합작물상이 나들이를 한다. 사(巳)가 동(動)하여 모든 제살(諸殺) 및 합형충파해(合刑沖破害), 원진(怨嗔), 역마(驛馬), 공망(空亡), 귀인(貴人), 암록(暗祿) 등을 당겨와서 사건을 만든다.

사(巳)가 신(申)을 육합(六合)으로 당겨와서 사(巳), 신(申)의 나들이와 사신(巳申)의 합작품 나들이 변화가 있고, 유(酉)를 삼합(三合)으로 당겨와서 사(巳), 유(酉)의 나들이와 사유(巳酉)의 합작품 나들이 변화가 있고, 축(丑)을 삼합(三合)으로 당겨와서 사(巳), 축(丑)의 나들이와 사축(巳丑)의 합작품 나들이 변화가 있다.

다시 말해서 사주에 신(申), 유(酉), 축(丑), 해(亥), 술(戌)이 있으면 사년(巳年)에 사신(巳申), 사유(巳酉), 사축(巳丑), 사해(巳亥), 사술(巳戌)의 원진(怨嗔) 합작품이 생산되는 사건이 있다.

사해충(巳亥沖)은 기름과 물의 합작품인 엔진이나, 물과 불의 합작품인 소방차나 소화기 등이고, 뱀과 돼지가 싸우는 것과 같으며 역마변통(驛馬變通)이 있다. 이때 나들이를 하지 않으면 화액을 면하지 못한다.

신금(辛金)은 사(巳)의 별자리에서 죽음이 따른다. 신사(辛巳)는 신금(辛金)이 뱀을 깔고 앉은 형상이다. 신사(辛巳)가 있으면 호흡기나 폐질환이 따르는데, 뱀을 먹거나 사(巳)의 물상에서 나들이를 하는 직업이 되면 질병을 막을 수 있다.

사(巳)가 축(丑)을 만나면 뱀이 뱀굴에 들어가는 형상이다. 오행(五行)이 축(丑)을 형충(刑沖)할 때 뱀굴에 들어가는 뱀을 때려잡는 것과 같다. 축미(丑未), 술축(戌丑), 진축(辰丑)의 형틀에 치이는 형상이다. 사(巳)는 자동차류가 되기 때문에 교통사고가 따른다. 치아, 심장, 눈, 마음이 치이는 격이니 심장마비가 일어나 뇌졸중이 온다.

7. 오년(午年) 운세

오년(午年)에는 오(午)의 합작물상이 나들이를 한다. 오(午)는 미(未)를 합하여 오(午), 미(未), 오미(午未) 합작품에 나들이를 하는 변화가 있고, 인(寅)을 합하여 오(午), 인(寅), 인오(寅午) 합작품에 나들이를 하는 변화가 있고, 술(戌)을 합하여 오(午), 술(戌), 오술(午戌) 합작품에 나들이를 하는 변화가 있다. 이처럼 오년(午年)에는 오화(午火)가 동(動)하고, 모든 제살(諸殺) 및 형충파해합(刑沖破害合), 역마(驛馬), 원진(怨嗔) 등을 당겨와서 사건을 만든다.

다시 말해서 사주에 미(未), 인(寅), 술(戌), 자(子), 축(丑), 묘(卯)가 있으면 오년(午年)에 인오(寅午), 오미(午未), 오술(午戌), 자오(子午), 축오(丑午), 오묘(午卯)의 합작품이 생산되는 것이다. 갑목(甲木)은 오화(午火)를 만나면 죽기 때문에 오화(午火)를 죽여야 한다. 이때 갑목(甲木)이나 오(午)의 물상을 직업으로 삼으면 화액을 면할 수 있다.

8. 미년(未年) 운세

미년(未年)은 미(未)의 합작 물상이 나들이를 하는 변화가 있다. 미(未)가 오(午)와 합되어 오(午) 물상, 미(未) 물상, 오미(午未) 합작품이 나들이를 하는 변화가 있고, 묘(卯)와 합되어 묘(卯) 물상, 미(未) 물상, 묘미(卯未) 합작품이 나들이를 하는 변화가 있고, 해(亥)와 합되어 해(亥) 물상, 미(未) 물상, 해미(亥未) 합작품에 나들이를 하는 변화가 있다.

사주에 축(丑)이 있으면 축미충(丑未沖) 물상이 생산되고, 자(子)가 있으면 자미원진(子未怨嗔) 물상이 생산된다. 이와 같이 대운(大運)이나 년운(年運)에서 미(未)를 만나면 미(未)가 제살(諸殺) 및 제합(諸合)을 생산하는 오행(五行)을 당겨와서 나들이 변화를 일으킨다.

미(未)는 십이운성(十二運星)으로는 목고(木庫)에 해당한다. 따라서 사주에 미(未)가 있으면 목고(木庫)가 있는 것이고, 미(未)를 형충(刑沖)하는 오행(五行)이 있으면 입고물(入庫物)이 치이는 사주가 된다.

미월(未月)에 태어나 잡기재관격(雜氣財官格)이 미고(未庫)를 형충(刑沖)할 때, 재관(財官)이 개고(開庫)되어 물상이 충출(沖出)하여 발복하고, 미(未)를 형충(刑沖)하는 오행(五行)이 없으면 대운(大運)에서 형충(刑沖)이 있을 때 재물을 얻는다. 재관(財官)이 월령(月令)했는데 형충(刑沖)되면 대체적으로 흉하고, 재관(財官)이 고(庫)에 있는데 충출(沖出)되지 않으면 발복하지 못한다. 그러므로 형충(刑沖)하는 대운(大運)을 기다려 분발하는 것은, 고장지(庫藏地)에 견고하게 밀장(密藏)된 재관(財官)이 상하지 않고, 분리되거나 이탈하지 않기 때문이다.

9. 신년(申年) 운세

신년(申年)에는 신(申)의 합작물상이 나들이를 하는 변화가 있다. 신(申)이 동(動)하여 합형충파해(合刑沖破害), 역마(驛馬), 귀인(貴

人), 원진(怨嗔) 등의 사건을 당겨와서 합작품을 생산하는 것이다.

신(申)이 사(巳)를 육합(六合)하여 신(申) 물상과 사(巳) 물상과 사신(巳申) 합작품에 나들이를 하는 변화가 있고, 자(子)를 합하여 신(申) 물상과 자(子) 물상과 신자(申子) 합작품에 나들하는 변화가 있고, 진(辰)을 합하여 신(申) 물상과 진(辰) 물상과 신진(申辰) 합작품에 나들이를 하는 변화가 있다.

다시 말해서 사주에 사(巳), 자(子), 진(辰), 인(寅), 묘(卯), 해(亥)가 있으면 사신(巳申) 합작품, 신자(申子) 합작품, 신진(申辰) 합작품, 신인역마(申寅驛馬) 충물(沖物), 신묘(申卯) 합작품, 신해(申亥) 합작품이 나들이를 하는 변화가 있다는 뜻이다.

예를 들어 신금(申金)이 식상(食傷)인데 그 식상(食傷)이 합(合)되거나 형충파해(刑沖破害)되면 여자는 자식의 가출, 생사이별, 분리, 상해, 쟁투, 송사 등이 따른다. 식상(食傷)의 특성은 구설, 쟁투, 송사, 수명, 먹거리, 언쟁, 연설 등을 의미하며 내가 낳은 자식을 내가 생하는 오행(五行)이다. 재성(財星), 관성(官星), 인성(印星), 비겁(比劫)이 모두 특성이 다르기 때문에 육신(六神)의 특성을 잘 살펴서 활용해야 한다.

병(丙)과 무(戊)는 신(申)에서 병이 되므로 신년(申年)이 오면 병이 든다. 무(戊)는 위장과 비장 등을 나타내고, 병(丙)은 심장, 소장, 고혈압, 뇌졸중 등을 의미하기 때문에 병(丙)이 신(申)을 만나면 화(火)가 썩은 보물로 변한다.

10. 유년(酉年) 운세

유년(酉年)에는 유(酉)의 합작물상이 나들이를 하는 변화가 있다. 유(酉)가 동(動)하여 제살(諸殺)이나 형충파해합(刑沖破害合), 역마(驛馬), 귀인(貴人), 암록(暗祿), 원진(怨嗔), 공망(空亡) 등의 사건을 당겨와서 합작품을 생산하는 것이다.

유(酉)가 진(辰)을 육합(六合)하여 진(辰) 물상과 유(酉) 물상과 진유합(辰酉合) 물상에 나들이를 하는 변화가 있고, 사(巳)를 합하여 사(巳) 물상과 유(酉) 물상과 사유합(巳酉合) 물상에 나들하는 변화가 있고, 축(丑)을 합하여 유(酉) 물상과 축(丑) 물상과 유축합(酉丑合) 물상에 나들이를 하는 변화가 있다. 따라서 물상과 육신(六神)의 나들이를 살펴야 한다.

진(辰)이 있으면 진유합(辰酉合) 물상, 사(巳)가 있으면 사유합(巳酉合) 물상, 축(丑)이 있으면 사축합(巳丑合) 물상, 묘(卯)가 있으면 묘유충(卯酉沖) 물상, 자(子)가 있으면 자유파(子酉破) 물상, 인(寅)이 있으면 인유원진(寅酉怨嗔) 물상이 나들이를 하는 변화가 있다.

11. 술년(戌年) 운세

술년(戌年)에는 술(戌)의 합작물상이 나들이를 하는 변화가 있다.

술(戌)이 동(動)하여 형충파해(刑沖破害), 역마(驛馬), 원진(怨嗔), 공망(空亡), 귀인(貴人) 등의 오행(五行)을 당겨와서 사건을 생산하는 것이다. 술(戌)이 묘(卯)를 합하여 묘(卯) 물상과 술(戌) 물상과 묘술(卯戌) 합작품에 나들이를 하는 변화가 있고, 인(寅)을 합하여 인(寅) 물상과 술(戌) 물상과 인술(寅戌) 합작품에 나들이를 하는 변화가 있고, 오(午)를 합하여 오(午) 물상과 술(戌) 물상과 오술(午戌) 합작품에 나들이를 하는 변화가 있다.

다시 말해서 사주에 묘(卯), 오(午), 인(寅), 진(辰), 축(丑), 미(未)가 있으면 묘술(卯戌) 합작품, 오술(午戌) 합작품, 인술(寅戌) 합작품, 진술(辰戌) 합작품, 축술(丑戌) 합작품, 술미(戌未) 합작품이 나들이를 하는 변화가 있다.

술(戌)은 십이운성(十二運星)으로는 화고(火庫)이기 때문에 사주에 술(戌)이 있으면 화고(火庫)가 있다는 것이다. 술(戌)이 없어도 술년(戌年)이 오면 사주에 술(戌)이 있는 것과 마찬가지다. 술(戌)을 형충(刑沖)하는 오행(五行)은 화고(火庫)를 형충(刑沖)하는 사건으로 보고, 고장지(庫藏地)가 치이는 사건이 따른다.

예를 들어 남자에게 술토(戌土)가 재성(財星)에 해당하면, 재성(財星)은 아내와 재물이므로 아내나 재물을 잃고, 여자에게 술토(戌土)가 재성(財星)에 해당하면 아버지를 잃거나 질병이나 상해가 따른다. 따라서 술년(戌年)의 운세는 물상과 육친의 나들이를 살펴야 하고, 고지(庫地)를 형충(刑沖)할 때 충출(沖出)되어 나들이를 하는 오행(五行)을 살펴야 한다. 입고물(入庫物)이 충출(沖出)되어 나들이를 하면 입고물(入庫物)의 생사이별이 있다.

12. 해년(亥年) 운세

해년(亥年)에는 해수(亥水)의 합작물상이 나들이를 하는 변화가 있다. 해(亥)가 인(寅)을 당겨와서 인(寅) 물상과 해(亥) 물상과 인해(寅亥) 합작품에 나들이를 하는 변화가 있고, 묘(卯)를 당겨와서 해(亥) 물상과 묘(卯) 물상과 해묘(亥卯) 합작품에 나들이를 하는 변화가 있고, 미(未)를 당겨와서 해(亥) 물상과 미(未) 물상과 해미(亥未) 합작품에 나들이를 하는 변화가 있다. 이처럼 해년(亥年)에는 해(亥)가 동(動)하여 형충파해합(刑沖破害合), 원진(怨嗔), 공망(空亡), 역마(驛馬), 귀인(貴人) 등의 사건을 만든다.

십이운성(十二運星)으로는 을목(乙木)이 해(亥)를 보거나 해(亥)를 깔고 앉으면 을목(乙木)이 죽는다. 여자는 관성(官星)이 사지(死地)에 있으면 남편을 잃고, 남자는 재성(財星)이 사지(死地)에 있으면 아내를 잃는다. 그렇지 않으면 사지(死地)를 깔고 앉은 오행(五行)의 질병이 따른다.

예를 들어 사주에 을해(乙亥)가 있으면, 을목(乙木)은 해년(亥年)이 되면 죽은 목숨과 같다. 해(亥)를 이용하여 을목(乙木)의 운세를 판단하고, 을(乙)을 이용하여 해(亥)의 운세를 판단한다. 이때는 을목(乙木)의 물상이나 해(亥)의 물상을 직업으로 삼거나 일거리나 취미활동 등에서 분발하면 화액을 면할 수 있다.

제13장. 물상을 활용한 운명 풀이

지지합(地支合) 사주

丁	庚	庚	癸	乾
亥	寅	申	卯	命

이 사주에서 인묘재성(寅卯財星)은 처재(妻財)의 혼잡이다. 재성(財星)이 혼잡되면 본처와 해로하기 어렵다. 년지묘(年支卯)는 첫번째 처재(妻財)인데 신금(申金)에게 파극(破剋)되었다. 일간(日干) 나와 짝을 맞춘 아내는 인목재성(寅木財星)인데, 그 재(財)를 해(亥)가 합파(合破)했다. 인목재성(寅木財星)을 합파(合破)하는 해가 오면 부부간에 생사이별이 따른다. 처재(妻財)가 합(合)하는 무인년(戊寅

年)에 아내와 상별했다.

인년(寅年)의 신역마(申驛馬)는 직업의 자리 이동을 나타내는데, 아내가 죽자 교직을 떠났다. 재성(財星)이 합(合)하는 인해(寅亥)의 합작기물은 돈을 벌려고 노력하는 직업의 물상이다. 그 직업별의 천간(天干)에는 정(丁)의 물상이 앉아 있다. 마음(丁)은 전자전기를 말하는데, 인년(寅年)에 전자오락실을 열었다. 인해(寅亥)가 합작하여 재(財)의 오행(五行)인 목(木)으로 변하면 길하여 재물의 이득이 있다. 재물은 1, 3, 3, 1의 상수(象數)로 추리하여 31만원, 34만원 등이 가능하다. 나들이도 마찬가지다.

천간합(天干合) 사주

己	乙	癸	甲	乾
卯	未	酉	午	命

기토재(己土財)는 아내와 재물을 나타낸다. 기토(己土)를 간합(干合)하는 갑년(甲年)이 오면 처첩과 생사이별이나 재물의 출재나 손재가 따른다. 이 사주는 기토(己土)를 간합(干合)하면 아내가 죽거나 재물을 잃어야 한다. 그래서 아내인 기(己)가 분리되거나 없어지면 갑기합(甲己合)이 없으니 갑기(甲己) 질병도 없다. 이렇게 부부가 생사이별하는 등의 일은 모두 오행(五行)의 합파(合破)에서 온다.

갑자년(甲子年)에 아내가 가출하는 등 부부갈등이 그칠 날이 없더니, 을축년(乙丑年)에 일지(日支)를 축미(丑未)로 형충(刑沖)하자 부부가 헤어졌다. 그리고 이 여자는 채 한 달도 안 되어 재혼을 한다. 충(沖)에는 합(合)의 나들이가 있다.

비견천간합(比肩天干合) 사주

壬 壬 甲 丁　乾
寅 午 辰 卯　命

이 사주에는 재성(財星)이 두 개 있다. 하나는 오중정(午中丁)과 합(合)되고, 비견(比肩)은 년간정(年干丁)을 천간합(天干合)하여 두 개의 임(壬)이 하나의 정(丁)에 매달려 있는 것이다. 이처럼 하나의 재(財)를 둘이서 나눠먹는 사주는 재혼이나 동업은 대길하나, 다른 사람이 나의 아내를 정임(丁壬)으로 통정하여 빼앗아가는 형상이기 때문에 재물과 아내를 후배나 친구나 동생 등에게 빼앗기게 된다.

이런 사주는 정임(丁壬) 물상을 직업으로 삼지 않으면 의처증이 발병하여 생사이별이 있다. 이 사람도 운명대로 동생에게 아내를 빼앗겼고, 설상가상으로 정(丁)이 묘(卯)를 깔고 앉아 병(病)이 되었으니, 아내의 부정으로 정신적인 고통을 받다가 승려가 되었다. 정화(丁火)는 비록 파극(破剋)되었으나 대처승으로 자식을 둘 낳았다.

약신(藥神)인 재성정(財星丁)을 살리려면 정(丁)의 나들이가 있어야 한다. 인묘진목국(寅卯辰木局)이 여기저기 널려 있으나, 그래도 식상국(食傷局)이 국(局)을 이루었다. 편재병(偏財丙)을 만나 인오화국(寅午火局) 재화(財化)가 부(富)를 북돋우니 부자 승려가 되었다. 이 사람은 수천 평의 사찰부지를 소유하고 있고, 몇 권의 불교서적을 저술했다. 그러나 사주에 인성(印星)이 없어 자비가 부족하기 때문에 비록 법은 높으나 공염불이 될까 두렵다.

질병이 인성금(印星金)에 있어 기관지염으로 크게 고생했다. 식상(食傷)은 두뇌, 질투, 쟁투, 격하는 감정, 웅변, 이론 등을 나타낸다. 인성(印星)이 없어 성격이 편중되며 염세적이나, 수준 높은 설법으로 신도들의 마음을 사로잡고 있다.

재성천간합(財星天干合) 사주

丁 壬 壬 壬　　乾
未 辰 寅 寅　　命

이 사주는 세 개의 임(壬)이 하나의 정(丁)을 간합(干合)했다. 형제 셋이 아버지의 재산을 나누어 갖는 것이다. 아버지 하나에 각각 다른 형제가 셋이나 된다. 아버지의 마음 정(丁)이 형제 임(壬)으로 인하여 죽는다. 정화(丁火)는 아내이며 재성(財星)이다. 토(土)에 설기

(洩氣)당하고, 임계수(壬癸水)에 파극(破剋)되니 정화(丁火)는 죽음이 따른다.

만일 아버지가 살아있다면 그것은 정화(丁火)를 직업으로 삼았기 때문이다. 정화(丁火)는 아버지, 아내, 재물에 해당한다. 이 사람의 아버지는 정화(丁火) 물상인 금융계통에서 금전의 나들이가 되는 직업을 가졌기 때문에 정임(丁壬) 나들이 작품으로 액땜이 되어 정년퇴직을 할 수 있었다.

이 사주는 임(壬) 세 개가 정(丁)을 파극(破剋)하니 마음이 산만하여 건강한 정신을 유지할 수 없다. 정(丁) 아버지는 세 자식 임(壬)때문에 피가 마른다. 세 자식이 요구하는 만큼 정임(丁壬) 재물의 지출이 없으면 아버지의 생명은 없다. 이 사주는 정(丁)이 파극(破剋)되어 성격이 고약하다. 평생 아버지 속을 썩이며 돈만 뜯어갈 뿐이다. 그리고 돈이 떨어지면 집에 들어와 행패를 부려 가족들을 괴롭힌다.

정축년(丁丑年)은 정(丁) 아버지를 정임합(丁壬合)으로 파극(破剋)하는 운이다. 아버지가 출재하지 않으면 아버지의 생명은 없다. 돈을 지출해서 아버지의 생명을 구해야 한다. 축미충(丑未沖)에 정임(丁壬) 마음이 작용하니 출재, 투자, 사업자금의 지출이 축미(丑未)의 부동산, 점포, 사무실 등에 있다.

이 사람의 아버지는 점포를 얻고 식품계통의 사업에 손을 댔으나 자식이 빼앗아가는 재물이다. 이 망나니 자식에게 사업을 물려주고 정축년(丁丑年) 죽음의 늪에서 헤어나게 된다. 생명을 돈과 바꾸는 것이다. 그리고 점포는 자식의 손에서 연기처럼 사라지니 한마디로 거지팔자라고 할 수 있다. 불효하는 것도 팔자다.

관성천간합(官星天干合) 사주

丁 癸 戊 甲　乾
巳 丑 辰 戌　命

이 사주는 살성(殺星)이 매우 많아 미약한 갑목(甲木)으로는 식제(食制)할 수 없고, 제복(制伏)하지도 못하면서 살성(殺星)을 건드려 놓았다. 살성(殺星)이 성을 내어 자기보다 약한 일간계수(日干癸水)를 극(剋)한다. 일간(日干) 하나만 죽어도 생명이 위태로우니 요절할 팔자다.

계일간(癸日干)이 관성무(官星戊)를 천간합(天干合)하니, 무토(戊土)가 계수(癸水)를 흡수하여 계수(癸水) 물이 마른다. 따라서 계수(癸水)가 미약해져 수(水)의 물상이 직업이 되고, 질병 또한 미약한 계(癸)에 있으니 신장이 허약하다. 무계(戊癸) 합작품은 무토(戊土)가 계수(癸水) 목을 조이고 물을 빨아먹는 형상이라, 메마른 땅 위에서 생명이 탄다.

살성(殺星)이 매우 많은데 식제(食制)가 어려우니 요절할 명이다. 이처럼 사주에 물이 마르면 물장사를 하거나 술로 세월을 보내게 된다. 계수(癸水)는 정액과 정액을 생산하는 전립선 등의 기관을 나타내는데, 샘이 마르니 정력이 약해진다. 수(水)가 마르면 신장이 허약하기 때문에 갑목(甲木) 간을 수생목(水生木)으로 생(生)할 수도 없다. 손발, 요통, 척추 등의 상해와 신장, 방광 등에 질환이 따른다.

이 사람은 사주에 물이 말라 술을 마시는 것이다. 그러니 당연히 목(木)을 살리지 못하는 부위에 병을 얻는다. 재성사(財星巳)는 축북고(丑北庫)에 들어가 진술형충(辰戌刑沖)되어 본처와 생이별했다. 축중기토(丑中己土)가 충출(沖出)되어 갑기천간합(甲己天干合) 작품이 생산된다.

갑기(甲己)의 병상(病象)은 위암과 간경화다. 천간(天干)에 천간합(天干合)이 있는데 지지(地支)에 형(刑)이 있으면 약물중독이나 알콜중독으로 인한 질병을 얻고, 교도소 신세를 벗어나기 어렵다.

사주에 진(辰)이 있는데 병진년(丙辰年)에 진술(辰戌)이 동(動)하여 축(丑)을 형충(刑沖)하고 있다. 암장(暗藏)된 입고물(入庫物)이 충출(沖出)되어 갑기(甲己) 물상이 생산되므로 간경화 진단을 받는다. 그런데도 계속 의사 몰래 술을 마셨으니 죽을 수밖에 없었다. 이것 또한 팔자소관이 아니겠는가.

경을천간합(庚乙天干合) 사주

乙 辛 辛 癸　乾
未 未 酉 巳　命

이 사주에서 을목(乙木)은 편재(偏財)이며 아내인데, 겁재(劫財)가 경을천간합(庚乙天干合)하여 아내에게 불륜이 따른다. 경오년(庚午

年)에 재성(財星)이 동(動)하여 비겁(比劫)과 간합(干合)하자 아내는 정부를 만나 불륜을 맺었다. 경금(庚金)이 재성(財星)을 간합(干合)했기 때문이다.

축년(丑年)은 미재고(未財庫)를 형충(刑沖)하는 때인데, 정축년(丁丑年)은 입고(入庫)된 재성(財星)을 형충(刑沖)하여 아내에게 죽음이 따른다. 이 사람의 아내는 8년 동안이나 다른 남자와 통정하면서 남편과 잠자리를 피했다. 정축년(丁丑年)에 재고(財庫)를 형충(刑沖)했으나 부부가 별일 없이 한 집에서 부부아닌 관계로 살아가고 있다. 이 사주는 아내가 정부를 둔 것이 액땜한 결과가 된 것이다.

정임천간합(丁壬天干合) 사주

辛 壬 丁 戊　　乾
亥 寅 巳 寅　　命

이 사주는 정임천간합(丁壬天干合)되었다. 임수(壬水)가 정화(丁火)에 흡수되어 체내의 물이 마르니 신장과 방광질환이 따른다. 시지해수(時支亥水)를 일지(日支)에서 인해(寅亥)로 합파(合破)하니, 나무가 물을 빨아들여 수(水)의 근원이 마른 것이다. 수(水)는 신장·방광·혈액질환을 의미한다. 일간임수(日干壬水)는 인(寅)을 깔고 앉아 부부가 짝을 맞춘 합궁의 자리에서 병들었다. 따라서 동침의 원인에서 오는 수(水)의 병이다.

이 사람은 방광질환으로 병원 문턱이 닳토록 드나들었으나, 정묘년(丁卯年)에 정임천간합(丁壬天干合)이 동(動)하여 임수(壬水)를 흡수하니 병이 더욱 깊어졌다. 인년(寅年)에는 인해합파(寅亥合破)되어 인해(寅亥) 합작품이 생산된다. 신장 · 방광 · 간질환 등을 말한다.

사주에서 수(水)가 말라 고갈되면 목(木)을 생할 수 없어 신장과 방광에서 오는 다양한 질병이 발생한다. 인년(寅年)에 간염으로 싸우더니 교통사고까지 당하여 입원했다.

병인년(丙寅年)에는 병신천간합(丙辛天干合), 인해합파(寅亥合破), 인사형(寅巳刑)된다. 무진년(戊辰年)에는 신약(身弱)에 칠살(七殺)이 동(動)하여 심장에 비수를 꽂는다. 정사월(丁巳月)에 간암으로 사망했다. 아내의 사주는 관성(官星)이 술고(戌庫)에 입고(入庫)되었는데, 진년(辰年)에 술관고(戌官庫)를 형충(刑沖)했다. 아내가 남편을 죽이는 것이 아니겠는가.

정임천간합(丁壬天干合)과 식상입고(食傷入庫) 사주

戊 壬 己 庚　乾
申 戌 卯 辰　命

이 사주에서 월지(月支)에 있는 식상(食傷)은 수명을 나타낸다. 그

묘성(卯星)이 술남고(戌南庫)에 육합(六合)으로 들어갔고, 술남고(戌南庫)를 형충(刑沖)하는 진(辰)이 년지(年支)에서 술고(戌庫)를 형충(刑沖)한다. 묘(卯)가 진술(辰戌)의 덫에 치인 사주로 토끼가 틀에 치인 격이다.

팔자별 중에서 하나만 떨어져도 생명을 부지하기 힘들다. 마치 오장육부 중에서 하나가 썩는 것과 같다. 따라서 가장 약한 별을 찾아 직업으로 삼아야 한다. 묘(卯)는 일간(日干)이 죽음으로 이르는 길이다. 묘년(卯年)이 오면 월지묘(月支卯)는 일간임(日干壬)의 죽음을 부른다. 일간임(日干壬)이 묘(卯)를 만나면 죽음을 의미한다.

이 사람은 갑대운(甲大運) 정묘년(丁卯年)에 뇌혈관이 터져, 다음해인 49세 무진년(戊辰年)에 사망했다. 정묘년(丁卯年)은 정임천간합(丁壬天干合)이 있다. 임(壬)이 정(丁)을 천간합(天干合)하고, 정(丁)이 임(壬)을 천간합(天干合)하는 것이다. 정(丁)에는 사오(巳午)가 있으며 임(壬)에는 해자(亥子)의 뿌리가 있다.

그러므로 합(合)에서 오는 수화(水火)의 만남과 수화(水火)의 상극(相剋)에서 오는 분리가 따른다. 정화(丁火), 임수(壬水), 정임(丁壬) 합작품이 나들이를 한다. 정(丁)은 재성(財星)이라 천간합(天干合)의 나들이가 되어 아내와 재물의 나들이가 된다. 질병, 상해, 부부간에 분리나 생사이별 등이 따르고, 정임(丁壬) 합작품을 발병으로 죽음이 있다. 정임(丁壬) 물상이 신상에서 운명을 대체하여 나들이를 하면 몸으로 만들어지는 죽음과 질병, 생사이별의 작품을 대체하는 액땜이 되기 때문에 화액이 가벼워진다.

정임(丁壬) 합작품은 전자, 전기, 전자 · 전자제품과 기계 등의 일거리와 직업이며, 질병은 심장 · 신경정신 · 혈관질환 등이다. 정묘년(丁卯年)은 정임(丁壬) 물상이 합파(合破)되어 기반(羈絆)되고, 쌍방의 오행(五行)이 서로 목을 비틀어 숨통을 막는다.

묘(卯)는 술중(戌中)에 입고(入庫)되어 진술(辰戌) 덫에 치여 진년(辰年)이 오기만을 기다린다. 하늘에서 치이고 땅에서 치였다. 임(壬)은 묘(卯)에서 사지(死地)에 들고, 정임천간합(丁壬天干合)은 뇌혈관을 끊는다. 진년(辰年)에 묘(卯) 입고물(入庫物)이 치이는 운에서 땅 속에 묻힌 것이다. 아내의 가출, 가전제품의 나들이 등 정임(丁壬)의 다양한 물상의 나들이가 있었다. 그러나 때늦은 나들이로 운명을 바꿀 수는 없었다.

천간합(天干合)과 입고물(入庫物) 사주

乙 己 丙 庚　乾
丑 酉 戌 午　命

이 사주는 축(丑) 동생이 태어나면 입고(入庫)된 축중계수(丑中癸水) 아버지가 술(戌)의 형충(刑沖)을 받아 묘지로 들어간다. 동생을 얻고 아버지를 잃는 것이다. 결혼 후에는 입고(入庫)된 계수(癸水)가 재성(財星) 아내가 되므로 남매를 낳고 아내가 가출했다. 술(戌)이 축(丑)을 형충(刑沖)했기 때문이다.

이 사람의 직업과 질병은 을목(乙木)의 간에 있다. 경을을목(庚乙乙木)이 합작하기 때문에 경을(庚乙) 합작품이 직업이 된다. 축중계수(丑中癸水)가 형충(刑沖)될 때 분리나 생사이별이 있다. 나들이는 해수(亥水)이므로 계수(癸水) 물상이 직업이 되거나, 계(癸) 물상이 나들이를 하는 분발이 있다. 이것은 충출(沖出)된 물상을 읽은 것이다.

축(丑) 동생이 을목(乙木) 물고기를 깔고 앉아 시주(時柱)에 을축(乙丑) 기둥을 세웠다. 이 사람의 동생은 어촌에서 물고기를 잡아 팔고 있다. 계수(癸水) 물상과 을목(乙木) 물상으로 나들이를 대체하여 화액을 면한다.

이 사주에서 을목(乙木)은 자식이다. 편관(偏官)은 아들이지만 음(陰)에서 음(陰)은 딸로 보기도 한다. 을목(乙木)을 천간합(天干合)하는 것은 경금(庚金)이며 딸은 정관(正官)이 되므로 딸의 남편이니 이 사주의 사위다. 경금(庚金)을 천간합(天干合)하는 해가 오면 사위의 나들이가 있다. 따라서 생사이별을 막지 않으면 안 된다.

경신년(庚申年) 경을(庚乙)로 편관(偏官)을 천간합(天干合)하는 자식의 나들이 운세에서 아들과 분리되는 변화가 있었고, 기축월(己丑月)에는 을경(乙庚)의 질병인 간염으로 입원했다. 그후 10년 주기를 맞은 경오년(庚午年) 여름 을목관성(乙木官星) 사위가 교통사고를 당하여 횡사했다. 이것은 경을(庚乙) 합작물상의 나들이 작품이다.

이 사람은 평소 남이 잘 되는 것을 시기하여 모함을 좋아하고, 남의 심부름을 해주고 잔돈 몇 푼을 받는 것 외에는 60세가 넘도록 제대로 된 직업 한번 가져보지 못했다. 이것은 인성오(印星午) 문서가 축술(丑戌)에서 놀아나기 때문이다. 신미년(辛未年)에 병신(丙辛)이 천간합(天干合)하며 축술미삼형(丑戌未三刑)이 머리를 뚫고 솟아나자, 뇌졸중에 걸려 반신불수가 되었다. 늙은 아내를 양로원으로 쫓아낸 지 채 일년도 못되어 받은 자업자득이었다.

비겁(比劫)이 많은 사주

甲 己 戊 丙　　乾
戌 亥 戌 辰　　命

사주를 감정할 때는 먼저 가장 미약한 오행(五行)을 찾아야 한다. 이 사주는 비겁(比劫)이 너무 많아 토(土)가 하나 있는 해수(亥水)의 수분을 빨아들인다. 질병과 직업은 미약한 해수(亥水)에 있다. 사주에 신장이 병드는 계유(癸酉)는 없으나 해(亥)가 말라 병든 것이다. 몇 년 동안 신장질환으로 병원 신세를 지다가 계유년(癸酉年)에는 더 심해졌다. 사주에 수(水)의 근원이 되는 신금(申金)이 없으니, 토(土)에 파극(破剋)되어 샘이 말라 해수(亥水)를 생하지 못했기 때문에 발병한 것이다. 치료를 하려면 토기(土氣)를 설(洩)하여 금수(金水)를 도와야 한다. 가장 미약한 오행(五行)이 직업이나 질병이 된다.

또한 해(亥)는 재성(財星)이며 아버지이니 아버지의 신장질환이 자식에게 유전된 것이다. 지나치게 많은 비겁(比劫)이 아버지를 극(剋)하고 있으니, 아버지가 해(亥)의 물상으로 직업을 삼지 않으면 화액이 따른다. 이 사람의 아버지는 선원이니 해(亥)의 직업이 된 것이다. 해(亥)를 직업으로 삼은 것은 미약한 오행(五行)을 나들이로 분발하여 튼튼히 하려고 하는 것이다.

인성(印星)이 많은 사주

辛	丙	戊	甲	乾
卯	寅	辰	子	命

이 사주에는 인성(印星)이 많다. 고서(古書)에 이르길 인다요견재성(印多要見財星)이라 했다. 이것은 인성(印星)이 많으면 재성(財星)으로 인성(印星)을 제복(制伏)해야 한다는 뜻이다. 이는 왕(旺)한 힘을 제(制)하여 중화를 유도하는 억부법(抑符法)에 의한 팔자풀이다.

인성(印星)이 많은데 재성(財星)이 있고, 미약한 식상(食傷)이 있으면 비록 재성(財星)이 인성(印星)을 제복(制伏)한 사주라고 하더라도 어찌 재성(財星)이 많은 인성(印星)을 제복(制伏)할 수 있겠는가.

이런 사주는 재물운이 와서 다시 인성(印星)을 건드려 제복(制伏)하면 인성(印星)은 제복(制伏)될 수 없다. 오히려 인성(印星)이 자기보다 약한 식상(食傷)을 공격한다. 식상(食傷)은 생명의 기(氣)를 담는 수명을 관장한다. 식상(食傷)이 파극(破剋)되면 저승사자를 따라 염라대왕 앞으로 가게 된다. 죽음을 막지 않으면 안 된다. 이때는 재성

(財星)이 합작하는 재물운의 물상에 나들이가 있어야 액땜이 된다.

27세 신대운(申大運)과 43세 신대운(申大運) 오행(五行)이 동(動)하면 아내와 재물이 나들이를 하는 운세다. 이 운에서 두 여자에게서 자식을 낳은 후 이별했다. 서민금고를 운영하여 아버지가 남긴 많은 유산을 금전의 나들이로 대체하며, 제법 성업의 길로 가는듯 했으나 계대운(癸大運)에 이르러 경술년(庚戌年)과 신해년(亥年)에 파산한다. 이때 세 번째 아내도 어린자식을 두고 가출한다. 모두 아내와 재물의 합작에서 오는 나들이 운세에 일어난 사건이다. 합(合)의 사건을 참고하도록 한다.

54세 정사년(丁巳年)은 대운(大運)에서 재물운이 들어오고, 금(金)이 동(動)하여 정재(正財)로 가는 운이다. 많은 인성(印星)이 재(財)의 제복(制伏)을 보는 것이다. 이 사주가 많은 인성(印星)을 제복(制伏)할 수도 없으면서 재성운(財星運)이 와서 인성(印星)을 건드린 경우다. 인성(印星)은 오히려 자기보다 약한 식상(食傷)을 파극(破剋)한 것이다.

일간병(日干丙)은 유대운(酉大運)에서 사지(死地)에 든다. 유대운(酉大運)에 이르니 묘유충(卯酉沖), 인유원진(寅酉怨嗔), 진유육합(辰酉六合), 자유파(子酉破)가 동(動)하여 지전전극(支全戰剋)이 끝없이 운명을 덮친다.

설상가상으로 사유재성금국(巳酉財星金局)은 많은 인성(印星)을 건드려 대흉하다. 죽음을 막지 않으면 안 된다. 고서(古書)에 이르길 많은 인성(印星)이 식상(食傷)이나 재성(財星)을 만나거나 재운(財運)에 재(財)가 동(動)하면 죽음이 따른다고 했다.

고독한 신세가 되어 노모에게 어린 딸을 맡기고 20년 전에 헤어진 본처를 찾아왔다. 4세 때 헤어진 어린 딸은 이제 어엿한 숙녀가 되어 있었다. 신상에 재(財)가 들어오니 아내와 재물이 동(動)한다. 재(財)가 없어야 정(精)이 되어 화액을 면하는데, 아내를 찾아오니 재(財)가 동(動)한 것이다. 흉액을 막을 길이 없다.

정사년(丁巳年) 묘월(卯月)에 뇌혈관이 터져 병원으로 옮기던 중에 사망했다. 본처를 찾아온지 두 달도 안 되어 일어난 일이다. 병신(丙辛)의 심장 · 대장 · 안과질환, 두통, 뇌신경, 혈압과 자진(子辰)의 혈관벽 찌꺼기, 위장, 염증, 항문, 신장, 방광, 요도염증, 혈관 등에 질병이 따른다.

재(財)가 많은 사주

丙 壬 丙 己　　坤
午 午 寅 巳　　命

이 사주는 인목(寅木)이 재성(財星) 병오사(丙午巳)의 화염 속에 갇혀 있으니, 나무가 불에 타 재만 남은 격이다. 따라서 미약한 인목(寅木) 물상이 직업이 되어 인(寅)을 대체하여 매매행위 등의 액땜을 해야 한다. 그렇지 않으면 자식인 인(寅)은 몸으로 나들이를 받아야 하니 죽음이 있을 뿐이다. 인목(寅木)은 수(水)의 생(生)을 받아야 구제되나, 물이 한방울도 없으니 엎친데 덮친격이 되었다.

이 사주는 인목(寅木) 물상인 포목점을 하면서 인목(寅木) 나들이를 대체하며 살아왔다. 자식을 죽이는 모자상극(母子相剋)의 운명을 물상나들이로 액땜한 것이다. 병인년(丙寅年)은 인목(寅木)이 동(動)하여 인오술삼합화국(寅午戌三合火局)으로 세력을 모으니, 용광로에 불을 지핀듯이 팔자가 불탄다. 인목(寅木)을 태우며 토(土)를 말리니 화(火)는 스스로 목(木)을 멸한다. 인목(寅木)이 없어지면 화염은 가벼울 것이다.

자식 인목(寅木)과 오(午)의 나들이가 있고, 9월에는 술토(戌土)의 나들이가 있다. 삼합(三合)에서 육친이 나들이로 빠져나오는 것은 운명도 삶을 찾으려고 하는 것이다. 인목(寅木)은 점포와 옷감에 해당한다. 인년(寅年)에 삼합(三合)에서 오(午)는 인목(寅木)의 나들이므로 과감하게 점포를 정리해야 한다. 그렇지 않고 욕심을 부리면 더 큰 화액을 당하게 된다. 나무가 불타면 정신이상이 온다. 점포를 정리하고 인목(寅木) 물상으로 자식의 나들이를 대체해야 자식이 질병에서 벗어나 수명을 온전하게 누릴 수 있다.

이 사주는 자식이 있으면 남편을 극(剋)하니 무자팔자를 타고났다. 그러나 명조(命造)에서 자식인 인목(寅木)을 만났기 때문에 유복자를 두었고, 화다조토(火多燥土)되어 남편을 잃은 것이다.

병인년(丙寅年)에 인목(寅木) 자식이 불에 타자, 자식에게 갑자기 정신병이 발작했다. 이때 인오술(寅午戌)이 나들이를 하면서 액땜하게 된다. 3년이나 8년 묵은 인목(寅木) 나무가 죽거나 베이고, 개나 고양이가 죽거나 집을 나가고, 가옥이나 점포가 매매되어 이사를 하게 되고, 자동차 등이 매매되거나 분실된다.

이것은 모두 화국(火局)의 세력에서 벗어나려는 물상의 나들이며, 정(靜)의 위치로 돌아가려는 이치다. 이 사주는 자식에게 질병이 발작한 후에 비로소 삼합(三合)된 오행(五行)에서 풀려나려고 포목점을 정리했으나 때늦은 나들이였다. 질병은 수(水)의 생을 받지 못하는 인목(寅木)에 있다. 어머니 때문에 아들이 정신이상이 된 것이다. 물이 한방울도 없는 사주가 화염이 충천하여 나무를 태우는데 어떻게 수생목(水生木)으로 나무를 살릴 수 있겠는가.

토(土)가 많은 사주

己	甲	丙	庚	乾
巳	戌	戌	戌	命

년월일(年月日)에 무토(戊土)가 세 개나 있고, 시간(時干)에 기토(己土)가 있다. 이 사주에는 사술(巳戌)만 있으니 운명도 오직 사술(巳戌) 물상으로 좌우된다. 사술(巳戌) 물상은 땅 위를 굴러가는 자동차, 중화기, 철로, 전철, 전동차, 굴렁쇠, 땅 위를 떠도는 열차, 기자, 통신, 전선 등이다. 오행(五行)이 이것 밖에 없으니 직업도 여기 있다. 사람의 팔자란 사주에 있는 오행(五行)으로 좌우되는 것이다.

천간(天干)에서 갑기(甲己)가 천간합(天干合)하여 종재(從財)를 이룬다. 나무 갑(甲)이 돌산 무토(戊土) 위에 앉아 갑사(甲巳) 병들어 있다. 따라서 일간갑목(日干甲木)은 썩은 것이나 다름 없다. 갑목(甲木)의 질병은 신경정신질환, 뇌, 머리, 눈, 손발, 간, 등이고, 사(巳)의 질병은 마음, 심장, 치아, 대장질환 등이다.

돌밭에 무토(戊土) 사술(巳戌) 사(巳)는 뱀에 치어 나무 갑(甲)은 뿌리를 내리지 못하고 항상 흔들린다. 사술원진(巳戌怨嗔) 작품이 그러하다. 돌밭에 가면 뱀을 볼 것이다. 3년 주기로 돌아오는 축술축미년(丑戌丑未年)이 오면 술(戌)을 형충(刑沖)한다. 이때마다 갑목(甲木)이 흔들리는 것이다. 뿌리없는 나무가 설 자리를 잃으면 토신(土神)에 놀아나는 사술(巳戌) 작품에 몸과 마음을 맡긴다.

이 사람은 3년 주기로 가출하여 정신병자처럼 여기 저기 쏘다니다가 돈이 떨어지면 집으로 돌아온다. 사(巳) 마음이 술(戌) 개에 있으니 늘어진 개팔자라 하겠다. 형충(刑沖)을 받아 사건이 생기는 것이다. 질병은 수(水)가 부족하기 때문에 신장이나 방광질환이 따른다.

상관생재(傷官生財) 사주

壬	己	戊	乙	乾
申	未	子	未	命

재성자수(財星子水)는 많은 토(土)에 갇혀 미약해 보이나, 신금(申

金)이 자수(子水)를 생하여 수국(水局)을 이루고 있어 재물이 샘물처럼 솟는다. 직업 역시 자수(子水)에 있다고 볼 수 있는데, 이 사람은 현재 주유소를 몇 개 운영하고 있다. 그러나 이것은 형식상의 사업이고, 일 년에 1억 원씩 쓴다고 해도 천 년을 쓸만큼 큰 부자다. 자선사업이라도 한다면 좋으련만 그저 돈을 모으는데만 혈안이 되어 정신이 없으니 안타깝다.

월지자수(月支子水)는 재성(財星)으로 아버지에 해당한다. 토(土)는 많은데 자(子)가 파극(破剋)되어 아버지를 일찍 잃었다. 결혼 후에는 아내와 재물인 임신(壬申)이 동(動)하여 자(子)에 제왕(帝旺)의 뿌리를 내렸으니 아내복, 자식복, 재물복을 모두 타고난 사람이다. 또 시지(時支)에서 식상(食傷)이 재(財)를 만나 재국(財局)을 이루었으니 부귀를 약속받은 사주다.

부모를 일찍 잃고 객지를 떠돌다, 유대운(酉大運) 금운(金運)에 철물업에 손을 댔다가 특허품을 몇 가지 생산하여 사업이 번창했다. 그 후 부동산 투기가 기세를 부리던 시절에 천문학적인 거부가 되었다.

사주에서 식상(食傷)이 재(財)를 생하는데 대운(大運)에서 또 식상(食傷)이 재(財)를 생하고, 재성(財星)이 장생지(長生地)에 있어 재물복이 두터운데, 신자수국(申子水局)이 재성(財星)으로 변했으니 가히 재물복을 짐작할만 하다. 신유대운(辛酉大運辛酉)의 식상운(食傷運)은 재물을 낳는 황금알과 같다.

그러나 이 사람은 인성(印星)이 없어 남에게 베풀 줄을 모른다. 인성(印星)은 인(仁), 학문, 예술, 인격 등을 나타낸다. 신장질환인 자수(子水)는 운에서 들어오니 운이 가면 치료되나, 화(火)가 하나도 없으니 만년에 심장질환이 염려된다.

식상(食傷)이 없는 사주

戊 辛 甲 戊　　坤
戌 巳 寅 寅　　命

이 사주는 월상재성(月上財星)이 갑인건록(甲寅建祿)에서 왕(旺)하여 부잣집 딸로 태어났다. 그러나 식상(食傷)이 없어 재(財)를 생(生)할 수 없기 때문에 재물을 모으는 힘이 미약하다. 재성(財星)이 건왕(建旺)하여 재물복이 넘칠 것 같으나, 지장간(支藏干)에 암장(暗藏)된 식상(食傷) 하나 없다. 이처럼 재성(財星)만 왕(旺)하다고 해서 반드시 부자가 되는 것은 아니다.

1993년은 이 사람이 56세가 되는 해다. 그동안 셋방을 전전하며 살아왔다. 사주에 재성(財星)을 생(生)하는 식상(食傷)이 없기 때문에 식상운(食傷運)에서도 발복하지 못한 것이다. 사주에 재성(財星)이 있으면 사냥감을 만나는 것과 같고, 식상(食傷)이 없으면 사냥감을 잡을 연장이 없는 것과 같다. 먹이와 연장은 함께 있어야 한다. 아무리 물고기가 많아도 그물이 있어야 잡을 수 있는 것이다. 식상생재(食傷生財)의 논리는 바로 이런 것이다.

수기(水氣)가 없으니 신장질환과 손발과 허리에 통증이 따르고, 사화(巳火)가 미약하니 심장이나 치아질환이 따른다. 임신년(壬申年)과 계유년(癸酉年)에 관성사(官星巳)를 형(刑)하며 천간합(天干合)하자, 남편과 분리되었으며 교통사고를 당한 것이다. 여자가 관성(官星)이 합(合)되면 남편의 질병, 상해, 생사이별이 따른다.

丙 戊 癸 壬　　乾
辰 辰 卯 辰　　命

이 사주는 정재(正財)와 편재(偏財)가 나란히 있는데, 정재(正財)가 장생지(長生地)에 있다. 그러나 무(戊)가 계수(癸水)를 탐합(貪合)하고 있으니 재(財)를 잃어 복록이 감한다. 자년(子年)이 오면 자(子)가 동(動)하여 진(辰) 세 개를 삼합(三合)하며 묘(卯)를 형(刑)한다. 따라서 사지(死地)가 모두 동(動)하여 전극(戰剋)되고, 진진자형(辰辰自刑)이 땅을 치니 지진이 일어나 수국(水局)이 병화(丙火)를 공격한다. 수화(水火)가 서로 싸우는 것이다.

자년(子年)에는 수화(水火) 합작품이 생산된다. 자수(子水)가 동(動)하여 자진수국(子辰水局)을 이루어 병화(丙火)와 상극(相剋)하는 수화(水火) 합작품을 파악해야 하고, 자수(子水)가 사주에 있는 묘(卯)를 형(刑)하여 자묘(子卯)로 서로 싸우는 물상을 파악해야 하고, 어떤 육신(六神)끼리 합(合)되고 어떤 육신(六神)끼리 형(刑)되는가를 파악해야 한다.

병화(丙火)는 심장, 뇌, 머리, 후두, 혈압, 눈, 어깨 등을 나타낸다. 이 사람은 자년(子年)에 뇌를 다치고 눈을 찔려 실명의 위기를 간신히 넘겼으나 식물인간을 면했을 뿐이다. 자수(子水)는 바늘이나 침등이고, 묘(卯)는 손발, 무릎, 복숭아뼈 등을 나타내는데 자묘형(子卯刑)되어 다리불구가 된 것이다.

이 사주에는 재성(財星)은 많으나 재(財)를 생(生)하는 식상(食傷)이 없다. 다시 말해서 돈을 벌 능력이 없는 것이다. 그러니 부모가 남긴 유산을 까먹고 살아야 된다. 35세가 되었건만 아직 배우자를 만나지 못했다. 이처럼 사주에 재성(財星)이 있다고 해서 반드시 부자가 되는 것도 아니고, 재성(財星)이 없다고 해서 반드시 가난한 것은 아니다. 식상(食傷)이 있으면 재(財)를 생(生)한다.

신장이 병든 사주

戊 丙 癸 己　　乾
戊 寅 酉 丑　　命

계수(癸水)가 미약하니 신장이 허약하다. 계수(癸水)가 재성유(財星酉)를 깔고 앉아 있으니 아내 때문에 계수(癸水) 신장이병들었다. 잦은 잠자리는 피하는 것이 좋다. 계수(癸水)는 정관(正官)이니 자식을 낳으면 질병이 따른다. 시상무토(時上戊土)가 계수(癸水)를 천간합(天干合)하니 계(癸)가 매우 약해진다. 물이 마르는 것이다.

신장수술을 두 번이나 받고, 주기적으로 피를 걸러내며 병원신세를

졌다. 그러나 유년(酉年)에 병이 극도로 악화되어 재수술을 받았으나 오월(午月)에 사망했다. 계(癸)는 유(酉)에서 병들고, 병화일간(丙火日干)은 유(酉)에서 죽음에 이른다. 이 사람은 부잣집 장남으로 태어나 대학을 졸업하고 출세가 보장되어 있었다. 그러나 신장이 약하니 백만금이 무슨 소용인가.

수(水)가 메마른 사주

乙	丙	戊	戊	乾
未	寅	午	子	命

년지(年支)의 정관자수(正官子水)는 자식이며 신장과 방광에 해당한다. 자수(子水)는 이 사주에서 가장 미약한 오행(五行)이기 때문에 자(子)의 물상을 직업으로 삼아야 건강과 자식의 수명을 지킬 수 있다. 따라서 질병 또한 자(子)의 신장과 방광에 있다. 이 사주에는 재성금(財星金)이 없다. 미약한 수(水)는 생(生)을 받아야 하는데, 재성(財星)이 없으니 수(水) 아내와 재물을 상생(相生)하지 못한다.

이 사주는 단지 신강사주(身强四柱)로 태어나 스스로 태왕(太旺)할 뿐이다. 태왕(太旺)한 것은 미치지 못한 것과 같아 신약사주(身弱四柱)로 변했다. 사주에 재성(財星)이 있어 재(財)로 약한 살(殺)을 생(生)해야 재자약살(財滋弱殺)되어 신왕사주(身旺四柱)가 되어 길복을 누릴 수 있다.

자수(子水)는 정력, 정수, 정액 등을 나타낸다. 금(金)의 아내와 재물이 없어 무력하다. 그러므로 1977년 정축년(丁丑年)인 현재까지 무자무처(無子無妻)로 고독하다. 58세인 을해년(乙亥年)부터는 술타령이 더 심해졌다. 대운(大運)과 년운(年運) 모두 금수운(金水運)에 발복할 것 같으나 물이 말랐으니 구제되지 않는다.

목(木)이 메마른 사주

甲 申 丁 壬　乾
午 巳 未 辰　命

이 사주에서 갑목(甲木)은 재성(財星)인데, 수(水)를 받지 못하여 말라죽을 운명에 놓였다. 년간임수(年干壬水)가 갑목(甲木)을 생(生)해야 하는데, 정화(丁火)가 임수(壬水)를 정임천간합(丁壬天干合)하여 임(壬)이 목(木)으로 변했기 때문에 갑목(甲木)을 생(生)할 수 없다. 임수(壬水)가 마르면 허약해져 신장과 방광이 약하고, 손발이 저림이나 허리 등에 통증과 상해가 따르며 정력이 감퇴한다.

일간신금(日干辛金)은 사지(死地)를 깔고 앉아 매우 신약(身弱)하다. 대체적으로 정신이상은 신약사주(身弱四柱)에서 일어난다. 또 사오미화국(巳午未火局)을 이루어 갑목(甲木)이 타고 있으니 무병(巫

病)이 따른다. 이런 사주는 아무리 술을 마셔도 갈증이 사라지지 않는다. 술로 세월을 보내더니 결국은 정신병원에 입원하는 신세가 되었다. 질병은 수(水)가 말라 갑목(甲木)을 생(生)하지 못하고, 금(金)이 없어 수(水)를 생(生)하지 못한데 있다.

화(火)가 없는 사주

庚	乙	辛	壬	乾
辰	亥	亥	辰	命

이 사주에는 화(火)가 하나도 없다. 진해(辰亥)는 원진살(怨嗔殺)인데, 년시지(年時支)에 있는 진(辰)은 해(亥)를 이중으로 합작하고 있다. 진(辰)은 물을 흐르게 하며 포용하는 진흙이며 피를 흐르게 하는 혈관인데, 그 혈관벽에는 진흙같은 찌꺼기가 끼어 있다.

피와 혈관벽의 쟁투가 진해(辰亥) 작품이다. 심장에서 내뿜는 피는 혈관에서 압력을 받는다. 무진년(戊辰年)에 토극수(土剋水)로 상극(相剋)하는 작품이 생산될 때 뇌혈관이 터졌다. 사주에 없는 화(火)는 혈압, 두통, 신경성질환인데, 사주에 화(火)가 없어 30대의 젊은 나이에 불행을 겪은 것이다. 사주에 없는 오행(五行)은 소임을 다하기 어렵고, 늙으면 없는 오행(五行)의 질병이 오는 경우가 많다.

살성(殺星)과 인성(印星)의 상생(相生) 사주

庚丁己乙　乾
子亥卯亥　命

이 사주는 이승만 전 대통령의 사주다. 살성(殺星)과 인성(印星)이 상생(相生)하고 있으니, 넓고 깊은 대장부의 포부가 한 눈에 보인다. 12세의 대운(大運) 인목인수(寅木印綬)는 학문이 별을 따는 운세이므로 학문의 깊이가 경지에 이른다.

병술(丙戌)과 정해(丁亥) 운세에서 인성(印星)이 육합(六合)하고, 살인상생(殺印相生)하는 별자리 이동이 미치자 나이를 높혀 과거에 응시하게 된다. 여기서 낙방과 개화의 소용돌이에 휘말리는 것도 타고난 숙명일 것이다. 학문과 모성(母星)을 나타내는 인수대운(印綬大運)에서는 어머니와 분리, 생사이별의 나들이가 성립되어 어머니에게 질병이 발생했다.

1896년 정유년(丁酉年)인 22세, 인성(印星)을 묘유상충(卯酉相沖)하여 모성(母星)을 파극(破剋)하고, 축대운(丑大運)에서 유축금국(酉丑金局)되어 금기(金氣)가 기세를 부리자 어머니를 잃었다. 어머니는 1904년 30세인 갑진년(甲辰年)에 감옥에 갇히는 신세가 되어 외아들과 만난다. 자수관성(子水官星)이 진(辰)과 합(合)되어 감옥에서 부자상봉이 이루어진 것이다. 합(合)될 때는 분리된 사람과는 만남이 있고, 함께 사는 사람에게는 분리나 생사이별이 따른다.

이듬해 을사년(乙巳年)은 을사보호조약의 치욕이 있었고, 그로부터 2년 후인 병오년(丙午年)은 관성(官星) 자식을 자오충(子午沖)하는 부자상극(父子相剋)의 운명으로 미국생활 중에 외아들을 잃는다.

인성(印星)을 충(沖)할 때 어머니를 잃었고, 관성(官星)을 충(沖)할 때는 자식을 잃었다. 병오년(丙午年) 살성(殺星)이 오(午)와 상충(相沖)하여 쟁투가 벌어졌기 때문이다.

1912년 임자년(壬子年)은 38세로 별거 중이던 부인과 이혼한다. 경금(庚金)은 재성(財星)으로 아내인데, 자년(子年)이 되자 재성(財星)이 사지(死地)에 드니 경(庚)은 자(子)를 만나면 죽는다.

1935년 회갑을 맞는 을해년(乙亥年)에는 30대의 서양 여성을 아내로 맞는다. 이때가 재성경(財星庚)이 천간합(天干合)하는 해다. 그리고 10년 후 조국의 해방을 맞는다. 살성(殺星)과 인성(印星)이 상생(相生)하는 운에서 대한민국 초대 대통령으로 당선되었지만, 독재정치를 펼치다가 결국은 하야에 이른다.

살성화살(殺星化殺) 사주

甲	丁	甲	丙	乾
辰	亥	午	子	命

이 사람은 구청장이다. 해수살성(亥水殺星)이 일간(日干)을 아래에

서 위로 파극(破剋)한다. 살성(殺星)을 다스리거나 인성(印星)으로 길들여야 한다. 이와 같이 아무리 무섭고 사나운 살성(殺星)도 제복(制伏)이나 화살(化殺)되면 순한 양과 같고, 권위를 얻어 대부대귀를 이룬다. 그렇지 않으면 살성(殺星)의 공격을 받아야 하므로 평생 궁핍하고 요절, 악사, 단명 등이 따른다.

이 사주는 진(辰)이 해(亥)를 건드려 화가 난 해(亥)가 복수의 기회를 노리고 있다가, 아들을 낳을 때 해(亥)가 동(動)하여 정일간(丁日干)을 파극(破剋)하니 싸움이 일어난다. 얼핏 보기에는 아들이 없는 사주처럼 보인다.

그러나 일간(日干)이 오(午)에 뿌리를 내려 득록(得祿)하고, 양쪽에 있는 인성갑(印星甲)이 병(丙)과 합세하여 일간(日干)을 생조한다. 충분히 수생목(水生木)으로 화살(化殺)하여 살인상생격(殺印相生格)으로 유도하고, 병(丙)의 양인오(羊刃午)는 정임천간합(丁壬天干合)으로 임(壬)을 합살(合殺)한다. 따라서 일간(日干)은 힘이 넘쳐 1남 2녀가 모두 건왕(建旺)하다.

그리고 미약한 살성(殺星)을 년지자수(年支子水)가 돕는다. 여기 저기 중화가 잘 되어 부귀를 겸전한 길명(吉命)이 되었다. 질병은 갑(甲)의 간질환에 있다. 갑(甲)이 오(午)에서 사지(死地)에 들었기 때문이다.

살왕식제(殺旺食制) 사주

辛 丁 戊 丙　乾
亥 亥 戌 子　命

이 사주는 지방의 경찰서장이다. 사주에 인성(印星)이 투출(透出)하지 않아 화살(化殺)하지 못했고, 무술식상(戊戌食傷)이 태산처럼 버티고 있으니 해자(亥子)의 대홍수를 제복(制伏)한 사주가 되었다. 경찰서장이 된 것은 살왕(殺旺)하여 식제(食制)되었기 때문이다.

그러나 살성(殺星)이 대운(大運)에서 오는 수운(水運)의 기세를 따라 흐르니, 토수(土水)가 서로 싸우는 운명이 되어 자기보다 약한 정화일간(丁火日干)을 파극(破剋)한다. 자식이 동(動)하여 일간(日干)을 극(剋)하니, 자식을 낳고 화액을 당한다. 이것은 결국 아들이 없는 사주라는 뜻이다.

직업도 금수(金水)가 흘러가는 재관(財官)의 물상에 있다. 재살(財殺)은 공권력을 의미하므로 군인이나 법조계에서 숙살지권을 갖는다.또 금수(金水) 물상도 직업이 된다. 금수(金水)의 직업에서 분발하는 사람이나 관공직이나 동일한 물상으로 같은 직업이다. 이 사람은 현재 아들은 없으나 딸 일곱을 두고 길복을 누리며 잘 살고 있다.

재성부목(財星浮木) 사주

辛 庚 壬 丁　乾
巳 子 寅 亥　命

이 사주는 임해자(壬亥子)의 소용돌이 치는 물결 속에 인목(寅木)을 띄운 격이다. 임해자(壬亥子)에 휩싸인 인목(寅木)은 소용돌이에 휘말려 빙빙 맴돌며 헤어나지 못하고 있다. 사주에서 인목(寅木)은 인성(印星)이고, 인성(印星)은 직업별이 되기 때문에 매우 소중하다.

그런데 인목(寅木)이 소용돌이에서 벗어나지 못하고 있다. 운명도 이와 같이 처량한 신세가 되어 인목(寅木)의 직업이 되지 못하면 평생 갇혀 살게 된다. 신자진해(申子辰亥) 등의 홍수와 파도타기를 즐기며 흘러가는 부목(浮木)은 비록 호랑이처럼 사납고 성급하다 해도 활동무대가 제한되어 있다.

이 사주는 대운(大運)이 인목(寅木)으로 흘러가야 활동이 가능하다. 그렇지 않으면 임해자(壬亥子)의 소용돌이 속에 갇혀 헤어날 수 없다. 이 사람은 50세가 넘도록 한 번도 변변한 직업을 가져보지 못하고, 집안에 갇혀 먹고 놀 뿐이다.

재성(財星)이 있으나 써먹지 못하니 뜻대로 되는 일이 하나도 없다. 젖은 인목(寅木)은 수(水)의 근원을 설기(洩氣)할 수 없고, 정화(丁火)를 생(生)할 수도 없으니 오로지 아내덕으로 살아간다.

아내의 직업은 인목(寅木) 물상에 있다. 20년 가까이 보험회사 영업

사원으로 일하고 있다. 질병은 정화(丁火)의 마음과 인(寅)과 금수(金水)에 있다. 이 사람의 직업은 수목(水木)의 합작품으로 선원, 보험, 증권, 금융계통, 때밀이 등으로 나가면 길하게 될 것이다.

부자상극(父子相剋) 사주

辛 戊 己 癸　　乾
酉 申 未 丑　　命

이 사주에서 년간계수(年干癸水)는 정재(正財)로 조상과 아버지를 나타낸다. 그 계수(癸水)를 일간무토(日干戊土)가 천간합(天干合)하고, 계(癸)의 칠살(七殺)인 기토(己土)가 아버지를 파극(破剋)한다. 년주(年柱)에서 축미(丑未)가 동(動)하여 계수(癸水) 입고물(入庫物)이 충출(沖出)되어 나들이로 파극(破剋)한다. 엎친데 덮친격으로 축(丑)이 동(動)하여 계(癸)를 하극상으로 파극(破剋)하니 부자상극(父子相剋)을 피할 수 없다. 자식이 아버지를 치는 것이다.

아버지를 파극(破剋)하는 시기는 천간합(天干合)이나, 지지합(地支合)이나, 형충파해(刑沖破害)나, 입고물(入庫物)이 치이는 진술축미년(辰戌丑未年)이다. 이와 같이 아버지를 죽이는 사주는 아버지와 일찍 헤어져야 화액을 막을 수 있다.

이 사주가 4세인 병진년(丙辰年)에 아버지가 사망했다. 진(辰)이 동

(動)하여 축(丑)을 형충(刑沖)할 때 입고물(入庫物)이 치이니, 위에 있는 형제와 합세하여 아버지를 땅 속에 묻은 것이다. 무토대운(戊土大運)이 아버지의 죽음을 재촉한 것이다.

6세인 무오년(戊午年)은 오(午)가 동(動)하여, 미고(未庫)에 오미(午未)로 입고(入庫)하여 대운오(大運午)의 모성(母星)이 동(動)하여 미고(未庫)에 들어간다. 오(午) 어머니가 축미(丑未)의 덫에 치인 것이다. 오(午)의 물상이 치이는 것은 복부, 눈, 자동차 등이다. 무오년(戊午年) 여름 어머니에게 복부수술이 있었다.

18세인 경오년(庚午年)은 대운사(大運巳)에 인성(印星)이 축고(丑庫)에 사축합(巳丑合)으로 들어가고, 오(午) 어머니가 미고(未庫)에 오미(午未)로 입고(入庫)한다. 형충(刑沖)을 기다려 오(午)가 치인다. 형충(刑沖)하는 축미(丑未)가 있으니 사건은 덫에 치이는 오(午)의 물상에 있다. 경오년(庚午年) 미월(未月) 모성사(母星巳)가 축미(丑未) 덫에 치이고, 오(午)가 축미(丑未) 덫에 치인다.

어머니가 미월(未月)에 교통사고를 당하여 병원으로 실려갔다. 그후 간신히 불구는 면했다. 위의 사건들은 오(午)의 물상이 나들이를 하여 운명을 대체하거나, 사오(巳午)가 축미(丑未)에 치이는 물상으로 매매 등의 나들이를 하면 액땜할 수 있다.

부녀상극(父女相剋) 사주

甲 壬 丙 己　坤
辰 子 子 巳　命

이 사주는 아버지를 극(剋)하는 운명으로 태어났다. 관성(官星)이 제왕지(帝旺地)에 앉아 있으나 갑기(甲己)가 천간합(天干合)하여 탐합망관(貪合忘官)하니 대흉하여 남편을 잃었다. 갑기천간합(甲己天干合)하는 운이 오면 남편은 갑기(甲己) 작품이 만들어진다. 병화(丙火)는 편재(偏財)이며 아버지인데, 자수(子水)가 살지(殺地)에 앉아 수극화(水剋火)로 공격하고 있으니 부녀간이 상극(相剋)된다.

자수(子水) 형제 자매가 태어나면 수(水)가 지나치게 많아, 형제가 합세하여 병화(丙火)를 파극(破剋)하여 아버지를 잃는다. 이 사주의 팔자대로 아버지는 두 아들을 낳고 갑자기 뇌혈관이 터져 사망했다. 자수(子水)는 인체를 운영하는 혈액이고, 병(丙)의 화기(火氣)는 기(氣)의 주체로 가장 높다. 병자(丙子)의 싸움은 바늘로 심장을 찌르는 자오충(子午沖)과 같아 심장, 뇌, 머리, 혈관, 후두, 홧병, 복부수술, 혈압, 상해 등이 따른다.

부성기토(夫星己土)는 갑기(甲己) 합작품을 만들고 있다. 갑기천간합(甲己天干合)이 있는 사람은 당구를 쳐라. 그러면 갑기(甲己) 작품을 물상으로 대체하는 길이 될 것이다. 갑기병상(甲己病象)은 간이나 위장이 토(土)로 변하는 것으로, 간이나 위장이 돌맹이처럼 굳어지는 물상으로 변하니 간경화나 위암 등을 말한다. 갑기(甲己) 물상은 갑기(甲己) 질병을 대체하는 약과 같아 생기를 불어넣는다. 따라서 직업이나 취미활동에서 분발해야 한다.

기(己)는 남편이며 시상갑목(時上甲木)이 갑기(甲己)로 묶어 목토(木土) 작품을 만들었다. 갑자년(甲子年)인 55세 때 아버지가 오랫동안 병마와 싸우다 간경화로 생명을 잃었다. 이것은 남편을 죽이는 이 사람의 사주 때문이다. 갑자년(甲子年)의 운세는 갑(甲)이 기(己)의 남편을 천간합(天干合)하여 부부간에 생사이별의 나들이를 만들고, 자(子)가 동(動)하여 부성진(夫星辰)을 자진삼합(子辰三合)하니 부성(夫星)의 나들이가 성립된 것이다. 이 사주에서 부성(父星) 병화(丙火)는 간질환으로 보기도 한다. 이것은 목기(木氣)를 설(洩)하기 때문이다.

모자상극(母子相剋) 사주

壬 癸 乙 庚　　乾
申 酉 酉 辰　　命

이 사주는 인성(印星)이 많은데 도식(倒食)되어 어머니가 자식을 극(剋)한다. 부성(父星)이 보이지 않으니 유복자라는 뜻이다. 인성(印星)이 자식의 사주에서 을목(乙木)을 파극(破剋)하여 어머니가 자식을 죽이는 팔자가 되었다. 자식들이 칼로 나무를 깎는 직업을 갖지 않으면 상극(相剋)을 면할 길이 없어 발전하지 못한다.

이 사주의 어머니는 칼자루를 들고 자식 을목(乙木)을 자른다. 형은 목수로 유복한 생활을 하고 있고, 본인은 50세가 넘도록 무직자로 허송세월을 보내고 있다. 금목(金木) 직업을 갖지 못했기 때문이다.

병오년(丙午年)에 재성(財星)이 병신천간합(丙辛天干合)할 때 결혼했으나, 경술년(庚戌年)에 아내가 네 살박이 아들을 두고 집을 나가 돌아오지 않는다. 관성(官星)을 형충(刑沖)할 때다. 인성(印星) 어머니가 진중관성(辰中官星) 자식과 진유육합(辰酉六合)하는 운명이고 보면, 자기 자식을 키우는 것도 팔자에 있어야 한다.

오십이 넘도록 어머니가 옹기장사를 하며 먹여살리고 있다. 이 사람은 금대운(金大運)이 유도하는대로 노동판에 몸담고, 철공소 등에서 금(金) 기계와 접해본 적은 있으나 어떤 일도 두 달을 넘겨보지 못했다. 을유(乙酉) 작품인 척추나 허리 등을 다치거나 을유금극목(乙酉金剋木) 요통으로 신고가 그림자처럼 따라다니기 때문이다.

칼이 나무를 합작하는 을유(乙酉) 물상이 직업이 되지 않으면 평생 질병과 싸워야 하고, 금(金) 어머니와 싸워야 한다. 금목상전(金木相戰)에서 금목(金木) 직업이 되어 금목(金木) 나들이로 액땜을 하지 않으면 영원히 구제할 길이 없다.

노모는 오늘도 찾아와서 아들이 무엇을 하면 자신의 힘으로 살아갈 수 있겠느냐고 묻는다. 필자는 똑같은 말을 되풀이하며 아들은 을유(乙酉)나 경을(庚乙) 물상에서 분류되는 금목(金木) 직업밖에 없다고 했다.

경오년(庚午年) 어느 여름날, 노모가 다시 찾아왔는데 눈 언저리에 밤톨만한 혹이 돋아나 있었다. 이유를 물어보니 아들에게 맞았다는 것이다. 이 할머니의 눈물이나 모자상극(母子相剋)에서 뿌리는 눈물이나, 자식을 위한 어머니의 눈물은 모두 동일한 것이다.

경오년(庚午年)은 경(庚) 어머니가 을(乙) 아들의 목(木)을 을경천간합(乙庚天干合)으로 비틀어 숨통을 조인다. 설상가상으로 금(金)이 동(動)하여 지지(地支)에 있는 유(酉) 어머니가 위에 앉은 자식을 파극(破剋)하니 그 자식에게 상해가 있다. 오화(午火)는 금(金)을 다스리고, 금(金)은 서슬퍼런 날을 세운다. 어머니가 자식의 목에 비수를 꽂는 형상이 되었으니 모자상극(母子相剋)이 극에 달한 것이다.

오행(五行)에서 방출하는 영력(靈力)은 운명을 이끌어 가는 길이다. 정령계(精靈界)의 테두리 안에 존재하는 여덟 글자의 팔자조직은 인간계에 미치는 영향력을 숙명으로 하여 명조(命造)의 각본따라 운명을 움직인다.

당주(當主)가 오행(五行)을 통한 영력(靈力)에서 벗어날 수 없는 것이다. 금목상극(金木相剋)에서 온 모자상극(母子相剋)으로 팔자소관이다. 어머니를 때린 불효막심한 아들은 먼 훗날 피눈물을 흘리며 후회할 것이다.

그후 까맣게 잊고 지내던 어느날 옹기할매가 다시 찾아왔다. 아들이 어느 시골에 있는 꿩사육장에서 일하려고 한다는 것이다. 이것은 대운(大運)에서 금(金)이 와서 경을(庚乙) 직업을 찾아가는 것이다.

"팔자요 할매, 이젠 되었소. 아마도 그 직업은 오래갈꺼요."

살성(殺星)이 동(動)한 사주

戊 丙 辛 壬　　坤
子 子 亥 辰　　命

이 사주는 자식을 낳은지 5일 만에 죽었다. 시상무토(時上戊土)는 태풍이 몰고오는 홍수를 토극수(土剋水)로 다스리고 있다. 이때 많은 수(水)는 오히려 자기보다 약한 병화(丙火)를 극(剋)한다. 아직까지는 자식이 없어 무토(戊土)가 정(精)이 되어 많은 수(水)를 건드리지 못했다. 그러나 자식을 낳으면 살성(殺星)이 동(動)한다. 식상(食傷)이 살성(殺星)을 건드리기 때문이다.

자진(子辰) 합작품은 물을 담은 진흙, 물그릇, 물이나 유류창고, 염증주머니, 피가 흐르는 혈관, 물혹, 종양, 송유관, 송수관, 위장의 염증, 물을 마신 위장 등이고, 병자(丙子)는 심장이다.

28세인 기미년(己未年)에 자성(子星)인 식상(食傷)이 갑기천간합(甲己天干合)되고, 해미(亥未)로 식상(食傷)이 남편 관성(官星)과 지합(支合)되고 천간합(天干合)되자, 임신하여 다음해인 경신년(庚申年)에 딸을 낳았다. 그러나 신자진수국(申子辰水局)이 동(動)하고, 무토(戊土) 아들이 수(水)를 다스리는 운명이기에 병화(丙火)를 파극(破剋)한다. 무토(戊土) 자식이 수(水)를 제복(制伏)하자, 많은 수(水)는 제복(制伏)되지 않고, 오히려 성을 내어 자기보다 약한 화(火)를 극(剋)하여 자식을 낳고 죽은 것이다.

육친상극(六親相剋) 사주

癸 戊 丁 壬　　乾
亥 寅 未 寅　　命

이 사람은 신유년(申酉年)에 찾아와 요리사 자격증의 취득여부와 시골에 계신 부모님의 건강을 물어왔다. 운명을 살펴보니 병신간합(丙辛干合)이 동(動)했다. 식신신(食神申 : 먹거리)과 인성병(印星丙 : 문서)에는 요리사 자격증 사건이 있으나 인성(印星)이 합(合)되어 수(水)로 변하기 때문에 어렵고, 내년에는 어머니와 생사이별이 있고, 다음해에는 아버지와 생사이별이 있으니 시골에는 돈만 보내고 가지 말라고 했다.

이 사주는 보다시피 무계(戊癸)가 천간합(天干合)하여 계수(癸水)를 말리고 있다. 계(癸)는 재성(財星)이니 재성(財星)을 천간합(天干合)하는 계년(癸年)에는 아버지와 생사이별이 따르고, 무년(戊年)에는 아내나 아버지와 생사이별이 따른다. 년월(年月)에서 정임천간합(丁壬天干合)되어 정화(丁火) 불을 끄고 있다. 정화(丁火)는 인성(印星)이며 모성(母星)이므로 정(丁)의 인성(印星)을 천간합(天干合)하는 임년(壬年)이나 정년(丁年)에는 어머니와 생사이별이 따른다.

이 사주는 임술년(壬戌年)에 어머니와 사별했고, 다음해인 계해년(癸亥年)에는 아버지와 사별했다. 계해년(癸亥年)은 인해합파(寅亥合破)까지 동(動)하여 재성(財星)의 분리가 따른 것이다. 경오년(庚

午年)에는 관성(官星)이 합(合)되어 아들도 낳고 직장도 얻었다고 인사차 왔었다. 무계합(戊癸合)과 정임간합(丁壬干合)은 모두 부모의 운명을 말하고 있으니 육친상극(六親相剋)된 팔자다.

가출한 사주

庚 丙 己 乙　　乾
寅 寅 卯 卯　　命

인성(印星)은 학문을 관장한다. 그러나 지나치게 많으면 미치지 못한 것과 같아 공부를 꺼리고 어머니와 상극(相剋)된다. 세 살짜리 어린아이가 한글을 깨우쳤다든가, 환갑 노인이 대학에 진학했다는 이야기를 가끔 접한다. 이것은 그 나이에 대운(大運)에서 인성(印星)이 들어왔기 때문이다.

현재 수많은 학생들이 학업을 포기하고 학교와 부모를 떠나 가출하는 경우가 많다. 이것은 가출을 부추기는 오행(五行)의 영력(靈力)이 작용하기 때문이다. 형충파해(刑沖破害), 역마(驛馬), 합(合)에서 찾아볼 수 있다.

이 사주는 고등학교 2학년생으로 임신년(壬申年)인 1992년에 가출했다가 계유년(癸酉年)에 돌아왔다. 임신년(壬申年)은 임편관(壬偏官)과 신금(申金)이 동(動)하여 형충파해합(刑沖破害合)을 일으킨다. 일간병(日干丙)은 신(申)이 동(動)하자 병이 들고, 임(壬)이 동(動)하여 일간(日干)이 깔고 앉은 인성(寅星)을 보고 병든다. 병이 들면 형충(刑沖)을 기다려 병원으로 옮겨가는데, 역마(驛馬)이며 가만히 있던 일간(日干)이 충(沖)을 받아 옮겨가는 가출 등의 사건이 발생한다.

인역마(寅驛馬)는 신(申)에 있고, 신역마(申驛馬)는 인(寅)에 있다. 인목인성(寅木印星)은 어머니가 되므로 어머니와 상극(相剋)되고, 신금편재(申金偏財)는 아버지가 되므로 아버지와 상극(相剋)된다. 그러나 일간(日干)이 가출하여 분리되면 육친상극(六親相剋)에서 벗어날 수 있다. 이와 같이 가출은 육친상극(六親相剋)에서 형충파해합(刑沖破害合)이 올 때 일어나는데, 물상의 나들이로 대체하면 면할 수 있다. 액땜의 상책이 분리이기는 하나, 누가 시키지 않아도 상극(相剋)이 올 때는 대개 분리를 일으킨다.

금목상극(金木相剋)과 모자상극(母子相剋) 사주

丁 辛 己 庚　乾
酉 酉 丑 寅　命

파격(破格)이란 전록귀록시(專祿歸祿時)에 정(丁)의 살성(殺星)을 만나는 것을 말한다. 시상(時上)의 편관정화(偏官丁火)는 매우 많은 금(金)을 다스리고 있다. 자식 정(丁)을 낳을 때를 기다려 화(火)가 동(動)하여 금(金)을 다스리는 것이다. 이때 많은 금(金)이 제복(制伏)되지 않고, 오히려 자기보다 약한 인목(寅木)을 파극(破剋)한다. 사주에 있는 별은 오행(五行)이 하나만 떨어져도 생명을 유지하기 어렵다.

따라서 이 사람은 자식을 낳으면 금(金)이 동(動)하여 목(木)을 극하기 때문에 아들이 없는 사주가 되었다. 만일 아들이 있다고 해도 화(火)가 금(金)을 건드리고, 금(金)은 자기보다 약한 목(木)을 파극(破剋)하기 대문에 인목(寅木)은 생명이 없다.

이 사람은 부부가 모두 아들이 없는 팔자다. 이런 사람들은 대개 같은 팔자끼리 인연이 맺어진다. 내가 모르는 내 사건들을 팔자계는 미리 알고 닥쳐올 일들을 읽고 있는 것이다. 이것은 명리학(命理學)을 모르면 알 수 없는 이치다.

이 사람의 직업은 수대운(水大運)과 금(金)에 파극(破剋)된 미약한 인목(寅木)에 있다. 즉 금목(金木) 합작품이 직업이 된다는 말이다. 팔자대로 이 사람은 요리사 자격증을 취득하여 물을 따라 선원이 되었다.

일지유(日支酉)는 아내이고, 축(丑)은 인성(印星)이며 모성(母星)이다. 어머니와 아내가 금국(金局)으로 합세하여 휘두르는 칼날에 인목(寅木)이 치인다. 이와 같이 금목(金木)이 서로 싸우는 사주는 수(水)가 와서 금목(金木) 사이에 다리를 놓으면 구제된다. 수(水)는 금기(金氣)를 설(洩)하며 목(木)을 생(生)하기 때문이다.

사건은 이 사람이 집으로 돌아오면서 시작된다. 금목상극(金木相剋)

의 작품은 주방장으로 대체해 왔다. 그러나 육지에 오른 후부터는 물을 떠나고, 식물을 난도질하던 금목(金木) 주방장에서 떠났으니 직업이 없는 것과 같아 액땜이 되지 않는다. 금목(金木) 작품을 몸으로 받을 수밖에 없다. 을축년(乙丑年) 진월(辰月), 육지로 돌아온 후 부부가 회포를 풀기도 전에 요통이 왔다.

이것은 유축금국(酉丑金局)이 나무를 내려찍는 형상이다. 아내 유(酉)와 어머니 축(丑)이 금국(金局)으로 합세하여 인목(寅木)에 도끼질을 하는 것이다. 축금고(丑金庫)는 모성(母星)이다. 어머니가 파놓은 묘고(卯庫)에 신금(辛金) 아들이 앉아 있으니, 어머니가 아들을 묻은 격이다.

인목(寅木)은 물을 만나거나, 금목상전(金木相戰)하는 물상의 나들이가 없으면 손발과 허리 등에 상해를 입는다. 발병의 원인은 수(水)가 미약하여 인목(寅木)을 생(生)하지 못한데 있고, 신장과 방광의 수기(水氣)가 미치지 못한데 있다.

처음에는 대단하지 않게 생각했으나 요통은 급속히 악화되어 갔다. 병원, 한의원, 침구사, 지압, 푸닥거리, 부적 등 좋다는 것은 어디든 찾아다니고 이름까지 바꾸어도 효과가 없더니, 한창 나이인 36세 을축년(乙丑年) 기축월(己丑月)에 세상을 떠났다. 죽음에 임박하여 어머니에게 입에 담지 못할 욕설을 퍼부었다고 한다. 이것은 모자상극(母子相剋)에서 오는 비극이었다.

금목상극(金木相剋) 사주

庚 戊 辛 癸　　乾
申 寅 酉 酉　　命

일지(日支)는 아내궁이고 관성(官星)이므로 자식이다. 인목(寅木)을 신금(申金)과 유금(酉金)이 파극(破剋)하여 금목(金木) 작품을 타고났으나, 직업으로 삼지 못하여 아내를 잃었다. 그후 세 명의 아내를 더 얻었으나 모두 3년을 넘기지 못하고 떠났다. 인신금목(寅申金木) 작품은 홀아비 신세를 면할 수 없다. 신장과 방광이 병들어 있고, 인목(寅木) 간이 물을 받지 못하니 병이 든다.

금목(金木) 합작품 사주

戊 庚 丁 乙　　乾
寅 子 亥 酉　　命

이 사주는 을목(乙木)이 금(金)에게 파극(破剋)되어 가장 미약한 오행(五行)이 되었다. 을목(乙木)은 어버지와 아내인데, 금(金)에게 파극(破剋)되었으니 아버지와 아내의 생명은 없다고 봐야 한다. 그러나 금목(金木)이 서로 싸우는 칼과 나무의 합작품을 생산하는 직업에서 목수가 되어 금목(金木) 물상에 일거리 등으로 나들이를 대체하여 흉를 길로 바꾸었다.

3세 때 아버지를 잃었으나 아내는 건왕(建旺)하다. 그리고 유복자 동생이 있다. 갑신(甲申)과 을유(乙酉)는 목(木)을 파극(破剋)하는 살성(殺星)을 타고난다. 인신(寅申), 묘유(卯酉), 인유(寅酉), 묘신(卯申) 등의 상극(相剋)이 그것이다. 허리, 손발, 무릎, 관절 등에 통증과 상해가 따른다. 신경통, 관절통, 간질환 등 손발을 쓰지 못하니 소아마비의 운명을 타고나기도 한다.

이와 같이 칼이 나무를 깎는 작품은 검난을 당하거나 수술, 칼부림, 칼잡이 등의 작품이다. 따라서 직업이나 일거리에서 금목(金木) 나들이가 없으면 몸으로 칼을 받아야 한다. 이 사람은 목수가 되어 금목(金木)이 합작하는 물상으로 나들이를 했기에 금목(金木) 질병을 면할 수 있었다. 사주에서 칼이 나무를 깎아 을재(乙財)를 생산하는 숙명을 타고나, 금목대운(金木大運)에서 일찍 목수가 된 것이다.

사주에 없는 오행(五行)을 논한다는 것은 웃음거리가 된다. 시지인목(時支寅木)은 병화(丙火) 자식이 장생(長生)하는 곳이니, 피어나는 자식을 아내가 생(生)하는 것이다. 따라서 사회적으로 성공하는 자식이 있다. 을목(乙木)은 해(亥)에서 사(死)가 되므로 술을 마시면 간질환으로 생명이 위험하다. 질병은 을목(乙木)에서 다양한 질환이 발생한다.

재성(財星)이 건왕(建旺)한 사주

庚 庚 甲 癸　　乾
辰 申 寅 酉　　命

이 사주는 일간(日干)이 건록(建祿)에 앉아 신왕(身旺)하고, 갑목재성(甲木財星)이 건록(建祿)에 앉아 재왕(財旺)하고, 상관(傷官)이 재(財)를 생(生)하고 있으니 재물복을 타고난 사람이다.

그러나 년지유(年支酉)와 일지(日支)에서 신(申)이 월령(月令)하여 인목(寅木)을 파극(破剋)한다. 금목(金木) 합작품이 생산되어 금목(金木) 작품으로 직업을 삼지 않으면 아내와 질병, 분리, 생사이별 등이 따른다. 약신(藥神)이 파극(破剋)되어 생명을 잃을 수도 있다.

형제가 동업으로 직조기 몇 대를 구입하여 면직물을 짜는 금목(金木) 작품으로 가내공업을 시작했다. 사업이 번창하여 20여 년이 흐른 오늘에 이르러 100여 명의 종업원을 두었다. 인신인유(寅申寅酉) 물상은 직조기에 생산되는 바늘과 실, 섬유 등이다.

금목(金木)이 서로 싸우는 운명인데, 직업에서 금목(金木) 물상으로 대체했기에 아내가 건왕(建旺)한 것이고, 금목(金木) 물상을 직업으로 삼아 흉을 길로 돌린 것이다. 금목(金木)의 질병은 신경통, 곱추, 척추나 손발상해와 통증 등이다. 계수(癸水)의 신장과 방광이 병들어 있다.

금목상전(金木相戰) 사주

丁 乙 庚 庚　　乾
丑 酉 辰 寅　　命

이 사주는 일간을목(日干乙木)이 금(金)에게 파극(破剋)되어 매우 미약하니 직업은 금목(金木) 물상에 있다. 금목(金木) 합작품에 나들이하지 않으면 금목(金木) 합작품의 질병이 발생한다. 을경(乙庚) 간질환이 만들어지는 것이다. 경을(庚乙)과 을유(乙酉)의 간질환을 타고난 사주다. 갑기(甲己) 합작품은 토(土)로 변하기 때문에 간이 돌덩이처럼 굳어지는 간경화, 간질환, 위장질환, 위장 · 비장의 결석 등 돌처럼 굳어진다.

을경(乙庚) 합작물상은 간의 수술이다. 갑대운(甲大運) 갑자년(甲子年)에 갑(甲)과 자(子)가 동(動)하는데, 갑기(甲己) 물상에 나들이가 없어 간경화에 걸린 것이다. 민간요법으로 을축년(乙丑年)과 병인년(丙寅年)에 다소 병세가 호전되는듯 했으나, 정묘년(丁卯年)에 화(火) 두 개가 금(金)을 다스리지 못하고 금(金)만 건드려, 묘유상충(卯酉相沖)하고 인묘진(寅卯辰) 목국(木局)을 이루어 금(金)과 싸운다. 금목(金木)의 싸움을 막지 못하여 병세가 극도로 악화되어 생명이 경각에 달렸다.

발병 원인은 수(水)가 없어 목(木)을 생(生)하지 못하기 때문이다. 이런 사주는 술(水)을 많이 먹는데 그 술이 독이 된다. 경(庚)이 을

(乙)을 천간합(天干合)하고, 유중신금(酉中辛金)을 보는 것은 을목칠살(乙木七殺)이 되어 을목(乙木)을 극(剋)한다. 이 사주는 시상정화(時上丁火)가 금(金)을 제(制)하기 때문에 살성(殺星)이 성을 내어 목(木)을 극(剋)하니 생명을 잃은 것이다.

관성입고(官星入庫) 사주

乙 甲 癸 丁　　坤
亥 辰 丑 亥　　命

축고(丑庫)에 들어가 암장(暗藏)된 신금(辛金)은 관성(官星)이다. 부성(夫星)이 입고(入庫)하면 남편과 생사이별이 따른다. 일지(日支)에서는 진토(辰土)가 축금고(丑金庫)를 형충(刑沖)하여 문을 열었다. 신금(辛金) 남편이 축진(丑辰) 덫에 치이므로 남편의 죽음을 막지 않으면 안 된다. 사건은 대운(大運)에서 축(丑)을 형충(刑沖)하는 오행(五行)이 들어와 고(庫)를 열 때 일어난다. 입고물(入庫物)이 충출(沖出)되면 나들이를 하는 육신(六神)은 질병, 분리, 생사이별이 따른다.

33세 기미년(己未年)은 미(未)가 동(動)하여 축고(丑庫)를 형충(刑沖)하고, 대운진(大運辰)이 동(動)하여 축(丑)을 형(刑)하니, 축고(丑庫)에 들어간 남편을 구할 길이 없다. 계수(癸水) 물상으로 나들이를 대체하지 못하면 죽음이 있다. 이 사람의 남편은 기미년(己未年) 미월(未月)에 회사에서 작업하는 도중에 철근에 치여 사망했다.

사별 후 경신년(庚申年) 진대운(辰大運)의 축진(丑辰)이 개고(開庫)될 때 수(水)의 나들이가 성립되고, 신해(申亥) 합작품이 생산되어 찻집을 개업했다. 신유년(辛酉年)은 관성(官星)이 일지(日支)와 육합(六合)하므로 남편의 나들이가 있어 이 운에서 재혼했다. 그후 10년이 흐른 신미년(辛未年) 부성(夫星)이 입고(入庫)된 축(丑)을 형충(刑沖)하는 운에서, 10년 동안의 재혼생활을 청산하고 헤어졌다.

그리고 신미년(辛未年) 해미(亥未) 합작품이 생산되는 해월(亥月)에 해(亥) 족발집을 개업했다. 을목(乙木)은 해(亥)에서 사(巳)가 되기 때문에 해(亥) 물상을 직업을 삼거나, 을목(乙木) 물상을 직업으로 삼으면 죽음을 피할 수 있다. 정화(丁火)가 미약하니 저혈압과 심장질환이 염려된다.

자식이 사지(死地)에 든 사주

辛	乙	壬	丁	乾
巳	酉	子	丑	命

관성(官星)은 자식의 운명을 보고, 재성(財星)은 아내의 운명을 본다. 이 사주는 미대운(未大運)에 있다. 미(未)가 동(動)하여 축금고

(丑金庫)를 형충(刑沖)한다. 축(丑)에는 편관유(偏官酉)와 신금(辛金)이 들어간다. 남자는 관성(官星)이 자식인데, 관성(官星)이 고장지(庫藏地)에 들어가 치인다.

55세 신미년(辛未年)은 미(未)가 동(動)하여 축금고(丑金庫)를 형충(刑沖)한다. 입고물(入庫物)이 치이니 자식이 나들이를 한다. 미월(未月)에 이르러 대학에 다니던 둘째 아들을 땅에 묻었다. 부자상극(父子相剋)이 빚은 비극이다. 신금(辛金)은 편관(偏官)인데 시주(時柱)에 있으니 장남이 아닌 아들이다. 그 자식이 사지(死地)에 있다. 신사(辛巳)가 그것이다. 아버지가 아들을 죽이는 사주를 타고 태어난 것이다.

미월(未月)은 입고물(入庫物)이 충출(沖出)되는 나들이 사건이다. 신(辛)이 동(動)하여 깔고 앉은 뱀에게 물린다. 여자는 살성(殺星)이 태왕(太旺)할 때 남편을 땅에 묻고, 남자는 칠살(七殺)이 태왕(太旺)할 때 자식을 땅에 묻는다. 이 사주는 사유축금국(巳酉丑金局)이며 편관신(偏官辛)이 동(動)하니 칠살(七殺)이 자라서 심장(巳)에 비수를 꽂는다.

이 사주는 인수제왕지(印綬帝旺地)에 앉아 있다. 학문, 예술, 인격이 뛰어나며 살인상생(殺印相生)되어 관귀(官貴)를 설기(洩氣)하고, 인수(印綬)가 희신(喜神)이라 사회에 기여한다. 박사학위를 받은 대학교수로 학문이 경지에 이르렀다.

관성(官星)이 식상(食傷)에 입고(入庫)한 사주

乙 甲 癸 丁　　坤
亥 辰 丑 亥　　命

부성(夫星)인 편관계수(偏官癸水)가 미토(未土)를 깔고 앉아 미약하다. 수(水) 물상으로 직업을 삼지 않으면 본인은 물론 남편이 수명이 짧거나 질병, 생사이별 등이 따른다.

해(亥)는 남편인데 식상미(食傷未) 자식과 삼합(三合)하여 미고(未庫)에 있다. 자식을 낳으면 미토(未土)는 해(亥)를 빨아먹는다. 미(未)를 형충(刑沖)하는 운이 오면 남편을 죽일 것이다. 30세에서 35세 사이에 대운(大運)에서 술(戌)이 동(動)하여 미(未)를 형충(刑沖)하는 운명이다. 남편의 죽음이 있다. 세운(歲運) 사(巳)가 와서 관성해(官星亥)를 충(沖)한다. 1989년은 기사년(己巳年)이었다.

사(巳)는 해(亥)를 상충(相沖)하고, 술대운(戌大運)이 동(動)하여 미(未)를 형충(刑沖)한다. 오(午) 자동차가 미(未)에 들어가고, 해(亥)가 미고(未庫)에 들어간다. 미(未)를 형충(刑沖)하는 술대운(戌大運)의 운명은 입고물(入庫物)이 충출(沖出)되어 남편의 생사이별의 작품을 만든다. 사(巳)의 물상은 자동차로 봉고나 트럭 등의 긴 자동차다. 사해충(巳亥沖) 작용은 자동차가 부딪치는 형상이다. 해미(亥未) 작품은 물에 젖은 길, 물통, 유류탱크, 물이 흐르는 길, 혈관, 위장과 비장염증, 뇌혈관, 손발에 흐르는 혈액 등이다.

35세 기사년은 사해(巳亥)가 충하고 미고(未庫)를 형충(刑沖)하는 사건이 벌어진다. 술대운(戌大運)에 있고 미토(未土)에 남편이 들어 있다. 그 미토(未土)에 술(戌)이 와서 형충(刑沖)을 가하니 남편을 담은 그릇이 깨진다. 오(午)를 담은 그릇이 깨지는 것이다. 오미(午未) 합작품은 도로 위, 자동차, 차도, 차고, 자동차가 있는 곳 등이다.

술미(戌未)로 형충(刑沖)하는 작품은 땅에 치이는 것이다. 땅 위에서 오(午)가 치이는 작품이 생산된다. 때는 기사년(己巳年) 미월(未月) 장대같은 비가 내리는 날, 중앙선을 넘어오는 트럭과 충돌하여 직사했다. 입고(入庫)된 해(亥)는 해미(亥未) 빗길에서 술미(戌未) 덫에 치인 것이다. 죽은 남자의 사주는 아무리 눈을 씻고 찾아봐도 죽을 사람같지는 않았다. 육친상극(六親相剋)에서 오는 입고(入庫)된 남편의 운명으로 보아야 할 것이다. 아내가 남편을 죽인 것이다.

관성(官星)이 충출(沖出)한 사주

甲 庚 壬 癸　　坤
申 午 戌 未　　命

술(戌)은 화고(火庫)인데 오화(午火)가 들어가 있고, 년지미(年支未)가 형충(刑沖)하니 관고(官庫)에서 충출(沖出)된 물상의 나들이가 그칠 날이 없다. 입고(入庫)된 남편 오(午)가 술미형충(戌未刑沖)

틀에 치이는 형상이니, 남편이 술고(戌庫)에서 나들이를 한다.

오(午)의 상수(象數)는 2 · 7이다. 기해년(己亥年)인 17세부터 남자 관계가 복잡하더니, 18세 경자년(庚子年)인 식상운(食傷運)에 임신하여 미혼모가 되었다. 그후 몇 명의 남자를 바꿔가며 동거하다, 을사년(乙巳年)은 남편 관성(官星)이 사신(巳申)으로 육합(六合)하는 때라, 착실한 남자를 만나 결혼한다.

그러나 결혼한지 일년도 안 되어 병오년(丙午年)에 오(午) 관성(官星)이 화고(火庫)에 입고(入庫)하고, 오(午)가 술미진(戌未辰) 형틀에 치이자 교통사고로 남편을 잃었다. 그리고 임(壬)과 계(癸)는 살지(殺地)에 치여 미약하니 물장사를 시작한다. 사주에서 파극(破剋)된 약한 별이 직업이 되기 때문이다.

이 사주는 진술축미(辰戌丑未)가 관고(官庫)를 형충(刑沖)할 때마다 남편을 잃었고, 아버지가 다른 자식을 넷이나 낳았다. 이것은 모두 17세에서 24세 사이에 일어난 사건이다. 55세 정축년(丁丑年)인 지금까지 물장사를 하며 파란만장한 삶을 살고 있다.

관성(官星)이 고충(庫沖)한 사주

己 辛 戊 丙　坤
丑 酉 戌 午　命

관성오(官星午)는 남편인데 술고(戌庫)에 들어갔고, 시지(時支)에서 축(丑)이 술고(戌庫)를 형충(刑沖)하니 오화관성(午火官星)이 술고(戌庫)에서 빠져나와 나들이가 성립되어 남편과 분리나 생사이별이 따른다.

축(丑)이 술(戌)을 형충(刑沖)하는 축술(丑戌) 틈에 오(午)가 치인 것이다. 오(午)의 물상은 자동차, 눈, 뇌, 어깨, 머리, 심장, 복부, 혈압, 열병 등이다. 남편은 미년(未年)에 교통사고를 당하여 뇌수술 받은 후 사망했다. 이런 사주와 결혼하는 남자는 요절할 명으로 태어난 남자다.

오화입고(午火入庫) 사주

乙 丙 戊 庚　　乾
未 戌 寅 午　　命

이 사람은 경오년(庚午年) 미월(未月)에 교통사고로 뇌수술을 받았으나 사망했다. 인(寅)과 오(午)는 술(戌) 고장지(庫藏地)에 삼합(三合)으로 들어갔다. 술(戌) 고장지(庫藏地)를 시지미(時支未)가 형충(刑沖)한다. 이와 같이 고장지(庫藏地)가 형충(刑沖)되어 입고물(入庫物)이 충출(沖出)된 사주는 나들이를 하는 충출(沖出) 물상이 직업이 되거나 다양한 나들이가 생긴다.

형충(刑沖)하는 술미살성(戌未殺星)에 입고물(入庫物)이 밖으로 튀어나와 치이니 상해, 질병, 수술, 충돌, 낙매, 생사이별 등이 오는 것이다. 이 사주에서 동(動)하는 오행(五行)으로 운명을 추리하면 다음과 같은 사건이 오년(午年)에 일어난다. 오화(午火)가 동(動)하여 자동차가 시동을 걸고, 오술(午戌) 도로 위를 달리다가, 술미형충(戌未刑沖)을 받아 치여 교통사고로 상해를 입는 형상이다.

오년(午年)에는 오(午)가 동(動)하여 인(寅)을 데리고 술고(戌庫)에 들어간다. 미(未)가 술(戌)을 형충(刑沖)하는 작품이 사주에 있기 때문에 사건은 미월(未月)에 나타난다. 인오술화국(寅午戌火局)은 삼합(三合)하는 오행(五行)이 함께 연합하여 뭉치는 형상이며, 삼합(三合)된 이후에는 무리에서 다시 이탈한다. 합(合)에는 충(沖)이 있기 때문이다. 이를 삼합(三合)에서 오는 물상의 나들이라고 한다.

그러므로 오(午)의 자동차 매매 · 교환 · 분실 · 도난 등의 나들이가 있거나 부동산, 가옥, 토목, 주거이동, 이사 등의 일거리와 나들이 등의 변화가 있어야 액땜이 된다. 인오술(寅午戌) 작품이 그것이다.

이 사람은 여관을 운영하고 있는데, 권리금의 합의가 여의치 못하여 매매가 성사되지 못하고 지연되더니 사고를 당한 것이다. 인술(寅戌) 여관을 놓았으면 살성(殺星)이 물러나 화액을 면했을 것이다. 결국 욕심 때문에 목숨을 잃은 것이다.

부성입고(夫星入庫) 사주

乙 己 辛 辛　　坤
亥 未 卯 丑　　命

이 사주는 묘목관성(卯木官星)이 목고미(木庫未)에 삼합(三合)으로 입고(入庫)했다. 년지축(年支丑)은 미(未) 고장지(庫藏地)를 형충(刑沖)하여 고문(庫門)을 연다. 입고물(入庫物)이 충출(沖出)되어 생사이별의 나들이가 따른다. 남편을 극(剋)하는 사주이나 축미형충(丑未刑沖)에 묘(卯) 남편이 치인 것이다. 마치 토끼의 덫에 토끼가 치인 것과 같다.

두 개의 관성(官星)은 두 남편을, 세 개의 관성(官星)은 세 남편을 의미한다. 해중갑목(亥中甲木)과 묘중갑목(卯中甲木)의 양쪽에 있는 부성갑(夫星甲)이 거머리처럼 일간(日干)에 달라붙어 피를 빨아먹는다. 이처럼 명암으로 관성(官星)이 많이 합(合)되는 사주는 어중이떠중이 부나비처럼 사내들이 모여든다.

설상가상으로 시상(時上)에 투출(透出)한 을목편관(乙木偏官)은 해(亥)를 깔고 앉아 죽음의 늪에서 뿌리가 썩는다. 남편을 극(剋)하는 명(命)이다. 살성(殺星)은 혼잡되었는데 화살(化殺)하지 못하고, 살성(殺星)이 국(局)을 이루었는데 격국(格局)을 이루지 못하면, 칠살(七殺)이 지나치게 많아 남편의 심장을 찌르는 흉살(凶殺)이 된다. 다시 운에서 관성(官星)이 많아질 때를 기다려 남편의 심장에 비수를 꽂는다.

축(丑)은 년지(年支)에서 고개를 내밀고 충고(沖庫)될 때를 기다린다. 축년(丑年)이 오면 축(丑)이 동(動)하여 반드시 미고(未庫)를 형충(刑沖)할 것이다. 이때 미고(未庫)에 있는 부성목(夫星木)은 생사이별의 나들이가 온다.

드디어 미고(未庫)를 형충(刑沖)하는 을축년(乙丑年)이 왔다. 갑자년(甲子年) 관성(官星)이 많이 합(合)될 때 남편 몰래 불륜을 저지른다. 을축년(乙丑年)에 아내의 부정을 알게 된 남편은 칼부림까지 일어나는 최악의 상태를 만든다. 축년(丑年)에 미고를 형충(刑沖)할 때 충고(沖庫)의 각본에 따라 남편을 버리고 가출했다.

병인년(丙寅年) 인성(印星)이 식상신(食傷辛)과 합(合)될 때 결혼 2년만에 이혼한다. 질병은 해수(亥水)의 신장과 방광에 있다. 을목(乙木)이 사지(死地)에 있으니 을목(乙木)이나 해수(亥水)가 직업이 된다. 해(亥)는 뇌에 해당하여 신경정신질환을 조심해야 한다. 진술축미(辰戌丑未)가 와서 미(未)를 형충(刑沖)할 때 고(庫)를 형충(刑沖)한다. 이때 정부를 따라 가출한 것이다.

丙	丁	癸	丁	坤
午	未	丑	亥	命

축중(丑中)에 부성계수(夫星癸水)가 입고(入庫)했다. 해수관성(亥水官星)은 축북고(丑北庫)와 미목고(未木庫)로 들어가 축미(丑未)가 형충(刑沖)하는 덫에 치여 남편과 생사이별, 복부염증, 종양 등의 수

술이 따른다.

축미형충(丑未刑沖)은 토성(土星)끼리 서로 쟁투하며 세력을 다투는 형상이니 위장이나 비장수술이 있고, 식상(食傷)이 형충(刑沖)되어 두 자식의 싸움이 구들장을 뚫을 정도다. 자식이 둘 태어나면 축미형충(丑未刑沖)이 동(動)하니 입고(入庫)된 아버지를 죽인다.

정관해수(正官亥水)는 남편이다. 토축미(土丑未) 위장에 입고(入庫)하여 위장과 비장에 염증이나 종양을 만든다. 축미(丑未)는 질병, 수술, 죽음, 사건 등을 만든다. 사건은 진술축미년(辰戌丑未年)에 축(丑)이나 미(未)를 형충(刑沖)할 때 벌어지니, 입고물(入庫物)의 죽음을 막아야 한다.

이 사주의 남편은 무진년(戊辰年)에 팔자대로 위암수술을 받았으나 술월(戌月)에 사망했다. 무진년(戊辰年)은 부성계(夫星癸)를 천간합(天干合)하여 남편과 생사이별이 따른다. 진(辰)이 동(動)하여 축(丑)을 형충(刑沖)하니 축(丑)이 위에 있는 계수(癸水) 남편을 극하고, 고장지(庫藏地)를 형충(刑沖)하니 남편이 축미(丑未) 덫에 치여 충출(沖出)되어 생사이별이 온 것이다.

축미형충(丑未刑沖)은 식상(食傷) 두 자식이 아버지의 무덤을 판다. 대운(大運) 42세 사(巳)에 있고, 관성해수(官星亥水)를 충(沖)한다. 남편은 하늘에서 치이고, 땅에서 치이고, 땅 밑에서 치인 것이다. 옛말에 남편을 잡아먹는다는 말이 있는데, 이것은 식상(食傷)과 관성(官星)이 서로 싸우는 명조(命造)에서 관성(官星)을 파극(破剋)하는 경우를 말하는 것이다.

술화고(戌火庫) 사주

庚 癸 庚 丁　　乾
申 酉 戌 酉　　命

이 사주는 신유술금국(辛酉戌金局)을 이루고 있다. 금(金)이 많으면 화(火)가 멸하여 허약하고, 금(金)이 많으면 수(水)가 탁해져 신장이 약하다. 정화(丁火)는 편재(偏財)로 이 사주의 아내이며 아버지의 재물에 해당한다. 아내가 술화고(戌火庫)에 들어가 있으니, 술(戌)을 형충(刑沖)하는 운이 오면 아내의 상해, 질병, 생사이별 등이 따른다. 축년(丑年)에 축(丑)이 동(動)하여 술(戌)을 형충(刑沖)했으니, 아내와 재물이 들어 있는 그릇이 깨지고 아내의 나들이가 있다. 미월(未月)은 축술미(丑戌未)의 고충(庫沖)이 성립된다. 사월(巳月)에 결혼하여 미월(未月)에 이혼한 사주다.

오년(午年)의 운세

丁 癸 戊 乙　　乾
巳 亥 子 亥　　命

오년(午年)의 운세는 오화(午火)가 동(動)하여 사주에 있는 자수(子水)와 합작하여 자오충(子午沖) 물상이 생산된다. 오화(午火)는 재성(財星)이며 아내가 되므로 아내의 나들이가 있다. 자오(子午) 합작품은 기름과 불, 물과 불, 열정, 배를 찌르는 바늘과 칼, 성교행위, 교통사고, 복부 · 자궁수술, 소방차, 전기로 인한 화재, 말에게 채찍을 가하는 행위 등이다. 오년(午年)에 자오(子午) 물상이 만들어지자 아내의 불륜현장을 목격하고, 오년(午年) 신월(申月)에 이혼했다.

신자진수국(申子辰水局) 사주

○ 戊 戊 庚　乾
○ 子 子 辰　命

이 사주는 신년(申年)에 신자진삼합수국(申子辰三合水局)이 되었다. 삼합(三合)과 재성(財星)이 모여 수국(水局)을 이룬 것이다. 이때 신(申), 자(子), 진(辰)의 나들이가 없으면 재물이나 아내나 아버지를 잃는다. 관성국(官星局)을 이루면 여자는 남편을 잃고, 남자는 자식을 잃거나 무병(巫病)에 걸린다.

임신년(壬申年)에 재성(財星)이 연합하여 신약(身弱)한 사주가 더욱 신약(身弱)해졌다. 수국(水局)이 몰고온 홍수는 토(土)를 떠내려 보내고 병마가 휘몰아친다. 재성삼합(財星三合)은 출재나 손재, 아내와 분리되거나 생사이별 등이 따른다. 신년(申年)에 파산하여 부채를 정리했고, 신월(申月)에 위암선고를 받았다. 수(水)가 많아 토(土)가 떠내려 갔기 때문이다.

인사신(寅巳申) 사주

癸 辛 戊 甲　　乾
巳 巳 辰 寅　　命

이 사주는 여섯 살 짜리 어린아이다. 경신년(庚申年)에 신금(申金)이 동(動)하여 인사신삼형(寅巳申三刑)으로 감고 돌때, 집 앞에서 놀다가 자동차에 치여 죽었다. 인신(寅申), 사신(巳申), 인사신(寅巳申)의 작품은 기계의 회전이나 회전바퀴 등이고, 사(巳)는 자동차이니 교통사고나 바퀴로 인한 사고다.

이 어린이의 어머니 사주를 보니, 묘(卯)가 식상(食傷) 자식인데 신유(辛酉)의 도식(倒食)이 노리고 있다. 묘신(卯申)은 바퀴가 자식을 감는 형상이다. 또 아버지의 사주를 보니 일간을목(日干乙木)이고, 경신년(庚申年)에 관성(官星)이 경을천간합(庚乙天干合)하고, 사신관성(巳申官星)이 형살(刑殺)로 동(動)하고 있다. 자식과 생사이별하는 운세로 부모가 합세하여 자식을 죽인 것이다.

사신(巳申) 사주

己甲戊己　坤
巳戌辰亥　命

이 사주에서 시지사(時支巳)는 식상(食傷)이며 자식이다. 신년(申年)에 신(申)이 동(動)하여 사신(巳申)으로 자성(子星)을 형합(刑合)하자, 자식이 사(巳)의 물상에 치여 교통사고를 당했다. 임신년(壬申年) 사월(巳月)에 일어난 사신형합(巳申刑合)의 사건이다.

재성(財星)이 관성(官星)을 깔고 앉은 사주

丙庚丙甲　乾
戌子寅午　命

이 사주는 자식을 낳으면 아내가 죽거나 자식이 죽는다. 재성갑(財星甲) 아내가 관성(官星) 자식을 깔고 앉아 있기 때문이다. 술년(戌年)에는 관성오(官星午)를 합(合)하니 자식과 생사이별한다.

임술년(壬戌年)에 자성오(子星午)가 술(戌)과 삼합(三合)하자, 아들을 낳았는데 백일이 되기 전에 잃었다. 인오술삼합(寅午戌三合)은 관성오(官星午), 재성인(財星寅), 인성술(印星戌)의 나들이다. 자식이 죽으면 오(午)가 없는 것과 같아, 갑(甲)은 오(午) 자리에서 사(死)가 되지 않는다.

관성(官星)이 재성(財星)을 깔고 앉은 사주

丙	申	丁	己		坤
申	卯	卯	亥		命

이 사주는 임술년(壬戌年)에 임수(壬水)가 동(動)하여 관성정화(官星丁火)를 천간합(天干合)했다. 관성(官星)이 합(合)되면 남편과 생사이별이 따른다. 술(戌)이 동(動)하여 묘(卯)를 당겨오니 묘술(卯戌) 합작품이다. 묘술(卯戌) 합작품은 길을 따라 가는 사건으로, 진월(辰月)에 술(戌)이 형충(刑沖)할 때 입고(入庫)된 묘(卯)가 치여 가출하고, 묘술(卯戌)은 성교물상이며 관성(官星)으로 변하기 때문에 불륜을 저지른다.

이 사주는 해수(亥水)가 미약하니 해수(亥水) 물상이 직업이 되고, 신장이 허약하다. 관성(官星)이 재성(財星)을 깔고 앉아 병이 되므로 돈 때문에 병이 들었다. 쥐꼬리만한 남편의 수입에 항상 불만이 많다가, 결혼한지 2년 후인 임술년(壬戌年)에 가출하여 불륜을 저질렀다. 술집 종업원으로 전전하면서도 집으로 돌아오지 않고 있다.

이 사주는 관성묘(官星卯)의 병지(病地)를 깔고 앉아 있으니 관성(官星) 남편이 썩은 보물이 되어 천한 사주가 되었다. 뒤에 만나는 남편도 병(丙)에서 신(申)이 병들어 역시 썩은 보물이다. 한마디로 남편복이 없는 여자다.

관성(官星)이 혼잡된 사주

己 壬 壬 壬　　坤
酉 子 子 辰　　命

이 사주는 년지진토(年支辰土)가 편관(偏官) 부성(夫星)인데, 시간(時干)에 기토정관(時干正官)이 또 있으니 남편이 둘이다. 임술년(壬戌年)에 술토(戌土)가 년지(年支) 관성진(官星辰)을 형충(刑沖)할 때 부부간에 생사이별이 따라 남편이 요절하고, 을축년(乙丑年)에 관성축(官星丑)이 사주에 있는 관성진(官星辰)을 형충(刑沖)하자 두 번째 남자와 헤어졌다. 이 사주는 술년(戌年)과 축년(丑年)이 올 때마다 부부갈등이 꼬리를 문다. 이처럼 비겁(比劫)과 관성(官星)이 많아 서로 싸우는 사주는 화액이 많고, 재성(財星)이 미약하게 하나 있는데 비겁(比劫)에게 파극(破剋)되면 요절한다.

오술합재성화국(午戌合財星火局) 사주

庚 壬 丁 庚　乾
戌 午 亥 午　命

오술합(午戌合) 물상은 자동차 창고 · 정비공장 · 생산 · 조립, 주행, 주차장, 차도 등이다. 화(火)로 변하여 자동차로 인하여 재물을 모으는 사주다. 이 사람은 20년이 넘도록 운수업에 종사하여 지금은 70대의 자동차를 소유하고 있다. 오(午)의 상수(象數)는 7 · 2이다.

자축합(子丑合) 사주

乙 甲 乙 乙　乾
丑 子 亥 卯　命

이 사주는 지방 공무원이다. 축(丑)은 처성(妻星)이며 병상(病象)은 아랫배, 위장 안, 질내, 진흙, 물을 담은 그릇 등이다. 자축합(子丑合)으로 자수(子水)가 축(丑)에 들어가 있다. 자축합(子丑合) 물상은 위염, 물을 마신 위장, 질내에 들어온 남성기, 정액을 받은 질내, 염증, 종양, 성병, 하복부 냉증, 항문, 직장, 정액주머니, 피가 흐르는 혈관, 오줌보, 요도 등이다.

유년(酉年)에는 자수(子水)가 유(酉) 살성(殺星)을 자유파(子酉破)한다. 자유파(子酉破) 물상은 병에 물을 담는 사건인데 그 물병이 도식(倒食)되어 위장으로 들어온다. 충(沖)될 때 축(丑) 그릇이 깨지는데 대운미토(大運未土)에 있다. 물주머니를 축미형충(丑未刑沖)한다. 재성(財星)이 깨지는 사건이다. 입고물(入庫物)이 들어가서 축미(丑未) 덫에 치인다. 위장의 축미형충(丑未刑沖)이 자축(子丑) 물귀신을 부를 때 입고물(入庫物)이 치인 것이다.

을목(乙木)은 이 사람의 형제 자매인데 해수(亥水)를 깔고 앉아 있으니 죽음을 면하기 어렵다. 물귀신이 된 원귀가 이 사주에 머문다. 대운(大運) 정재미운(正財未運)에서 시지(時支)의 재성축(財星丑)을 형충(刑沖)하는 동안 조부모의 산소를 이장한 것은 축미(丑未)가 동(動)했기 때문이다. 그리고 이듬해 아내가 농약을 마시고 자살했다. 아내의 자살과 물이 찬 산소를 이장한 것은 같은 사건이다.

자사합(子巳合) 사주

丙 乙 己 甲　乾
戌 卯 巳 子　命

자수(子水)는 일지묘(日支卯)를 형(刑)하려고 월지사(月支巳)를 지나다 뜨거운 물로 변한다. 사(巳)는 화(火)에 해당한다. 자묘형(子卯刑)은 자(子)가 사(巳)를 지나면서 뜨거운 물로 변하여 묘(卯)를 찌른다. 4세인 정묘년(丁卯年)에 묘(卯)가 동(動)하니 자묘(子卯) 합작 물상이 생산된다. 이때 뜨거운 물에 데어 손발과 엉덩이에 크게 화상을 입었다.

묘(卯)는 쌍으로 된 물상으로 엉덩이, 다리, 손발, 무릎, 여성기, 고환, 유방, 배, 콩나물, 신발, 은행 등을 나타낸다. 이 사람은 선원이고, 자수(子水)가 미약하여 신장과 방광질환이 따른다. 직업도 자수(子水)에 있다. 자(子)는 인성(印星)에 해당하기 때문에 어머니도 신장과 방광이 허약하다.

관성합(官星合) 사주

戊	癸	丁	甲	坤
午	未	卯	辰	命

관성(官星)이 합(合)되면 미혼녀는 혼사가 성립되고, 기혼녀는 남편과 분리되거나 생사이별이 따른다. 이 사주는 18세인 임술년(壬戌年)에 관성술토(官星戌土)가 묘술(卯戌)과 합(合)되어 결혼했는데, 이듬해 계해년(癸亥年)에 관성(官星)이 해미삼합(亥未三合)과 무계천간합(戊癸天干合)되는 운세에서 가출한 후 이혼했다.

무계천간합(戊癸天干合)은 재성(財星)으로 변하기 때문에 물에서 돈을 건지는 형상이라 유흥업에 종사하고, 해미합(亥未合) 또한 물장사를 하는 운이다. 그리고 9년 후인 임신년(壬申年)에는 정임천간합(丁壬天干合)되어 술장사를 청산하고 노래방을 시작한다. 정임천간합(丁壬天干合)의 물상은 전기 · 전자제품, 브라운관, 미용기구 등이다. 미약한 계수(癸水)가 직업이 된 것이고, 신장이 허약하다.

양인합(羊刃合) 사주

戊 戊 辛 己　坤
午 午 未 卯　命

부부궁인 일지(日支)에 있는 양인살(羊刃殺)이 오미합(午未合)되어 흉하다. 미약한 관성묘(官星卯)가 직업이 된다. 묘(卯)의 물상은 과일류, 곡물류, 의류, 신발류 등인데 오묘현침(午卯顯侵)이 합작품을 만든다. 오묘(午卯) 합작품은 봉제, 재봉, 직조, 섬유생산 등이다.

이 사람은 묘(卯)의 물상이 있으면서 오묘합(午卯合)되어 한복점을 하는 것이다. 관성(官星)인 묘(卯)의 물상인 한복을 직업으로 삼아 남편과의 생사이별을 대체했으나, 한복점을 하기 전에 이미 헤어져 남편이 없다. 시주(時柱)에 있는 무오(무午)는 양인살(羊刃殺)이다. 여자가 양인살(羊刃殺)이 관성(官星)에 해당하는데, 일지(日支)에서 합(合)되며 형충파해(刑沖破害)되면 고독한 운명이 된다. 건강상으로는 수(水)가 없으니 신장과 방광이 허약하다.

辛 戊 丙 壬　乾
酉 午 午 午　命

오년(午年)에는 양인살(羊刃殺)이 동(動)하는데, 병오(丙午)와 무오(戊午)가 그것이다. 양인살(羊刃殺)은 양인살(羊刃殺)이 오거나 합(合)되거나 형충파해(刑沖破害)되면 화액을 당한다.

편재임수(偏財壬水)는 타오르는 양인살(羊刃殺)의 화염 속에 휩싸이기 때문에 물로 볼 수 없다. 양인살(羊刃殺)이 동(動)할 때 수증기처럼 날아가 버리기 때문이다. 임수(壬水)는 재성(財星)이므로 아버지와 아내가 없는 사주다. 임수(壬水)가 미약하기 때문에 질병이 수(水)의 신장과 방광에 있고, 직업도 미약한 오행(五行)에 있으니 물장사를 하는 것이다. 수기(水氣)에 의존하지 않으면 아내도 없고 재물도 없다. 이 사람은 수산물에 관계하고, 아내는 조그만 음식점을 하고 있다. 이것은 모두 임수(壬水) 물상을 직업으로 삼아 흉을 길로 돌린 것이다.

무오년(戊午年)의 양인살(羊刃殺)에서 인수제왕(印綬帝旺)의 별자리가 성립되어 2층 집을 지었는데, 이때 임수재성(壬水財星)은 화염을 견디지 못하고 수(水)가 마르는 화액을 당한다. 아내는 보증선 것을 물어야 하는 신세가 되었다. 기미년(己未年)에 양인살(羊刃殺)이 합(合)되는 나들이에서 집을 팔아 부채를 정리했다. 필자는 이혼을 하고 변제할 의무에서 벗어나라고 충고했으나 본인은 아내도 잘 살자고 저지른 일이니 그럴 수는 없다고 한다.

재성(財星)과 비겁(比劫)이 삼합(三合)된 사주

戊 己 戊 乙　乾
辰 未 子 酉　命

이 사주는 재성(財星)이 비겁(比劫)과 삼합(三合)하고 있다. 이런 사주는 다른 사람에게 아내를 빼앗긴다. 진년(辰年)이나 자년(子年)이 되면 아내인 재성자수(財星子水)는 겁재진(劫財辰)과 합(合)된다. 따라서 자진(子辰)이 합작하는 물상을 직업으로 삼거나 물상 나들이를 하지 않으면 아내가 다른 사람에게로 간다. 이 사주의 아내는 진년(辰年)에 불륜을 맺다가 이혼했다. 겁재(劫財)가 재(財)를 빼앗아갔기 때문이다.

재성육합(財星六合) 사주

丁 丙 甲 戊　　乾
酉 寅 子 子　　命

이 사주의 47세인 갑술년(甲戌年)은 진대운(辰大運)에 있고, 시지(時支)에 있는 재성유(財星酉)는 진(辰)과 육합(六合)으로 입고(入庫)했다. 갑술년(甲戌年) 술(戌)이 동(動)하여 진대운(辰大運)을 형충(刑沖)하니, 진고(辰庫)에 들어간 재성유(財星酉)가 충출(沖出)되어 아내와 재물의 나들이가 있다. 나들이를 하는 충출(沖出)된 기물은 생사이별이 따른다.

유금(酉金)의 상수(象數)는 4 · 9이니 갑술년(甲戌年)에 4억의 재물 손실과 아내를 잃을 것이다. 이 사주는 인목(寅木)이 유금(酉金)에게 파극(破剋)되어 인유금목(寅酉金木) 작품이 직업이 된다. 상품의 포장물을 가공하는 금목(金木) 물상으로 중소기업 대표다.

계유년(癸酉年)에 유동하여 진유(辰酉) 합작품은 창고나 공장에 기계가 설치되는 작품이다. 갑술년(甲戌年) 술(戌)이 와서 기계를 설치한 장소인 진(辰)을 형충(刑沖)하니 유(酉)가 치여, 유(酉) 재물의 나들이가 성립되어 손재를 당한 것이다.

병(丙)은 유(酉)에서 사지(死地)가 되기 때문에 유년(酉年)의 기계 등이 들어오면 병일간(丙日干)은 사지(死地)에 든다. 유(酉)가 들어오면 흉하니 유(酉)가 나가야 된다. 유년(酉年)에 진유(辰酉) 물상이 생산되어 기계를 설치한 것이고, 술년(戌年)에는 4억의 대금을 지출하지 못하여 부도가 났다. 사람의 힘으로 막지 못하는 나들이 운명이다. 묘한 것은 부부의 사주가 똑같이 4 · 9의 재성(財星)이 나들이를 하는 운세다. 재물을 버리고 아내를 구한 것이다.

삼합(三合)과 육합(六合) 사주

甲	壬	庚	辛	坤
辰	午	子	丑	命

일지(日支)는 부성(夫星)으로 보는데, 자(子)가 오화(午火)를 형충(刑沖)하여 일지오(日支午)가 파극(破剋)되었다. 남편이 오(午)의 물상의 직업으로 삼지 않으면 오(午)가 파극(破剋)되어 남편을 바꾸느라 한 세월을 보내야 한다. 따라서 남편의 직업은 오화(午火)에 있다.

이 여자는 1992년 임신년(壬申年)에 신자진(申子辰)으로 부성(夫星)인 관성(官星)이 삼합(三合)하는 운에서, 남편의 나들이가 성립되어, 남편을 버리고 정부를 따라 가출했다. 남편은 택시기사로 오(午)의 물상에 있다.

미약한 일지오화(日支午火)는 남편이며 재물이다. 자수(子水)는 진(辰) 쥐구멍을 보고 일지(日支)를 지나서 시지진(時支辰)까지 가는데, 그 길목에서 오화정재(午火正財) 남편이 버티고 서서 막고 있다.

아내가 정부를 따라가는 것을 막고 있는 형상이다. 그러나 자(子)는 남편 오(午)를 파극(破剋)하고 진(辰)을 만난다. 오(午) 재물과 남편은 박살이 난다.

이 여자는 남편과의 잠자리를 피하며 몰래 정부를 만나고 있다. 언젠가 닥쳐올 일지오화(日支午火)를 파극(破剋)할 기회를 노리며, 자(子)가 진(辰)까지 찾아가서 성적욕구를 발산하느라 정신을 모은다. 자(子)는 남성기에 해당하고 진(辰)은 여성기에 해당한다. 신년(申年)이 왔다. 신자진수국(申子辰水局)과 관성삼합(官星三合) 나들이가 올때, 일지 오(午)를 파극(破剋)하고 정부를 따라 집을 나갔다. 잃은 다음 얻은 것이다.

북고육합(北庫六合) 사주

壬 乙 癸 庚　　乾
午 丑 未 子　　命

자수(子水)가 일지축(日支丑)의 북고(北庫)에 육합(六合)으로 들어가, 자축(子丑) 자궁염증과 종양 등의 작품을 만들었다. 월지미(月支未)는 축(丑) 염증을 축미(丑未)로 형충(刑沖)하니 자축(子丑) 물상의 수술이 따른다. 시지오화(時支午火)는 월지미(月支未)의 남고(南庫)에 육합(六合)으로 입고(入庫)하여 위장과 비장질환의 물상을 만들었다.

축(丑)이 미(未)를 형충(刑沖)하여 입고(入庫)된 오(午)가 축미(丑未) 덫에 치여 복부수술이 따른다. 축미(丑未) 덫에 자축(子丑) 염증과 복부가 치여 수술이 따른 것이다. 오(午)는 뇌, 미(未)는 머리, 자(子)는 염증 · 종양 · 물혹, 축(丑)은 염증이나 종양 등을 담은 주머니나 혈관 등을 말한다.

미(未)와 축(丑)을 형충(刑沖)하는 사건은 축(丑)에 입고(入庫)된 자(子) 물상과, 미(未)에 입고(入庫)된 오(午)의 물상인데 사건은 축미년(丑未年)에 일어난다. 미년(未年)에는 고장지(庫藏地)가 형충(刑沖)되므로 일간을목(日干乙木)은 미목고(未木庫)에 들어가 치이고, 오미(午未)와 축미(丑未)로 동(動)하고, 자미상극(子未相剋)되어 지지(地支) 전체가 싸움이 일어난다. 미(未) 안에 들어간 오(午) 뇌가 치이고, 자(子) 염증주머니가 터져 수술이 따른다.

이 사람은 20세의 젊은 나이에 뇌종양으로 수술을 받았으나 사망했다. 조상들의 업보가 유전된 것이다. 조상의 사건을 묘고(墓庫)에 초점을 맞추어 보면 다음과 같다. 자(子)는 물이며 인성(印星)이므로 어머니와 조모를 나타내고, 축(丑)은 묘(墓)이며 편재(偏財)이므로 아버지와 조부의 묘지가 된다. 일지(日支)와 년지(年支)의 합작품은 묘지에 물이 들어간 것이니, 조상의 산소에 물이 들어간 것이다.

월지미(月支未)는 물이 들어 있는 축묘(丑墓)를 형충(刑沖)하고 있다. 묘와 땅을 파고 때리는 격이니 산소를 이장하는 사건이 발생한다. 이 사람의 아버지는 물이 찬 조상의 산소를 이장하고 이 사주를 낳은 것이다. 조상의 업보가 후손을 요절하게 만든 것이다.

인해합파(寅亥合破) 사주

庚 戊 丙 己　　坤
申 寅 寅 亥　　命

이 사주는 인해합(寅亥合)으로 해수(亥水)가 인목(寅木)에 흡수되어 매우 약하다. 해수(亥水)가 미약하면 신장질환이 따르며 정력이 약하고, 해수(亥水)가 마르면 질내 분비물이 마른다. 나무가 물을 흡수하고, 호랑이가 돼지를 잡고, 호랑이가 물을 먹어치우는 형상이다. 따라서 질병 또한 해(亥)의 신장에 있고, 직업은 해수(亥水) 합작품에 있다. 미약한 해(亥)가 직업이 되는 것은 신장의 나들이로 분발하여 해수(亥水)의 기(氣)를 튼튼하게 만들려는 것이다.

사주에 있는 인신충(寅申沖)은 신금(申金)에게 인목(寅木)이 상하기 때문에 인신(寅申) 합작품도 직업이 된다. 이것은 인목(寅木)과 신금(申金)의 부자상극(父子相剋)을 인신(寅申) 물상으로 대체하기 때문이다.

시지(時支)는 자식궁인데 신금식상(申金食傷)이 있으니, 아들을 낳으면 신금(申金)이 동(動)하여 남편 관성(官星)을 도끼로 내려찍는다. 이것은 금목상충(金木相沖) 작품이다. 자식이 아버지를 칼로 찌르고, 기계가 상해를 가하는 형상이다. 이처럼 아들이 남편을 죽이는 사주는 유복자가 되거나 대개는 아들을 낳지 못한다. 이 사주의 남편 직업은 인신(寅申) 합작품에 있다. 금(金)에 파극(破剋)된 인목(寅

木)은 부성(夫星)이니 목수다.

두 개 있는 인(寅)은 남자가 둘이라는 뜻인데, 해년(亥年)에 해(亥)가 합(合)되니 두 남자에게 몸을 맡기게 된다. 이 사람은 지금 을해년(乙亥年) 미월(未月)에 가출하여 작은 주점을 경영하고 있다. 이처럼 역마(驛馬)가 동(動)하는 사주는 사회활동을 하는 것이 적격이다.

재성(財星) 쌍역마(雙驛馬) 사주

丙 癸 癸 辛
辰 亥 巳 巳

이 사주의 년상(年上) 인성(印星)은 재성(財星) 사(巳)와 짝을 맞춘다. 가문의 뿌리에서 학문으로 재(財)를 취하니 명문가의 후손으로 조상의 부귀를 알 수 있다. 년월(年月)에서 두 개의 재성(財星) 쌍역마(雙驛馬)가 동(動)하므로 선대의 축첩이 나타난다. 이 사람 또한 사역마(巳驛馬) 재성(財星)이 되므로 복잡한 여자문제가 운명적으로 유전되었다.

이 사주는 재혼을 했으며, 인품이 고상하며 침착하여 여자들에게 인기가 많다. 인성(印星)이 사지(死地)에 앉아 있어 힘은 없으나, 사재(巳財) 학문인 상경대에서 분발하여 과수석으로 졸업할 수 있었던 것이고, 인성(印星)이 사지(死地)에 앉아 있으나 사(巳)가 역마(驛馬)

가 되어 공부와 독서에 취미가 있었다. 그리고 승용차 드라이브를 즐기는 것도 취미생활인데, 이것은 사역마(巳驛馬)는 자동차 마음의 물상이기 때문이다.

무진년(戊辰年)에 무계(戊癸)가 간합(干合)할 때 무계(戊癸)의 물상이 신상에 미쳐 5층 건물을 매입했고, 10년 후 무인년(戊寅年)에 다시 무계(戊癸)가 간합(干合)하는 물상이 성립될 때 5층 건물을 팔게 되었다. 합(合)이란 없으면 취하는 것이고 있으면 나가는 것이다. 육친도 이와 같아 이를 나들이라고 한다. 사건은 합(合)할 때 일어난다. 이 사주는 대운화(大運火)의 재운(財運)에 있다. 재물의 나들이 운인 것이다. 이 운세에서는 재물의 출재와 손재, 처첩들의 나들이는 끝나지 않는다.

자묘형(子卯刑) 사주

庚 辛 丁 戊　　坤
寅 卯 巳 子　　命

이 사주는 자묘형(子卯刑)되었다. 자수(子水)는 묘(卯)를 형(刑)하러 월지사(月支巳)를 지나 일지묘(日支卯)를 형(刑)한다. 자묘(子卯)합작품은 자(子)가 묘(卯)를 찌르는 것으로, 남성기 자(子)가 여성기 묘(卯)에 들어가는 작품이다. 현침살(懸針殺)과 형살(刑殺)과 도화살(桃花殺)이 있다. 갑(甲)은 자(子)를 만나면 목욕살(沐浴殺)이 되고, 자(子)는 갑(甲)에게 물을 대준다. 시위를 벗어난 자(子)가 사화(巳火)를 지나면서 뜨겁게 불이 붙는다. 달아오른 자(子) 남성기는 묘(卯) 여성기에 삽입된지 2분을 넘기지 못하고 사정한다.

이 사람은 조루증 남편과 20년을 넘게 살다가, 임대운(壬大運)에 정화관성(丁火官星)을 천간합(天干合)하는 남편의 나들이가 있어, 무진년(戊辰年) 자월(子月)에 헤어졌다. 사(巳)는 2·7의 상수(象數)다. 남편은 다른 여자를 만나 조루증이 해소되었다고 하니 사주팔자란 알 수 없는 일이다.

축대운(丑大運)에서 자축(子丑) 물상인 화장품 계통에서 일하다가 임대운(壬大運)에서는 소주방을 개업했다. 자수(子水)가 미약하여 직업이 되었고, 신장과 방광이 허약하다. 식상임(食傷壬)은 자식인데 관성(官星)과 합(合)되어 남편은 자식같은 어린 여자와 어울린다.

형합(刑合) 사주

丁	戊	庚	庚	乾
巳	申	辰	辰	命

이 사주는 년월일(年月日)에서 신금식상(申金食傷)이 비겁(比劫)과 신자진삼합(申子辰三合)되어 재성수(財星水)로 변하고, 일시(日時)

에서 사신합(巳申合)되어 수재(水財)로 변했다. 앞에는 신진삼합(申辰三合)되어 수(水)로 변한 팔자이고, 뒤에는 사신육합(巳申六合)하여 수(水)로 변한 팔자다.

이런 사주는 처음에는 신진(申辰)이 주는 재불복이 있어 사업도 잘되고 잘 사나, 사신형합(巳申刑合)이 시주(時柱)에 있으니 나중에는 파재나 손재가 따른다. 사신합(巳申合)은 뱀이 원숭이를 감는 형상이기 때문에, 처음에는 길하나 나중에는 놀랄 일이 생기는 것으로 풀이하면 된다.

형충(刑沖) 사주

丙 己 戊 丁　　坤
寅 巳 甲 亥　　命

이 사주의 년지해수(年支亥水)는 시지합(時支合)을 보고, 인(寅)이 있는 시지(時支)까지 가면서 신(申)을 충파(沖破)한다. 시지인(時支寅)은 년지합(年支合)을 보고, 해(亥)가 있는 년지(年支)까지 가면서 사(巳)를 형(刑)하고, 신(申)을 충(沖)한 다음 해(亥)를 만난다. 인(寅)이 해(亥)에게 가고, 해(亥)가 인(寅)에게 오는 육합(六合)이다.

시지(時支) 정관인목(正官寅木)은 남편인데, 인사형(寅巳刑)되고 인신충(寅申沖)되어 인(寅) 남편에게 상해가 따른다. 년주해(年柱

亥)는 인목정관(寅木正官) 부성(夫星)과 합(合)되어 인(寅)은 해(亥)가 기다리는 년지(年支)까지 가야 한다. 사(巳)를 지나면서 인사형(寅巳刑)되고, 신(申)을 지나면서 인신충(寅申沖)되어 인해합(寅亥合)되면 임병(壬丙)이 충극(沖剋)된다. 따라서 남편은 인사신해(寅巳申亥)에 치여 만신창이가 된다.

물상으로는 총포, 중장비, 기계회전, 동력, 전자, 전기, 감전, 충전, 용접, 번개, 벼락 등이다. 경신년(庚申年)에 인사신형충(寅巳申刑沖)되자 교통사고를 당했고, 계해년(癸亥年)에 사해충(巳亥沖) 물상이 운명을 이끌어 남편은 전기에 감전되어 목숨을 잃었다. 이 사주의 남편은 공장에서 기계를 다루는 사람인데 평소부터 의처증이 있었다. 시지(時支)에 있는 관성인(官星寅)이 년지해(年支亥) 아내를 만나러 오기에는 사신(巳申)의 장벽이 너무 두터워 의처증이 있었던 것이다.

자축(子丑)의 직업

甲 己 辛 丙　　乾
戌 亥 丑 子　　命

이 사주는 축년(丑年)에 축(丑)이 동(動)하여 자수(子水)를 빨아들인다. 자수(子水)는 재성(財星)이므로 아내와 아버지의 재산을 나타낸다. 아내와 분리, 질병, 생사이별이 따른다. 따라서 재물이나 자수

(子水) 물상에 나들이가 없으면 아내가 화를 면하기 어렵다.

축(丑)은 소, 소고기, 소갈비 등이며 자수(子水)는 소로 인하여 얻은 재물과 우유 등을 나타낸다. 이 사주는 아내와 함께 열심히 정육점을 운영하고 있다. 자축(子丑) 나들이를 직업으로 삼은 것이다. 시지술토(時支戌土)가 축(丑)을 형충(刑沖)하고, 그 축(丑)이 동(動)하는 운세를 기다려 또다시 축고(丑庫)를 형충(刑沖)한다. 이와 같이 술(戌)이 와서 축(丑)을 형충(刑沖)하면 축(丑)에 들어 있는 물상은 모두 죽거나 상해와 분리가 오는 등 나들이가 일어난다. 자(子)의 재(財)는 아내인데 축(丑)에 들어가 형충(刑沖)되었으니, 아내로 인하여 재물손실을 입어 송사를 당한다.

이 사주의 아내는 을축년(乙丑年) 진월(辰月)에 남편 몰래 살고 있는 아파트를 담보로 보증을 섰다가 손재를 본다. 아내를 구하고 재물을 잃은 것이다. 고장지(庫藏地)에 합(合)이 있는데, 그 고장지(庫藏地)를 형충(刑沖)하면 반드시 화를 당하거나 물상의 나들이가 있다.

갑기병상(甲己病象) 사주

丁 甲 庚 丁　　乾
卯 戌 戌 丑　　命

이 사주는 을축년(乙丑年)에 경을천간합(庚乙天干合)과 축술(丑戌)

로 고장지(庫藏地)가 형충(刑沖)된다. 경을(庚乙) 합작품과 축술형충(丑戌刑沖)에서 개고(開庫)되었다. 나들이를 하는 물상을 읽으면 을년(乙年)과 축년(丑年)에 일어나는 경을(庚乙) 사건과 축술(丑戌)의 충출(沖出)에서 나들이를 하는 사건을 읽을 수 있고, 묘술(卯戌) 합작품이 사주에 있으니 묘술(卯戌) 합작품을 알면 사건을 읽을 수 있다.

묘목(卯木)이 술고(戌庫)에 육합(六合)으로 입고(入庫)했는데, 축(丑)에서 술재(戌財)를 토성(土星)끼리 형충(刑沖)했으니 처첩이 많다. 처첩의 나들이 변화로 출재와 손재가 따른다. 축(丑)이나 술(戌)에 들어간 묘(卯)가 축술(丑戌) 틀에 치였으니 묘(卯)는 분리, 질병, 생사이별의 화액이 따른다. 묘(卯)가 치이는 사건은 축술(丑戌)이 원인이다.

추리하면 위장 · 비장 · 간질환, 상해 등이다. 축중기토(丑中己土)가 충출(沖出)되었으니 갑기천간합(甲己天干合)이 되었다. 따라서 묘(卯)의 물상이 술(戌) 안에 들어가 축술(丑戌) 형살에 치인 사주이고, 갑기(甲己) 작품이 생산된 사주다. 축술(丑戌) 형틀에 매달린 묘(卯)는 찔리고 부딪쳐서 죽음에 이른다. 묘(卯) 토끼가 축술(丑戌) 죽음의 틀에 치인 것과 같다.

묘술(卯戌), 갑기(甲己), 축술(丑戌) 등의 토목(土木) 물상은 모두 가옥, 건물, 부동산, 아파트, 점포, 사무실, 수리, 매매, 이사, 토목에 관계된 일거리에 있다. 따라서 사주에 토목(土木) 물상이 있으면 직업으로 삼거나 취미활동 등에서 나들이로 대체해야 화를 면할 수 있다. 갑자년(甲子年)에 갑기천간합(甲己天干合)되고 자묘형(子卯刑)

되어 자축(子丑)의 수술, 상해, 사건 때 간질환인 간암으로 사망했다. 갑기(甲己) 물상은 간이 돌처럼 굳어지는 형상이다.

북고형충(北庫刑沖) 사주

○ 戊 乙 癸　乾
○ 子 丑 未　命

일지자수(日支子水)는 이 사주의 정재(正財)로 아내이고, 다양한 염증질환의 주범이다. 아내는 축북고(丑北庫)에 들어가 자축합(子丑合) 작품이 만들어졌다. 북고형충(北庫刑沖)을 크게 두려워한다. 자축(子丑) 물상은 남녀 성교행위, 물그릇, 정액, 자궁염증, 종양, 항문질환, 성병, 위장과 비장의 염증 등이다.

년지미(年支未)가 축북고(丑北庫)를 형충(刑沖)하고 있으니, 아내가 생산한 자축(子丑) 종양 주머니가 터져 수술이 따른다. 남편 사주에서 아내의 질병을 예고한 것이다. 자축(子丑) 질병을 생산하고, 축미(丑未) 덫에 치이는 수술작품이 자(子)를 죽인다. 축미(丑未) 틀에 쥐가 치이는 것과 같고, 물그릇이 깨지는 것과 같다.

미년(未年) 미월(未月)에 아내의 자궁암이 말기까지 진행되어 수술을 받았으나 사망했다. 일찍 자축(子丑) 물상으로 직업을 삼았다면 화액을 면할 수 있었을 것이다. 인간의 건강도 오행(五行)의 조화에 의존한다는 사실을 말해주고 있다. 이와 같이 성교의 나들이 작품이 생산된 사주는 실생활에서는 성행위를 좋아하지 않는다.

충극(沖剋) 사주

癸 辛 戊 壬　　坤
巳 卯 申 辰　　命

이 사주에서 사(巳)는 정관(正官)이며 남편인데, 관성(官星)이 시지(時支)에 있으니 연하의 남자다. 관성(官星)이 합(合)되어 남편과 분리나 생사이별이 따르며 외정을 갖는다. 비겁(比劫)과 형합(刑合)되므로 형제 자매의 부부도 분리나 생사이별이 따른다.

사(巳)의 질병은 남편의 심장과 눈 등을 가리키는데, 사신합(巳申合)되어 수(水)로 변하니 사화(巳火)를 잃었다. 오랫동안 백내장을 앓다가 사년(巳年)에 병원을 찾아갔으나 때가 늦어 오른쪽 눈을 잃었다. 사(巳)는 치아도 해당하므로 치아의 상해로 대체할 수도 있다.

사년(巳年)은 사(巳)가 동(動)하여 신(申)에게 가거나, 신(申)을 당겨온다. 신(申)은 예리한 칼날이나 회전톱날과 같은데, 사(巳)의 합(合)이 당기는 대로 일지묘목(日支卯木)을 지나 사(巳)를 만난다. 사년(巳年) 신금(申金)이 시지사(時支(巳)를 합(合)하려고 가다가, 일지(日支)를 지나면서 묘목(卯木)을 찍는다. 이 사람의 남편은 사년

(巳年) 사월(巳月)에 척추를 다쳐 입원했다. 평소부터 앓던 허리와 손발에 관절통이 있었는데 엎친데 덮친격이 되었다.

관고형충(官庫刑沖) 사주

庚 壬 乙 乙　　坤
戌 午 酉 酉　　命

축대운(丑大運)이 정관운(正官運)인데, 축(丑)은 시지(時支) 화고(火庫)인 술관고(戌官庫) 편관(偏官)을 형충(刑沖)하고 있다. 그 술관고(戌官庫)에 일지오화(日支午火)가 들어가 있으니 남편이 형틀에 치이는 형상이다. 남편이 관가에 끌려가 형틀에 매달려 고통을 받는 것은 술(戌)을 형충(刑沖)하는 축진미(丑辰未)에 있다.

술(戌)은 관성(官星) 입고물(入庫物)에 축대운(丑大運)이 와서 동(動)하니 축술(丑戌) 덫에 일지(日支) 남편이 치이고, 부성(夫星)인 관성(官星)이 치였다. 미년(未年)에는 축술미삼형(丑戌未三刑)으로 득세하기 때문에 남편이 위태롭다. 일지오(日支午)는 남편으로 술관고(戌官庫)에 들어가 오술(午戌) 작품을 만들었는데, 술고(戌庫)를 형충(刑沖)하니 오(午) 남편이 치인 것이다.

축대운(丑大運)이 동(動)하고, 년운(年運)에서 미(未)가 동(動)하니 축술미(丑戌未) 물상이 생산되었다. 이때 남편이 교통사고로 죽은 것이다. 이런 사주는 관성(官星)이 매우 왕(旺)할 때 여자는 남편을 잃고, 남자는 재성(財星)이 매우 많으면 아내를 잃는다.

사해충(巳亥沖) 사주

己 辛 癸 癸　　坤
亥 未 亥 巳　　命

이 사주에서 해수(亥水)는 상관(傷官)이며 자식인데, 자식을 낳으면 관성사(官星巳)를 충극(沖剋)하여 남편을 파극(破剋)한다. 식상(食傷)이 두 개 이상 있으면 모두 상관(傷官)이 된다. 상관(傷官)과 정관(正官)이 나란히 있는데, 시지해(時支亥)가 혼잡하여 상관(傷官)과 정관(正官)이 혼잡되어 비천한 사주가 되었다. 사(巳)는 남편의 심장, 대장, 치아, 가슴 등을 의미하는데, 자식이 깔고 앉아 충극(沖剋)하여 자식의 심장과 치아가 된다.

이와 같이 해(亥)가 사(巳)를 파극(破剋)하면 치아 사이가 뜨거나, 덧니가 있거나, 앞니가 두 개 없거나, 충치가 많다. 치아가 비어 있으면 치아 사이가 뜬 것과 같아, 사(巳)와 해(亥)가 공격하여 사해충(巳亥沖) 상극(相剋) 작용이 약화된다. 사해충(巳亥沖)으로 파극(破剋)되는 치아는 심장의 상해와 같다. 그러나 사해충(巳亥沖)이 있는데 눈이나 치아에서 액땜하지 못하면 심장마비를 일으키거나 뇌혈관이 터진다. 질병은 미약한 오행(五行)인 사(巳)에 있다. 딸이 실족으로 인하여 앞니 두 개가 부러지더니, 아들도 장난을 치다가 앞니가 모두 부러졌다. 사해(巳亥) 물상대로 아들이 치아로 액땜을 했기 때문에 아들 해(亥)가 아버지 사(巳)를 파극(破剋)하는 화액이 가벼워진 것이다. 아버지를 죽이는 사주가 치아의 상해로 액땜한 경우다.

자오충(子午沖)과 양인충(羊刃沖) 사주

癸 丙 丙 甲　　乾
巳 寅 子 午　　命

자(子)와 오(午)는 현침살(懸針殺)이며 상충(相沖)된다. 자수(子水)가 오화(午火)를 찌르는 형상이다. 오(午)는 마음인데 현침살(懸針殺)에 파극(破剋)되니 감정이 격분한 것과 같고, 말에게 채찍을 가하는 것과 같다. 오(午)의 물상은 뛰는 말, 흥분한 감정, 남녀 성교행위, 주사, 침술, 안약, 눈물, 복부의 땀 등이다. 자오(子午) 합작품은 두통, 혈압, 심장 · 안과 · 복부질환, 교통사고, 승마, 발전, 전기 · 전자제품의 작동, 전기 · 전자에너지 등이다. 이 사주는 두 번이나 복부수술을 받았다. 오(午)의 상수는 2 · 7이다.

죽은 나무인 갑오(甲午) 아래에 오(午)의 현침살(懸針殺)이 있다. 이 사람은 나무조각을 하는데, 인(寅)과 합(合)되어 불상을 조각하고 있다. 자수(子水) 자식은 오(午)를 상충(相沖)하여 자오(子午) 합작품이 생산되어 자식까지 배를 절개하는 사건이 생긴다.

양인살(羊刃殺)이 있으면 검난이 따른다. 양인살(羊刃殺)은 도과살(倒戈殺)을 꺼리는데, 도과살(倒戈殺)은 무술(戊戌)을 만날 때만 작용한다. 무술(戊戌)은 도벌(倒伐)이라고도 한다.

인신충(寅申沖) 사주

丙 丙 戊 乙　　乾
申 寅 寅 亥　　命

이 사주는 인신충(寅申沖)되어 인신(寅申) 물상이 운명을 끌고 간다. 을목(乙木)은 인성(印星)인데 사지(死地)에 앉아 있으니 어머니와 분리가 따른다. 인신합(寅申合) 물상은 기계의 생산과 조립, 직조기, 섬유류, 봉제, 지물류, 출판물, 자동차 정비, 자동차 부품 생산과 수리 등에 나들이를 하는 변화가 있다.

을해(乙亥)는 물고기, 수족관, 선원, 음식점, 식품판매, 섬유류, 의류, 주류 등의 일거리에 나들이를 하는 변화가 있다. 이 사람은 16세에 홀홀단신으로 월남하여 20년이 넘도록 운수업에 종사하여 크게 성공한 사람이다. 인신(寅申) 물상을 직업으로 삼았기 때문이다.

축미충(丑未沖) 사주

丁 乙 戊 庚　乾
丑 未 子 子　命

이 사주는 축미(丑未)가 합작하여 축(丑) 염증주머니를 터트리고, 그릇을 깨트리는 사건이 있다. 축(丑)은 재성(財星)이므로 재물과 아내를 의미한다. 자수인성(子水印星)이 연달아 있으니 육합(六合)하여 축(丑)으로 들어가 자축(子丑) 합작품이 생산된다.

축(丑)은 아내이며 자궁이라, 자(子)를 만나면 질내에 염증, 물혹, 종양, 암 등을 일으킨다. 일지(日支) 아래에 있는 미토(未土)는 축미충(丑未沖)으로 염증주머니를 터트려 아내에게 질내 염증수술이 따른다. 인성(印星)이 재성고(財星庫)에 치이는 사주라 부모 사이를 갈라놓고, 아내의 자궁수술이 따르는 사주다. 부모와 일찍 사별했다.

제왕절개 사주

己 辛 壬 丁　坤
丑 未 寅 酉　命

축미(丑未) 합작품은 계수(癸水) 입고물(入庫物)인 식신(食神) 자식이 충출(沖出)이다. 축북고(丑北庫)에는 계수(癸水) 자식이 있는데, 축미형충(丑未刑沖)을 받았다. 축미충(丑未沖)은 자식이 들어 있는 복부수술이다. 축미(丑未) 덫에 식신(食神) 자식이 치여 개고(開庫)된 것이다. 이 사람은 2년 간격으로 제왕절개하여 자식을 낳았다. 축(丑)은 아랫배와 자궁을 의미한다.

인성충(印星沖) 사주

壬 戊 丁 己　乾
子 午 卯 丑　命

이 사주에서 일지오(日支午)는 아내이며 인성(印星)이니 모성(母星)에 해당한다. 오년(午年)에는 자오(子午)와 오묘(午卯) 합작품이 생산된다. 오년(午年)에 어머니에게 복부질환이 발생했다. 미년(未年)에는 미남고(未南庫)에 오(午)가 들어가고, 년지축(年支丑)이 미(未)를 형충(刑沖)하여 어머니에게 복부수술이 따른다.

시지재성(時支財星)은 축북고(丑北庫)에 자축합(子丑合)되어 축(丑)에 들어간다. 미년(未年)에는 축북고(丑北庫)를 형충(刑沖)하기 때문에 입고(入庫)된 자수재성(子水財星)이 치여 아내와 분리, 생사이별, 재물의 나들이가 있다. 수(水)는 1 · 6의 상수(象數)다. 미년

(未年)에 아내와 이혼하면서 위자료로 1억 원을 지불했다.

신년(申年)에는 신금(申金)이 동(動)하여 자수(子水)와 식상(食傷)으로 삼합(三合)하니, 조그만 유흥업소를 개업하고 다른 여자와 동거생활에 들어간다. 이 사주는 시지자(時支子)가 년지축(年支丑)까지 가면서 오(午)와 묘(卯)를 지난다. 자(子)는 일지(日支)와 월지(月支)를 지나면서 자오충(子午沖) 물상과 자묘형(子卯刑) 물상을 생산하니, 묘(卯) 자식과 오(午) 아내가 상극(相剋)된다. 시상(時上)의 편재제왕(偏財帝旺)의 자리에서 왕(旺)하나 식상(食傷)이 투출(透出)하지 못했다. 이런 사주는 대운(大運)에서 식상(食傷)을 만나면 재물복이 두텁다.

수고충(水庫沖) 사주

辛 丁 甲 戊　乾
丑 酉 子 辰　命

신자진(申子辰) 합작품은 재성신(財星申) 아내가 자(子) 물 속에서 진(辰) 진흙에 파묻히는 사건이 발생한다. 신년(申年)에 재성신(財星申)이 수국(水局)을 이루었는데, 진고(辰庫)에 재성신(財星申)이 입고(入庫)했다. 시지(時支)에서 축(丑)이 진(辰)을 형충(刑沖)하니, 진(辰)에 입고(入庫)한 신(申) 아내가 축진(丑辰) 틀에 치인다. 물

밑에 있는 진흙 속에 묻히는 형상이다.

이때 신자진삼합(申子辰三合)으로 연합하는 수(水)의 세력에서 신(申), 자(子), 진(辰)의 나들이가 없으면 신금(申金)은 물에 빠져 죽는다. 일지유금(日支酉金)이 재성(財星)으로 아내인데 축고(丑庫)에 입고(入庫)했고, 년지진(年支辰)이 축(丑)을 형충(刑沖)하니 유(酉) 아내가 축진(丑辰) 형틀에 치여 아내와 이별할 운명이다.

이 사람은 첫 번째 아내는 독극물을 마시고 자살했고, 두 번째 아내는 경신년(庚申年) 재운(財運)에서 나들이가 있을 때 물에 빠져 자살했다. 이것은 모두 아내를 죽이는 이 사람의 사주 때문에 일어난 사건이다. 이처럼 재성(財星)이 입고(入庫)하고, 그 고장지(庫藏地)를 형충(刑沖)하는 사주는 조심해야 한다.

화고충(火庫沖) 사주

庚 甲 丙 壬　　乾
午 寅 午 戌　　命

이 사주는 병진년(丙辰年) 진월(辰月)에 전화를 받고 집을 나간 후 30년이 넘도록 돌아오지 않는 사람이다. 이 사람은 년간임수(年干壬水)가 매우 미약하니 임수(壬水)가 직업이고, 질병도 미약한 오행(五行)에 있으니 신장과 방광이 약하다. 임수(壬水) 직업은 인성(印星)

이니 교육자나 물과 관계된 종류다.

고등학교 교사로 근무하다가 술집을 개업했다. 임수(壬水)는 주류, 유류, 물, 음식점 등을 나타낸다. 물계통에 종사하는 것은 미약하게 하나 있는 임수(壬水)가 관장하는 방광과 신장의 수기(水氣)를 튼튼하게 하려고 하기 때문이다.

이 사주는 갑목(甲木)이 인오술(寅午戌) 화염에 타버려 재만 남는다. 목화상관(木火傷官)이니 관성(官星)이 왕(旺)해야 하는데, 경관성(庚官星)은 불바다에 녹아버렸다. 대운해수(大運亥水)의 도식(倒食)은 수화(水火)가 서로 싸우는데 있다. 수(水)는 화국(火局)을 다스리지 못하니 걷잡을 수 없는 화액이 밀려올 뿐이다.

술화고(戌火庫)에 오(午)와 인(寅)이 들어가니 땅 위에 남아 있는 오행(五行)은 없다. 진년(辰年)에 술고(戌庫)를 형충(刑沖)하니, 진술(辰戌)에서 토(土) 그릇이 깨져 입고물(入庫物)이 함께 상한다. 인술(寅戌)과 오술(午戌) 작품은 도로 위의 자동차 등이고, 진(辰)이 술(戌)을 충(沖)하는 것은 자동차 사고를 말한다.

입고물(入庫物)이 충출(沖出)된 사주

庚 壬 甲 辛　坤
戌 辰 午 亥　命

이 사주는 술고(戌庫)에 오화(午火)가 들어갔는데, 일지(日支)에서 진(辰)이 술(戌)을 형충(刑沖)하여 입고물(入庫物)인 오화(午火)가 진술(辰戌) 덫에 치여 오(午)의 나들이가 있다. 오(午)는 재성(財星)으로 본인, 아버지, 복부, 자동차 · 전기 · 전자제품 등이다. 오년(午年)에 오화(午火)가 술고(戌庫)에 들어갈 때 아버지가 복부수술을 두 번 받았고, 본인은 19세에 맹장수술을 받았다. 그후 두 번이나 배를 가르는 사건이 있었다. 7월에는 아버지가 교통사고까지 당하여 입원했는데, 이 사건은 모두오(午)가 진술(辰戌) 덫에 치여 일어난 것이다. 오화(午火)는 2 · 7의 상수(象數)다.

오술(午戌) 합작품은 도로 위의 자동차류인데, 술(戌)을 형충(刑沖)하는 진(辰)이 사주에 있기 때문에 술(戌)을 형충(刑沖)하여 일어난 사건이다. 오술(午戌) 합작품은 복부 안에 있는 장기이며, 그 장기를 형충(刑沖)하는 진(辰)은 술(戌)을 형충(刑沖)하므로 복부수술이나 배를 다치는 겁난이다. 술고(戌庫)를 형충(刑沖)하는 작품은 산소를 파헤치는 것으로, 땅 속으로 들어가는 죽음을 의미한다.

辛	丁	戊	丙	乾
亥	丑	戌	申	命

이 사주는 신금재성(申金財星)이 축고(丑庫)로 들어가 술(戌)의 형충(刑沖)을 받자, 입고물(入庫物)이 나들이를 한다. 26세 신유년(辛酉年)에 재성(財星)이 간합(干合)할 때 결혼을 했다. 결혼 후 5년째인 을축년(乙丑年)에 재고(財庫)가 형충(刑沖)될 때 아내는 1남1녀

를 두고 가출한다. 홀아비 생활을 면하려고 42세 정축년(丁丑年)에 다시 여자를 만났으나, 일지(日支)의 아내가 들어오니 아내의 자리는 축(丑)이므로 축(丑)이 동(動)하여 축술형(丑戌刑)되어 악처로 둔갑한다. 아내는 재산상에 큰 손해를 끼치고 부부사이에 송사가 벌어진다. 축술형살(丑戌刑殺)이 동(動)하기 때문이다. 이런 사주는 승려팔자다.

재성상충(財星相沖) 사주

丙 辛 癸 己　乾
申 未 酉 卯　命

이 사주는 년지재성(年支財星)이 비겁유(比劫酉)에게 묘유상충(卯酉相沖)되었다. 묘(卯)는 조부와 아버지에 해당하기 때문에 아버지나 조부와 상극(相剋)이고 부부간의 상극(相剋)이다. 묘(卯)의 물상은 섬유류, 신발류, 물고기류 등으로 유금(酉金)에 파극(破剋)된 묘목(卯木)은 사주에서 가장 미약한 별로 직업이 된다. 따라서 이 사주는 묘(卯)의 물상을 직업으로 삼아야 건강과 수명을 지키고, 육친상극(六親相剋)의 화액을 면할 수 있다.

조부는 물고기회를 먹고 요절했고, 아버지는 3세 때 헤어졌다가 8세 때 돌아왔다. 금(金)이 왕(旺)할 때 묘(卯)를 극(剋)하여 분리되었다가, 병술묘(丙戌卯)를 합(合)할 때 돌아온 것이다. 아버지도 묘유(卯酉) 물고기회를 먹고 병을 얻었다.

을미년(乙未年)에는 재성(財星)이 묘미합(卯未合)한다. 결혼한 사람은 부부간에 생사이별이나 질병 등이 따르고, 미혼자는 결혼하거나 처첩의 나들이가 성립되기 때문에 부부가 묘미(卯未) 땅 속으로 들어가는 생사이별이 따른다. 재성(財星)은 아버지이니 아버지와 생사이별이 따른 것이다.

아버지는 재성(財星) 나들이를 며느리를 통하여 부자상극(父子相剋)을 대체하려고 했는지, 고등학교 1학년인 17세 을미년(乙未年)에 억지로 결혼을 시켰다. 그래서 을미년(乙未年) 부자상극(父子相剋)의 재화는 며느리에게 살(殺)을 보내 면할 수 있었으나, 세월이 흐른 뒤의 부자상극(父子相剋)은 미처 생각하지 못한 것이다. 년지비견(年支比肩)은 차남이고, 월지비견(月支比肩)은 형이나 누나를 나타낸다. 이 사주는 형이 아버지를 상충(相沖)하기 때문에 형이 살아 있으면 아버지가 죽고, 형이 죽으면 아버지의 수명이 연장된다.

인성기토(印星己土)는 땅문서인데, 기(己)가 묘(卯) 위에 앉아 있으니 땅문서가 병든 형상이다. 묘(卯)는 아내와 아버지의 재산을 나타내고, 병지(病地)는 역마(驛馬)에 해당하여 옮긴다는 의미가 있다. 아버지의 땅문서가 묘미합(卯未合)하여 유산으로 돌아오나, 병이 들어 썩은 재물이니 공수로 돌아간다. 이 사람은 많은 유산을 사업과 이혼 위자료로 탕진했다.

묘유상충(卯酉相沖)은 전각이나 직조기 등으로 사회에서 써먹을 수 있는 물상이지만, 묘(卯)가 미(未)의 합(合)을 탐하여 묘유(卯酉)의

깎고 다듬는 상충(相沖) 작용으로 만족하지 못하고, 미(未)가 있는 일지(日支)까지 가게 된다. 따라서 묘(卯)는 토끼굴인 미(未)까지 가야 하는 운명이다. 가는 길목인 묘미(卯未)에는 유(酉)의 덫이 기다리고 있으니 유(酉)에 치인다.

오대운(午大運)에서 트럭 7대를 구입하여 운수업에 승부를 걸었으나 교통사고가 계속 일어나 파산했다. 오묘(午卯)가 파극(破剋)한 것이다. 묘유상충(卯酉相沖)의 작품대로 부부갈등으로 손가락을 잘랐으며, 신유년(辛酉年)에 재성(財星)을 묘유상충(卯酉相沖)하자 세번째 여자와 헤어졌다. 묘(卯)는 이 사람의 직업별로, 한때 섬유업으로 큰 돈을 벌었으나 오묘파(午卯破)로 운수업에서 파산한 후 10년이 넘도록 직업이 없다.

정묘년(丁卯年)에 묘미(卯未) 신문보급소를 인수하더니 운명의 기사년(己巳年)을 맞는다. 사년(巳年)은 사신형(巳申刑)이 동(動)한다. 이때 사신(巳申) 물상이 나들이를 하면 재화를 면할 수 있다. 사신(巳申)은 기계회전, 바퀴, 톱날 등을 나타낸다.

이같은 운세에는 인묘(寅卯)의 목(木)이 치인다. 신문배달을 하기 위하여 인시(寅時)에 집을 나섰는데, 인사신삼형(寅巳申三刑)이 동(動)하여 교통사고를 몰고 온 것이다. 사건은 묘시(卯時)에 일어났다. 트럭에 치여 뇌를 다쳐 수술을 했으나 사망했다.

질병은 묘(卯)의 간에 있다. 물고기회를 먹고 간디스토마에 걸려 몇 년간 고생한 적이 있으며, 계(癸)에 병(病)이 있으니 신장과 방광질환이 따른다. 정관(正官)이 일간(日干)을 합(合)하여 막내딸은 분리되어 본처가 기르고 있다.

양인살(羊刃殺) 사주

甲甲丙乙	乾	甲壬戊辛	乾
子戌戌亥	命	辰子戌巳	命

위의 두 사주에 있는 토(土)는 모두 위장과 비장을 나타내는데, 그 안에 해자(亥子) 물이 들어가 있다. 위장에 있는 물은 종양이나 염증이며 혈관을 흐르는 피를 말한다. 위벽이 헐어 피가 흐르는 형상이니 모두 위장질환이 따른다. 두 사람은 모두 정묘년(丁卯年) 진월(辰月)과 미월(未月)에 위장수술을 받았다.

신사생(辛巳生)은 오대운(午大運)이 동(動)하여 술고(戌庫) 위장에 들어가 오술삼합(午戌三合)되었다. 위장의 그릇은 술고(戌庫)이며 오(午)는 복부다. 술(戌)은 오(午) 고장지(庫藏地)가 되므로 형충(刑沖)될 때 술(戌) 그릇이 깨지는 수술 등이 따른다.

임자일주(壬子日柱)는 양인살(羊刃殺)이 있는데, 묘년(卯年)에 묘(卯)가 동(動)하여 양인살(羊刃殺)을 자묘형(子卯刑)한다. 자진삼합(子辰三合)은 술(戌)이 진(辰)을 형충(刑沖)하여 수술해야 하는 운명을 타고난 것이다. 진년(辰年) 진월(辰月)이 오면 위장수술을 피할 수 없다.

묘년(卯年)에 자묘양인(子卯羊刃)이 동(動)하여 검난, 칼잡이, 난동, 상해, 자해, 수술 등이 따른다. 사건은 진술축미년(辰戌丑未年)이나 진술축미월(辰戌丑未月)에 일어난다. 진수고(辰水庫)를 형충(刑

沖)하기 때문이다.

을해생(乙亥生) 사주는 갑일주(甲日柱)가 묘(卯)를 만나면 양인살(羊刃殺)이 된다. 이 양인살(羊刃殺)은 묘년(卯年)에 동(動)하여 시지자(時支子)와 자묘형(子卯刑)되어 검난의 작품이 생산된다. 자묘(子卯), 묘술(卯戌), 해묘(亥卯)의 물상이 생산되어 지지(地支) 전체가 싸운다. 수술, 상해, 검난 등이 일어난다. 사지(死地)가 합파(合破)되어 나들이를 하는 것도 상해가 있다.

삼형살(三刑殺) 사주

丁 庚 癸 乙　　乾
亥 戌 未 丑　　命

이 사주에는 축술미삼형(丑戌未三刑)이 있다. 임술년(壬戌年)에 정(丁) 심장과 임(壬) 혈액이 정임천간합(丁壬天干合)되어 심장에 이상을 일으키고, 축술미삼형(丑戌未三刑)되어 뇌졸중이 일어났다. 그러나 축술미삼형(丑戌未三刑)의 토(土) 물상이 나들이를 하면 뇌졸중을 물상으로 대체할 수 있어 살(殺)이 가볍다.

점포와 집을 팔고 이사를 하여 축술미(丑戌未) 물상을 대체했으나, 뇌졸중과 동시에 일어난 사건이므로 다리를 저는 정도로 그쳤다. 어릴 때 삼형살(三刑殺)이 들어오면 소아마비가 따르고, 장년이나 노년에 들어오면 다리를 절게 된다.

계수식상(癸水食傷)이 을목재성(乙木財星)을 생(生)하니 수산물에 관여하여 많은 재물을 모을 수 있었다. 그러나 대운(大運)에서 인목재성(寅木財星)이 사주에 있는 땅문서 술(戌)과 삼합(三合)할 때 셋방살이 신세가 되었다. 그후 경신년(庚申年)에 다시 간신히 집을 한 채 장만했고, 삼형살(三刑殺)이 드는 을축년(乙丑年)에 다시 집을 팔고 이사했으나 중풍으로 거동이 불편해졌다.

戊	申	甲	戊	乾
戌	丑	寅	辰	命

이 사주는 경오년(庚午年)에 이사하고 점포를 수리한 뒤, 뇌혈관이 터져 뇌졸중에 걸렸다. 인목(寅木)은 정재(正財)이며 아내에 해당하는데, 술고(戌庫)에 입고(入庫)하며, 식상수(食傷水)의 생(生)을 받지 못했다. 식상(食傷)이 없는 재성(財星)은 빛좋은 개살구에 지나지 않는다.

축(丑)과 진(辰)이 술화고(戌火庫)를 형충(刑沖)하니, 술고(戌庫)에 들어간 재성인목(財星寅木)이 입고(入庫)되어 진술(辰戌)과 축술(丑戌)로 술고(戌庫)를 형충(刑沖)하는 덫에 인목재성(寅木財星)이 치인 격이다. 재성(財星)이 입고(入庫)되면 아내와 생사이별이 따른다.

이 사람은 공무원인데 세 번씩이나 아내와 이별을 했다. 그러다 61세인 무진년(戊辰年)에 네 번째 여자를 만나, 관성(官星)이 합(合)되는 기사년(己巳年)에 아들을 낳았다. 관성(官星)이 입고(入庫)되어 치인 사주가 자식을 낳으면, 오(午)가 동(動)하여 술고(戌庫)를 형충(刑沖)할 때 자식이 죽거나 혈압, 교통사고, 심장, 상해 등이 따른다.

미대운(未大運)에 있고 사주에 진술축(辰戌丑)이 대동하니, 미대운(未大運) 5년 동안에 축술미삼형(丑戌未三刑)이 동(動)한다. 어릴 때 삼형(三刑)되면 소아마비 등이 따르고, 장년이 되어서는 뇌졸중, 위장, 복부수술, 다리불구 등이 따른다. 63세인 경오년(庚午年)에 오(午)가 동(動)하여 인오술삼합화국(寅午戌三合火局)으로 불바다를 이루고, 미대운(未大運)이 동(動)하며 화고술(火庫戌)을 형충(刑沖)하니 화(火)의 물상인 뇌혈관이 터진 것이다.

화(火)는 뇌, 혈압, 심장 등을 나타낸다. 화국(火局)이 이룰 때 인오술(寅午戌)이 무리에서 빠져나가지 못하면 불에 타서 재만 남게 된다. 이때 인오술(寅午戌) 물상이 나들이를 해야 화액을 면할 수 있다. 인오술화국(寅午戌火局)이 성립될 때 인오술(寅午戌) 물상이 나들이를 하면, 화국(火局)의 세력에서 벗어나 원래의 위치로 돌아가는 것이다.

인오술(寅午戌)의 나들이 작품은 가옥 · 부동산 · 자동차 매매, 수리, 고장, 충돌, 분실, 이사, 자리 이동과 점포나 사무실의 이동과 변화 등이다. 이 사람은 이사를 하여 시멘트, 자갈, 모래 등으로 마당과 집 등을 수리하고 이틀만에 뇌졸중에 걸린 것이다. 축술미삼형(丑戌未三刑)의 뇌졸중이 올 때 토(土) 매매 등의 나들이는 길하나, 토(土)를 건드려 수리 등을 하면 살(殺)이 동(動)한다. 따라서 물상이 들어와 길이 되는 것과 흉이 되는 것을 잘 살펴야 한다.

수옥살(囚獄殺) 사주

戊 癸 壬 庚　　乾
午 酉 午 子　　命

수옥살(囚獄殺)은 교도소에 감금되는 살(殺)인데, 이 사주는 지지(地支)에 자오묘유(子午卯酉) 수옥살(囚獄殺)이 있다. 자오묘유(子午卯酉)는 도화살(桃花殺)에도 해당하여 음탕하며 색난이 따른다. 이 사람은 교도소를 제 집처럼 드나드는 사람이다. 사주에 유(酉)가 있는데 도화살(桃花殺)이 세 개 이상 있으면 교도소에 갔다온 사람이며, 해년(亥年)에 교도소에 간다. 수옥살(囚獄殺)이 있기 때문이다.

도화(桃花)와 상충(相沖)된 사주

戊 己 癸 甲　　乾
辰 卯 酉 午　　命

이 사주에는 오묘유(午卯酉) 수옥살(囚獄殺)이 있고, 처성(妻星)인 일지(日支)를 충극(沖剋)하는 묘유상극(卯酉相剋)이 있다. 월지유(月支酉)는 시지진(時支辰)을 육합(六合)하여 진(辰)이 있는 곳까지

가야 된다. 이때 일지(日支)를 지나면서 묘(卯)를 무너뜨리고, 진(辰)까지 가서 유합(酉合)이 이루어진다.

해년은 해수(亥水)가 재성(財星)이므로 해묘(亥卯)가 합(合)되어 아내와 이별하게 된다. 이 사주는 도화살(桃花殺)과 수옥살(囚獄殺)이 중(重)하여 해년(亥年)에 교도소에 들어갔고, 아내는 가출했다. 이처럼 묘유도화충(卯酉桃花沖)이 있는 사주는 아내와 함께 살기 어렵다.

일주(日柱)가 사지(死地)에 든 사주

丙 乙 甲 戊　　乾
戌 亥 子 寅　　命

이 사주는 을해일주(乙亥日柱)다. 을해(乙亥) 물상은 물 위에 뜬 배, 물에서 노는 물고기, 떠다니는 나무, 수경재배 식물 등이다. 을목(乙木)이 자(子)에서 병들어 해(亥)에서 죽는 형상이다. 손발이 차고 저리며 간질환, 안과질환, 시력감퇴, 요통, 두통, 목뼈 상해와 통증, 다리를 저는 작품 등이 을해(乙亥)의 병상(病象)이다.

따라서 을목(乙木)의 죽음을 막아야 한다. 을목(乙木)은 일간(日干)으로 해(亥)를 만나거나 깔고 앉아 있으면 사지(死地)에 해당한다. 일지해(日支亥)가 아내에 해당하면 아내가 있으면 해(亥)가 동(動)하기 때문에 을목(乙木)은 죽을 수밖에 없는 운명이 된다. 따라서 반드시 을해(乙亥) 물상으로 대체해야 한다. 다시 말하면 을해(乙亥) 물상을 직업으로 삼거나, 취미활동 등으로 나들이를 하지 않으면 생사이별의 화액을 면할 수 없어 부부가 해로하지 못한다. 을해(乙亥) 물상으로 나들이를 대체하는 것만이 화를 면하는 방법이다.

이 사람은 대운(大運) 묘목운(卯木運)에서 선원이 되어 바다로 나갔다. 묘(卯)는 선박이며 해(亥)는 바다다. 자년(子年)에는 을(乙) 나무가 해(亥) 바다를 떠다니므로 을해(乙亥) 선원생활을 계속했다. 축년(丑年)에는 자해(子亥) 바다가 축토(丑土) 육지와 자축(子丑)으로 육합(六合)하여 육지로 돌아왔다. 인년(寅年)에는 인(寅) 집이 부동산 술토(戌土)와 인수(印綬)로 합작하여 부동산을 매입했다.

그러나 인술화국(寅戌火局)이 식상(食傷)으로 변하자, 사기에 걸려들어 송사가 있었다. 묘년(卯年)에는 묘(卯) 생선가게를 얻고, 묘술(卯戌) 문을 열었다. 위와 같이 모든 사건은 합파(合破)의 나들이에 있기 때문에 동(動)하는 오행(五行)과 물상을 포착해야 한다. 식상운(食傷運)에는 쟁투와 송사를 조심해야 한다.

재성(財星)이 사지(死地)에 든 사주

戊	庚	丙	甲	乾
寅	子	子	午	命

이 사람은 20세인 계축년(癸丑年)에 한 마을에 사는 처녀와 결혼했다. 일지(日支)가 육합(六合)하고 자축(子丑) 성교행위가 있을 때다. 결혼 3년 후인 병진년(丙辰年)에 아내가 물에 빠져 자살했다. 이것은 일지자수(日支子水)가 진(辰) 진흙에 박히는 작품이다. 그리고 두 달도 안 되어 다시 한 마을 사는 처녀와 동거 끝에 재혼을 했다. 이것은 일지(日支)가 진년(辰年)에 자진합(子辰合)으로 나들이를 하는 물상이다.

갑(甲)은 아내이고 오(午)는 자식인데, 갑목(甲木) 아내가 자성(子星)인 관성오(官星午)에서 죽음에 드니 자식을 낳으면 아내가 죽는다. 첫 번째 아내는 관성(官星)이 합(合)되는 갑인년(甲寅年)에 임신하여 을묘년(乙卯年) 출산했고, 두 번째 아내는 전처 소생을 키우면서 무오년(戊午年)에 관성(官星)이 합(合)될 때 자식을 낳았다. 기미년(己未年)에 재성갑(財星甲)이 천간합(天干合)되어 아내와 분리, 생사이별 등이 따른다.

두 번째 아내는 자기가 낳은 아이를 등에 업고 아침식사를 준비하는데 전처 자식이 새엄마를 부르며 울자, 남편이 아이를 울린다고 상소리를 퍼부으며 고함을 지르자, 감정을 억제할 수 없었던지 순간적으로 농약을 마셨다. 경금(庚金)은 식상자(食傷子) 물을 마시고 죽는 운명이다. 이런 사주는 갑목(甲木) 물상을 직업으로 삼으면 생사이별의 화액을 피할 수 있다. 이 사람은 젓먹이 아이를 둘이나 두고 홀아비가 되었다. 재성(財星)이 자식을 깔고 앉은 자리에서 사(死)가 되기 때문이다. 갑오사(甲午死)가 그것이다.

사지(死地)에 든 사주

辛 辛 乙 己　乾
卯 酉 亥 丑　命

이 사주는 을목재성(乙木財星)이 사지(死地)에 있으니 재성(財星)에 해당하는육신(六神)에게 죽음이 따른다. 시지(時支) 재성묘(財星卯)는 일지(日支)가 공격하는 금(金)에 의해 묘유충파(卯酉沖破)되었다. 묘(卯)의 육신(六神)은 죽음이나 상해가 따른다. 을목(乙木)은 아내, 아버지, 조부모, 애인, 첩 등을 나타낸다.

이 사주는 세 살되던 해, 아버지가 연기에 질식해 사망했다. 해(亥)가 을목(乙木)을 깔고 앉아 을목(乙木)이 죽은 것이다. 해(亥)의 물상은 주류, 유류, 연기, 가스류, 물, 안개, 바다 등이고, 을(乙)의 병상(病象)은 간, 담, 손발, 허리, 무릎, 관절, 목, 이목구비, 목구멍, 혓바닥, 체모 등이다.

재성(財星)은 결혼 전에는 아버지이고, 결혼 후에는 아내에 해당한다. 아내는 자식을 낳고 손발에 큰 상처를 입었으며 요통, 두통, 손발통, 신경통 등으로 다리를 절고 있다. 본인도 마찬가지다.

이 사람은 45세인 계유년(癸酉年) 미대운(未大運) 도식(倒食)에 있다. 미대운(未大運) 동안 묘(卯)가 미목고(未木庫)에 들어가는 신세가 되었다. 년지축(年支丑)이 미(未)를 형충(刑沖)하여 묘목(卯木) 손발이 치인다. 묘유합(卯酉合) 물상은 재성(財星)을 도끼로 내리찍는 것이다. 그러니 아내가 어찌 온전할 수 있겠는가.

이 사주도 계유년(癸酉年) 진월(辰月)에 아버지처럼 손을 쓰지 못하게 되었다. 묘(卯)는 자식의 자리다. 직업은 을목(乙木)과 해수(亥水)에 있다. 가장 미약한 오행(五行)을 직업으로 삼지 않으면 기(氣)를 조절할 수 없기 때문에 죽거나 질병에서 벗어나기 어렵다.

가장 미약한 오행(五行)에 생기를 불어넣는 방법은, 그 미약한 오행(五行)을 직업으로 삼아 분발하는 것이다. 해(亥)나 을(乙)을 직업으로 삼으면 을목(乙木)의 화액을 면할 수 있다. 이 사람은 을해(乙亥) 직업인 선원생활을 하는 동안이 가장 건강했다. 지금은 배를 타고 싶어도 건강이 허락하지 않는다고 한다.

아들이 없는 사주

庚 甲 丁 壬　　坤
午 戌 未 寅　　命

이 사주는 정화식상(丁火食傷)이 임수인성(壬水印星)을 흡수하여 파극(破剋)한 경우다. 정임천간합(丁壬天干合)이 그것이다. 임(壬)이 미약하여 신장이 허약하니 금수(金水)를 보충하여 수(水)를 생(生)해야 한다. 정화(丁火)가 미약하면 임(壬)에게 흡수되어 상하고, 임(壬)이 미약하면 정화(丁火)에게 흡수되어 상한다. 따라서 임(壬)

이나 정임(丁壬) 물상을 직업으로 삼아야 한다.

임(壬)은 인성(印星)에 해당하므로 어머니와 할머니도 신장이 허약하다. 질병이 유전된 것이다. 몇 년간 신장질환에 시달리다가 정묘년(丁卯年)에 수술을 했다. 정임천간합(丁壬天干合)은 신장의 나들이 작품이다. 설상가상으로 인오술화기(寅午戌火氣)가 물을 말리고 있다. 경금(庚金)이 없었다면 갑목일간(甲木日干)은 불에 타서 정신이상이 되었을 것이다.

이 사주에서 식상오(食傷午)는 자식이다. 자식을 낳으면 오화(午火)가 동(動)하여 인오술화국(寅午戌火局)이 성립되어 타오르는 불길이 관성금(官星金)을 녹이니 남편을 파극(破剋)한다. 다행히 이 사람은 딸만 낳아 남편과 화목하게 살고 있다.

임인(壬寅)은 임수(壬水)가 인(寅)에서 병(病)드는 운명이다. 갑목일간(甲木日干)이 사지(死地)인 시지(時支) 자식궁에 식상오(食傷午) 자식이 앉아 갑(甲)을 죽이고 있다. 아들을 죽이는 팔자를 타고난 것이다. 아들이 없으면 오(午) 자식궁이 비어 있기 때문에 사지(死地)가 성립되지 않는다. 그러므로 갑일간(甲日干)은 오(午)의 자리가 없는 것과 같다. 일간(日干)은 오(午) 때문에 죽음을 면하고, 딸은 상극(相剋)되지 않는다.

戊 丙 辛 壬　　坤
子 子 亥 申　　命

이 사주는 무토(戊土)가 많은 수(水)를 다스리는데, 많은 수(水)는 오히려 자기보다 약한 화(火)를 파극(破剋)한다. 이와 같이 식상(食傷)이 살성(殺星)을 완벽하게 다스리지 못하면 무서운 살성(殺星)만 건드려 놓는 결과가 된다. 마치 호랑이는 잡지 못하고 꼬리를 밟는 것과 같아서 살성(殺星)이 공격해온다.

이 사주는 식상무(食傷戊)가 많은 수(水)의 살성(殺星)을 건드려 놓았으니, 무토(戊土) 자식을 낳으면 무(戊)가 동(動)하여 살성(殺星)을 다스린다. 이때 살성(殺星)을 다스리는 식상(食傷)이 없어야 사주가 정(精)이 되어 살성(殺星)이 동(動)하지 않는다.

만일 무(戊) 자식을 낳으면 무(戊)가 수(水)를 제복(制伏)하기 때문에 수(水)가 화를 내고, 많은 관성수(官星水)는 자기보다 약한 병화일주(丙火日柱)를 공격하게 된다. 이때 병화(丙火)는 상하지 않으려고 남편인 수(水)를 파극(破剋)하여 남편을 극(剋)한다. 남편이나 일간(日干)이 죽지 않으면, 수(水)는 관귀(官鬼)이니 점쟁이가 되어 수명을 연장하기도 한다.

이 여자는 딸만 하나를 낳고 남편과 같이 살고 있다. 상관(傷官)과 편관(偏官)이 혼잡되어 남편을 극(剋)하는 명(命)이나, 아들을 두지 않아 흉을 길로 바꾼 것이다. 무토(戊土)는 이 사주의 딸이다. 딸의 자식은 식상무(食傷戊)의 식상(食傷)이므로 경금(庚金)이다. 무(戊) 딸은 자(子)를 깔고 앉아 경금(庚金)이 생산되면 경자사지(庚子死地)에 든다. 따라서 이 사주의 딸도 아들이 없다. 질병은 병(丙)의 심장, 신경성, 무병(巫病), 두통, 혈압, 어깨통, 안과질환 등이다.

甲甲戊癸　坤
子午午巳　命

이 사주도 딸만 하나 있고 아들이 없다. 갑목(甲木)은 자성(子星)인 오(午)에서 죽기 때문에 자식을 낳으면 일간(日干)이 죽는다. 그렇지 않으면 자식이 죽거나 없어야 화액을 면할 수 있다. 수(水)가 미약하니 계수(癸水) 물장사가 직업이 되었고, 신장과 방광이 허약하다.

丙庚癸甲　坤
子午酉午　命

이 사주는 상관(傷官)과 편관(偏官)이 혼잡되어 아들을 두지 못했다. 아들 자(子)를 낳으면 오(午)를 충(沖)하여 남편을 잃는다. 일간 경금(日干庚金)이 자(子)에서 죽기 때문이다. 이 사람은 딸만 다섯을 두고 아들이 없다.

아들이 없는 사주의 인연

庚丁庚乙　乾　　丁庚丁庚　坤
子酉辰未　命　　亥辰亥子　命

앞의 두 사주는 부부다. 남자 사주는 경(庚)이 자(子)를 만나면 죽기 때문에 경금재성(庚金財星) 아내가 자수(子水) 자식을 낳으면 아내가 죽는다. 여자 사주는 많은 식상(食傷)이 해자(亥子) 남편을 수극화(水剋火)하기 때문에 식상해자(食傷亥子) 자식을 낳으면 수(水)가 남편을 파극(破剋)하여 남편이 죽는다. 아들이 없는 사주끼리 만난 것이다.

아들을 죽이는 사주

甲	丁	乙	癸	乾
辰	亥	卯	酉	命

이 사주는 갑자년(甲子年)에 자식을 잃었다. 자년(子年)에는 정관자수(正官子水)가 동(動)하여 식상진(食傷辰)을 삼합(三合)하기 때문에 자식의 나들이가 있다. 합(合)되는 모든 육신(六神)은 생사이별이 따른다. 헤어진 사람과는 만남이 있고, 함께 사는 사람과는 이별이 있다.

자년(子年)은 자수(子水)가 진수고(辰水庫)로 들어가는 작품이 생산된다. 진(辰)은 진흙, 물밑, 물을 담은 진흙 그릇 등을 나타내므로 자(子) 자식이 진흙에 묻힌다. 그래서 이 사주의 자식은 자년(子年)에 시지(時支)에 있는 진(辰)을 보고 그 속에 들어가 죽은 것이다.

을묘년(乙卯年)에 묘유상충(卯酉相沖)하는 운에서 아내가 가출한다. 묘유(卯酉)에는 경을합(庚乙合)이 있다. 재성(財星)이 합(合)되는 운에서 아내의 나들이가 성립된다. 그후 10년이 지나 갑자년(甲子年)이 되도록 아내는 돌아오지 않았다. 합(合)되는 육신(六神)은 만남과 이별의 나들이 작품이다.

합(合)이 있으면 충(沖)이 있고, 충(沖)이 있으면 합(合)이 있다. 을경합(乙庚合)에는 묘유충(卯酉沖)이 있고, 묘유충(卯酉沖)에는 을경합(乙庚合)이 있다. 이때 떨어져서 강원도에 살고 있는 중학교 2학년 아들을 찾아갔다. 그러나 다음날 아들은 친구들과 물놀이를 하러 갔다가 호수에 빠져 죽었다.

분리가 있을 때는 합(合)의 만남과 충(沖)의 분리가 따른다. 따라서 분리가 올 때는 서로 만나지 말아야 한다. 이럴 경우에는 진(辰) 물상으로 나들이를 해야 화액을 면하거나 가볍게 넘길 수 있다.

아들이 아내를 극(剋)한 사주

甲	庚	乙	壬	乾
申	午	巳	辰	命

이 사주에서 시간갑목(時干甲木)은 편재(偏財)로 아내이고, 일지오화(日支午火)는 정관(正官)으로 자식인데 아내의 자리에 있다. 갑목

(甲木)이 오화(午火)를 만나면 화를 면하기 어렵다. 아내가 오(午) 자식을 낳고 죽음의 길로 들어서는 것이다. 따라서 아들이 없어야 길복을 누릴 수 있다. 그렇지 않으면 부부가 헤어져야 자식을 구제할 수 있다.

인년(寅年)에 재성(財星)이 관성(官星)과 합작하니 아내가 임신하거나 출산한다. 그런데 인오(寅午)로 변하여 화국관성(火局官星)이 되었으니 아들을 낳을 가능성이 높다. 아내의 임신은 사오관성(巳午官星)이 생겨나서 인오화국(寅午火局)이 성립된다. 이 칠살(七殺)의 화국(火局)은 타오르는 불의 기세를 몰아 경신금(庚申金)을 공격한다. 이때 건왕(建旺)한 금(金)은 파극(破剋)되지 않고, 오히려 자기보다 약한 목(木)을 파극(破剋)한다.

설상가상으로 인년(寅年)에 인(寅)이 동(動)하여 기계와 칼날에 치인다. 금(金)이 화를 내어 지지(地支)에서 갑간(甲干)을 하극상하니 도끼로 나무를 내려찍는 격이다. 나무 원숭이인 인신(寅申)과 갑신(甲申)을 타고나면 허리, 척추, 손발 등에 상해를 입는다.

드디어 인년(寅年)이 되자 아내는 임신한다. 칠살(七殺)이 자라는 것이다. 칠살(七殺)은 금(金)을 극(剋)하고, 금(金)은 목(木)을 극(剋)한다. 이 사람은 갑자기 척추를 크게 다쳐 몇 주일 동안 입원했고, 부부갈등 끝에 아들을 낳고 이혼한다. 아내가 죽지 않으려고 이 남자를 떠나는 것이다. 아들이 없어야 편안한 사주이기 때문이다. 재성(財星)이 합작하는 물상은 아내와 재(財)의 나들이에 있는데, 분리와 생사이별이 그것이다. 이처럼 물상이 들어와서 흉이 되는 경우와, 정(靜)이 되어 길하게 되는 경우가 있으니 나들이를 잘 살펴야 한다.

아들을 낳고 남편과 헤어진 사주

壬 己 庚 戊　　坤
申 卯 申 寅　　命

이 사주는 아들을 낳고 남편과 사별했다. 월시지(月時支)에서 상관(傷官)이 인묘부성(寅卯夫星)을 인신(寅申)으로 상충(相沖)하고 묘신(卯申)으로 파극(破剋)하니, 상관(傷官) 자식을 낳고 상관(傷官)이 동(動)하여 남편과 사별한 것이다. 인신(寅申)이나 묘신(卯申)의 금목(金木)에 관계된 직업을 갖지 않으면 부부관계를 유지하기 힘든 사주다. 첫 번째 남편은 자식을 낳은지 3년 만에 사별했다. 그러나 두 번째 남편과는 자식을 낳고도 20년 가까이 살고 있다. 이것은 두 번째 남편은 인신(寅申)과 묘신(卯申)에 해당하는 청과물 장사를 하기 때문에 화액을 면한 것이다.

52세 기사년(己巳年)에는 대운(大運) 갑목정관(甲木正官) 부성(夫星)의 나들이가 있고, 갑기(甲己) 합작품이 생산되는데 부부간에 생사이별과 위장과 간질환의 작품이다. 물상으로는 토목(土木)과 관계된 일, 부동산, 가옥, 점포, 이동, 이사, 가출 등이 따른다. 갑기(甲己) 물상은 분재, 도배, 당구, 의류판매장, 땅에 심은 나무 등이다.

남편은 갑기(甲己) 작품이 생산될 때 과일가게를 정리하고 이사까지 했으나, 평소에 주벽이 심한 탓에 질병의 작품을 물상으로 대체하기에는 어려움이 있었다. 기사년(己巳年) 7월에 간암선고를 받았으나,

오래 묵은 병에는 물상 나들이도 무색하여 두 번째 남편과도 사별했다. 이것은 사주에 남편 둘을 극(剋)하는 묘신(卯申)과 인신(寅申)이 있기 때문이다.

자식을 낳고 남편을 잃는 사주

○ 丙 丁 己　　坤
○ 子 丑 卯　　命

이 사주에서 정관자수(正官子水)는 남편이고, 식상축토(食傷丑土)는 자식이다. 자식을 낳으면 축(丑)이 동(動)하여 자수(子水) 남편을 육합(六合)으로 빨아들여, 남편 자(子)가 축(丑) 진흙에 묻힌다. 자식을 낳고 남편을 축고(丑庫)에 묻는 것이다. 이런 사주는 자식이 없어야 길복을 누린다. 남편과의 사별은 남편 자(子)가 축고(丑庫)에 입고(入庫)하는 자년(子年)에 일어난다.

사지(死地)에 앉은 자식

乙 巳 甲 丁　　乾
亥 未 辰 酉　　命

이 사주는 자성(子星)인 편관을목(偏官乙木)이 해(亥)를 깔고 앉아 사지(死地)에 있다. 따라서 아들이 없거나 있더라도 다 키워서 잃는다. 부인 사주도 일지상관(日支傷官)이 시지관성인목(時支官星寅木)을 파극(破剋)하고 있다. 아들을 낳은 후 남편과 생사이별이 따르는 사주다. 무자팔자끼리 만난 것이다. 그러나 진유합금(辰酉合金)되어 해수(亥水)를 생(生)하니 재물은 있다. 이처럼 무자사주는 무자사주끼리 만난다. 재물복도 마찬가지다. 이들은 아들은 없지만 길복을 누리며 행복하게 살고 있다.

자식이 합(合)된 사주

乙	戊	辛	丙	乾
卯	戌	丑	子	命

인년(寅年)에 인목(寅木)이 동(動)하여 술(戌)에 입고(入庫)했다. 인(寅)은 자동차이고 술(戌)은 도로다. 도로 위를 축(丑)이 와서 축술형충(丑戌刑沖)하니 교통사고가 일어났다. 인목(寅木)과 묘목(卯木)이 자식에 해당하여 자식이 교통사고를 당한 것이다. 아버지의 사주에 자식의 운명이 이미 정해져 있었다.

인년(寅年)의 운세는 인술(寅戌) 합작품에서 사건이 발생하고, 월지(月支)에서 축(丑)이 동(動)하는 술(戌)을 형충(刑沖)한다. 입고물

(入庫物)을 형충(刑沖)하는 축술(丑戌) 물상은 술고(戌庫) 작품이 깨지는 사건이다. 땅이 서로 부딪치고, 무너지고, 파헤치고, 지하를 파고, 창고문을 여닫는 등 입고물(入庫物)을 써먹는다. 건축이나 토목의 일거리, 가옥수리, 도로 위의 자동차가 치이는 등 전답 매매와 건축자재 등의 나들이다.

이 사람은 축술(丑戌) 물상이 나들이를 하는 운명대로 시멘트와 모래 등을 배합하여 바르고 집을 수리했다. 이 운에서는 축술형(丑戌刑)을 없애야 한다. 논밭이나 부동산을 팔거나 이사를 해야 살(殺)이 가벼워진다. 축술(丑戌)이 없으면 정(靜)이 되기 때문이다.

다시 말해서 물상이 들어와 흉으로 변하여 살(殺)이 동(動)한 것이다. 살성(殺星)이 동(動)하면 상해나 생사이별이 있다. 인(寅)의 나들이 작품에서 자식은 승용차 사고를 냈고, 그 축술(丑戌) 물상에 인목(寅木)이 치였다. 자동차는 휴지조각처럼 망가졌으나 간신히 생명은 건졌다. 집을 수리하고 3일만에 자식의 인(寅) 자동차가 축술(丑戌) 형틀에 치인 것이다.

물상이 들어와서 살(殺)이 동(動)하는 경우와 정(精)이 되어 흉을 길로 돌리는 경우가 바로 이런 사주다. 집을 수리했으니 액땜이 되었다고 볼 수도 있다. 그러나 이런 경우에는 집을 수리했기 때문에 토(土)가 동(動)하여 일어난 사건으로 보아야 한다.

무자무처(無子無妻) 사주

戊 丙 戊 戊　　乾
戌 子 午 寅　　命

이 사주는 무(戊)가 세 개 투출(透出)하여 계(癸)를 천간합(天干合)하니 물이 마를 수밖에 없다. 인오술화국(寅午戌火局)이 대지를 말리니 화(火)가 많아 토(土)가 조열하고, 자오충(子午沖)되어 오(午)가 자(子)를 돌보지 않아 물을 말린다. 질병도 자수(子水)에 있어 신장과 방광이 약하고, 직업도 가장 미약한 자수(子水) 물상에 있다.

일지자(日支子)는 아내궁인데, 이곳이 마르니 아내가 견디기 어렵다. 이 사람은 여섯 명의 여자와 동거를 했는데, 모두 자(子)가 나들이할 때 헤어졌다. 하나같이 모두 술집이나 식당 출신이다. 물장사를 하는 여자이기에 인연이 된 것이다.

경금재성(庚金財星)은 이 사주의 아내인데, 자(子)를 깔고 앉아 있으니 자식을 낳으면 아내가 죽거나 자식이 죽는다. 다시 말해서 무자무처(無子無妻) 사주로 무진년(戊辰年) 이후 오늘까지 자식도 없고 아내도 없다. 진년(辰年)에 일지자수(日支子水)가 자진(子辰)으로 나들이를 하여 아내와 헤어졌다. 진술형충(辰戌刑沖)은 재고(財庫)의 나들이다. 무진년(戊辰年)에 여섯 번째 아내를 잃었다.

무자무부(無子無夫) 사주

戊甲乙壬　坤
辰午巳戌　命

이 사주는 남편도 없고 자식도 없는 팔자다. 화(火) 자식를 낳으면 갑(甲)은 불에 타서 말라죽는다. 식상국(食傷局)을 이루어 목화상관(木火傷官)이 되었으니, 재(財)가 왕(旺)하면 큰 부자가 된다. 식상국(食傷局)을 이루고 재성(財星)을 만나, 많은 부동산을 소유하고 있지만 딸 하나 없다. 마음인 화(火)가 재(財)를 생(生)하니 욕심만 많고 베풀 줄을 모른다.

술화고(戌火庫)에 들어간 오(午)는 일지(日支) 남편이며 복부인데, 진(辰)이 술(戌)을 형충(刑沖)하여 진술(辰戌) 덫에 일지오(日支午)가 치였다. 임수(壬水)가 미약하여 직업이 되는데, 대운(大運)까지 금수운(金水運)으로 흐르고 있으니 평생 물장사를 할 것이다. 백 억대의 재산가이나 무인년(戊寅年) 인사신삼형(寅巳申三刑)이 올 때 중풍이 왔다. 기묘년(己卯年)에 갑(甲)이 기(己)를 따라가니 땅 속에 묻힐 것이다.

대운(大運) 물상 사주

丁 辛 戊 丙　乾
酉 酉 戌 戌　命

대운(大運)이 운명을 유도하는 길은 직업의 길잡이가 된다. 따라서 대운(大運)의 물상대로 직업이 결정된다. 이 사주에는 재성(財星)이 없다. 고서(古書)에 이르길 전록격(專祿格) 사주가 재(財)를 만나지 못하면 가난하다고 했다.

이 사주는 해자축수운(亥子丑水運)이 운명을 끌고 간다. 23세 무신년(戊申年)은 인오술(寅午戌) 역마(驛馬申)에 있으니 신년(申年)에는 역마(驛馬)가 동(動)한다. 시골에서 올라와 수(水) 직업인 염색공장에서 일한다. 대운수(大運水)가 유도하는 대로 따라간 것이다.

신금(辛金)이 시작되는 29세 대운(大運)에서는 병신(丙辛)이 합작하여 머리 위에 감투가 놓인다. 수(水)로 변하여 재(財)를 생(生)하는 좋은 운이다. 이때 알고 지내던 사람의 도움을 받아 공장을 인수하여 독립했다. 그후 임수(壬水)가 오는 43세 대운(大運)까지 수(水) 물상을 직업으로 삼아 20년 동안 분발한다. 그동안 열심히 일한 보람으로 두세 명의 종업원을 두고 제법 저축까지 하며 살게 된다.

그러나 임대운(壬大運)에는 정임천간합(丁壬天干合)이 있다. 합(合)은 나들이가 되므로 이 대운(大運)에서 수(水)의 직업과 인연이 끊어진다. 대운을목(大運乙木)의 재(財)를 향해 마지막으로 가는 대운(大運)이다. 인목(寅木) 물상으로 직업을 이끌고 가는 것이다.

43세 년운(年運)은 무진(戊辰)인데 사주에 술(戌)이 있다. 진술충(辰戌沖)되며 수고진(水庫辰)이 형충(刑沖)되자, 수해로 인하여 공장이 침수되어 처분하게 된다. 합파(合破)에서 오는 나들이 운명이니 막을 길이 없다. 무(戊)가 동(動)하여 계수(癸水)와 천간합(天干合)하는 작품이 만들어진다. 이때 집을 팔고 5층 건물을 매입했다.

44세 기사년(己巳年)은 인목대운(寅木大運)이니 인목(寅木) 물상으로 직업이 간다. 사(巳)가 동(動)하여 유(酉)와 사유(巳酉) 합작품을 만들고, 인대운(寅大運)에서 인사(寅巳) 합작품과 인유(寅酉) 합작품이 만들어진다. 인목(寅木)이 유금(酉金)과 합작하는 물상은 섬유류나 가죽류 등이 기계에 가공되는 작품이다. 이 사람은 인대운(寅大運)에서 직조기 7대를 구입하여 다시 가내공업을 시작한다. 인목재성(寅木財星)이 대운(大運)에서 들어와 비겁(比劫)과 금목(金木)이 서로 싸워 질병과 부부상별이 따른다.

이때 육친상극(六親相剋), 아내와 생사이별, 재물손실 등을 면하려면 인목(寅木) 합작품을 직업으로 삼아 나들이를 해야 한다. 이 사주가 대운에서 인목재성(寅木財星)을 만났으니 아내와 생사이별, 재물손실 등을 피할 수 없다. 인목(寅木)은 아내이며 재물이고 아버지다. 이 육친들의 나들이를 직업으로 삼거나 물상으로 나들이를 대체하면 화를 면할 수 있다.

이 사주가 대운(大運)의 물상이 가는 길을 따라 인목재성(寅木財星)이 합작하는 물상의 직업으로 간 것이다. 생사이별의 나들이를 물상으로 대체한 것이다. 물상 나들이만이 운명을 대체하는 길이다. 이와 같이 전록격(專祿格)이 살성(殺星)을 만나 파격(破格)되었는데, 재성(財星)을 만나면 매우 흉하다. 화(火)가 금(金)을 건드렸는데, 재성목(財星木)이 있으면 금(金)이 동(動)하여 아버지를 일찍 잃고, 부부간에 생사이별을 면하기 어려웠을 것이다. 70이 넘은 아버지와 아내가 건왕(建旺)한 것은 사주에 재(財)가 없기 때문이다.

사해(巳亥) 물상 사주

己 辛 辛 庚　　坤
亥 亥 巳 辰　　命

이 사주는 월지사화(月支巳火)가 정관(正官)이며 남편이다. 18세인 정유년(丁酉年)에 결혼했다. 관성(官星)이 정임천간합(丁壬天干合)하고 사유지지합(巳酉地支合)하는 때다. 합(合)은 만남과 이별이 있다. 두 개 있는 해수(亥水)는 식상(食傷)으로 자성(子星)이다. 자식을 둘 낳으면 해수(亥水)가 동(動)하여 사해상충(巳亥相沖)되기 때문에 남편과 갈등, 분리, 생사이별 등이 따른다.

그러나 50세가 넘도록 부부가 함께 살았다. 혹자는 사해충(巳亥沖)을 받아도 예외가 있다고 하겠지만, 남편이 사해(巳亥) 물상으로 직업을 삼았기 때문이다. 남편은 결혼 전 부터 지금까지 뱀장어를 받아서 팔고 있다. 사주에 부성(夫星)인 사해(巳亥) 물상이 있었기에 그런 사람을 남편으로 맞이한 것이다. 어떻게 이것을 우연이라고만 하겠는가.

해수(亥水)는 물, 바다, 술 등을 나타내고, 사화(巳火)는 뱀장어과 동물을 나타낸다. 대운(大運)에서 병신천간합(丙辛天干合)은 관성합(官星合)이 되기 때문에 부부가 생사이별할 운세다. 이때 여자는 정부를 두어 부부간의 상극(相剋)을 대체할 수 있었으나 불륜인 것만은 사실이다. 이처럼 부성(夫星)이나 처성(妻星)이 합(合)되면 남녀 모두 바람을 피우는 경우가 많다.

묘년(卯年)의 물고기의 나들이가 오는 운세에서 남편은 30년 가까이 해온 물고기 장사를 그만두고 다른 일을 하려고 했다. 그런데 사해(巳亥) 직업을 놓은지 두 달도 되기 전에 몸에 사해(巳亥) 작품이 만들어지기 시작했다. 사(巳)는 치아와 심장을 나타낸다. 사월(巳月)에 앞니 두 개가 부딪쳐서 깨지고, 두 눈을 크게 다쳐 실명의 위기를 넘겼다. 해수(亥水)는 식상(食傷)으로 먹거리, 언어, 입, 구설 등을 나타내는데, 남편이 갑자기 언어장애를 일으켜 아내의 불륜에 대해 한마디 못하고 지켜볼 수밖에 없는 신세가 되었다. 이 모두가 사해(巳亥) 물상의 각본대로 따라간 것이다.

병신(丙辛) 물상 사주

丙 庚 庚 戊　坤
戌 戌 申 申　命

어느 날 한 아주머니가 친구의 소개로 왔다며 딸이 이상하니 사주를 봐달라고 했다. 사주를 살펴보다가 혹시 딸이 정신이 이상해지기 전에 집에 있는 냉장고나 세탁기같은 전자제품을 사자고 조르지 않았느냐고 물었더니, 지난 3월부터 세탁기를 바꾸자고 하는 것을 못들은 척 하고 있다고 한다.

만일 세탁기를 새로 샀다면 정신이상이 생기지 않았을 것이라고 한다면 모두 웃을 것이다. 그러나 이것은 육체가 정령(精靈)의 놀음에서 비롯된 오행(五行)의 조화에 있다는 것을 모르기 때문이다. 이 사람은 24세 신미년(辛未年)에 갑자기 정신이상을 일으켰다.

병화(丙火)는 머리, 뇌, 눈, 마음, 심장, 혈압, 어깨, 정신, 신경, 열 등을 나타내는데, 신년(辛年)에는 병신천간합(丙辛天干合)되어 병화(丙火)를 치니 병(丙)이 위태롭다. 따라서 병(丙)이 매우 미약하여 정신이 건강하지 못한 것이다. 병신합(丙辛合) 물상은 수(水)로 변하여 세탁기, 냉장고, 정수기 등 전자제품이나 자동차 기름 등을 의미한다. 병신(丙辛) 합작품이 작용하여 세탁기를 바꾸자고 한 것이고, 정신분열이 일어난 것이다.

사신(巳申) 물상 사주

丁 戊 丙 丙　乾
巳 辰 申 戌　命

이 사람은 중학교 교사다. 학문인 인성(印星)이 식상(食傷)과 육합(六合)으로 사신형(巳申刑 : 법의 물상)되어 재물로 변한다. 법대를 졸업하고 사신(巳申) 물상인 학문으로 생활을 하는 교육자가 되었다. 신진(申辰)이 재성(財星)인데 삼합국(三合局)을 이루면 부를 누린다. 수(水)는 재성(財星)이 되기 때문이다. 계수(癸水)는 3수이며 아내인데, 진(辰)에 입고(入庫)되어 술충(戌沖)을 받아 입고물(入庫物)이 나오니, 아내에게 이별이나 만남의 나들이가 따른다.

이 사람은 세 번째 아내를 만나서야 겨우 안정을 찾았다. 성격은 인성(印星)이 많은데 식상(食傷)과 비견(比肩)만 있고 재관(財官)이 없어 부드럽고 따뜻하다. 술중무(戌中戊), 신중무(申中戊), 사중무(巳中戊), 일간무(日干戊)는 진궁(辰宮)의 정재계(正財癸)를 당겨오니 네 개의 비견(比肩)이 아내를 빼앗는다.

진술충(辰戌沖)은 계(癸)의 나들이므로 아버지와 상극(相剋)되고, 부부인연이 약하다. 임대운(壬大運)에서 재물이나 아내의 나들이가 따른다. 학문인 사(巳)가 신재(申財)를 합(合)하여 학문을 하는 직업을 가진 것이다.

금(金)과 물장사 사주

己 丙 庚 丙　坤
亥 寅 子 申　命

이 사주는 경금편재(庚金偏財)가 사지(死地)인 경자(庚子)에 앉아 있다. 죽음을 피하고 재물을 모으려면 경금(庚金) 물상을 직업으로 삼아야 한다. 인대운(寅大運) 관성(官星)이 육합(六合)할 때, 경신년(庚申年) 관성(官星)이 삼합(三合)하는 신자관합(申子官合)에서 선원생활을 하는 남자를 만나 결혼했다. 그리고 이듬해인 신유년(辛酉年)에 병신천간합(丙辛天干合)에서 금은방을 개업했다. 금운(金運)이 유도하는대로 사주의 직업별을 따라 경금(庚金) 물상이 직업이 되었으니 대길하다.

관성자(官星子)는 남편인데 경(庚)이 자(子)에서 죽으니, 재물은 남편 자(子) 때문에 죽는다. 화를 면하려면 남편의 자리를 없애야 한다. 자수(子水) 나들이가 오는 운에서 선원이 되거나 물장사를 하지 않으면 남편은 황천객을 면하기 어렵다.

그리고 임신년(壬申年) 신자합파(申子合破)에서 관성수(官星水)의 나들이가 왔을 때, 금은방을 처분하여 자(子)에서 벗어나야 하는데 그러지 못하여 결국 죽음을 맞았다. 그후 정축년(丁丑年)에 금은방 문을 닫았다. 을해년(乙亥年), 병자년(丙子年), 정축년(丁丑年)의 3년 동안 남자들의 나들이가 일어났고, 신금재성(申金財星)이 관성자

(官星子)와 합(合)되어 남자들에게 용돈의 나들이가 많다.

승용차를 도난 당한 사주

庚 甲 甲 庚　乾
午 辰 申 寅　命

이 사주는 사년(巳年)에 승용차를 도난당했다. 년지인목(年支寅木)은 신금상충(申金相沖)을 받아 가장 미약한 오행(五行)이 되었다. 따라서 질병 또한 인목(寅木)에 있다. 인목(寅木) 물상은 자동차류이고, 신금(申金) 물상은 기계류다. 이 사람의 직업은 자동차 정비사다. 사년(巳年)에는 사(巳)가 동(動)하여 사신(巳申)으로 형합(刑合)하여 자동차류의 나들이가 있다. 형합(刑合)은 반드시 법적인 사건이 따른다. 나들이 작품은 매매, 분실, 도난, 습득, 득과 실, 충돌, 파괴, 만남, 이별 등이 있다.

물상의 나들이로 운명을 바꾼 사주

戊丙戊甲　坤
戌辰辰申　命

신금(申金)은 재성(財星)이며 4·9의 상수(象數)에 있다. 사년(巳年)에는 사(巳)가 동(動)하여 재성신(財星申)과 사신(巳申)으로 합작하여 사(巳)와 신(申)의 나들이가 있고, 사신(巳申) 합작품이 나들이를 하는 사건이 있다. 사신(巳申) 합작품은 기계에 흐르는 전기와 같아, 모든 기계가 작동하는 작품이다. 자동차·전기·전자제품, 유류, 선박기계, 주방기구, 세탁기, 냉장고, 냉동기, 스팀, 에어콘, 가스류 등이다.

사년(巳年)에 신금재성(申金財星)이 사신(巳申)으로 합작하여 40만원으로 텔레비전을 구입했고, 세탁기를 교환했으며 보일러를 수리했다. 이것은 모두 사신(巳申) 물상의 나들이 작품이다. 사신(巳申)의 질병은 심장·대장·정신·뇌·신경성·치아·유방질환 등이다. 교통사고, 감전사고, 기계에 치인 손발과 눈, 형제 자매의 질환, 아버지의 질환 등 육신(六神)에 생사이별의 나들이와 분리가 있다. 사신(巳申) 물상의 나들이만이 육친상극(六親相剋)에서 오는 이별, 질병, 손재, 파재 등을 막을 수 있다.

이 사람은 물상의 합파(合破)가 유도하는대로 많은 나들이가 있었기에 육친상극(六親相剋)의 질병과 분리의 화액을 면할 수 있었다. 물상의 나들이로 흉을 길로 바꾼 것이다.

타고난 거부팔자 사주

丙 癸 壬 戊　　乾
辰 卯 戌 寅　　命

이 사주에서 병화(丙火)는 재(財)다. 무계(戊癸)가 간합(干合)하여 화(火)로 변하여 재(財)를 생산하고, 인술이 화(火)로 변하여 재(財)를 생산하고, 또 묘술(卯戌)이 육합(六合)하여 화(火)로 변하여 재(財)를 생산한다. 년주(年柱)나 인묘진식상(寅卯辰食傷)이 국(局)을 이루어 병화재성(丙火財星)을 만난다. 재물이란 하늘이 주지 않으면 어려운 일이다. 인묘(寅卯)가 술(戌) 안에 들어가 진충(辰沖)을 받아 나들이가 계속되어 화(火)의 재(財)를 생산하고 있으니 타고난 거부팔자다.

오행(五行)이 미약한 사주

乙 丙 丙 戊　　乾
未 寅 午 子　　命

이 사주의 자식은 자수(子水)이고, 관성(官星)은 비겁(比劫)을 상충(相沖)한다. 오(午)가 자수(子水)를 말리고 있으니, 관성자(官星子) 자식이 비겁오화(比劫午火)를 두려워한다. 하나 있는 자수(子水)는 화염 속에 말라버린다. 더구나 금(金)이 부족하여 수(水)를 생(生)하지 못하기 때문에 자식을 낳는다고 해도 키우기가 어렵다. 미약한 자수(子水)가 직업이 되고, 신장과 방광이 허약하다.

첩을 두는 사주

甲	辛	辛	甲	乾
午	卯	未	午	命

이 사주는 두 개의 신금(辛金)이 두 개의 재성갑목(財星甲木)을 옆에 끼고 있으니, 두 여자와 살 팔자다. 갑목재성(甲木財星)은 아버지인데 나와 같은 신(辛)이 갑(甲)을 차고 있으니 이복형제가 있다.

년상(年上)의 갑목재성(甲木財星)은 본처이고, 뒤에 있는 시상갑목(時上甲木)은 첩이다. 년시지(年時支)에 있는 두 개의 재성갑(財星甲)이 각각 오(午)를 깔고 앉아, 처첩은 자식 때문에 죽음이 따른다. 만일 처첩이 살려고 하면 자식을 낳지 못한다.

년시지(年時支)의 오(午)가 병신천간합(丙辛天干合)하여 두 개 있는 정관(正官) 딸을 두 곳에서 낳는다. 이 사주는 본처가 딸 둘을 낳았는데, 아들을 낳으려고 첩을 두었으나 첩에게서도 아들을 얻지 못하고 딸 둘을 얻었다. 그러나 아들을 낳지 않은 것이 부부에게 생사이별의 화액을 면하게 한 결과가 되었다. 해년(亥年)에는 해수식상(亥水食傷)이 재성묘(財星卯)와 삼합(三合)할 때 첩이 음식점을 개업했다.

심장질환 사주

乙 甲 癸 丁　　乾
丑 子 卯 巳　　命

사(巳)의 물상은 심장인데, 사화(巳火)는 시지축(時支丑)과 합(合)하려고 축(丑)이 있는 곳까지 간다. 묘(卯)를 지나고 자(子)를 지나면서 자수(子水) 태풍에 걸려 사화(巳火) 등불이 꺼진다. 사(巳) 심장이 수극화(水剋火)로 파극(破剋)되어 심장질환을 타고난 운명이다. 수기(水氣)를 설기(洩氣)하며 목기(木氣)를 보충하여 심장의 화기(火氣)를 생(生)해야 치료할 수 있다. 그러나 대운(大運)이 금수운(金水運)으로 흐르고 있으니, 몇 년째 한약을 먹고 있지만 차도가 없다. 운에서 온 병은 운이 가야 낫는다.

부자 승려 사주

庚 丙 壬 甲　　坤
寅 寅 申 申　　命

일간병화(日干丙火)가 장생지(長生地)에 앉아 신왕(身旺)하고, 편관임수(偏官壬水)가 장생지(長生地)에서 하늘 높이 솟으니 인품이 바다처럼 넓고 맑다. 년시상(年時上)에서 편재(偏財)가 투출(透出)했으니 재왕(財旺)하여 부자 승려의 사주다.

인신상충(寅申相沖)은 종소리와 목탁소리다. 역마변통(驛馬變通)에서 병(丙)에 앉은 인목(寅木)은 역마(驛馬)이고 인(寅)은 불상(佛相)이다. 인신(寅申) 물상은 나무조각 불상이므로 목각의 불상과 인연이 있다. 신금재성(申金財星)은 학문인 인성(印星)과 인신(寅申)으로 조각되고 다듬어져 불교를 공부하게 되었고, 부처의 가르침을 신도들에게 되돌려 주게 된 것이다.

재성신(財星申)이 합작하는 인성(印星) 인목(寅木)은 불상이기 때문에 불교와 인연을 맺은 것이고, 수백 평의 대지에 불사를 이룬 것도 재성(財星)이 문서와 합작하여 사찰의 기물을 생산했기 때문이고, 신왕(身旺)한데 편관(偏官)과 재(財)가 왕(旺)하여 인신(寅申)의 분발이 있었던 것이다. 만일 남자였다면 인신(寅申) 물상인 운수업에서 크게 성공하여 큰 부자가 되었을 것이다.

교통사고를 당한 사주

丁 壬 甲 甲　乾
未 午 戌 戌　命

이 사람은 운전기사인데 신미년(辛未年)에 교통사고로 죽었다. 오화(午火)의 물상은 자동차인데 술(戌) 고장지(庫藏地)에 입고(入庫)했고, 미(未)가 술(戌)을 형충(刑沖)하기 때문에 충출(沖出)되어 자동차가 땅 위에서 나들이를 하는 사주다. 사주가 땅 위에서 분발하여 운전기사가 된 것이다. 진대운(辰大運)이 동(動)하여 술(戌)을 형충(刑沖)하고, 신미년(辛未年)에 미(未)가 동(動)하여 오(午) 입고물(入庫物)을 형충(刑沖)하니, 오(午) 자동차가 술미(戌未) 덫에 치인다. 오(午) 한낮에 자동차를 몰고 달리다가 갑자기 나타나는 트럭을 보고 급브레이크를 밟았으나 생명을 잃었다.

오(午) 자동차, 오미(午未)와 오술(午戌) 도로 위의 자동차, 진술(辰戌)과 술미형충(戌未刑沖) 땅 위에 치이는 사건, 술미(戌未)는 관성(官星) 자식이니 자식이 둘 태어나면 술미(戌未)가 동(動)하여 술미형충(戌未刑沖)이 성립되어 자식 둘이 아버지의 무덤을 판다. 자식의 형충(刑沖)은 두 자식의 쟁투다. 일지오(日支午)는 재성(財星)이기 때문에 자동차를 천직으로 재물을 취하는 숙명으로 태어났다.

오(午)가 미고(未庫)에 들어갔으니 스스럼 없이 두 곳을 들락거린다. 아내가 두 남자를 두고 미남고(未南庫)에 들어가고, 화고(火庫)

의 집에서 배를 맞추고 말타기 행위를 하는 것과 같고, 이 남자 저 남자에게서 각각 자식을 낳는 것과 같다. 질병은 임(壬)의 신장과 방광에 있다. 정임천간합(丁壬天干合)은 임(壬)의 물을 말린다.

甲 己 乙 丁 乾
戊 未 巳 卯 命

이 사주는 축대운(丑大運)에서 재고(財庫)가 형충(刑沖)되어 아내를 잃고, 축대운(丑大運) 기미년(己未年)에 자식이 진 빚 때문에 파산했다. 미복음(未伏吟)이 불미했다. 관성(官星)이 혼잡한데 비겁(比劫)을 만나면 관비(官比)의 쟁투가 벌어진다. 비겁(比劫)은 자식인 관성(官星)에게 상하지 않고, 토(土)는 자기보다 약한 수(水)를 공격한다. 수(水)는 재물이다. 축대운(丑大運)은 사(巳) 자동차의 물상을 고(庫)에 합(合)한다.

이 사주는 시골에서 면장을 지낸 사람이다. 감투를 좋아하여 국회의원에 출마했다가 두 번이나 낙선하는 바람에 재산을 탕진했다. 그후 대의원에 당선되어 작은 감투라도 쓰게 되었으나, 갑년(甲年)에 관성(官星)이 동(動)하니 칠살(七殺)이 독버섯처럼 자란다. 갑(甲)이 기(己)를 합(合)할 때 을(乙) 겁재(劫財)를 만나면 을(乙)은 기토칠살(己土七殺)이 되어 당주(當主)의 목숨이 위태롭다. 살(殺)이 태왕(太旺)해지는 것이다. 을축년(乙丑年)에 교통사고로 죽었다.

관성(官星)이 혼잡한데 인성(印星)이 파극(破剋)되면 살인상생(殺印相生)이 불가능하다. 축미충(丑未沖)은 계수(癸水)가 충출(沖出)

되어 동(動)한다. 갑자년(甲子年)에는 영지버섯을 재배하여 갑기(甲己) 질병을 면했다. 사주에 사축(巳丑)과 묘미(卯未) 물상이 있는데, 축년(丑年)에 술미(戌未)를 형충(刑沖)하여 도로 위에서 자동차에 치였다. 축술미(丑戌未) 그릇이 깨져 입고물(入庫物)이 상한 것이다.

정신이상이 생긴 사주

己	甲	丁	庚		乾
巳	午	亥	戌		命

이 사람은 경오년(庚午年)에 정신분열을 일으켜 병원에 입원했다. 일간갑목(日干甲木)은 오(午)를 깔고 앉아 사지(死地)에서 몸을 세웠다. 오년(午年)의 운세는 갑목(甲木)이 불에 타 말라죽는다. 인오술화국(寅午戌火局)을 이루었으니 화염이 하늘을 찌를 듯 기세를 몰아 나무 갑(甲)을 태우고 물 해(亥)를 말린다.

일지오화(日支午火)는 갑목(甲木)을 죽이고 술고(戌庫)에 들어가는데 해수(亥水)를 건너야 한다. 이때 물을 말리면서 지나가는 것이다. 해수(亥水)가 고갈되었으니 정신질환이 온 것이다. 따라서 질병은 갑목(甲木)과 해수(亥水)에 있다. 갑목(甲木)은 간이고, 해수(亥水)는 신장과 방광이다. 해수(亥水)가 고갈되면 갑목(甲木)을 생(生)할 수 없다. 따라서 정신질환은 해수(亥水)가 목(木)을 생(生)하지 못했기 때문에 발생한 것이다. 나무가 불에 타거나 해(亥)가 있으면 정신질환이 따른다.

오화(午火)가 치인 사주

丁 庚 己 庚　乾
丑 午 卯 寅　命

이 사주는 미년(未年) 미월(未月)에 정신분열을 일으켜 입원했다. 오화(午火)는 마음으로 정신질환, 뇌, 혈압, 눈, 어깨 등을 의미한다. 미년(未年)에 미(未)가 동(動)하여 사주에 있는 오(午)를 합(合)하여 오미합(午未合) 물상을 생산한다. 일지오(日支午) 정관(正官)이 미남고(未南庫)에 들어가고, 시지(時支)에서는 축(丑)이 동(動)하여 미(未)를 축미(丑未)로 형충(刑沖)한다. 오화(午火)가 축미(丑未) 덫에 치이니 상해, 질병, 죽음 등이 따른다. 미(未)는 오(午)의 마음을 담는 그릇인데, 축미충(丑未沖)을 받아 병화(丙火) 마음이 깨지니 정신질환이 발생한 것이다.

두 개로 갈라진 사주

庚 辛 庚 辛	乾
寅 酉 寅 亥	命

이 사주에는 신금(辛金)과 경금(庚金)이 각각 두 개씩 있는데, 시월지(時月支) 인중병화(寅中丙火)가 두 개의 신금(辛金)과 천간합(天干合)하고 있다. 병(丙)은 마음, 신경, 정신 등을 의미한다. 몸은 하나인데 마음이 두 개인 것과 같다. 정신이 두 갈래로 나뉘어 분열을 일으켜, 이것과 저것의 분별이 없는 것이다.

사주로 본 직업의 공통점

甲 甲 辛 辛	坤	乙 甲 乙 辛	坤	甲 甲 丁 甲	乾
戊 子 卯 丑	命	丑 子 未 巳	命	戊 子 丑 辰	命

위의 세 사람은 모두 공부를 나타내는 자수(子水)가 북고(北庫)에서 충출(沖出)되었다. 인성(印星)이 축고(丑庫)로 들어가고, 술(戌)과 미(未)가 축(丑)을 형충(刑沖)한다. 인성자(印星子)가 고(庫)에서 충출(沖出)되어 합(合)되면, 다시 축미형충(丑未刑沖)을 받아 입고물

(入庫物)이 충출(沖出)되기 때문에 인성(印星)이 연달아 들어갔다가 나와 축(丑)에서 나들이를 한다.

그러므로 이 세 사람은 자수인성(子水印星)이 재성축(財星丑)에 관계하여 행동하고, 축술형충(丑戌刑沖)하는 물상이 직업이 된다. 자축(子丑)으로 행동하며 축술형살(丑戌刑殺)을 받으니 이들은 직업이 같아야 하지만 모두 다르다.

신축생(辛丑生) 사주는 자(子)가 축(丑)에 들어가 분발하니 학문에 뛰어나다. 명문대 불문과를 졸업한 후 다시 불교학을 전공하여 박사과정을 마쳤다. 축술(丑戌) 물상은 법, 교도관, 불법, 역학인, 경찰, 화개살(華蓋殺), 종교인, 점장이, 시멘트, 모래, 레미콘 배합 등이다. 이것은 자(子)가 축(丑)에 입고(入庫)한 뒤 축술형충(丑戌刑沖)되어 자(子)가 충출(沖出)되어 자(子) 학문이 축술(丑戌) 법(法)에서 나들이를 하기 때문이다.

신사생(辛巳生) 사주는 자(子)가 축(丑)에 입고(入庫)되어 축술미(丑戌未) 물상에 관계하기 때문에 교도관이 되었다. 남편 신(辛)이 축(丑)에 입고(入庫)되어 치이니 남편과 이혼하고, 자수(子水)가 치이니 자궁수술을 받았다. 잠시 휴양하러 절에 들어갔다가 보살의 길을 걷기도 했다. 축(丑) 지하실에서 자(子) 물이 분발하고 있으니 물과 관계 있는 사업으로 나가면 길하다.

갑진생(甲辰生) 사주는 자(子) 학문이 충출(沖出)되어 축진(丑辰)과 진술(辰戌)에서 관계하기 때문에 상경대에 입학했으나 법대로 바꾼다. 자수인성(子水印星)이 축술(丑戌)에 치여 젖먹이 때 어머니를 잃는다. 불교신앙이 깊고 법학을 따라가고 있다.

위의 세 사람은 모두 자(子)가 축(丑)에 들어가 축술형(丑戌刑)되고 축미형(丑未刑)되어 같은 물상의 작품이 생산된다. 이처럼 인간은 오행(五行)의 범위에서 벗어날 수 없다. 사주가 같으면 직업이나 일거리도 같다. 자(子) 입고(入庫)에 축술미(丑戌未)가 형충(刑沖)하는 본질은 하나이나, 물상이 다양하여 형상이 다르게 보일 뿐이다.

사주로 본 3대의 운명

乙 巳 甲 壬　乾
丑 巳 辰 子　命

이 사주로 3대의 운명을 살펴보기로 한다. 관성(官星) 자식은 갑을목(甲乙木)이고, 갑을목(甲乙木) 관성(官星) 자식은 경신금(庚辛金)이다. 자수(子水)가 진수고(辰水庫)에 들어가면 진(辰)이 축(丑)의 형충(刑沖)을 받아 수(水)가 밖으로 쏟아지고, 물을 쏟은 진(辰)은 수(水)의 합(合)이 들어와 다시 진(辰)에 물을 채우고, 다시 형충(刑沖)을 받아 물을 쏟아낸다. 계속 물통에 물을 채웠다가 바꾸니 이것이 직업이 된다.

이 사람은 목욕탕을 하고 있다. 자진수국(子辰水局)은 재성(財星)이 되어 돈덩어리를 만들고 있다. 따라서 이 직업으로 재물을 모은다. 재(財)의 나들이를 수(水)로 대체하여 아내와 재물이 온전한 것이다.

경금(庚金)은 손자인데 자(子)에서 죽는다. 자(子)는 이 사람의 아내이기 때문에 경(庚) 손자가 태어나면 자(子)나 경(庚)이 죽게 되어 경(庚) 손자를 둘 수 없다. 아들은 인성자(印星子)나 다른 수(水) 물상을 직업으로 삼아, 손자와 상극(相剋)에서 벗어나지만 경(庚) 손자를 낳을 수 없다. 이 사주는 자(子) 물상을 직업으로 삼거나 아들이 자(子) 물상을 직업으로 삼아 분발하면, 경(庚)은 자(子)에서 사(死)가 되기 때문에 액땜이 되어 경(庚) 손자를 볼 수 있다. 그러나 대개 목(木)은 경금(庚金)을 생산하지 않는다.

丙 己 壬 丙　　坤
寅 未 辰 子　　命

이 사주에서 병화(丙火)는 어머니다. 병(丙)은 식상진(食傷辰) 아들을 낳으면 자수(子水)가 진(辰)과 합세하여 자진수국(子辰水局)을 이루어, 어머니 화(火)를 파극(破剋)한다. 이 사람을 낳고 어머니가 죽었다. 이 사람의 자식은 상관경금(傷官庚金)인데, 경(庚)이 자(子) 아들을 낳으면 죽는다. 아들을 낳은 후 자년(子年)이 되거나, 자년(子年)에 아들을 낳으면 경(庚)이 죽는다. 이 사람이 태어나면서 어머니가 죽었고, 딸은 경금(庚金)인데 딸도 자식을 낳다가 생명을 잃었다. 다시 말해서 어머니를 죽이면서 태어난 사주가 딸을 낳고 죽은 것이다.

■ 도표 찾아보기

삼한출판사의

신비한 동양철학 시리즈

적천수 정설

유백온 선생의 적천수 원본을 정석으로 해설

원래 유백온 선생이 저술한 적천수의 원문은 그렇게 많지가 않으나 후학들이 각각 자신의 주장으로 해설하여 많아졌다. 이 책은 적천수 원문을 보고 30년 역학의 경험을 총동원하여 해설했다. 물론 백퍼센트 정확하다고 주장할 수는 없다. 다만 한국과 일본을 오가면서 실제의 경험담을 함께 실었다. 공부하는 사람들에게는 많은 도움이 될 것이라 믿는다.

신비한 동양철학 82 | 역산 김찬동 편역 | 692면 | 34,000원 | 신국판

궁통보감 정설

궁통보감 원문을 쉽고 자세하게 해설

『궁통보감(窮通寶鑑)』은 5대원서 중에서 가장 이론적이며 사리에 맞는 책이며, 조후(調候)를 중심으로 설명하며 간명한 것이 특징이다. 역학을 공부하는 학도들에게 도움을 주려고 먼저 원문에 음독을 단 다음 해설하였다. 그리고 예문은 서낙오(徐樂吾) 선생이 해설한 것을 그대로 번역하였고, 저자가 상담한 사람들의 사주와 점서에 있는 사주들을 실었다.

신비한 동양철학 83 | 역산 김찬동 편역 | 768면 | 39,000원 | 신국판

연해자평 정설(1·2권)

연해자평의 완결판

연해자평의 저자 서자평은 중국 송대의 대음양 학자로 명리학의 비조일 뿐만 아니라 천문점성에도 밝았다. 이전에는 년(年)을 기준으로 추명했는데 적중률이 낮아 서자평이 일간(日干)을 기준으로 하고, 일지(日支)를 배우자로 보는 이론을 발표하면서 명리학은 크게 발전해 오늘에 이르렀다. 때문에 연해자평은 5대 원서 중에서도 필독하지 않으면 안 되는 책이다.

신비한 동양철학 101 | 김찬동 편역 |1권 559면, 2권 309면 | 1권 33,000원, 2권 20,000원 | 신국판

명리입문

명리학의 정통교본

이 책은 옛부터 있었던 글들이나 너무 여기 저기 산만하게 흩어져 있어 공부하는 사람들에게는 많은 시간과 인내를 필요로 하였다. 그래서 한 군데 묶어 좀더 보기 쉽고 알기 쉽도록 엮은 것이다.

신비한 동양철학 41 | 동하 정지호 저 | 678면 | 29,000원 | 신국판 양장

조화원약 평주

명리학의 정통교본

자평진전, 난강망, 명리정종, 적천수 등과 함께 명리학의 교본에 해당하는 것으로 중국 청나라 때 나온 난강망이라는 책을 서낙오 선생께서 자세하게 설명을 붙인 것이다. 기존의 많은 책들이 오직 격국과 용신을 중심으로 감정하는 것과는 달리 십간십이지와 음양오행을 각각 자연의 이치와 춘하추동의 사계절의 흐름에 대입하여 인간의 길흉화복을 알 수 있게 했다.

신비한 동양철학 35 | 동하 정지호 편역 | 888면 | 39,000원 | 신국판

사주대성

초보에서 완성까지

이 책은 과거 현재 미래를 모두 알 수 있는 비결을 실었다. 그러나 모두 터득한다는 것은 어려울 것이다.역학은 수천 년간 동방의 석학들에 의해 갈고 닦은 철학이요 학문이며, 정신문화로서 영과학적인 상수문화로서 자랑할만한 위대한 학문이다.

신비한 동양철학 33 | 도관 박흥식 저 | 986면 | 46,000원 | 신국판 양장

쉽게 푼 역학(개정판)

쉽게 배워 적용할 수 있는 생활역학서 !

이 책에서는 좀더 많은 사람들이 역학의 근본인 우주의 오묘한 진리와 법칙을 깨달아 보다 나은 삶을 영위하는데 도움이 될 수 있도록 가장 쉬운 언어와 가장 쉬운 방법으로 풀이했다. 역학계의 대가 김봉준 선생의 역작이다.

신비한 동양철학 71 | 백우 김봉준 저 | 568면 | 30,000원 | 신국판

사주명리학 핵심

맥을 잡아야 모든 것이 보인다

이 책은 잡다한 설명을 배제하고 명리학자에게 도움이 될 비법들만을 모아 엮었기 때문에 초심자가 이해하기에는 다소 어려운 부분도 있겠지만 기초를 튼튼히 한 다음 정독한다면 충분히 이해할 것이다. 신살만 늘어놓으며 감정하는 사이비가 되지말기를 바란다.

신비한 동양철학 19 | 도관 박흥식 저 | 502면 | 20,000원 | 신국판

물상활용비법

물상을 활용하여 오행의 흐름을 파악한다

이 책은 물상을 통하여 오행의 흐름을 파악하고 운명을 감정하는 방법을 연구한 책이다. 추명학의 해법을 연구하고 운명을 추리하여 오행에서 분류되는 물질의 운명 줄거리를 물상의 기물로 나들이 하는 활용법을 주제로 했다. 팔자풀이 및 운명해설에 관한 명리감정법의 체계를 세우는데 목적을 두고 초점을 맞추었다.

신비한 동양철학 31 | 해주 이학성 저 | 446면 | 34,000원 | 신국판

신수대전

흉함을 피하고 길함을 부르는 방법

신수는 대부분 주역과 사주추명학에 근거한다. 수많은 학설 중 몇 가지를 보면 사주명리, 자미두수, 관상, 점성학, 구성학, 육효, 토정비결, 매화역수, 대정수, 초씨역림, 황극책수, 하락리수, 범위수, 월영도, 현무발서, 철판신수, 육임신과, 기문둔갑, 태을신수 등이다. 역학에 정통한 고사가 아니면 추단하기 어려우므로 누구나 신수를 볼 수 있도록 몇 가지를 정리했다.

신비한 동양철학 62 | 도관 박흥식 편저 | 528면 | 36,000원 | 신국판 양장

정법사주

운명판단의 첩경을 이루는 책

이 책은 사주추명학을 연구하고자 하는 분들에게 심오한 주역의 이해를 돕고자 하는 의도에서 시작되었다. 음양오행의 상생상극에서부터 육친법과 신살법을 기초로 하여 격국과 용신 그리고 유년판단법을 활용하여 운명판단에 첩경이 될 수 있도록 했고 추리응용과 운명감정의 실례를 하나하나 들어가면서 독학과 강의용 겸용으로 엮었다.

신비한 동양철학 49 | 원각 김구현 저 | 424면 | 26,000원 | 신국판 양장

내가 보고 내가 바꾸는 DIY사주

내가 보고 내가 바꾸는 사주비결

기존의 책들과는 달리 한 사람의 사주를 체계적으로 도표화시켜 한 눈에 파악할 수 있고, DIY라는 책 제목에서 말하듯이 개운하는 방법을 제시한다. 초심자는 물론 전문가도 자신의 이론을 새롭게 재조명해 볼 수 있는 케이스 스터디 북이다.

신비한 동양철학 39 | 석오 전광 저 | 338면 | 16,000원 | 신국판

인터뷰 사주학

쉽고 재미있는 인터뷰 사주학

얼마전만 해도 사주학을 취급하면 미신을 다루는 부류로 취급되었다. 그러나 지금은 하루가 다르게 이 학문을 공부하는 사람들이 폭증하고 있는 것으로 보인다. 젊은 층에서 사주카페니 사주방이니 사주동아리니 하는 것들이 만들어지고 그 모임이 활발하게 움직이고 있다는 점이 그것을 증명해준다. 그뿐 아니라 대학원에는 역학교수들이 점차로 증가하고 있다.

신비한 동양철학 70 | 글갈 정대엽 편저 | 426면 | 16,000원 | 신국판

사주특강

자평진전과 적천수의 재해석

이 책은 『자평진전』과 『적천수』를 근간으로 명리학의 폭넓은 가치를 인식하고, 실전에서 유용한 기반을 다지는데 중점을 두고 썼다. 일찍이 『자평진전』을 교과서로 삼고, 『적천수』로 보완하라는 서낙오의 말에 깊이 공감한다.

신비한 동양철학 68 | 청월 박상의 편저 | 440면 | 25,000원 | 신국판

참역학은 이렇게 쉬운 것이다

음양오행의 이론으로 이루어진 참역학서

수학공식이 아무리 어렵다고 해도 1, 2, 3, 4, 5, 6, 7, 8, 9, 0의 10개의 숫자로 이루어졌듯이 사주도 음양과 오행으로 이루어졌을 뿐이다. 그러니 용신과 격국이라는 무거운 짐을 벗어버리고 음양오행의 법칙과 진리만 정확하게 파악하면 된다. 사주는 음양오행의 변화일 뿐이고 용신과 격국은 사주를 감정하는 한 가지 방법에 지나지 않는다.

신비한 동양철학 24 | 청암 박재현 저 | 328면 | 16,000원 | 신국판

사주에 모든 길이 있다

사주를 알면 운명이 보인다!

사주를 간명하는데 조금이라도 도움이 됐으면 하는 바람에서 이 책을 썼다. 간명의 근간인 오행의 왕쇠강약을 세분하고, 대운과 세운, 세운과 월운의 연관성과, 십신과 여러 살이 미치는 암시와, 십이운성으로 세운을 판단하는 법을 설명했다.

신비한 동양철학 65 | 정담 선사 편저 | 294면 | 26,000원 | 신국판 양장

왕초보 내 사주

초보 입문용 역학서

이 책은 역학을 너무 어렵게 생각하는 초보자들에게 조금이나마 도움을 주고자 쉽게 엮으려고 노력했다. 이 책을 숙지한 후 역학(易學)의 5대 원서인 『적천수(滴天髓)』, 『궁통보감(窮通寶鑑)』, 『명리정종(命理正宗)』, 『연해자평(淵海子平)』, 『삼명통회(三命通會)』에 접근한다면 훨씬 쉽게 터득할 수 있을 것이다. 이 책들은 저자가 이미 편역하여 삼한출판사에서 출간한 것도 있고, 앞으로 모두 갖출 것이니 많이 활용하기 바란다.

신비한 동양철학 84 | 역산 김찬동 편저 | 278면 | 19,000원 | 신국판

명리학연구

체계적인 명확한 이론

이 책은 명리학 연구에 핵심적인 내용만을 모아 하나의 독립된 장을 만들었다. 명리학은 분야가 넓어 공부를 하다보면 주변에 머무르는 경우가 많아, 주요 내용을 잃고 헤매는 경우가 많다. 그러므로 뼈대를 잡는 것이 중요한데, 여기서는 「17장. 명리대요」에 핵심 내용만을 모아 학문의 체계를 잡는데 용이하게 하였다.

신비한 동양철학 59 | 권중주 저 | 562면 | 29,000원 | 신국판 양장

말하는 역학

신수를 묻는 사람 앞에서 술술 말문이 열린다

그토록 어렵다는 사주통변술을 쉽고 흥미롭게 고담과 덕담을 곁들여 사실적으로 생동감 있게 통변했다. 길흉을 어떻게 표현하느냐에 따라 상담자의 정곡을 찔러 핵심을 끌어내 정답을 내리는 것이 통변술이다.역학계의 대가 김봉준 선생의 역작.

신비한 동양철학 11 | 백우 김봉준 저 | 576면 | 26,000원 | 신국판 양장

통변술해법

가닥가닥 풀어내는 역학의 비법

이 책은 역학과 상대에 대해 머리로는 다 알면서도 밖으로 표출되지 않아 어려움을 겪는 사람들을 위한 실습서다. 특히 실명감정과 이론강의로 나누어 역학의 진리를 설명하여 초보자도 쉽게 이해할 수 있다. 역학계의 대가 김봉준 선생의 역서인 「알기쉬운 해설·말하는 역학」이 나온 후 후편을 써달라는 열화같은 요구에 못이겨 내놓은 바로 그 책이다.

신비한 동양철학 21 | 백우 김봉준 저 | 392면 | 26,000원 | 신국판 양장

술술 읽다보면 통달하는 사주학

술술 읽다보면 나도 어느새 도사

당신은 당신 마음대로 모든 일이 이루어지던가. 지금까지 누구의 명령을 받지 않고 내 맘대로 살아왔다고, 운명 따위는 믿지 않는다고, 운명에 매달리지 않는다고 말하는 사람들이 많다. 그러나 우주법칙을 모르기 때문에 하는 소리다.

신비한 동양철학 28 | 조철현 저 | 368면 | 16,000원 | 신국판

사주학

5대 원서의 핵심과 실용

이 책은 사주학을 체계적으로 공부하려는 학도들을 위해서 꼭 알아두어야 할 내용들과 용어들을 수록하는데 중점을 두었다. 이 학문을 공부하려고 많은 사람들이 필자를 찾아왔을 깨 여러 가지 질문을 던져보면 거의 기초지식이 시원치 않음을 보았다. 따라서 용어를 포함한 제반지식을 골고루 습득해야 빠른 시일 내에 소기의 목적을 달성할 수 있을 것이다.

신비한 동양철학 66 | 글갈 정대엽 저 | 778면 | 46,000원 | 신국판 양장

명인재

신기한 사주판단 비법

이 책은 오행보다는 주로 살을 이용하는 비법을 담았다. 시중에 나온 책들을 보면 살에 대해 설명은 많이 하면서도 실제 응용에서는 무시하고 있다. 이것은 살을 알면서도 응용할 줄 모르기 때문이다. 그러나 이 책에서는 살의 활용방법을 완전히 터득해, 어떤 살과 어떤 살이 합하면 어떻게 작용하는지를 자세하게 설명하였다.

신비한 동양철학 43 | 원공선사 저 | 332면 | 19,000원 | 신국판 양장

명리학 | 재미있는 우리사주

사주 세우는 방법부터 용어해설 까지!!

몇 년 전 『사주에 모든 길이 있다』가 나온 후 선배 제현들께서 알찬 내용의 책다운 책을 접했다는 찬사를 받았다. 그러나 사주의 작성법을 설명하지 않아 독자들에게 많은 질타를 받고 뒤늦게 이 책 을 출판하기로 결심했다. 이 책은 한글만 알면 누구나 역학과 가까워질 수 있도록 사주 세우는 방법부터 실제간명, 용어해설에 이르기까지 분야별로 엮었다.

신비한 동양철학 74 | 정담 선사 편저 | 368면 | 19,000원 | 신국판

사주비기

역학으로 보는 역대 대통령들이 나오는 이치!!

이 책에서는 고서의 이론을 근간으로 하여 근대의 사주들을 임상하여, 적중도에 의구심이 가는 이론들은 과감하게 탈피하고 통용될 수 있는 이론만을 수용했다. 따라서 기존 역학서의 아쉬운 부분들을 충족시키며 일반인도 열정만 있으면 누구나 자신의 운명을 감정하고 피흉취길할 수 있는 생활지침서로 활용할 수 있을 것이다.

신비한 동양철학 79 | 청월 박상의 편저 | 456면 | 19,000원 | 신국판

사주학의 활용법

가장 실질적인 역학서

우리가 생소한 지방을 여행할 때 제대로 된 지도가 있다면 편리하고 큰 도움이 되듯이 역학이란 이와같은 인생의 길잡이다. 예측불허의 인생을 살아가는데 올바른 안내자나 그 무엇이 있다면 그 이상 마음 든든하고 큰 재산은 없을 것이다.

신비한 동양철학 17 | 학선 류래웅 저 | 358면 | 15,000원 | 신국판

명리실무

명리학의 총 정리서

명리학(命理學)은 오랜 세월 많은 철인(哲人)들에 의하여 전승 발전되어 왔고, 지금도 수많은 사람이 임상과 연구에 임하고 있으며, 몇몇 대학에 학과도 개설되어 체계적인 교육을 하고 있다. 그러나 아직도 실무에서 활용할 수 있는 책이 부족한 상황이기 때문에 나름대로 현장에서 필요한 이론들을 정리해 보았다. 초학자는 물론 역학계에 종사하는 사람들에게 큰 도움이 될 것이라고 믿는다.

신비한 동양철학 94 | 박흥식 편저 | 920면 | 39,000원 | 신국판

사주 속으로

역학서의 고전들로 입증하며 쉽고 자세하게 푼 책

십 년 동안 역학계에 종사하면서 나름대로는 실전과 이론에서 최선을 다했다고 자부한다. 역학원의 비좁은 공간에서도 항상 후학을 생각하는 마음으로 역학에 대한 배움의 장을 마련하고자 노력한 것도 사실이다. 이 책을 역학으로 이름을 알리고 역학으로 생활하면서 조금이나마 역학계에 이바지할 것이 없을까라는 고민의 산물이라 생각해주기 바란다.

신비한 동양철학 95 | 김상회 편저 | 429면 | 15,000원 | 신국판

사주학의 방정식

알기 쉽게 풀어놓은 가장 실질적인 역서

이 책은 종전의 어려웠던 사주풀이의 응용과 한문을 쉬운 방법으로 터득하는데 목적을 두었고, 역학이 무엇인가를 알리고자 하는데 있다. 세인들은 역학자를 남의 운명이나 풀이하는 점쟁이로 알지만 잘못된 생각이다. 역학은 우주의 근본이며 기의 학문이기 때문에 역학을 이해하지 못하고서는 우리 인생살이 또한 정확하게 해석할 수 없는 고차원의 학문이다.

신비한 동양철학 18 | 김용오 저 | 192면 | 8,000원 | 신국판

오행상극설과 진화론

인간과 인생을 떠난 천리란 있을 수 없다

과학이 현대를 설정하여 설명하고 있으나 원리는 동양철학에도 있기에 그 양면을 밝히고자 노력했다. 우주에서 일어나는 모든 일을 과학으로 설명될 수는 없다. 비과학적이라고 하기보다는 과학이 따라오지 못한다고 설명하는 것이 더 솔직하고 옳은 표현일 것이다. 특히 과학분야에 종사하는 신의사가 저술했다는데 더 큰 화제가 되고 있다.

신비한 동양철학 5 | 김태진 저 | 222면 | 15,000원 | 신국판

스스로 공부하게 하는 방법과 천부적 적성

내 아이를 성공시키고 싶은 부모들에게

자녀를 성공시키고 싶은 마음은 누구나 같겠지만 가난한 집 아이가 좋은 성적을 내기는 매우 어렵고, 원하는 학교에 들어가기도 어렵다. 그러나 실망하기에는 아직 이르다. 내 아이가 훌륭하게 성장해 아름답고 멋진 삶을 살아가는 방법을 소개한다.

신비한 동양철학 85 | 청암 박재현 지음 | 176면 | 14,000원 | 신국판

진짜부적 가짜부적

부적의 실체와 정확한 제작방법

인쇄부적에서 가짜부적에 이르기까지 많게는 몇백만원에 팔리고 있다는 보도를 종종 듣는다. 그러나 부적은 정확한 제작방법에 따라 자신의 용도에 맞게 스스로 만들어 사용하면 훨씬 더 좋은 효과를 얻을 수 있다. 이 책은 중국에서 정통부적을 연구한 국내유일의 동양오술학자가 밝힌 부적의 실체와 정확한 제작방법을 소개하고 있다.

신비한 동양철학 7 | 오상익 저 | 322면 | 15,000원 | 신국판

수명비결

주민등록번호 13자로 숙명의 정체를 밝힌다

우리는 지금 무수히 많은 숫자의 거미줄에 매달려 허우적거리며 살아가고 있다. 1분 ·1초가 생사를 가름하고, 1등·2등이 인생을 좌우하며, 1급·2급이 신분을 구분하는 세상이다. 이 책은 수명리학으로 13자의 주민등록번호로 명예, 재산, 건강, 수명, 애정, 자녀운 등을 미리 읽어본다.

신비한 동양철학 14 | 장충한 저 | 308면 | 15,000원 | 신국판

진짜궁합 가짜궁합

남녀궁합의 새로운 충격

중국에서 연구한 국내유일의 동양오술학자가 우리나라 역술가들의 궁합법이 잘못되었다는 것을 학술적으로 분석·비평하고, 전적과 사례연구를 통하여 궁합의 실체와 타당성을 분석했다. 합리적인 「자미두수궁합법」과 「남녀궁합」 및 출생시간을 몰라 궁합을 못보는 사람들을 위하여 「지문으로 보는 궁합법」 등을 공개하고 있다.

신비한 동양철학 8 | 오상익 저 | 414면 | 15,000원 | 신국판

주역육효 해설방법(상·하)

한 번만 읽으면 주역을 활용할 수 있는 책

이 책은 주역을 해설한 것으로, 될 수 있는 한 여러 가지 사설을 덧붙이지 않고, 주역을 공부하고 활용하는데 필요한 요건만을 기록했다. 따라서 주역의 근원이나 하도낙서, 음양오행에 대해서도 많은 설명을 자제했다. 다만 누구나 이 책을 한 번 읽어서 주역을 이해하고 활용할 수 있도록 하는데 중점을 두었다.

신비한 동양철학 38 | 원공선사 저 | 상 810면·하 798면 | 각 29,000원 | 신국판

쉽게 푼 주역

귀신도 탄복한다는 주역을 쉽고 재미있게 풀어놓은 책

주역이라는 말 한마디면 귀신도 기겁을 하고 놀라 자빠진다는데, 운수와 일진이 문제가 될까. 8×8=64괘라는 주역을 한 괘에 23개씩의 회답으로 해설하여 1472괘의 신비한 해답을 수록했다. 당신이 당면한 문제라면 무엇이든 해결할 수 있는 열쇠가 이 한 권의 책 속에 있다.

신비한 동양철학 10 | 정도명 저 | 284면 | 16,000원 | 신국판 양장

나침반 | 어디로 갈까요

주역의 기본원리를 통달할 수 있는 책

이 책에서는 기본괘와 변화와 기본괘가 어떤 괘로 변했을 경우 일어날 수 있는 내용들을 설명하여 주역의 변화에 대한 이해를 돕는데 주력하였다. 그러나 그런 내용을 구분할 수 있는 방법을 전부 다 설명할 수는 없기에 뒷장에 간단하게설명하였고, 다른 책들과 설명의 차이점도 기록하였으니 참작하여 본다면 조금이나마 도움이 될 것이다.

신비한 동양철학 67 | 원공선사 편저 | 800면 | 39,000원 | 신국판

완성 주역비결 | 주역 토정비결

반쪽으로 전해오는 토정비결을 완전하게 해설

지금 시중에 나와 있는 토정비결에 대한 책들은 옛날부터 내려오는 완전한 비결이 아니라 반쪽의 책이다. 그러나 반쪽이라고 말하는 사람은 없다. 그것은 주역의 원리를 모르기 때문이다. 그래서 늦은 감이 없지 않으나 앞으로 수많은 세월을 생각해서 완전한 해설판을 내놓기로 했다.

신비한 동양철학 92 | 원공선사 편저 | 396면 | 16,000원 | 신국판

육효대전

정확한 해설과 다양한 활용법

동양고전 중에서도 가장 대표적인 것이 주역이다. 주역은 옛사람들이 자연을 거울삼아 생활을 영위해 나가는 처세에 관한 지혜를 무한히 내포하고, 피흉추길하는 얼과 슬기가 함축된 점서인 동시에 수양·과학서요 철학·종교서라고 할 수 있다.

신비한 동양철학 37 | 도관 박흥식 편저 | 608면 | 26,000원 | 신국판

육효점 정론

육효학의 정수

이 책은 주역의 원전소개와 상수역법의 꽃으로 발전한 경방학을 같이 실어 독자들의 호기심을 충족시키는데 중점을 두었습니다. 주역의 원전으로 인화의 처세술을 터득하고, 어떤 사안의 답은 육효법을 탐독하여 찾으시기 바랍니다.

신비한 동양철학 80 | 효명 최인영 편역 | 396면 | 29,000원 | 신국판

육효학 총론

육효학의 핵심만을 정확하고 알기 쉽게 정리

육효는 갑자기 문제가 생겨 난감한 경우에 명쾌한 답을 찾을 수 있는 학문이다. 그러나 시중에 나와 있는 책들이 대부분 원서를 그대로 번역해 놓은 것이라 전문가인 필자가 보기에도 지루하며 어렵다는 느낌이 들었다. 그래서 보다 쉽게 공부할 수 있도록 이 책을 출간하게 되었다.

신비한 동양철학 89 | 김도희 편저 | 174쪽 | 26,000원 | 신국판

기문둔갑 비급대성

기문의 정수

기문둔갑은 천문지리·인사명리·법술병법 등에 영험한 술수로 예로부터 은밀하게 특권층에만 전승되었다. 그러나 아쉽게도 기문을 공부하려는 이들에게 도움이 될만한 책이 거의 없다. 필자는 이 점이 안타까워 천견박식함을 돌아보지 않고 감히 책을 내게 되었다. 한 권에 기문학을 다 표현할 수는 없지만 이 책을 사다리 삼아 저 높은 경지로 올라간다면 제갈공명과 같은 지혜를 발휘할 수 있을 것이다.

신비한 동양철학 86 | 도관 박흥식 편저 | 725면 | 39,000원 | 신국판

기문둔갑옥경

가장 권위있고 우수한 학문

우리나라의 기문역사는 장구하나 상세한 문헌은 전무한 상태라 이 책을 발간하였다. 기문둔갑은 천문지리는 물론 인사명리 등 제반사에 관한 길흉을 판단함에 있어서 가장 우수한 학문이며 병법과 법술방면으로도 특징과 장점이 있다. 초학자는 포국편을 열심히 익혀 설국을 자유자재로 할 수 있도록 하고, 개인의 이익보다는 보국안민에 일조하기 바란다.

신비한 동양철학 32 | 도관 박흥식 저 | 674면 | 39,000원 | 사륙배판

오늘의 토정비결

일년 신수와 죽느냐 사느냐를 알려주는 예언서

역산비결은 일년신수를 보는 역학서이다. 당년의 신수만 본다는 것은 토정비결과 비슷하나 토정비결은 토정 선생께서 사람들에게 용기와 희망을 주기 위함이 목적이어서 다소 허황되고 과장된 부분이 많다. 그러나 역산비결은 재미로 보는 신수가 아니라, 죽느냐 사느냐를 알려주는 예언서이이니 재미로 보는 토정비결과는 차원이 다르다.

신비한 동양철학 72 | 역산 김찬동 편저 | 304면 | 16,000원 | 신국판

國運·나라의 운세

역으로 풀어본 우리나라의 운명과 방향

아무리 서구사상의 파고가 높다하기로 오천 년을 한결같이 가꾸며 살아온 백두의 혼이 와르르 무너지는 지경에 왔어도 누구 하나 입을 열어 말하는 사람이 없으니 답답하다. 불확실한 내일에 대한 해답을 이 책은 명쾌하게 제시하고 있다.

신비한 동양철학 22 | 백우 김봉준 저 | 290면 | 9,000원 | 신국판

남사고의 마지막 예언

이 책으로 격암유록에 대한 논란이 끝나기 바란다

감히 이 책을 21세기의 성경이라고 말한다. 〈격암유록〉은 섭리가 우리민족에게 준 위대한 복음서이며, 선물이며, 꿈이며, 인류의 희망이다. 이 책에서는 〈격암유록〉이 전하고자 하는 바를 주제별로 정리하여 문답식으로 풀어갔다. 이 책으로 〈격암유록〉에 대한 논란은 끝나기 바란다.

신비한 동양철학 29 | 석정 박순용 저 | 276면 | 16,000원 | 신국판

원토정비결

반쪽으로만 전해오는 토정비결의 완전한 해설판

지금 시중에 나와 있는 토정비결에 대한 책들을 보면 옛날부터 내려오는 완전한 비결이 아니라 반면의 책이다. 그러나 반면이라고 말하는 사람이 없다. 그것은 주역의 원리를 모르기 때문이다. 따라서 늦은 감이 없지 않으나 앞으로의 수많은 세월을 생각하면서 완전한 해설본을 내놓았다.

신비한 동양철학 53 | 원공선사 저 | 396면 | 24,000원 | 신국판 양장

나의 천운·운세찾기

몽골정통 토정비결

이 책은 역학계의 대가 김봉준 선생이 몽공토정비결을 우리의 인습과 체질에 맞게 엮은 것이다. 운의 흐름을 알리고자 호운과 쇠운을 강조하고, 현재의 나를 조명하고 판단할 수 있도록 했다. 모쪼록 생활서나 안내서로 활용하기 바란다.

신비한 동양철학 12 | 백우 김봉준 저 | 308면 | 11,000원 | 신국판

역점 | 우리나라 전통 행운찾기

쉽게 쓴 64괘 역점 보는 법

주역이 점치는 책에만 불과했다면 벌써 그 존재가 없어졌을 것이다. 그러나 오랫동안 많은 학자가 연구를 계속해왔고, 그 속에서 자연과학과 형이상학적인 우주론과 인생론을 밝혀, 정치·경제·사회 등 여러 방면에서 인간의 생활에 응용해왔고, 삶의 지침서로써 그 역할을 했다. 이 책은 한 번만 읽으면 누구나 역점가가 될 수 있으니 생활에 도움이 되길 바란다.

신비한 동양철학 57 | 문명상 편저 | 382면 | 26,000원 | 신국판 양장

이렇게 하면 좋은 운이 온다

한 가정에 한 권씩 놓아두고 볼만한 책

좋은 운을 부르는 방법은 방위·색상·수리·년운·월운·날짜·시간·궁합·이름·직업·물건·보석·맛·과일·기운·마을·가축·성격 등을 정확하게 파악하여 자신에게 길한 것은 취하고 흉한 것은 피하면 된다. 이 책의 저자는 신학대학을 졸업하고 역학계에 입문했다는 특별한 이력을 갖고 있기 때문에 더 많은 화제가 되고 있다.

신비한 동양철학 27 | 역산 김찬동 저 | 434면 | 16,000원 | 신국판

운을 잡으세요 | 改運秘法

염력강화로 삶의 문제를 해결한다!

행복과 불행은 누가 주는 것이 아니라 자기 자신이 만든다고 할 수 있다. 한 마디로 말해 의지의 힘, 즉 염력이 운명을 바꾸는 것이다. 이 책에서는 이러한 염력을 강화시켜 삶에서 일어나는 문제를 해결하는 방법을 알려준다. 누구나 가벼운 마음으로 읽고 실천한다면 반드시 목적을 이룰 수 있을 것이다.

신비한 동양철학 76 | 역산 김찬동 편저 | 272면 | 10,000원 | 신국판

복을 부르는방법

나쁜 운을 좋은 운으로 바꾸는 비결

개운하는 방법은 여러 가지가 있으나, 이 책의 비법은 축원문을 독송하는 것이다. 독송이란 소리내 읽는다는 뜻이다. 사람의 말에는 기운이 있는데, 이 기운은 자신에게 돌아온다. 좋은 말을 하면 좋은 기운이 돌아오고, 나쁜 말을 하면 나쁜 기운이 돌아온다. 이 책은 누구나 어디서나 쉽게 비용을 들이지 않고 좋은 운을 부를 수 있는 방법을 실었다.

신비한 동양철학 69 | 역산 김찬동 편저 | 194면 | 11,000원 | 신국판

천직·사주팔자로 찾은 나의 직업

천직을 찾으면 역경없이 탄탄하게 성공할 수 있다

잘 되겠지 하는 막연한 생각으로 의욕만 갖고 도전하는 것과 나에게 맞는 직종은 무엇이고 때는 언제인가를 알고 도전하는 것은 근본적으로 다르고, 결과도 다르다. 만일 의욕만으로 팔자에도 없는 사업을 시작했다고 하자, 결과는 불을 보듯 뻔하다. 그러므로 이런 때일수록 침착과 냉정을 찾아 내 그릇부터 알고, 생활에 대처하는 지혜로움을 발휘해야 한다.

신비한 동양철학 34 | 백우 김봉준 저 | 376면 | 19,000원 | 신국판

운세십진법·本大路

운명을 알고 대처하는 것은 현대인의 지혜다

타고난 운명은 분명히 있다. 그러니 자신의 운명을 알고 대처한다면 비록 운명을 바꿀 수는 없지만 향상시킬 수 있다. 이것이 사주학을 알아야 하는 이유다. 이 책에서는 자신이 타고난 숙명과 앞으로 펼쳐질 운명행로를 찾을 수 있도록 운명의 기초를 초연하게 설명하고 있다.

신비한 동양철학 1 | 백우 김봉준 저 | 364면 | 16,000원 | 신국판

성명학 | 바로 이 이름

사주의 운기와 조화를 고려한 이름짓기

사람은 누구나 타고난 운명이 있다. 숙명인 사주팔자는 선천운이고, 성명은 후천운이 되는 것으로 이름을 지을 때는 타고난 운기와의 조화를 고려해야 한다. 따라서 역학에 대한 깊은 이해가 선행함은 지극히 당연하다. 부연하면 작명의 근본은 타고난 사주에 운기를 종합적으로 분석하여 부족한 점을 보강하고 결점을 개선한다는 큰 뜻이 있다고 할 수 있다.

신비한 동양철학 75 | 정담 선사 편저 | 488면 | 24,000원 | 신국판

작명 백과사전
36가지 이름짓는 방법과 선후천 역상법 수록

이름은 나를 대표하는 생명체이므로 몸은 세상을 떠날지라도 영원히 남는다. 성명운의 유도력은 후천적으로 가공 인수되는 후존적 수기로써 조성 운화되는 작용력이 있다. 선천수기의 운기력이 50%이면 후천수기도의 운기력도50%이다. 이와 같이 성명운의 작용은 운로에 불가결한조건일 뿐 아니라, 선천명운의 범위에서 기능을 충분히 할 수 있다.

신비한 동양철학 81 | 임삼업 편저 | 송충석 감수 | 730면 | 36,000원 | 사륙배판

작명해명
누구나 쉽게 활용할 수 있는 체계적인 작명법

일반적인 성명학으로는 알 수 없는 한자이름, 한글이름, 영문이름, 예명, 회사명, 상호, 상품명 등의 작명방법을 여러 사례를 들어 체계적으로 분석하여 누구나 쉽게 배워서 활용할 수 있도록 서술했다.

신비한 동양철학 26 | 도관 박흥식 저 | 518면 | 19,000원 | 신국판

역산성명학
이름은 제2의 자신이다

이름에는 각각 고유의 뜻과 기운이 있어 그 기운이 성격을 만들고 그 성격이 운명을 만든다. 나쁜 이름은 부르면 부를수록 불행을 부르고 좋은 이름은 부르면 부를수록 행복을 부른다. 만일 이름이 거지같다면 아무리 운세를 잘 만나도 밥을 좀더 많이 얻어 먹을 수 있을 뿐이다. 저자는 신학대학을 졸업하고 역학계에 입문한 특별한 이력으로 많은 화제가 된다.

신비한 동양철학 25 | 역산 김찬동 저 | 456면 | 26,000원 | 신국판

작명정론
이름으로 보는 역대 대통령이 나오는 이치

사주팔자가 네 기둥으로 세워진 집이라면 이름은 그 집을 대표하는 문패라고 할 수 있다. 따라서 이름을 지을 때는 사주의 격에 맞추어야 한다. 사주 그릇이 작은 사람이 원대한 뜻의 이름을 쓰면 감당하지 못할 시련을 자초하게 되고 오히려 이름값을 못할 수 있다. 즉 분수에 맞는 이름으로 작명해야 하기 때문에 사주의 올바른 분석이 필요하다.

신비한 동양철학 77 | 청월 박상의 편저 | 430면 | 19,000원 | 신국판

음파메세지(氣)성명학
새로운 시대에 맞는 새로운 성명학

지금까지의 모든 성명학은 모순의 극치를 이룬다. 그러나 이제 새 시대에 맞는 음파메세지(氣) 성명학이 나왔으니 복을 계속 부르는 이름을 지어 사랑하는 자녀가 행복하고 아름다운 삶을 살아갈 수 있도록 하는데 도움이 되었으면 한다.

신비한 동양철학 51 | 청암 박재현 저 | 626면 | 39,000원 | 신국판 양장

아호연구
여러 가지 작호법과 실제 예 모음

필자는 오래 전부터 작명을 연구했다. 그러나 시중에 나와 있는 책에는 대부분 아호에 관해서는 전혀 언급하지 않았다. 그래서 아호에 관심이 있어도 자료를 구하지 못하는 분들을 위해 이 책을 내게 되었다. 아호를 짓는 것은 그리 대단하거나 복잡하지 않으니 이 책을 처음부터 끝까지 착실히 공부한다면 누구나 좋은 아호를 지어 쓸 수 있을 것이라고 생각한다.

신비한 동양철학 87 | 임삼업 편저 | 308면 | 26,000원 | 신국판

한글이미지 성명학
이름감정서

이 책은 본인의 이름은 물론 사랑하는 가족 그리고 가까운 친척이나 친구들의 이름까지도 좋은지 나쁜지 알아볼 수 있도록 지금까지 나와 있는 모든 성명학을 토대로 하여 썼다. 감언이설이나 협박성 감명에 흔들리지 않고 확실한 이름풀이를 볼 수 있을 것이다. 그리고 아름답고 멋진 삶을 살아갈 수 있는 이름을 짓는 방법도 상세하게 제시하였다.

신비한 동양철학 93 | 청암 박재현 지음 | 287면 | 10,000원 | 신국판

비법 작명기술

복과 성공을 함께 하려면

이 책은 성명의 발음오행이나 이름의 획수를 근간으로 하는 실제 이용이 가장 많은 기본 작명법을 서술하고, 주역의 괘상으로 풀어 길흉을 판단하는 역상법 5가지와 그외 중요한 작명법 5가지를 합하여 「보배로운 10가지 이름 짓는 방법」을 실었다. 특히 작명비법인 선후천역상법은 성명의 원획에 의존하는 작명법과 달리 정획과 곡획을 사용해 주역 상수학을 대표하는 하락이수를 쓰고, 육효가 들어가 응험률을 높였다.

신비한 동양철학 96 | 임삼업 편저 | 370면 | 30,000원 | 사륙배판

올바른 작명법

소중한 이름, 알고 짓자!

세상 부모들에게 가장 소중한 것이 뭐냐고 물으면 자녀라고 할 것이다. 그런데 왜 평생을 좌우할 이름을 함부로 짓는가. 이름이 얼마나 소중한지, 이름의 오행작용이 일생을 어떻게 좌우하는지 모르기 때문이다.

신비한 동양철학 61 | 이정재 저 | 352면 | 19,000원 | 신국판

호(雅號)책

아호 짓는 방법과 역대 유명인사의 아호, 인명용 한자 수록

필자는 오래 전부터 작명연구에 열중했으나 대부분의 작명책에는 아호에 관해서는 전혀 언급하지 않고, 간혹 거론했어도 몇 줄 정도의 뜻풀이에 불과하거나 일반작명법에 준한다는 암시만 풍기며 끝을 맺었다. 따라서 필자가 참고한 문헌도 적었음을 인정한다. 아호에 관심이 있어도 자료를 구하지 못하는 현실에 착안하여 필자 나름대로 각고 끝에 본서를 펴냈다.

신비한 동양철학 97 | 임삼업 편저 | 390면 | 20,000원 | 신국판

관상오행

한국인의 특성에 맞는 관상법

좋은 관상인 것 같으나 실제로는 나쁘거나 좋은 관상이 아닌데도 잘 사는 사람이 왕왕있어 관상법 연구에 흥미를 잃는 경우가 있다. 이것은 중국의 관상법만을 익히고 우리의 독특한 환경적인 특징을 소홀히 다루었기 때문이다. 이에 우리 한국인에게 알맞는 관상법을 연구하여 누구나 관상을 쉽게 알아보고 해석할 수 있도록 자세하게 풀어놓았다.

신비한 동양철학 20 | 송파 정상기 저 | 284면 | 12,000원 | 신국판

정본 관상과 손금

바로 알고 사람을 사귑시다

이 책은 관상과 손금은 인생을 행복하게 만든다는 관점에서 다루었다. 그야말로 관상과 손금의 혁명이라고 할 수 있다. 여러분도 관상과 손금을 통한 예지력으로 인생의 참주인이 되기 바란다. 용기를 불어넣어 주고 행복을 찾게 하는 것이 참다운 관상과 손금술이다. 이 책이 일상사에 고민하는 분들에게 해결방법을 제시해 줄 것이다.

신비한 동양철학 42 | 지창룡 감수 | 332면 | 16,000원 | 신국판 양장

이런 사원이 좋습니다

사원선발 면접지침

사회가 다양해지면서 인력관리의 전문화와 인력수급이 기업주의 애로사항이 되었다. 필자는 그동안 많은 기업의 사원선발 면접시험에 참여했는데 기업주들이 모두 면접지침에 관한 책이 있으면 좋겠다는 것이다. 그래서 경험한 사례를 참작해 이 책을 내니 좋은 사원을 선발하는데 많은 도움이 될 것이라고 믿는다.

신비한 동양철학 90 | 정도명 지음 | 274면 | 19,000원 | 신국판

핵심 관상과 손금

사람을 볼 줄 아는 안목과 지혜를 알려주는 책

오늘과 내일을 예측할 수 없을만큼 복잡하게 펼쳐지는 현실에서 살아남기 위해서는 사람을 볼줄 아는 안목과 지혜가 필요하다. 시중에 관상학에 대한 책들이 많이 나와있지만 너무 형이상학적이라 전문가도 이해하기 어렵다. 이 책에서는 누구라도 쉽게 보고 이해할 수 있도록 핵심만을 파악해서 설명했다.

신비한 동양철학 54 | 백우 김봉준 저 | 188면 | 14,000원 | 사륙판 양장

완벽 사주와 관상

우리의 삶과 관계 있는 사실적 관계로만 설명한 책

이 책은 우리의 삶과 관계 있는 사실적 관계로만 역을 설명하고, 역에 대한 관심과 흥미를 갖게 하고자 관상학을 추록했다. 여기에 추록된 관상학은 시중에서 흔하게 볼 수 있는 상법이 아니라 생활상법, 즉 삶의 지식과 상식을 드리고자 했다.

신비한 동양철학 55 | 김봉준·유오준 공저 | 530면 | 36,000원 | 신국판 양장

사람을 보는 지혜

관상학의 초보에서 실용까지

현자는 하늘이 준 명을 알고 있기에 부귀에 연연하지 않는다. 사람은 마음을 다스리는 심명이 있다. 마음의 명은 자신만이 소통하는 유일한 우주의 무형의 에너지이기 때문에 잠시도 잊으면 안된다. 관상학은 사람의 상으로 이런 마음을 살피는 학문이니 잘 이해하여 보다 나은 삶을 삶을 영위할 수 있도록 노력해야 한다.

신비한 동양철학 73 | 이부길 편저 | 510면 | 20,000원 | 신국판

한눈에 보는 손금

논리정연하며 바로미터적인 지침서

이 책은 수상학의 연원을 초월해서 동서합일의 이론으로 집필했다. 그야말로 논리정연한 수상학을 정리하였다. 그래서 운명적, 철학적, 동양적, 심리학적인 면을 예증과 방편에 이르기까지 상세하게 기술했다. 이 책은 수상학이라기 보다 바로미터적인 지침서 역할을 해줄 것이다. 독자 여러분의 꾸준한 연구와 더불어 인생성공의 지침서가 될 수 있을 것이다.

신비한 동양철학 52 | 정도명 저 | 432면 | 24,000원 | 신국판 양장

이런 집에 살아야 잘 풀린다

운이 트이는 좋은 집 알아보는 비결

한마디로 운이 트이는 집을 갖고 싶은 것은 모두의 꿈일 것이다. 50평이니 60평이니 하며 평수에 구애받지 않고 가족이 평온하게 생활할 수 있고 나날이 발전할 수 있는 그런 집이 있다면 얼마나 좋을까? 그런 소망에 한 걸음이라도 가까워지려면 막연하게 운만 기대하고 있어서는 안 된다. 좋은 집을 가지려면 그만한 노력이 있어야 한다.

신비한 동양철학 64 | 강현술·박흥식 감수 | 270면 | 16,000원 | 신국판

점포, 이렇게 하면 부자됩니다

부자되는 점포, 보는 방법과 만드는 방법

사업의 성공과 실패는 어떤 사업장에서 어떤 품목으로 어떤 사람들과 거래하느냐에 따라 판가름난다. 그리고 사업을 성공시키려면 반드시 몇 가지 문제를 살펴야 하는데 무작정 사업을 시작하여 실패하는 사람들이 많다. 그래서 이 책에서는 이러한 문제와 방법들을 조목조목 기술하여 누구나 성공하도록 도움을 주는데 주력하였다.

신비한 동양철학 88 | 김도희 편저 | 177면 | 26,000원 | 신국판

쉽게 푼 풍수

현장에서 활용하는 풍수지리법

산도는 매우 광범위하고, 현장에서 알아보기 힘들다. 더구나 지금은 수목이 울창해 소조산 정상에 올라가도 나무에 가려 국세를 파악하는데 애를 먹는다. 따라서 사진을 첨부하니 많은 활용하기 바란다. 물론 결록에 있고 산도가 눈에 익은 것은 혈 사진과 함께 소개하였다. 이 책을 열심히 정독하면서 답산하면 혈을 알아보고 용산도 할 수 있을 것이다.

신비한 동양철학 60 | 전항수·주장관 편저 | 378면 | 26,000원 | 신국판

음택양택

현세의 운·내세의 운

이 책에서는 음양택명당의 조건이나 기타 여러 가지를 설명하여 산 자와 죽은 자의 행복한 집을 만들 수 있도록 했다. 특히 죽은 자의 집인 음택명당은 자리를 옳게 잡으면 꾸준히 생기를 발하여 흥하나, 그렇지 않으면 큰 피해를 당하니 돈보다도 행·불행의 근원인 음양택명당에 관심을 기울여야 한다.

신비한 동양철학 63 | 전항수·주장관 지음 | 392면 | 29,000원 | 신국판

용의 혈·풍수지리 실기 100선

실전에서 실감나게 적용하는 풍수의 길잡이

이 책은 풍수지리 문헌인 만두산법서, 명산론, 금랑경 등을 이해하기 쉽도록 주제별로 간추려 설명했으며, 풍수지리학을 쉽게 접근하여 공부하고, 실전에 활용하여 실감나게 적용할 수 있도록 하는데 역점을 두었다.

신비한 동양철학 30 | 호산 윤재우 저 | 534면 | 29,000원 | 신국판

현장 지리풍수

현장감을 살린 지리풍수법

풍수를 업으로 삼는 사람들이 진가를 분별할 줄 모르면서 많은 법을 알았다고 자부하며 뽐낸다. 그리고는 재물에 눈이 어두워 불길한 산을 길하다 하고, 선하지 못한 물)을 선하다 한다. 이는 분수 밖의 것을 바라기 때문이다. 마음가짐을 바로 하고 고대 원전에 공력을 바치면서 산간을 실사하며 적공을 쏟으면 정교롭고 세밀한 경지를 얻을 수 있을 것이다.

신비한 동양철학 48 | 전항수·주관장 편저 | 434면 | 36,000원 | 신국판 양장

찾기 쉬운 명당

실전에서 활용할 수 있는 책

가능하면 쉽게 풀어 실전에 도움이 되도록 했다. 특히 풍수지리에서 방향측정에 필수인 패철 사용과 나경 9층을 각 층별로 설명했다. 그리고 이 책에 수록된 도설, 즉 오성도, 명산도, 명당 형세도 내거수 명당도, 지각형세도, 용의 과협출맥도, 사대혈형 와겸유돌 형세도 등은 국립중앙도서관에 소장된 문헌자료인 만산도단, 만산영도, 이석당 은민산도의 원본을 참조했다.

신비한 동양철학 44 | 호산 윤재우 저 | 386면 | 19,000원 | 신국판 양장

해몽정본

꿈의 모든 것

시중에 꿈해몽에 관한 책은 많지만 막상 내가 꾼 꿈을 해몽을 하려고 하면 어디다 대입시켜야 할지 모르는 경우가 많았을 것이다. 그러나 최대한으로 많은 예를 들었고, 찾기 쉽고 명료하게 만들었기 때문에 해몽을 하는데 어려움이 없을 것이다. 한집에 한권씩 두고 보면서 나쁜 꿈은 예방하고 좋은 꿈을 좋은 일로 연결시킨다면 생활에 많은 도움이 될 것이다.

신비한 동양철학 36 | 청암 박재현 저 | 766면 | 19,000원 | 신국판

해몽·해몽법

해몽법을 알기 쉽게 설명한 책

인생은 꿈이 예지한 시간적 한계에서 점점 소멸되어 가는 현존물이기 때문에 반드시 꿈의 뜻을 따라야 한다. 이것은 꿈을 먹고 살아가는 인간 즉 태몽의 끝장면인 죽음을 향해 달려가고 있는 인간이기 때문이다. 꿈은 우리의 삶을 이끌어가는 이정표와도 같기에 똑바로 가도록 노력해야 한다.

신비한 동양철학 50 | 김종일 저 | 552면 | 26,000원 | 신국판 양장

명리용어와 시결음미

명리학의 어려운 용어와 숙어를 쉽게 풀이한 책

명리학을 연구하는 이들은 기초공부가 끝나면 자연스럽게 훌륭하다고 평가하는 고전의 이론을 접하게 된다. 그러나 시결과 용어와 숙어는 어려운 한자로만 되어 있어 대다수가 선뜻 탐독과 음미에 취미를 잃는다. 그래서 누구나 어려움 없이 쉽게 읽고 깊이 있게 음미할 수 있도록 원문에 한글로 발음을 달고 어려운 용어와 숙어에 해석을 달아 이 책을 내게 되었다.

신비한 동양철학 103 | 원각 김구현 편저 |300면 | 25,000원 | 신국판

완벽 만세력

착각하기 쉬운 서머타임 2도 인쇄

시중에 많은 종류의 만세력이 나와있지만 이 책은 단순한 만세력이 아니라 완벽한 만세경전으로 만세력 보는 법 등을 실었기 때문에 처음 대하는 사람이라도 쉽게 볼 수 있도록 편집되었다. 또한 부록편에는 사주명리학, 신살종합해설, 결혼과 이사택일 및 이사방향, 길흉보는 법, 우주천기와 한국의 역사 등을 수록했다.

신비한 동양철학 99 | 백우 김봉준 저 | 316면 | 20,000원 | 사륙배판

정본만세력

이 책은 완벽한 만세력으로 만세력 보는 방법을 자세하게 설명했다. 그리고 역학에 대한 기본적인 내용과 결혼하기 좋은 나이·좋은 날·좋은 시간, 아들·딸 태아감별법, 이사하기 좋은 날·좋은 방향 등을 부록으로 실었다.

신비한 동양철학 45 | 백우 김봉준 저 | 304면 | 사륙배판 26,000원, 신국판 16,000원, 사륙판 10,000원, 포켓판 9,000원

정본 | 완벽 만세력

착각하기 쉬운 서머타임 2도인쇄

시중에 많은 종류의 만세력이 있지만 이 책은 단순한 만세력이 아니라 완벽한 만세경전이다. 그리고 만세력 보는 법 등을 실었기 때문에 처음 대하는 사람이라도 쉽게 볼 수 있다. 또 부록편에는 사주명리학, 신살 종합해설, 결혼과 이사 택일, 이사 방향, 길흉보는 법, 우주의 천기와 우리나라 역사 등을 수록하였다.

신비한 동양철학 99 | 김봉준 편저 | 316면 | 20,000원 | 사륙배판

원심수기 통증예방 관리비법

쉽게 배워 적용할 수 있는 통증관리법

『원심수기 통증예방 관리비법』은 4차원의 건강관리법으로 질병이 악화되는 것을 예방하여 건강한 몸을 유지하는데 그 목적이 있다. 시중의 수기요법과 비슷하나 특장점은 힘이 들지 않아 어린아이부터 노인까지 누구나 시술할 수 있고, 배우고 적용하는 과정이 쉽고 간단하며, 시술 장소나 도구가 필요 없으니 언제 어디서나 시술할 수 있다.

신비한 동양철학 78 | 원공 선사 저 | 288면 | 16,000원 | 신국판

운명으로 본 나의 질병과 건강상태

타고난 건강상태와 질병에 대한 대비책

이 책은 국내 유일의 동양오술학자가 사주학과 정통명리학의 양대산맥을 이루는 자미두수 이론으로 임상실험을 거쳐 작성한 자료다. 따라서 명리학을 응용한 최초의 완벽한 의학서로 질병을 예방하고 치료하는데 활용하면 최고의 의사가 될 것이다. 또한 예방의학적인 차원에서 건강을 유지하는데 훌륭한 지침서로 현대의학의 새로운 장을 여는 계기가 될 것이다.

신비한 동양철학 9 | 오상익 저 | 474면 | 15,000원 | 신국판

서체자전

해서를 기본으로 전서, 예서, 행서, 초서를 연습할 수 있는 책

한자는 오랜 옛날부터 우리 생활과 뗄 수 없음에도 잘 몰라 불편을 겪는 사람들이 많아 이 책을 내게 되었다. 이 책에서는 해서를 기본으로 각 글자마다 전서, 예서, 행서, 초서 순으로 배열하여 독자가 필요한 것을 찾아 연습하기 쉽도록 하였다.

신비한 동양철학 98 | 편집부 편 | 273면 | 16,000원 | 사륙배판

택일민력(擇日民曆)

택일에 관한 모든 것

이 책은 택일에 대한 모든 것을 넣으려고 최선을 다하였다. 동양철학을 공부하여 상담하거나 종교인·무속인·일반인들이 원하는 부분을 쉽게 찾아 활용할 수 있도록 칠십이후, 절기에 따른 벼농사의 순서와 중요한 과정, 납음오행, 신살의 의미, 구성조견표, 결혼·이사·제사·장례·이장에 관한 사항 등을 폭넓게 수록하였다.

신비한 동양철학 100 | 최인영 편저 | 80면 | 5,000원 | 사륙배판

모든 질병에서 해방을 1·2

건강실용서

우리나라는 아주 오랜 옛날부터 건강과 관련한 약재들이 산천에 널려 있었고, 우리 민족은 그 약재들을 슬기롭게 이용하며 나름대로 건강하게 살아왔다. 그러나 오늘날 현대의학에 밀려 외면당하며 사라지게 되었다. 이에 옛날부터 내려오는 의학서적인 『기사회생』과 『단방심편』을 바탕으로 민가에서 활용했던 민간요법들을 정리하고, 현대에 개발된 약재들이나 시술방법들을 정리했다.

신비한 동양철학 102 | 원공 선사 편저 | 1권 448면·2권 416면 | 각 29,000원 | 신국판

참역학은 이렇게 쉬운 것이다② – 완결편

역학을 활용하는 방법을 정리한 책

『참역학은 이렇게 쉬운 것이다』에서 미처 쓰지 못한 사주를 활용하는 방법을 정리한다는 의미에서 다시 이 책을 내게 되었다. 전문가든 비전문가든 이 책이 사주라는 학문을 이해하는 데 도움이 되고, 사주에 있는 가장 좋은 길을 찾아 행복하게 살았으면 합니다. 특히 사주상담을 업으로 하는 분들도 참고해서 상담자들이 행복하게 살도록 도와주었으면 한다.

신비한 동양철학 104 | 청암 박재현 편저 | 330면 | 23,000원 | 신국판

인명용 한자사전

한권으로 작명까지 OK

이 책은 인명용 한자의 사전적 쓰임이 본분이지만 그것에 국한하지 않고 작명법들을 그것도 일반적으로 통용되는 기본적인 것 외에 주역을 통한 것 등 7가지를 간추려 놓아 여러 권의 작명책을 군살없이 대신했기에 이 한권의 사용만으로 작명에 관한 모든 것을 충족하고도 남을 것이다. 5,000자가 넘는 인명용 한자를 실었지만 음(音)으로 한 줄에 수십 자, 획수로도 여러 자를 넣어 가능한 부피를 줄이려고 노력하였다. 그리고 작명하는데 한자에 관해서는 다양하게 활용할 수 있도록 하였고, 일반적인 한자자전의 용도까지 충분히 겸비하도록 하였다.

신비한 동양철학 105 | 임삼업 편저 | 336면 | 24,000원 | 신국판

바로 내 사주

행복한 인생을 만들어 갈 수 있는 방법을 소개하는 책

역학이란 본래 어려운 학문이다. 수십 년을 공부해도 터득하기 어려운 학문이라 많은 사람이 중간에 포기하는 일이 많다. 기존의 당사주 책도 수백 년 동안 그 명맥을 유지해왔으나 적중률이 매우 낮아 일반인들에게 신뢰를 많이 받지 못했다. 그래서 지금까지 30여 년 동안 공부하며 터득한 비법을 토대로 이 책을 내게 되었다. 물론 어느 역학책도 백 퍼센트 정확하다고 장담할 수는 없다. 이 책도 백 퍼센트 적중률을 목표로 했으나 적어도 80% 이상은 적중할 것이라고 자부한다.

신비한 동양철학 106 | 김찬동 편저 | 242면 | 20,000원 | 신국판

주역타로64

인간사 주역괘 풀이

타로카드는 서양 상류사회의 생활상을 담은 그림으로 되어 있다. 그 속에는 자연과 인간이 겪을 수 있는 경험과 역사가 압축되어 있다. 이러한 타로카드를 점(占) 목적으로 사용하는 것인데, 주역타로64점은 주역의 64괘를 64매의 타로카드에 담아 점 도구로 사용한다. 64괘는 우주의 모든 형상과 형태의 끊임없는 변화의 원리로 나타난 것이다. 그리고 주역타로는 일반 타로의 공통적인 스토리와는 다른 점이 많으나 그 기본 이론은 같다. 주역타로의 추상적이며 미진한 정보에 더해 인간사에 대한 주역괘풀이를 보탰으니 주역타로64를 점 도구로 활용하는 데 도움이 되었으면 한다.

신비한 동양철학 107 | 임삼업 편저 | 387면 | 39,000원 | 사륙배판

■저자 해주 이학성

한국역술인협회 이사 역임
한국역리학회 이사 역임
동양진리연구회 이사 역임
한국음양연구회 이사 역임
한국상수역학회 부이사장 역임
현재 해주역학원 원장
(051)555-9361

물상활용비법

1판 1쇄 발행일 | 1999년 10월 15일
1판 5쇄 발행일 | 2014년 7월 16일

발행처 | 삼한출판사
발행인 | 김충호
지은이 | 이학성

신고년월일 | 1975년 10월 18일
신고번호 | 제305-1975-000001호

411-776 경기도 고양시 일산서구 고양대로 724-17호
(304동 2001호)

대표전화 (031) 921-0441
팩시밀리 (031) 925-2647

값 34,000원
ISBN 89-7460-063-3 03180

판권은 저자와 협약해 생략합니다.
잘못된 책은 사신 곳에서 바꿔드립니다.